पर्यावरण

अध्ययन

संपादक

डॉ. स्वपनिल त्रिपाठी

डॉ. सागर चौधरी

डॉ. प्रमोद शर्मा

सूची पत्र

प्राक्कथन

अस्तित्व की विशाल चादर में, मानवता और पर्यावरण के बीच एक जटिल और अविभाज्य संबंध मौजूद है। यह संबंध, समय के धागों के माध्यम से बुना गया है, हमारे अस्तित्व और कल्याण के लिए मौलिक है। आधुनिक जीवन की जटिलताओं को नेविगेट करते हुए, हमारे सभी को संभालने वाले नाजुक संतुलन को समझना, सराहना करना और सुरक्षित रखना और भी अधिक आवश्यक हो जाता है।

"पर्यावरण अध्ययन," जिसे स्वामी विवेकानंद फाउंडेशन द्वारा प्रस्तुत किया गया है, इस महत्वपूर्ण संबंध की गहरी समझ की ओर एक मार्गदर्शक प्रकाशस्तंभ के रूप में खड़ा है। इस पुस्तक के पृष्ठों में, पाठक इस क्षेत्र के सम्मानित विशेषज्ञों की बुद्धिमत्ता और अंतर्दृष्टि के मार्गदर्शन में खोज की यात्रा पर निकलेंगे।

इस पुस्तक के केंद्र में सभी जीवन रूपों के बीच इंटरकनेक्टेडनेस की गहरी पहचान और उन्हें समर्थन देने वाले जटिल पारिस्थितिक तंत्रों का जाल है। पारिस्थितिकी और जैव विविधता से लेकर जलवायु परिवर्तन और सतत विकास तक के विषयों के व्यापक अन्वेषण के माध्यम से, पाठक आज हमारे ग्रह का सामना करने वाली चुनौतियों और अवसरों पर एक समग्र दृष्टिकोण प्राप्त करेंगे।

इतिहास के इस मोड़ पर खड़े होकर, पर्यावरण की सूझबूझ और सहानुभूतिपूर्ण देखभाल की आवश्यकता कभी भी अधिक नहीं रही। "पर्यावरण अध्ययन" एक आह्वान है, जो व्यक्तियों और समुदायों को पृथ्वी के संरक्षक के रूप में उनकी जिम्मेदारी को स्वीकार करने के लिए प्रेरित करता है।

स्वामी विवेकानंद की अमर शिक्षाओं की भावना में, यह पुस्तक हमें संकीर्ण सीमाओं को पार करने और सभी सृष्टि के साथ एकता और सामंजस्य की दृष्टि को अपनाने के लिए प्रोत्साहित करती है। यह हमें याद दिलाती है कि हमारे क्रियाकलाप, चाहे कितने भी छोटे क्यों न हों, आने वाली पीढ़ियों के लिए दुनिया को आकार देने की शक्ति रखते हैं।

इस ज्ञानपूर्ण यात्रा पर निकलते हुए, आप प्राकृतिक दुनिया के प्रति गहरी श्रद्धा विकसित करने और उसके संरक्षण और नवीकरण के प्रति सक्रिय योगदान देने के लिए प्रेरित हों। इन पृष्ठों में निहित ज्ञान सकारात्मक परिवर्तन के लिए एक प्रेरक के

रूप में काम करे, जो हमें एक ऐसे भविष्य की ओर ले जाए जहाँ मानवता और पर्यावरण सामंजस्य और आपसी सम्मान में सह-अस्तित्व में रहें।

---ई० शिव मणि त्रिपाठी

अभिस्वीकृति

"पर्यावरण अध्ययन" में आपका स्वागत है। इस प्रयास के परिणामस्वरूप, हम इस पुस्तक, "पर्यावरण अध्ययन" के साकार होने में योगदान देने वाले सभी लोगों के प्रति अपनी हार्दिक कृतज्ञता व्यक्त करते हैं।

सबसे पहले, हम दिव्य प्रविधान के प्रति अपनी कृतज्ञता व्यक्त करते हैं, जिनका मार्गदर्शन और आशीर्वाद इस यात्रा में महत्वपूर्ण रहा है।

हम इस पुस्तक में अपनी विशेषज्ञता का योगदान देने वाले सम्मानित लेखकों को एक साथ लाने में उनके अमूल्य समन्वय और समर्थन के लिए **डॉ. स्वपनिल त्रिपाठी, डॉ. सागर चौधरी** और **डॉ. प्रमोद शर्मा** के प्रति अपनी हार्दिक सराहना व्यक्त करना चाहते हैं। उनके समर्पण और अथक प्रयासों ने सामग्री को आकार देने और इसकी सुसंगतता सुनिश्चित करने में महत्वपूर्ण भूमिका निभाई है।

हम उन **15** लेखकों के प्रति अपनी गहरी धन्यवाद व्यक्त करते हैं, जिन्होंने इस पुस्तक के अध्यायों में अपने ज्ञान, अंतर्दृष्टि और पर्यावरण के प्रति अपने जुनून को उदारतापूर्वक साझा किया है। उनके योगदान पर्यावरण अध्ययनों में हमारे अन्वेषण की गहराई और विस्तार को समृद्ध करते हैं।

इस परियोजना में विश्वास रखने और हमें प्रोत्साहित करने वाले सभी लोगों के प्रति हम अपनी हार्दिक प्रशंसा व्यक्त करते हैं। आपका विश्वास इस परियोजना के लिए प्रेरणा और प्रोत्साहन का स्रोत रहा है।

अंत में, हम इस पुस्तक के पाठकों के प्रति अपनी कृतज्ञता व्यक्त करते हैं। हमारी ईमानदारी से उम्मीद है कि इसके पृष्ठों में निहित ज्ञान और अंतर्दृष्टि पर्यावरण संरक्षण और स्थायित्व के महत्व के प्रति एक गहरी सराहना प्रेरित करेगी और कार्रवाई को प्रेरित करेगी।

अध्याय और लेखकों के नामः

- अध्याय **01**: पर्यावरण और पारिस्थितिकी तंत्र - डॉ. सतीश कुमार
- अध्याय **02**: जैव विविधता - श्रीवरदा माळगे

- अध्याय 03: प्राकृतिक संसाधनों और पर्यावरणीय गुणवत्ता को कायम रखना - डॉ. मंजू सोनकर
- अध्याय 04: ऊर्जा संसाधन -डॉ. देवेंद्र कुमार स्वर्णकार
- अध्याय 05: पर्यावरण प्रभाव आकलन - डॉ. श्रद्धा पांडे
- अध्याय 06: मानव जनसंख्या परिवर्तन और पर्यावरण - डॉ. अचल मोगला
- अध्याय 07: वैश्विक जलवायु परिवर्तन और शमन - डॉ. सुनील कुमार भारद्वाज
- अध्याय 08: पर्यावरण प्रदूषण नियंत्रण उपाय - डॉ. विजय शंकर पांडेय
- अध्याय 09: टिकाऊ कृषि और खाद्य प्रणाली - डॉ. मीनाक्षी सावंकर
- अध्याय 10: पर्यावरणीय नैतिकता - डॉ. अंकुर कुमार आर्य
- अध्याय 11: आपदा प्रबंधन – गौरव शर्मा, अवनि मौर्या
- अध्याय 12: शहरी पर्यावरण प्रबंधन - डॉ. कौशलेंद्र प्रताप सिंह
- अध्याय 13: पर्यावरण शिक्षा और जागरूकता - शिवानंद शामराव पिरगोंडे
- अध्याय 14: पर्यावरण मनोविज्ञान – डॉ. राखी कुमारी
- अध्याय 15: भारत की पर्यावरण नीति – डॉ. यशदीप श्रीवास्तव

यह पुस्तक सामूहिक प्रयास है जो प्रत्येक योगदान के महत्व को रेखांकित करती है, जो एक अधिक स्थायी और पर्यावरणीय रूप से जागरूक विश्व की ओर अग्रसर करती है।

परिचय

पर्यावरण अध्ययन के क्षेत्रों के माध्यम से एक परिवर्तनकारी यात्रा में आपका स्वागत है, जो कॉलेज और विश्वविद्यालय स्तरों पर छात्रों को सशक्त बनाने और उन्हें प्रकाशित करने के लिए तैयार की गई है। "पर्यावरण अध्ययन" शैक्षिक संसाधनों के सागर में ज्ञान का एक प्रकाशस्तंभ के रूप में खड़ा है, जो विद्यार्थियों की व्यापक जरूरतों की सेवा करने के लिए बारीकी से डिज़ाइन किया गया है। इस पुस्तक के आवरण के भीतर, आपको ऐसा खजाना मिलेगा जो न केवल आपके अकादमिक पीछे के लिए महत्वपूर्ण है बल्कि एक अधिक स्थायी भविष्य को आकार देने में भी सहायक है।

इस पुस्तक को 15 विशिष्ट भागों में संरचित किया गया है, जो आपको सहज नेविगेशन अनुभव प्रदान करता है, जिससे आप बिना किसी प्रयास के अपने अध्ययन के लिए सबसे प्रासंगिक विषयों को खोज सकते हैं और उनमें गहराई से उतर सकते हैं। सामग्री की वास्तुकला को सोच-समझकर व्यवस्थित किया गया है ताकि सीखने की सुविधा हो, प्रत्येक अध्याय पर्यावरण विज्ञान के एक नए आयाम को उजागर करता है, जिसे हमारे लेखकों के विशेषज्ञ ज्ञान द्वारा रेखांकित किया गया है।

इस पुस्तक की विशेषता इसकी गुणवत्ता और प्रेसिजन के प्रति प्रतिबद्धता है, जो उन लेखकों के योगदान से प्राप्त की गई है जो केवल अपने-अपने क्षेत्रों में विशेषज्ञ ही नहीं हैं बल्कि समर्पित शिक्षक भी हैं जो अपने ज्ञान को प्रसारित करने के लिए समर्पित हैं। उनकी विशेषज्ञता प्रत्येक पृष्ठ को प्रकाशित करती है, यह सुनिश्चित करते हुए कि आपको प्राप्त होने वाली जानकारी अधिकृत और वर्तमान है। यह विशेषज्ञ मार्गदर्शन विशेष रूप से महत्वपूर्ण है, जब आप **UPSC**, राज्य सिविल सेवा परीक्षाओं, और विभिन्न प्रतिस्पर्धी क्षेत्रों जैसी कठिन परीक्षाओं की तैयारी कर रहे होते हैं, जहां पर्यावरणीय मुद्दों की गहरी समझ आपको अलग कर सकती है।

सीखने के अनुभव को बढ़ाने के लिए, प्रत्येक अध्याय एक बुलेट-पॉइंट सारांश के साथ समाप्त होता है, जो सामग्री के सार को आसानी से याद रखने योग्य बिंदुओं में संक्षेपित करता है। यह सुविधा विषय की समझ को मजबूत करने और सुनिश्चित करने के लिए विशेष रूप से उपयोगी है कि मुख्य अवधारणाएं आपकी उंगलियों पर हैं।

यह समझते हुए कि दृश्य सहायता समझ में काफी वृद्धि करती है, पुस्तक चित्रों और आरेखों की समृद्ध श्रृंखला का उपयोग करती है। ये दृश्य तत्व केवल सजावटी नहीं हैं बल्कि जटिल विचारों को स्पष्ट करने के लिए महत्वपूर्ण उपकरण के रूप में काम करते हैं, जिससे ज्ञान की प्राप्ति केवल प्रभावी नहीं बल्कि आकर्षक भी होती है।

"पर्यावरण अध्ययन" केवल एक पुस्तक नहीं है; यह आपकी अकादमिक यात्रा में एक साथी और आपके बौद्धिक विकास के लिए एक मार्गदर्शक है। प्रत्येक अध्याय, एक प्रतिष्ठित विशेषज्ञ द्वारा निर्मित, उस अद्वितीय समर्पण और अंतर्दृष्टि का प्रमाण है जो सुनिश्चित करने के लिए निवेश की गई है कि आपको पर्यावरण अध्ययनों में श्रेष्ठ शिक्षा प्राप्त हो। जैसे-जैसे आप इन पृष्ठों को पलटते हैं, आप केवल सीख ही नहीं रहे हैं; आप एक सूचित और जागरूक विश्व नागरिक बनने की दिशा में एक मार्ग पर निकल रहे हैं, जो पर्यावरणीय स्थायित्व और संरक्षण की खोज में अंतर करने के लिए सक्षम है।

अध्याय और उसके लेखक

अध्याय सं	अध्याय का नाम	लेखक
1	पर्यावरण और पारिस्थितिकी तंत्र	डॉ. सतीश कुमार Ph.D.
2	जैव विविधता	श्रीवरदा माळगे M.Sc., M.A., NET
3	प्राकृतिक संसाधनों और पर्यावरणीय गुणवत्ता को कायम रखना	डॉ. मंजू सोनकर LL.B, LL.M Ph.D.
4	ऊर्जा संसाधन	डॉ. देवेन्द्र कुमार स्वर्णकार Ph.D, NET JRF, B.Ed UPTET CTET
5	पर्यावरण प्रभाव आकलन	डॉ. श्रद्धा पांडे B.Sc. , M.Sc., D.Phil., B.Ed.
6	मानव जनसंख्या परिवर्तन और पर्यावरण	डॉ. अचल मोगला Ph.D, PGDBA, B.Tech
7	वैश्विक जलवायु परिवर्तन और शमन	डॉ. सुनील कुमार भारद्वाज LL.B, LL.M, Ph.D.
8	पर्यावरण प्रदूषण नियंत्रण उपाय	डॉ. विजय शंकर पांडे B, A., LL.B., LL.M., PhD
9	टिकाऊ कृषि और खाद्य प्रणाली	डॉ. मिनाक्षी सावंकर Ph.D.
10	पर्यावरणीय नैतिकता	डॉ. अंकुर कुमार आर्य Ph.D.
11	आपदा प्रबंधन	गौरव शर्मा M.Sc. अवनि मौर्य M.Sc.
12	शहरी पर्यावरण प्रबंधन	डॉ. कौशलेन्द्र प्रताप सिंह Ph.D.
13	पर्यावरण शिक्षा और जागरूकता	शिवानंद शामराव पीरगोंडे M.Com., M.A., B.Ed., G. D.C.& A.

14	पर्यावरण मनोविज्ञान	डॉ. राखी कुमारी LL.B, LL.M, Ph.D.
15	भारत की पर्यावरण नीति	डॉ. यशदीप श्रीवास्तव Ph.D.

पर्यावरण और पारिस्थितिकी तंत्र

डॉ. सतीश कुमार
PhD

पर्यावरण इसमें पृथ्वी पर मौजूद सभी जीवित और निर्जीव चीजें शामिल हैं, जो वह संदर्भ प्रदान करती है जिसके भीतर मनुष्य सहित सभी जीव समान रूप से बातचीत करते हैं और रहते हैं। इसमें वायुमंडल, जल निकाय, मिट्टी और भौगोलिक विशेषताएं जैसे भौतिक तत्व, पौधे, जानवर और सूक्ष्मजीव जैसे जैविक घटक शामिल हैं। पर्यावरण हवा, पानी और भोजन जैसे आवश्यक संसाधन प्रदान करके जीवन को बनाए रखने में महत्वपूर्ण भूमिका निभाता है। यह पारिस्थितिकी तंत्र सेवाएं भी प्रदान करता है जो मानव अस्तित्व और कल्याण के लिए महत्वपूर्ण हैं, जिसमें जलवायु विनियमन, जल शुद्धिकरण और परागण शामिल हैं।

मानवीय गतिविधियों ने पर्यावरण को महत्वपूर्ण रूप से प्रभावित किया है, जिससे प्रदूषण, जलवायु परिवर्तन, आवासीय विनाश और जैव विविधता की हानि जैसी विभिन्न समस्याएं पैदा हुई हैं। यह मुद्दे प्राकृतिक पारिस्थितिकी तंत्र और उनके द्वारा प्रदान की जाने वाली सेवाओं के नाजुक संतुलन को खतरे में डालते हैं। पर्यावरणीय चुनौतियों से निपटने के लिए एक व्यापक दृष्टिकोण की आवश्यकता है जिसमें प्राकृतिक संसाधनों का स्थायी प्रबंधन, उनके संरक्षण हेतु प्रयास और हरित प्रौद्योगिकियों और प्रथाओं को अपनाना शामिल हो।

एक **पारिस्थितिकी तंत्र** पौधे, पशु और सूक्ष्मजीव समुदायों और उनके निर्जीव पर्यावरण का एक गतिशील परिसर है जो एक कार्यात्मक इकाई के रूप में परस्पर क्रिया करता है। पारिस्थितिक तंत्र का आकार एक छोटे पोखर से लेकर पूरे जंगल या महासागर तक भिन्न हो सकता है और यह जीवमंडल के निर्माण खंड हैं, जो सभी पारिस्थितिक तंत्र का वैश्विक योग है। वे मानव अस्तित्व एवं आर्थिक गतिविधि के लिए आवश्यक विभिन्न प्रकार की सेवाएँ प्रदान करते हैं, जिन्हें पारिस्थितिकी तंत्र की सेवाओं के रूप में जाना जाता है। इनमें भोजन और पानी जैसी मूलभूत सेवाएं, जलवायु, बाढ़ और बीमारी को प्रभावित करने वाली सेवाओं को विनियमित करना, पोषक तत्व चक्र, ऑक्सीजन उत्पादन जैसी सहायक सेवाएं, मनोरंजक, सौंदर्य एवं आध्यात्मिक लाभ प्रदान करने वाली सांस्कृतिक सेवाएं शामिल हैं।

पारिस्थितिक तंत्र की विशेषता खाद्य श्रृंखलाओं और जालों के माध्यम से ऊर्जा का प्रवाह और पोषक तत्वों का चक्रण है।

पारिस्थितिक तंत्र पर मानव का गहरा प्रभाव है और इसमें भूमि उपयोग परिवर्तन, जल विचलन, प्रदूषण, आक्रामक प्रजातियों का परिचय और जलवायु परिवर्तन शामिल हैं। इन प्रभावों से पारिस्थितिकी तंत्र की सेवाओं में गिरावट, जैव विविधता में कमी और पारिस्थितिक प्रक्रियाओं में व्यवधान हो सकता है। संरक्षण और पुनर्स्थापन प्रयासों का उद्देश्य पारिस्थितिक तंत्र और उनके कार्यों की रक्षा करना, मानव आवश्यकताओं और प्राकृतिक दुनिया के स्वास्थ्य के बीच संतुलन को बढ़ावा देना है।

1.1 पर्यावरण

पर्यावरण हमारे आस-पास की हर चीज़ को समाहित करता है, हवा, पानी और ऊर्जा जैसे जीवित और निर्जीव दोनों तत्वों को एकीकृत करता है जो हमारे परिवेश की नींव बनाते हैं। इस जटिल तंत्र के अंतर्गत , पर्यावरण विज्ञान एक बहुमुखी क्षेत्र के रूप में उभरता है जो यह अध्ययन करने के लिए उपर्युक्त है कि मनुष्य अपने पर्यावरण के जीवित और गैर-जीवित दोनों घटकों के साथ कैसे जुड़ते हैं। यह अन्वेषण प्रकृति पर मानवीय गतिविधियों के जटिल संबंधों और प्रभावों को समझने के सभी मापदंडों पर खरा उतरता है।

हमारे पर्यावरण के अंतर्गत तत्वों की विशाल श्रृंखला के व्यवस्थित रूप से अध्ययन को समझने के लिए इसे तीन प्राथमिक घटकों में वर्गीकृत किया जा सकता है: भौतिक ,रासायनिक और जैविक। रासायनिक घटक में सभी भौतिक चीजें शामिल हैं, जिनमें विभिन्न पदार्थ और यौगिक शामिल हैं जो पृथ्वी और उसके वायुमंडल को बनाते हैं। इसमें हमारे द्वारा पीने वाले पानी से लेकर हवा बनाने वाली गैसें और पृथ्वी की परत में पाए जाने वाले खनिजों की विशाल विविधता तक सब कुछ शामिल है।

भौतिक घटक मुख्य रूप से ऊर्जा प्रक्रियाओं और भौतिक कानूनों से संबंधित है जो पर्यावरण के अंतर्गत ऊर्जा की गति, परिवर्तन और अंतःक्रिया को नियंत्रित करते हैं। इसमें जलवायु का अध्ययन, भूकंप और ज्वालामुखी विस्फोट जैसी प्राकृतिक घटनाएं और भौतिकी के बुनियादी सिद्धांत सम्मिलित हैं जो पृथ्वी के भूगोल और जलवायु प्रणालियों को प्रभावित करते हैं।

अंत में, जैविक घटक जीवित जीवों, वनस्पतियों (पौधों) और जीव-जंतुओं (जानवरों) दोनों पर और उनके आवासों के भीतर उनकी बातचीत पर ध्यान केंद्रित करता है। पर्यावरण का यह

पहलू उन जटिल पारिस्थितिक तंत्रों की पड़ताल करता है जो मनुष्यों सहित विभिन्न प्रजातियों की परस्पर निर्भरता और इन पारिस्थितिक तंत्रों के अंतर्गत उनकी भूमिकाओं के परिणामस्वरूप बनते हैं। जैव विविधता और पारिस्थितिकी तंत्र के स्वास्थ्य पर मानव कार्यों के प्रभावों का आकलन करने के लिए इन जैविक अंतःक्रियाओं को समझना महत्वपूर्ण है।

साथ में, पर्यावरण के यह घटक जलवायु परिवर्तन और प्रदूषण से लेकर आवास विनाश और जैव विविधता के नुकसान तक हमारे ग्रह के सामने आने वाली असंख्य चुनौतियों का विश्लेषण और समाधान करने के लिए एक व्यापक रूपरेखा प्रदान करते हैं। पर्यावरण के रासायनिक, भौतिक और जैविक पहलुओं का अध्ययन करके, पर्यावरण विज्ञान का लक्ष्य पृथ्वी और उसके वासियों के स्वास्थ्य और कल्याण को सुनिश्चित करने के लिए स्थायी समाधान विकसित करना है।

पृथ्वी की जीवन-समर्थन प्रणाली के चार प्रमुख घटक हैं

पृथ्वी की जीवन-समर्थन प्रणाली के चार प्रमुख घटक:
- वायुमंडल (वायु)
- जलमंडल (जल)
- भूमंडल (चट्टान, मिट्टी और तलछट)
- जीवमंडल (जीवित चीजें)

1.1.1 प्रमुख पर्यावरणीय समस्याएँ

- प्रदूषण, वायु ,जल और मृदा को प्रभावित कर रहा है
- ग्रीनहाउस प्रभाव की घटना
- बढ़ते वैश्विक तापमान का मुद्दा
- ओजोन परत रिक्तीकरण
- अपशिष्ट निस्तारण के प्रबंधन में चुनौतियाँ
- जैव विविधता में कमी
- वैश्विक खाद्य आपूर्ति का संकट

1.1.2 सतत समाधान स्थिरता के तीन सिद्धांत

प्रकृति स्थायी रूप से कैसे जीना है, इस पर अमूल्य सबक प्रदान करती है, ऐसे प्रतिरूप प्रदान करती है जिन्होंने मानव नवाचार और संरक्षण प्रयासों को निर्देशित किया है।

- **सौर ऊर्जा का दोहन**: सूर्य पृथ्वी के लिए ऊर्जा का प्राथमिक स्रोत है, जो प्रकाश संश्लेषण जैसी प्रक्रियाओं को संचालित करता है, जो पौधों को जीवित रहने और प्रजनन के लिए अधिकांश जीवों हेतु आवश्यक पोषक तत्वों का उत्पादन करने की अनुमति देता है। सूर्य के प्रकाश की अनुपस्थिति के परिणामस्वरूप वनस्पतियों और जीवों से रहित एक बंजर ग्रह बन जाएगा। इसके अलावा सूर्य, पवन और पनबिजली जैसे नवीकरणीय ऊर्जा स्रोतों के उत्पादन की सुविधा प्रदान करता है, जो बिजली उत्पादन के लिए विकल्प प्रदान करता है।

- **जैव विविधता को महत्व देना**: जैविक विविधता, या जैव विविधता, जीवों की अविश्वसनीय श्रृंखला और उनके द्वारा बनाए गए पारिस्थितिक तंत्र का प्रतीक है, जिसमें रेगिस्तान, जंगल और महासागर जैसे विविध आवासीय क्षेत्र सम्मिलित हैं। ये प्रणालियाँ बिना किसी लागत के महत्वपूर्ण सेवाएँ प्रदान करती हैं, जैसे मृदा का नवीनीकरण, कीट प्रबंधन और वायु एवं जल का शुद्धिकरण। पारिस्थितिक सरलीकरण के लिए जैव विविधता महत्वपूर्ण है, जो जीवन को पर्यावरणीय बदलावों के अनुकूल बनाने में सक्षम बनाती है। जैव विविधता द्वारा प्रदान की गई मजबूत अनुकूलनशीलता के बिना अनेक प्रजातियों का विलुप्त होना संभव नहीं होता।

- **रासायनिक सायक्लिंग**: पर्यावरण, जीवों और पीठ के माध्यम से पोषक तत्वों की निरंतर आवाजाही जीवन को बनाए रखने के लिए आवश्यक है। यह पोषक चक्र सुनिश्चित करता है कि कार्बन, नाइट्रोजन और ऑक्सीजन जैसे महत्वपूर्ण तत्वों का पुन: उपयोग किया जाता है, जिससे हवा, पानी, मिट्टी और जीवित जीवों का संतुलन बना रहता है। पृथ्वी को इन रसायनों की बाहरी आपूर्ति नहीं मिलती है; इसलिए, इस चक्र का कायम रहना हमारे ग्रह पर जीवन के अस्तित्व के लिए महत्वपूर्ण है।

ये प्राकृतिक प्रक्रियाएँ जीवन के लिए आवश्यक परिस्थितियों को बनाए रखने में सौर ऊर्जा, जैव विविधता और पोषक चक्र के महत्व पर प्रकाश डालती हैं। इन सिद्धांतों का अनुकरण हमें अधिक टिकाऊ जीवन पद्धतियों की ओर ले जा सकता है, जिससे हमारे ग्रह और इसके निवासियों के स्वास्थ्य और दीर्घायु को सुनिश्चित किया जा सकता है।

आईपीएटी-पर्यावरणीय प्रभाव मॉडल

1970 के दशक की शुरुआत में, दो अग्रणी वैज्ञानिकों, पॉल एर्लिच और जॉन होल्डरेन ने मानव गतिविधियों के पर्यावरणीय प्रभाव को प्रभावित करने वाले कारकों को स्पष्ट करने के लिए एक

सीधा मॉडल पेश किया। यह मॉडल मानता है कि समग्र पर्यावरणीय प्रभाव (I) तीन प्राथमिक कारकों का उत्पाद है: जनसंख्या आकार (P), जो लोगों की संख्या को संदर्भित करता है; समृद्धि (ए), जो प्रति व्यक्ति संसाधन खपत के स्तर को दर्शाती है; और प्रौद्योगिकी (टी), जो तकनीकी प्रगति के परिणामस्वरूप होने वाले सकारात्मक और नकारात्मक दोनों पर्यावरणीय प्रभावों को शामिल करती है। इन कारकों के बीच संबंध सूत्र में समाहित है:

$$I = P \times A \times T$$

यहां, प्रभाव (I) का निर्धारण जनसंख्या (P) को संपन्नता (A) और प्रौद्योगिकी (T) से गुणा करके किया जाता है, जो यह आकलन करने के लिए एक मात्रात्मक रूपरेखा प्रदान करता है कि मानव क्रियाएं पर्यावरण को कैसे प्रभावित करती हैं।

आरेख दर्शाता है कि पर्यावरणीय प्रभाव का निर्धारण करने में कम विकसित और अधिक विकसित देशों के बीच जनसंख्या आकार, समृद्धि और प्रौद्योगिकी का महत्व कैसे भिन्न होता है। पारिस्थितिक पदचिह्न मॉडल के विपरीत, जो पूरी तरह से नवीकरणीय संसाधन उपयोग पर केंद्रित है, यह ढांचा नवीकरणीय और गैर-नवीकरणीय दोनों संसाधनों की खपत के लिए जिम्मेदार है। पर्यावरणीय प्रभाव (I) उस प्राकृतिक पूंजी के क्षरण में मानवता के योगदान के अनुमानित माप के रूप में कार्य करता है जिस पर वह निर्भर है।

कम विकसित देशों में, पर्यावरणीय प्रभाव में प्राथमिक योगदानकर्ता जनसंख्या का आकार और नवीकरणीय संसाधनों का अत्यधिक उपयोग है, क्योंकि बड़ी संख्या में गरीब व्यक्ति जीवित रहने के लिए संघर्ष करते हैं। यहां, प्रति व्यक्ति कम संसाधन खपत के साथ, लगभग 1.4 अरब लोग प्रति दिन 1.25 डॉलर के बराबर पर जीवन यापन करते हैं, जबकि वैश्विक आबादी का लगभग आधा हिस्सा प्रति दिन 2.25 डॉलर से कम पर जीवित रहता है।

इसके विपरीत, अधिक विकसित देशों में, पर्यावरणीय प्रभाव मुख्य रूप से प्रति व्यक्ति संसाधन खपत के उच्च स्तर से प्रेरित होता है, जिससे महत्वपूर्ण संसाधनों की कमी और गिरावट होती है। लगभग 1 अरब लोगों द्वारा अत्यधिक उपभोग का यह पैटर्न ग्रह की जीवन-समर्थन प्रणालियों पर काफी दबाव डालता है। कुछ विश्लेषक अत्यधिक खपत के इस मुद्दे को इसके पर्यावरणीय प्रभावों के संदर्भ में जनसंख्या वृद्धि से भी अधिक चिंता का विषय मानते हैं।

1.2 पारिस्थितिक पदचिह्न

जैसे-जैसे हमारे पारिस्थितिक पदचिह्न बढ़ते जा रहे हैं, हम पृथ्वी की प्राकृतिक पूंजी का और अधिक दोहन और ह्रास कर रहे हैं।

1.2.1 पारिस्थितिकी

पारिस्थितिकी एक वैज्ञानिक अध्ययन है जो जीवों और उनके पर्यावरण के बीच संबंधों का अध्ययन करता है, जिसमें जीवों के समूहों और व्यक्तिगत प्रजातियों को शामिल किया जाता है। यह क्षेत्र जांच करता है कि जीवित प्राणी, जिन्हें जैविक घटक कहा जाता है, अपने निर्जीव या अजैविक परिवेश के साथ कैसे जुड़ते हैं। इस संदर्भ में, निवास स्थान की अवधारणा उस वातावरण की विशिष्ट भौतिक और रासायनिक स्थितियों को परिभाषित करने में महत्वपूर्ण भूमिका निभाती है जहां ये जीव रहते हैं। इस गतिशीलता को समझने के माध्यम से, पारिस्थितिकी, समबंधों के जटिल तंत्र में अंतर्दृष्टि प्रदान करती है जो पृथ्वी पर जीवन को बनाए रखती है।

1.2.2 पारिस्थितिकी तंत्र की संरचना

पारिस्थितिकी तंत्र में जैविक और अजैविक दोनों घटक शामिल हैं:

जैविक तत्व

- **उत्पादक** : इनमें प्रकाश संश्लेषक पौधे शामिल हैं जो अपना पोषण स्वयं उत्पन्न करते हैं और पारिस्थितिक तंत्र में प्राथमिक ऊर्जा स्रोत हैं।
- **उपभोक्ता**: जीविका के लिए दूसरों का उपभोग करने वाले प्राणियों को निम्न में विभाजित किया गया है:
  - **शाकाहारी (प्राथमिक उपभोक्ता)**: सीधे उत्पादकों, जैसे कि खरगोश और कुछ मानव आहार पर भोजन करें।
  - **मांसाहारी**: शिकारी, जो अन्य जानवरों का भक्षण करते हैं, उन्हें आगे इस प्रकार वर्गीकृत किया गया है:
    - **द्वितीयक उपभोक्ता**: शिकारी मेंढक जैसे शाकाहारी जीवों को खाते हैं।
    - **तृतीयक उपभोक्ता**: जो सांप और बड़ी मछलियों जैसे अन्य मांसाहारी जीवों का शिकार करते हैं।

- o **सर्वाहारी:** पौधे और पशु दोनों पदार्थ खाने वाली प्रजातियां, जिनमें मनुष्य और चूहे भी शामिल हैं।
  - o **अधिक विनाशकारी:** ऐसे जीव जो सड़ने वाले कार्बनिक पदार्थों को निगलते हैं, जैसे चींटियाँ और केंचुए।
- **अपघटक** : जीवाणु और कवक जैसे सूक्ष्मजीव जो कार्बनिक पदार्थों को सरल पदार्थों और अकार्बनिक पोषक तत्वों में विघटित करते हैं, जो पारिस्थितिक तंत्र के भीतर पुनर्चक्रण के लिए आवश्यक हैं।

अजैविक तत्व

- **भौतिक कारक:** सूर्य की रोशनी, तापमान, वर्षा, हवा और मिट्टी और जल संसाधनों की प्रकृति जैसे प्रमुख पर्यावरणीय पहलू पारिस्थितिकी तंत्र के संचालन को गहराई से प्रभावित करते हैं।
- **रासायनिक कारक:** महत्वपूर्ण पोषक तत्वों (कार्बन, नाइट्रोजन, फास्फोरस, पोटेशियम, हाइड्रोजन, ऑक्सीजन और सल्फर) की उपलब्धता पारिस्थितिक तंत्र के स्वास्थ्य और कार्यक्षमता में महत्वपूर्ण भूमिका निभाती है, जो जैविक घटकों की जीवन प्रक्रियाओं को प्रभावित करती है।

1.2.3   पारिस्थितिकी तंत्र के कार्य

एक पारिस्थितिकी तंत्र के भीतर, नाइट्रोजन (एन), कार्बन (सी), और पानी (एच2ओ) जैसे जैविक घटक और सामग्री दोनों आंतरिक और बाह्य रूप से प्रसारित होते हैं। ऊर्जा विभिन्न पोषी स्तरों पर एक अनुक्रम के माध्यम से चलती है जिसे खाद्य श्रृंखला के रूप में जाना जाता है।

पारिस्थितिक तंत्र की प्रमुख कार्यात्मक विशेषताओं में शामिल हैं:
- पोषी स्तर के साथ-साथ खाद्य श्रृंखलाओं और खाद्य तंत्रों की संरचना
- पारिस्थितिकी तंत्र के माध्यम से ऊर्जा का प्रवाह
- जैव-भू-रासायनिक चक्रों के माध्यम से पोषक तत्वों का पुनर्चक्रण
- प्राथमिक और द्वितीयक उत्पादन प्रक्रियाएँ
- पारिस्थितिकी तंत्र की गतिशीलता का विकास और विनियमन

खाद्य श्रृंखला: यह शब्द पौधों (उत्पादकों) में इसकी उत्पत्ति से लेकर खाने वाले और बाद में खाए जाने वाले विभिन्न जीवों तक, शाकाहारी (प्राथमिक उपभोक्ता) से मांसाहारी (द्वितीयक उपभोक्ता) तक एक पदानुक्रम के माध्यम से चलते हुए, खाद्य ऊर्जा के मार्ग का वर्णन करता है।

तंत्रीय भोजन: एक पारिस्थितिकी तंत्र के भीतर परस्पर जुड़ी खाद्य श्रृंखलाओं का एक जटिल नेटवर्क। यह अनेक खाद्य संबंधों का प्रतिनिधित्व करता है जहां विभिन्न पोषी स्तरों पर विभिन्न जीव परस्पर क्रिया करते हैं, जो ऊर्जा और पोषक तत्वों के प्रवाह के लिए कई रास्ते पेश करते हैं। उदाहरण के लिए, घास को विभिन्न प्रकार के जीव जैसे कीड़े, चूहे और हिरण खा सकते हैं, जो बदले में सांप और बाघ जैसे मांसाहारी जीवों का शिकार हो सकते हैं। अंतःक्रियाओं का यह जटिल तंत्र वैकल्पिक खाद्य स्रोत प्रदान करके पारिस्थितिकी तंत्र की स्थिरता में योगदान देता है, इस प्रकार यदि कुछ प्रजातियां गायब हो जाती हैं तो पोषी स्तरों पर जीवित रहने की संभावना बढ़ जाती है।

प्रकृति द्वारा खाद्य जाल की स्थापना पारिस्थितिकी तंत्र की स्थिरता को बढ़ाती है। यदि निम्न पोषी स्तर पर कोई प्रजाति विलुप्त हो जाती है, तो उच्च स्तर पर मौजूद प्रजातियों के पास अपने आहार को अन्य उपलब्ध जीवों में बदलने की सुविधा होती है, जिससे खाद्य तंत्र के भीतर खाद्य स्रोतों की व्यापक विविधता सुनिश्चित करके विलुप्त होने के जोखिम को कम किया जा सकता है।

1.2.4   प्राकृतिक पूंजी

एक पारिस्थितिकी तंत्र की नींव तीन प्राथमिक संरचनात्मक घटकों पर बनी होती है: ऊर्जा, रसायन और जीवित जीव। इस संरचना के मूल में पोषक तत्वों के चक्रण और ऊर्जा के प्रवाह की प्रक्रिया है, जो सूर्य से उत्पन्न होती है। यह ऊर्जा सबसे पहले जीवों द्वारा ग्रहण की जाती है, विशेष रूप से पौधों में प्रकाश संश्लेषण की प्रक्रिया के माध्यम से, जो सौर ऊर्जा को कार्बनिक यौगिकों में संग्रहित रासायनिक ऊर्जा में परिवर्तित करती है। फिर इन पोषक तत्वों और ऊर्जा को विभिन्न जीवों के माध्यम से पारिस्थितिकी तंत्र के माध्यम से स्थानांतरित किया जाता है, जो बातचीत के एक जटिल वेब में एक दूसरे के लिए भोजन के रूप में काम करते हैं। अंततः, जैसे-जैसे ऊर्जा इन पोषी स्तरों से गुजरती है, यह धीरे-धीरे कम गुणवत्ता वाली गर्मी के रूप में पर्यावरण में खो जाती है, जो ऊर्जा संरक्षण के नियम और पोषी स्तरों के बीच ऊर्जा हस्तांतरण की अक्षमता को दर्शाती है। यह चक्र पारिस्थितिक तंत्र के रखरखाव और स्थिरता, ऊर्जा के निरंतर प्रवाह और महत्वपूर्ण पोषक तत्वों के पुनर्चक्रण को सुनिश्चित करने के लिए आवश्यक है।

1.2.5   पारिस्थितिकी तंत्र में ऊर्जा का प्रवाह

प्रत्येक जैविक क्रिया के लिए ऊर्जा की आवश्यकता होती है, जो मुख्यतः सूर्य से प्राप्त होती है। प्रकाश संश्लेषण के माध्यम से, पौधे सौर ऊर्जा को रासायनिक ऊर्जा में परिवर्तित करते हैं, जिसे बाद में उनके ऊतकों में संग्रहीत किया जाता है। जीवों की चयापचय प्रक्रियाओं के दौरान यह ऊर्जा यांत्रिक और तापीय ऊर्जा में परिवर्तित हो जाती है।

जीव विज्ञान के क्षेत्र में, ऊर्जा का स्थानांतरण सूर्य से पौधों तक शुरू होता है, जो सूक्ष्मजीवों, जानवरों और मनुष्यों सहित सभी विषमपोषी जीवों तक अपना रास्ता बनाता है, जो उत्पादकों से लेकर उपभोक्ताओं के विभिन्न स्तरों तक जाता है। हरे पौधों तक पहुँचने वाली सूर्य की रोशनी का केवल 1% प्रकाश संश्लेषण के लिए उपयोग किया जाता है, फिर भी यह छोटा सा अंश पृथ्वी पर जीवन को बनाए रखने के लिए महत्वपूर्ण है। यह ध्यान रखना महत्वपूर्ण है कि उत्पादकों से उपभोक्ताओं तक ऊर्जा का स्थानांतरण कभी भी पूरी तरह से कुशल नहीं होता है; कुछ ऊर्जा हमेशा आसपास के वातावरण में नष्ट हो जाती है, जो इस तथ्य को उजागर करता है कि पारिस्थितिकी तंत्र में ऊर्जा का प्रवाह एकदैशिक है और इसे पुनर्चक्रित नहीं किया जा सकता है।

यह ऊर्जा प्रवाह ऊष्मागतिकी के दो मूलभूत नियमों का पालन करता है:

- **ऊष्मप्रवैगिकी का पहला नियम** स्पष्ट करता है कि ऊर्जा संरक्षित है; इसे न तो बनाया जा सकता है और न ही नष्ट किया जा सकता है बल्कि यह केवल एक अवस्था से दूसरी अवस्था में रूपांतरित होता है। यह सिद्धांत इस बात में देखा जाता है कि कैसे पौधे (उत्पादक) सौर ऊर्जा को अवशोषित करते हैं और इसे जैव रासायनिक ऊर्जा में परिवर्तित करते हैं, जिसे बाद में उपभोक्ताओं को दिया जाता है।
- **ऊष्मप्रवैगिकी का दूसरा नियम** यह इंगित करता है कि प्रत्येक ऊर्जा परिवर्तन के परिणामस्वरूप ऊर्जा का संकेंद्रित से अधिक प्रकीर्णित रूप में फैलाव होता है। यह सभी पोषी स्तरों पर स्पष्ट है, जहां महत्वपूर्ण ऊर्जा हानि होती है - लगभग 90% - और केवल 10% ऊर्जा अगले पोषी स्तर पर स्थानांतरित होती है। यह हानि तब होती है जब स्थानांतरण के प्रत्येक चरण में ऊर्जा का क्षय होता है, जो पारिस्थितिकी तंत्र के माध्यम से ऊर्जा हस्तांतरण की अक्षमता को दर्शाता है।

1.2.6   पारिस्थितिकी तंत्र में पोषक तत्वों का चक्रण

पोषक तत्व, पदार्थ के विभिन्न रूपों के रूप में प्रकट होते हैं, व्यक्तिगत पारिस्थितिक तंत्र के भीतर और व्यापक जीवमंडल में निरंतर चक्र से गुजरते हैं। ये चक्र, जिन्हें जैव-भूरासायनिक चक्र या पोषक तत्व चक्र के रूप में जाना जाता है, में हवा, पानी, मिट्टी, चट्टानों और जीवित जीवों सहित पर्यावरण के विभिन्न घटकों में तत्वों और यौगिकों की सतत गति शामिल होती है।

हालाँकि, मानवीय गतिविधियों ने इन प्राकृतिक रासायनिक चक्रों पर महत्वपूर्ण प्रभाव डालना शुरू कर दिया है। प्रदूषण, वनों की कटाई और जीवाश्म ईंधन जलाने जैसे कार्यों के माध्यम से, मनुष्य इन आवश्यक पोषक तत्वों के संतुलन और प्रवाह को बदल रहे हैं, जिससे पृथ्वी पर जीवन को बनाए रखने वाली जटिल प्रक्रियाएं प्रभावित हो रही हैं।

1.3 जल चक्र

जल चक्र एक महत्वपूर्ण जैव-भू-रासायनिक प्रक्रिया है जो पृथ्वी की सीमित जल आपूर्ति को पुनर्चक्रित करती है, इसे पर्यावरण से जीवित जीवों तक ले जाती है और फिर से वापस लाती है। सौर ऊर्जा द्वारा संचालित, इस चक्र में वाष्पीकरण, वर्षा और वाष्पोत्सर्जन जैसी प्रमुख प्रक्रियाएँ शामिल हैं। सूर्य की ऊर्जा महासागरों, झीलों और नदियों जैसे जल निकायों के साथ-साथ मिट्टी से भी पानी के वाष्पीकरण को ट्रिगर करती है, जो इसे वायुमंडलीय जल वाष्प में बदल देती है। यह वाष्प फिर संघनित होती है और गुरुत्वाकर्षण के प्रभाव में वर्षा, बर्फ, ओले और ओस के विभिन्न रूपों में पृथ्वी पर वापस गिरती है।

एक बार जब पानी सतह पर लौटता है, तो यह अलग-अलग रास्तों का अनुसरण करता है। एक महत्वपूर्ण हिस्सा सतही अपवाह बन जाता है, जो उन धाराओं में शामिल हो जाता है जो पानी के बड़े निकायों में वापस ले जाती हैं, जिससे चक्र कायम रहता है। पानी का कुछ हिस्सा मिट्टी में घुस जाता है, जिससे पौधों के जीवन को लाभ होता है और आंशिक रूप से वाष्पित होकर वापस वायुमंडल में चला जाता है। इसके अतिरिक्त, वर्षा का कुछ हिस्सा लंबे समय तक ग्लेशियरों में बर्फ बना सकता है या भूजल के रूप में जलभृतों को फिर से भरने के लिए मिट्टी और चट्टान के माध्यम से रिस सकता है।

पृथ्वी के पानी का एक छोटा सा अंश पौधों द्वारा अवशोषित किया जाता है, जो उत्पादक के रूप में महत्वपूर्ण भूमिका निभाते हैं। वे अपनी जड़ों के माध्यम से पानी लेते हैं, जिसका अधिकांश

भाग उनकी पत्तियों से वापस हवा में प्रवाहित होता है। प्रकाश संश्लेषण के दौरान, पानी कार्बन डाइऑक्साइड के साथ मिलकर कार्बोहाइड्रेट जैसे ऊर्जा-समृद्ध कार्बनिक यौगिक बनाता है, जो पौधों द्वारा चयापचय होने पर पानी को वापस पर्यावरण में छोड़ देता है। पशु, या उपभोक्ता, भोजन और पीने के माध्यम से पानी प्राप्त करते हैं।

मानवीय गतिविधियों ने प्राकृतिक जल चक्र पर महत्वपूर्ण प्रभाव डाला है:

- विभिन्न स्रोतों से मीठे पानी की अत्यधिक निकासी अक्सर प्राकृतिक पुनःपूर्ति की दर से अधिक होती है।
- शहरीकरण के साथ-साथ कृषि और विकास के लिए भूमि साफ़ करने से अपवाह में वृद्धि होती है, भूजल पुनर्भरण में कमी आती है, मिट्टी का कटाव बढ़ता है और बाढ़ का खतरा बढ़ जाता है।
- कृषि और शहरी उपयोग के लिए आर्द्रभूमियों को सुखाना और भरना उनके प्राकृतिक बाढ़ नियंत्रण कार्यों को कमजोर कर देता है, जिससे भारी बारिश या तेजी से बर्फ पिघलने के बाद बाढ़ की संभावना बढ़ जाती है।

1.4 नाइट्रोजन चक्र

नाइट्रोजन चक्र विभिन्न रासायनिक अवस्थाओं के माध्यम से नाइट्रोजन के पर्यावरण से जीवों में और पुनः पर्यावरण में आने के निरंतर परिवर्तन को दर्शाता है। वायुमंडल, जहां नाइट्रोजन गैस (एन2) इसकी मात्रा का 78% है, नाइट्रोजन के लिए प्राथमिक भंडार के रूप में कार्य करता है। प्रोटीन, विटामिन और न्यूक्लिक एसिड के निर्माण के लिए आवश्यक, N2, अपनी निष्क्रिय अवस्था में, बहुकोशिकीय पौधों या जानवरों द्वारा सीधे उपयोग योग्य नहीं है।

N2 का जैविक रूप से उपयोग और योग्य रूपों में रूपांतरण दो प्राकृतिक तंत्रों द्वारा सुगम होता है। पहले में वायुमंडलीय बिजली शामिल है, जो विद्युत निर्वहन के माध्यम से नाइट्रोजन को स्थिर करती है। दूसरा तंत्र जल निकायों, मिट्टी और पौधों की जड़ों में होता है, जहां नाइट्रोजन स्थिरीकरण करने वाले बैक्टीरिया और सायनोबैक्टीरिया (नील-हरित शैवाल) N2 को अमोनिया (NH3) में बदल देते हैं। यह अमोनिया, जिसमें से कुछ का उपयोग बैक्टीरिया द्वारा स्वयं किया जाता है, मिट्टी या पानी को समृद्ध करता है, कुछ अमोनियम आयनों (एनएच 4+) में परिवर्तित हो जाता है, जो पौधों द्वारा अवशोषित होता है।

नाइट्रिफिकेशन वह प्रक्रिया है जिसके द्वारा मिट्टी के जीवाणु अमोनिया और अमोनियम को नाइट्रेट आयनों (NO3–) में परिवर्तित करते हैं, जो एक अन्य पौधे के अनुकूल नाइट्रोजन रूप

है। ये नाइट्रेट पौधों के विकास में सहायता करते हैं, जिससे उन्हें आवश्यक जैविक अणुओं को संश्लेषित करने की अनुमति मिलती है।

खाद्य श्रृंखला के हिस्से के रूप में, जानवर पौधों को खाकर इन नाइट्रोजन यौगिकों को ग्रहण करते हैं। अपघटक और अपरद सहायक कार्बनिक पदार्थों को और अधिक तोड़ देते हैं, जिससे नाइट्रोजन वापस पर्यावरण में चली जाती है। अमोनीकरण के माध्यम से, अपघटक बैक्टीरिया इस कार्बनिक अवशेष को अमोनिया और अमोनियम लवण में बदल देते हैं। फिर विनाइट्रीकरण इस नाइट्रोजन को नाइट्रोजन और नाइट्रस ऑक्साइड गैसों के रूप में वायुमंडल में वापस पुनर्चक्रित करता है, इस प्रकार यह चक्र जारी रहता है।

नाइट्रोजन चक्र पर मानव प्रभाव:

मानवीय गतिविधियों ने नाइट्रोजन चक्र को महत्वपूर्ण रूप से बाधित किया है:
- उच्च तापमान पर ईंधन के दहन से वायुमंडल में नाइट्रिक ऑक्साइड (NO) निकलता है, जिससे नाइट्रोजन डाइऑक्साइड (NO2) और नाइट्रिक एसिड (HNO3) का निर्माण होता है, जो अम्लीय वर्षा के घटक हैं।
- सिंथेटिक उर्वरकों और जैविक खादों के प्रयोग से नाइट्रस ऑक्साइड (एन2ओ) उत्सर्जित हो सकता है, जो एक ग्रीनहाउस गैस है जो ग्लोबल वार्मिंग और समतापमंडलीय ओजोन रिक्तीकरण में योगदान करती है।
- वनों की कटाई, घास के मैदानों और आर्द्रभूमियों के विनाश के साथ, वनस्पति और मिट्टी में संग्रहीत नाइट्रोजन को गैसीय यौगिकों के रूप में जारी करती है।
- कृषि अपवाह और सीवेज निर्वहन जलीय पारिस्थितिक तंत्र में नाइट्रेट के स्तर को बढ़ाते हैं, जिससे अत्यधिक शैवाल विकास को बढ़ावा मिलता है।
- कटाई, सिंचाई और खेती के लिए भूमि को साफ़ करने सहित कृषि पद्धतियाँ, मिट्टी से नाइट्रोजन की महत्वपूर्ण मात्रा को हटा देती हैं, जिससे नाइट्रोजन चक्र का प्राकृतिक संतुलन बाधित हो जाता है।

1.5 कार्बन चक्र

कार्बन चक्र जीवमंडल, वायुमंडल और जलमंडल के बीच विभिन्न रासायनिक रूपों में कार्बन के निरंतर आदान-प्रदान का वर्णन करता है, जो पर्यावरण से जीवित जीवों और वापस प्रवाहित होता है। कार्बन एक मौलिक तत्व है, जो कार्बोहाइड्रेट, वसा, प्रोटीन, डीएनए और अन्य महत्त्वपूर्ण कार्बनिक यौगिकों के लिए आधारशिला के रूप में कार्य करता है। यह चक्र मुख्य

रूप से कार्बन डाइऑक्साइड (CO_2) के इर्द-गिर्द घूमता है, जो पृथ्वी के वायुमंडल का एक छोटा सा अंश (0.039%) बनाता है और पानी में भी मौजूद है, जो ग्रह के तापमान को नियंत्रित करने में महत्वपूर्ण भूमिका निभाता है। कार्बन चक्र में भिन्नताएं, चाहे प्राकृतिक हों या मानवजनित, वैश्विक जलवायु के स्वरूप को महत्वपूर्ण रूप से प्रभावित कर सकती हैं और विभिन्न क्षेत्रों में जीवन की विविधता को निर्धारित कर सकती हैं।

स्थलीय और जलीय उत्पादक अपने संबंधित वातावरण से CO_2 को अवशोषित करके और प्रकाश संश्लेषण के माध्यम से इसे ग्लूकोज और अन्य जटिल कार्बोहाइड्रेट में परिवर्तित करके इस चक्र में महत्वपूर्ण भूमिका निभाते हैं। वात आपेक्षी श्वसन की प्रक्रिया, जो ऑक्सीजन लेने वाले उत्पादकों, उपभोक्ताओं और अपघटकों द्वारा की जाती है, फिर इन कार्बनिक यौगिकों को तोड़ती है, CO_2 को वापस वायुमंडल और पानी में छोड़ती है, जिसे उत्पादकों द्वारा फिर से उपयोग किया जाता है। यह चक्र जीवमंडल के माध्यम से कार्बोहाइड्रेट के अन्य घटकों, ऑक्सीजन और हाइड्रोजन के साथ-साथ कार्बन के निरंतर परिसंचरण को सुनिश्चित करता है।

हालाँकि, कार्बन चक्र में धीमी प्रक्रियाएँ भी शामिल हैं। उदाहरण के लिए, अपघटक मृत जीवों के अवशेषों से कार्बन को CO_2 के रूप में वायुमंडल में छोड़ते हैं। जलीय वातावरण में, यह कार्बन तलछट में कार्बोनेट के रूप में संग्रहीत हो सकता है, समुद्री तलछट ग्रह के सबसे महत्वपूर्ण कार्बन भंडार के रूप में कार्य करता है। लाखों वर्षों में, दबाव और गर्मी मृत पौधों की सामग्री और जीवाणु के जमाव को कोयला, तेल और प्राकृतिक गैस जैसे जीवाश्म ईंधन में बदल देती है, जिसमें कार्बन होता है।

मानवीय गतिविधियों ने मुख्य रूप से बिजली उत्पादन के लिए कोयले जैसे जीवाश्म ईंधन के दहन के माध्यम से वायुमंडल में बड़ी मात्रा में CO_2 जारी करके कार्बन चक्र को महत्वपूर्ण रूप से बाधित करना शुरू कर दिया है। इसके अतिरिक्त, उष्णकटिबंधीय जंगलों और अन्य कार्बन-अवशोषित वनस्पतियों की तेजी से कटाई पृथ्वी की CO_2 को अवशोषित करने की क्षमता को कम करके चक्र के असंतुलन को बढ़ा देती है, जिससे वैश्विक जलवायु और कार्बन चक्र की गतिशीलता प्रभावित होती है।

1.6 पारिस्थितिक उत्तराधिकार

पारिस्थितिक उत्तराधिकार वह प्रक्रिया है जिसके माध्यम से पारिस्थितिक तंत्र समय के साथ परिवर्तन और विकास से गुजरता है, जो निरंतर प्रवाह की स्थिति में रहने वाले आवासों की गतिशील प्रकृति को दर्शाता है।

पारिस्थितिक उत्तराधिकार के प्रकार:

- **प्राथमिक उत्तराधिकार:** यह निर्जीव क्षेत्रों में होता है जहां पहले कोई पारिस्थितिकी तंत्र मौजूद नहीं था, जो जीवन की प्रारंभिक शुरुआत का प्रतीक है।
- **द्वितीयक उत्तराधिकार:** यह पहले से ही स्थापित पारिस्थितिकी तंत्र में गड़बड़ी का परिणाम है, जिससे पुनर्स्थापन का चरण शुरू होता है।

पारिस्थितिक उत्तराधिकार के चरण:

- **नगरीकरण:** किसी भी जीवन रूप से रहित बंजर स्थल का निर्माण।
- आक्रमण: एक नए क्षेत्र में प्रजातियों का आगमन और सफल स्थापना, उपनिवेशीकरण की शुरुआत।
- **प्रतिस्पर्धा और सहयोग:** जनसंख्या में वृद्धि के साथ, प्रजातियाँ अंतरिक्ष, पानी और पोषक तत्वों जैसे संसाधनों के लिए प्रतिस्पर्धा में संलग्न हो जाती हैं, जो प्रजातियों के अंतर्गत और बीच दोनों को प्रभावित करती हैं।
- **प्रतिक्रिया:** जीवित जीवों द्वारा पर्यावरण में संशोधन, पानी और पोषक तत्वों का उपयोग और संभावित रूप से नई प्रजातियों को बढ़ावा देते हुए वर्तमान निवासियों के लिए इसे कम उपयुक्त बनाना, जिससे संक्रमणकालीन समुदायों का निर्माण होता है।
- **स्थिरीकरण:** एक स्थिर चरमोत्कर्ष समुदाय में उत्तराधिकार की परिणति जो अपने परिवेश के साथ संतुलन प्राप्त करती है।

प्रारंभिक शर्तों के आधार पर नामकरण परंपराएँ:

- **हाइड्रार्क/हाइड्रोसेरे:** तालाब, दलदल और दलदल जैसे गीले वातावरण में उत्तराधिकार शुरू होता है।
- **मेसार्च:** मध्यम नमी स्तर वाले क्षेत्रों में उत्तराधिकार।
- **ज़ेरार्क/ज़ेरोसेरे:** शुष्क क्षेत्रों में उत्तराधिकार, जैसे नंगी चट्टान, रेत, या लवणीय मिट्टी।

अध्याय 1 का सारांश

- **पर्यावरण में पृथ्वी पर सभी जीवित और निर्जीव चीजें शामिल हैं,** जिसमें वायुमंडल, जल, मिट्टी और भौगोलिक विशेषताओं जैसे भौतिक तत्वों के साथ-साथ पौधों, जानवरों और सूक्ष्मजीवों जैसे जैविक घटकों को शामिल किया गया है।

- **जीवन को कायम रखने के लिए आवश्यक है** पर्यावरण मानव अस्तित्व और कल्याण के लिए महत्वपूर्ण वायु, जल, भोजन और पारिस्थितिकी तंत्र सेवाएं प्रदान करता है, जिसमें जलवायु विनियमन, जल शुद्धिकरण और परागण शामिल हैं।

- **मानवीय गतिविधियों ने पर्यावरण पर महत्वपूर्ण प्रभाव डाला है,** जिससे प्रदूषण, जलवायु परिवर्तन, आवास विनाश और जैव विविधता का नुकसान होता है, जिससे प्राकृतिक पारिस्थितिकी तंत्र और उनकी सेवाओं के संतुलन को खतरा होता है।

- **प्राकृतिक संसाधनों का सतत प्रबंधन, संरक्षण प्रयास और हरित प्रौद्योगिकियों और प्रथाओं को अपनाना आवश्यक है** पर्यावरणीय चुनौतियों से निपटने के लिए।

- **एक पारिस्थितिकी तंत्र समुदायों का एक गतिशील परिसर है** और उनका पर्यावरण एक कार्यात्मक इकाई के रूप में परस्पर क्रिया करता है, आकार में भिन्न होता है और मनुष्यों को भोजन, पानी, जलवायु विनियमन और सांस्कृतिक लाभ सहित आवश्यक सेवाएं प्रदान करता है।

- **पारिस्थितिक तंत्र पर मानव प्रभावों में भूमि उपयोग परिवर्तन, प्रदूषण, आक्रामक प्रजातियों का परिचय और जलवायु परिवर्तन शामिल हैं,** जिससे सेवाओं में गिरावट आई, जैव विविधता में कमी आई और पारिस्थितिक प्रक्रियाएं बाधित हुईं।

- **पर्यावरण विज्ञान एक अंतःविषय क्षेत्र है** मानव गतिविधियों के प्रभावों को समझने और कम करने के उद्देश्य से, पर्यावरण के जीवित और निर्जीव दोनों घटकों के साथ मानव संपर्क के अध्ययन पर ध्यान केंद्रित किया गया है।

- पर्यावरण हो सकता है **रासायनिक, भौतिक और जैविक घटकों में वर्गीकृत,** पर्यावरणीय चुनौतियों के विश्लेषण और समाधान के लिए एक व्यापक रूपरेखा की पेशकश।

- पृथ्वी की जीवन-समर्थन प्रणाली शामिल है **चार प्रमुख घटकः वायुमंडल, जलमंडल, भूमंडल और जीवमंडल,** सूर्य से ऊर्जा के प्रवाह, पोषक चक्र और गुरुत्वाकर्षण द्वारा कायम है।

- **प्रमुख पर्यावरणीय समस्याएं** इसमें प्रदूषण, ग्रीनहाउस प्रभाव, ग्लोबल वार्मिंग, ओजोन रिक्तीकरण, अपशिष्ट प्रबंधन चुनौतियां, जैव विविधता हानि और वैश्विक खाद्य आपूर्ति संकट शामिल हैं।

- **प्रकृति से प्राप्त स्थिरता के तीन सिद्धांत** इसमें सौर ऊर्जा का उपयोग करना, जैव विविधता को महत्व देना और रासायनिक चक्र को बढ़ावा देना, टिकाऊ जीवन पद्धतियों की दिशा में मार्गदर्शन करना शामिल है।

- **आईपीएटी मॉडल (प्रभाव = जनसंख्या × संपन्नता × प्रौद्योगिकी)** कम विकसित और अधिक विकसित दोनों देशों में जनसंख्या के आकार, संसाधन खपत और तकनीकी प्रभावों की भूमिकाओं पर प्रकाश डालते हुए पर्यावरणीय प्रभाव को प्रभावित करने वाले कारकों का चित्रण करता है।

- **हमारे पारिस्थितिक पदचिह्नों का विस्तार हो रहा है**, जिससे पृथ्वी की प्राकृतिक पूंजी का दोहन और ह्रास हुआ।

- **पारिस्थितिकी** जीवों और उनके पर्यावरण के बीच परस्पर क्रिया का वैज्ञानिक अध्ययन है, जो जीवित (जैविक) और निर्जीव (अजैविक) दोनों पहलुओं को कवर करता है, और आवास के महत्व पर जोर देता है।

- **एक पारिस्थितिकी तंत्र की संरचना** इसमें शामिल हैं:
    - **जैविक तत्व** जैसे उत्पादक (प्रकाश संश्लेषण पौधे), उपभोक्ता (शाकाहारी, मांसाहारी, सर्वाहारी, अपरदाहारी), और अपघटक (जीवाणु और कवक)।
    - **अजैविक तत्व शामिल हैं** भौतिक कारक (सूरज की रोशनी, तापमान, हवा) और रासायनिक कारक (कार्बन, नाइट्रोजन और फास्फोरस जैसे पोषक तत्व)।

- **एक पारिस्थितिकी तंत्र के कार्य** इसमें ट्रॉफिक स्तरों के माध्यम से ऊर्जा का प्रवाह, पोषक तत्वों का पुनर्चक्रण, और खाद्य श्रृंखलाओं और जालों द्वारा नियंत्रित गतिशीलता शामिल है, जो पारिस्थितिकी तंत्र की संरचना, ऊर्जा प्रवाह और पोषक चक्र पर प्रकाश डालती है।

- **खाद्य शृंखलाएँ और तंत्र** उत्पादकों से विभिन्न उपभोक्ताओं तक ऊर्जा और पोषक तत्व मार्ग स्थापित करना, एकाधिक आहार संबंधों और वैकल्पिक खाद्य स्रोतों की पेशकश करके पारिस्थितिकी तंत्र स्थिरता को बढ़ाना।

- **प्राकृतिक पूंजी** ऊर्जा, रसायनों और जीवों के साथ पारिस्थितिक तंत्र को रेखांकित करता है, पोषक चक्र और ऊर्जा प्रवाह के महत्व पर जोर देता है, जो सूर्य से उत्पन्न होता है और दक्षता हानि के साथ ट्रॉफिक स्तरों के माध्यम से आगे बढ़ता है।

- **पारिस्थितिकी तंत्र में ऊर्जा प्रवाह** यह सभी जैविक कार्यों के लिए महत्वपूर्ण है, जो मुख्य रूप से सूर्य से प्राप्त होता है, जिसमें पौधे सौर ऊर्जा को रासायनिक ऊर्जा में परिवर्तित करते हैं। ऊर्जा हस्तांतरण एकदैशिक है और ऊष्मप्रवैगिकी के नियमों द्वारा शासित होता है, जो ट्रॉफिक स्तरों के माध्यम से ऊर्जा संरक्षण और अपरिहार्य नुकसान पर प्रकाश डालता है।

- **पोषक तत्वो का आवर्तन** इसमें जैव-भू-रासायनिक चक्रों के माध्यम से तत्वों और यौगिकों की आवाजाही शामिल है, जिसमें मानव गतिविधियाँ प्रदूषण, वनों की कटाई और जीवाश्म ईंधन जलाने के माध्यम से इन प्राकृतिक चक्रों को प्रभावित करती हैं।

- **जल चक्र** सौर ऊर्जा द्वारा संचालित वाष्पीकरण, वर्षा और वाष्पोत्सर्जन जैसी प्रक्रियाओं के माध्यम से पृथ्वी की सीमित जल आपूर्ति को पुनर्चक्रित करता है। मानवीय गतिविधियां पानी की उपलब्धता और वितरण में परिवर्तन करके इस चक्र को प्रभावित करती हैं, जिससे मीठे पानी की कमी, अपवाह में वृद्धि और भूजल पुनर्भरण में बदलाव जैसे मुद्दे सामने आते हैं।

- **नाइट्रोजन चक्र** इसमें विभिन्न रासायनिक अवस्थाओं के माध्यम से नाइट्रोजन का परिवर्तन शामिल है, जो प्रोटीन, विटामिन और न्यूक्लिक एसिड के लिए आवश्यक है प्राथमिक **भंडार के रूप में नाइट्रोजन गैस (N2)**।

  - प्राकृतिक तंत्र **N2 को जैविक रूप से उपयोगी रूपों में परिवर्तित करना:** वायुमंडलीय बिजली और नाइट्रोजन-फिक्सिंग बैक्टीरिया/सायनोबैक्टीरिया, जो अमोनिया और अमोनियम आयन पैदा करते हैं।

  - **नाइट्रीकरण** अमोनिया को नाइट्रेट आयनों में परिवर्तित करता है, जिसका उपयोग पौधों द्वारा किया जाता है।

  - पशु पौधों से नाइट्रोजन युक्त यौगिक ग्रहण करते हैं, और अपघटक **नाइट्रोजन का पुनर्चक्रण करते हैं** अमोनीकरण और विनाइट्रीकरण के माध्यम से पर्यावरण में वापस।

- **नाइट्रोजन चक्र पर मानव का प्रभाव** इसमें ईंधन का दहन, सिंथेटिक उर्वरकों का उपयोग, वनों की कटाई और कृषि अपवाह शामिल हैं, **प्राकृतिक नाइट्रोजन संतुलन को बाधित करना** और ग्लोबल वार्मिंग और ओजोन रिक्तीकरण में योगदान दे रहा है।

- **कार्बन चक्र** यह जीवमंडल, वायुमंडल और जलमंडल के बीच कार्बन के आदान-प्रदान का वर्णन करता है, जो जीवन के कार्बनिक यौगिकों के लिए महत्वपूर्ण है।

- स्थलीय और जलीय उत्पादक CO2 को अवशोषित करते हैं, इसे प्रकाश संश्लेषण के माध्यम से ग्लूकोज में परिवर्तित करते हैं।
- **एरोबिक श्वसन** CO2 को वापस वायुमंडल में छोड़ता है, जिससे कार्बन का निरंतर संचार सुनिश्चित होता है।
- अपघटन और जीवाश्म ईंधन का निर्माण धीमी प्रक्रियाएँ है तलछट **और पृथ्वी की पपड़ी में कार्बन का भंडारण करें.**

- **मानवीय गतिविधियां कार्बन चक्र को बाधित करती हैं**, विशेष रूप से के माध्यम से जीवाश्म **ईंधन का दहन** और वनों की कटाई,**वैश्विक जलवायु पैटर्न को प्रभावित करना.**

- **पारिस्थितिक उत्तराधिकार** समय के साथ पारिस्थितिकी तंत्र में बदलाव की प्रक्रिया है, जिसमें प्राथमिक उत्तराधिकार निर्जीव क्षेत्रों में शुरू होता है और द्वितीयक उत्तराधिकार गड़बड़ी के बाद शुरू होता है।

  - **उत्तराधिकार के चरण** इसमें नग्नता, आक्रमण, प्रतिस्पर्धा, प्रतिक्रिया और स्थिरीकरण शामिल है, जो एक चरमोत्कर्ष समुदाय की ओर ले जाता है।

  - नामकरण परंपराएँ (हाइड्रार्क, मेसार्च, ज़ेरार्क) प्रारंभिक स्थितियों की नमी के स्तर को दर्शाती हैं, जो दर्शाती हैं **पारिस्थितिक तंत्र की गतिशील प्रकृति** पर्यावरणीय परिवर्तनों के अनुरूप ढलना।

जैव विविधता

श्रीवरदा माळगे

M.Sc., M.A., NET

2.1 जैव विविधता

जैविक विविधता, जिसे आमतौर पर जैव विविधता के रूप में जाना जाता है, में पृथ्वी पर असंख्य प्रजातियाँ, उनकी आनुवंशिक विविधता, व पारिस्थितिक तंत्र और ऊर्जा प्रवाह और पोषक चक्र जैसी महत्वपूर्ण पारिस्थितिकी तंत्र प्रक्रियाएं शामिल हैं, जो जीवन के सभी रूपों का समर्थन करती हैं। वैज्ञानिकों ने अब तक बीस लाख से अधिक प्रजातियों को सूचीबद्ध किया है, फिर भी यह अनुमान लगाया गया है कि दसियों लाख से अधिक प्रजातियां अभी भी अज्ञात हैं, जो जीवन की गहन जटिलता और अंतर्संबंध को रेखांकित करती हैं। शैवाल और घुन जैसे सूक्ष्म जीवों से लेकर अधिक दृश्यमान जीवों तक, जीवन रूपों की यह विशाल श्रृंखला जटिल अंतःक्रियाओं के माध्यम से पनपती है जो ग्रह की जैविक समृद्धि को बनाए रखती है।

जैव विविधता का सार केवल विविधता से परे फैला हुआ है, जिसमें प्रजातियों के बीच आनुवंशिक भिन्नता, स्वयं प्रजातियों की विविधता, विभिन्न पारिस्थितिक तंत्रों की सीमा और पारिस्थितिकी तंत्र की कार्यक्षमता को रेखांकित करने वाली प्रक्रियाओं की श्रृंखला शामिल है। यह विविधता पृथ्वी पर जीवन के लचीलेपन और स्थिरता के लिए महत्वपूर्ण है। प्रत्येक प्रजाति, चाहे वह कितनी भी छोटी या महत्वहीन क्यों न हो, एक अद्वितीय पारिस्थितिकी स्थान रखती है, जो अपने पारिस्थितिकी तंत्र के संतुलन और स्वास्थ्य में अपना योगदान देती है।

किसी भी पारिस्थितिकी तंत्र के भीतर, प्रजातियाँ विभिन्न भूमिकाएँ निभा सकती हैं - देशी, गैर-देशी, संकेतक, कीस्टोन या नींव - जो पारिस्थितिकी तंत्र की संरचना, कार्य और समग्र स्वास्थ्य को प्रभावित करती हैं। प्रजातियों की विविधता की अवधारणा जैव विविधता को समझने के लिए केंद्रित है, जो एक विशिष्ट स्थान में प्रजातियों की विविधता और प्रचुरता दोनों की विशेषता है। इसमें प्रजातियों की समृद्धि शामिल है, जो मौजूद विभिन्न प्रजातियों की कुल संख्या को संदर्भित करती है, और प्रजातियों की समरूपता, जो प्रत्येक प्रजाति की सापेक्ष

बहुतायत को मापती है। साथ में, जैव विविधता के ये पहलू हमारे ग्रह पर जीवन की विविधता की जटिल और अपरिहार्य प्रकृति को उजागर करते हैं।

2.2 जैव विविधता का स्तर

जैव विविधता तीन अलग-अलग स्तरों पर प्रकट होती है:

- **आनुवंशिक विविधता**: जैव विविधता का यह पहलू एक प्रजाति के भीतर जीन की विविधता पर प्रकाश डालता है, जिसमें प्रजातियों की आनुवंशिक संरचना में पाए जाने वाले सभी विभिन्न आनुवंशिक लक्षण शामिल होते हैं। आनुवंशिक विविधता किसी भी प्रजाति के व्यक्तियों के बीच भिन्नता का आधार है, जो आकार, आकृति, सुगंध और पोषक तत्व जैसी विशेषताओं को प्रभावित करती है। उदाहरण के लिए, ओराइज़ा सैटाइवा या चावल की प्रजाति, दुनिया भर में 40,000 से अधिक विभिन्न किस्मों का दावा करती है, जिनमें से प्रत्येक की अनुवांशिक विशेषताओं का अपना अनूठा समूह है।

- **प्रजातीय विविधता**: यह स्तर किसी विशिष्ट क्षेत्र में प्रजातियों की विविधता और प्रचुरता से संबंधित है। मानव गतिविधियाँ विभिन्न माध्यमों से प्रजातियों की विविधता को महत्वपूर्ण रूप से प्रभावित करती हैं, जैसे निवास स्थान का विनाश, संशोधन, विखंडन, गैर-देशी प्रजातियों का परिचय, अत्यधिक कटाई और वैश्विक जलवायु परिवर्तन के व्यापक प्रभाव। इनमें से प्रत्येक क्रिया पारिस्थितिकी तंत्र में प्रजातियों की संख्या और विविधता में भारी बदलाव ला सकती है।

- **पारिस्थितिकी तंत्र विविधता**: पारिस्थितिकी तंत्र विविधता एक क्षेत्र के भीतर पाए जाने वाले विभिन्न पारिस्थितिक तंत्रों की सीमा को संदर्भित करती है, जो भौतिक स्थितियों - नमी के स्तर, तापमान, ऊंचाई और वर्षा - की विविधता को उजागर करती है जो आवास की विविधता में योगदान करती है। यह पारिस्थितिकी **तंत्र विविधता** लाखों वर्षों के विकास का परिणाम है, जो प्रत्येक पारिस्थितिकी तंत्र की अद्वितीय और अपूरणीय प्रकृति को रेखांकित करती है। पारिस्थितिकी तंत्र विविधता के उदाहरणों में वर्षावन, तालाब पारिस्थितिकी तंत्र और रेगिस्तानी पारिस्थितिकी तंत्र शामिल हैं, जिनमें से प्रत्येक का जीवन रूपों और पर्यावरणीय स्थितियों का अपना विशिष्ट समुदाय है।

सामूहिक रूप से, जैव विविधता के ये स्तर पृथ्वी पर जीवन की जटिलता और अंतर्संबंध को रेखांकित करते हैं, हमारे ग्रह की समृद्ध जैविक विरासत के संरक्षण के महत्व पर जोर देते हैं।

<u>भारत- एक विशाल जैव विविधता वाला राष्ट्र</u>

भारत को दुनिया के मेगा-जैव विविधता वाले देशों में से एक माना जाता है, जो वैश्विक जैव विविधता में महत्वपूर्ण स्थान रखता है:

- दुनिया की 6% प्रजातियों का घर, भारत पौधों की विविधता में 10वें और स्थानिक प्रजातियों की संख्या के मामले में 11वें स्थान पर है।
- यह कृषि फसलों की उत्पत्ति में छठे स्थान पर है, जो इसकी खेती वाले पौधों की समृद्ध आनुवंशिक विविधता को प्रदर्शित करता है।
- आज तक, इसकी सीमाओं के भीतर 150,000 से अधिक जीवित प्रजातियों की पहचान की गई है।
- भारत में दुनिया के दो महत्वपूर्ण जैव विविधता हॉटस्पॉट हैं।
- यह विश्व स्तर पर 12 मान्यता प्राप्त मेगा-जैव विविधता वाले देशों में से एक है।

भारत की विशाल जैव विविधता काफी हद तक इसकी विविध जलवायु, स्थलाकृति और वनस्पतियों और जीवों की समृद्ध विविधता के कारण है, जो इन कारकों द्वारा समर्थित हैं। देश में वार्षिक वर्षा की एक विस्तृत श्रृंखला का अनुभव होता है, राजस्थान के शुष्क क्षेत्रों में 37 सेमी से कम से लेकर मेघालय की गीली पहाड़ियों में 1200 सेमी से अधिक तक। यह जलवायु विविधता तीन अलग-अलग मौसमों का समर्थन करती है: सर्दी, गर्मी और मानसून, प्रत्येक की गंभीरता अलग-अलग होती है।

भारत में वनस्पति विभिन्न क्षेत्रों में नाटकीय रूप से भिन्न है, जिनमें शामिल हैं:

- राजस्थान के रेगिस्तानों में उगने वाले मरूद्भिद पौधे,
- उत्तर-पूर्व और पश्चिमी घाट में घने सदाबहार वन,
- तटीय क्षेत्रों के साथ मैंग्रोव वन,
- मध्य भारत पर हावी शुष्क पर्णपाती वन,
- पहाड़ियों को कवर करने वाले शंकुधारी वन, और
- अल्पाइन चरागाह हिमालय की ऊँचाई पर पाए जाते हैं।

जलवायु, स्थलाकृति और प्राकृतिक आवासों में यह विविधता जैव विविधता के केंद्र के रूप में भारत के महत्व को रेखांकित करती है, जिससे संरक्षण और टिकाऊ प्रबंधन के प्रयासों की आवश्यकता होती है।

2.3 जैव विविधता के ऊषणीय क्षेत्र

भारत एक विशाल-विविध राष्ट्र के रूप में खड़ा है, जिसकी विशेषता इसकी महत्वपूर्ण जैव विविधता है जिसमें प्रजातियों, पारिस्थितिकी तंत्र और आनुवंशिक विविधता की एक विस्तृत श्रृंखला शामिल है। यह दुनिया की 6% प्रजातियों का दावा करता है, पौधों की विविधता में 10वें स्थान पर है और अपनी स्थानिक प्रजातियों के लिए 11वें स्थान पर है, जो विशिष्ट क्षेत्रों के लिए अद्वितीय हैं। कृषि भी यहीं अपनी जड़ें जमाती है और भारत को फसलों के मामले में छठे स्थान पर रखती है। मौजूद असंख्य प्रजातियों में से 150,000 की पहचान की जा चुकी है, जो देश की समृद्ध जैविक टेपेस्ट्री को उजागर करती है। भारत दो महत्वपूर्ण जैव विविधता के ऊषणीय क्षेत्रों का केंद्र है: पूर्वी हिमालय और पश्चिमी घाट, प्रत्येक अद्वितीय आवास प्रदान करते हैं और जीवन की एक विशाल श्रृंखला का समर्थन करते हैं।

पूर्वी हिमालय, भारत के उत्तरी राज्यों के साथ-साथ नेपाल और भूटान के कुछ भागों तक फैला हुआ है, जो अपनी जैव विविधता के लिए प्रसिद्ध है, जिसमें 35,000 पौधों की प्रजातियां शामिल हैं - जिनमें से 30% स्थानिक हैं। यह क्षेत्र भारत के स्तनधारियों और पक्षियों के एक महत्वपूर्ण प्रतिशत का भी समर्थन करता है। इसी तरह, पश्चिमी घाट भी जैव विविधता का खजाना है, जिसमें इस क्षेत्र में स्थानिक पौधों, उभयचरों और छिपकलियों का पर्याप्त अनुपात है। समृद्ध वन क्षेत्र के बावजूद, मूल वनों का केवल एक अंश ही बचा है, जो संरक्षण की तत्काल आवश्यकता को रेखांकित करता है।

जैव विविधता में पर्यावरण और जैविक संगठन के विभिन्न स्तर शामिल हैं, जिनमें विलुप्त होने के खतरे में पड़ी प्रजातियाँ, जैसे कि भारतीय बाघ,मोर, और डोडो एवं भारतीय चीता जैसी विलुप्त प्रजातियाँ शामिल हैं। भारतीय गैंडा और नीलगिरी लंगूर जैसी कमजोर प्रजातियों को तत्काल खतरों का सामना करना पड़ता है, जबकि गौरैया और काले हिरण जैसी दुर्लभ प्रजातियों की आबादी छोटी है लेकिन अभी तक खतरे में नहीं है। एशियाई शेर और लाल पांडा सहित स्थानिक प्रजातियाँ विशिष्ट क्षेत्रों की मूल निवासी और अद्वितीय हैं, जो उनके आवासों की अद्वितीय पारिस्थितिक संरचना में योगदान करती हैं।

जैव विविधता का मूल्य बहुआयामी है, जिसमें आंतरिक मूल्य और उपयोगितावादी लाभ शामिल हैं जो भोजन, चिकित्सा और ईंधन में प्रत्यक्ष उपभोग उपयोग से लेकर सांस्कृतिक, सामाजिक और सौंदर्य मूल्यों तक शामिल हैं। इसमें भविष्य की खोजों की संभावना और इसके द्वारा प्रदान की जाने वाली आवश्यक पारिस्थितिकी तंत्र सेवाएं भी शामिल हैं, जैसे कि मिट्टी के कटाव की रोकथाम, बाढ़ नियंत्रण, पोषक चक्रण और जलवायु विनियमन। ये योगदान जीवन को बनाए रखने में जैव विविधता की महत्वपूर्ण भूमिका और भावी पीढ़ियों के लिए इसे संरक्षित करने के प्रयासों के महत्व पर प्रकाश डालते हैं।

2.4 जैव विविधता के लिए खतरा

जैव विविधता को कई खतरों का सामना करना पड़ता है जो दुनिया भर में अनगिनत प्रजातियों के अस्तित्व और पारिस्थितिकी तंत्र की अखंडता को खतरे में डालता है। इन खतरों में शामिल हैं:

- **आवास का विनाश:** जैव विविधता के लिए प्राथमिक खतरा, आवास विनाश वनों की कटाई, शहरीकरण, कृषि विस्तार और बुनियादी ढांचे के विकास के माध्यम से होता है, जिससे आवासों का नुकसान और विखंडन होता है। उदाहरण के लिए, भारत में वन क्षेत्र प्रति वर्ष 0.6% की दर से घट रहा है। यह विखंडन पारिस्थितिक तंत्र को अलग-अलग हिस्सों में विभाजित करता है, जिसके फलस्वरूप भालू और बाघ जैसे बड़े जानवरों के आवास बाधित होते हैं, और अंततः उनके अस्तित्व को खतरा होता है।
- **अवैध शिकार:** कानूनी प्रतिबंधों के बावजूद फर, सींग, दांत और खाल जैसे उत्पादों के लिए वन्यजीवों का अवैध शिकार, हत्या और व्यापार जारी है। अवैध शिकार न केवल वाणिज्यिक और निर्वाह कारणों से जानवरों को निशाना बनाता है, बल्कि जीवित जानवरों की तस्करी भी करता है, जिससे वन्यजीवों की आबादी में काफी कमी आती है।
- **मानव-वन्यजीव संघर्ष:** संघर्ष तब उत्पन्न होते हैं जब वन्यजीव मानव जीवन या आजीविका के लिए सीधा खतरा पैदा करते हैं, जिससे अक्सर प्रभावित समुदायों द्वारा प्रतिशोध में जीव हत्याएं होती हैं। उदाहरण के लिए, उड़ीसा के संबलपुर में, मनुष्यों और हाथियों के बीच संघर्ष में दोनों पक्षों को काफी नुकसान हुआ ।
- **प्रदूषण:** पारिस्थितिकी तंत्र पर विभिन्न स्रोतों से प्रदूषण का बोझ बढ़ रहा है, जिससे आवासों का क्षरण हो रहा है और प्रजातियों का नुकसान हो रहा है।

- **प्रजाति परिचय**: गैर-देशी प्रजातियों का आगमन स्थानीय पारिस्थितिक तंत्र को बाधित कर सकता है, जो अक्सर देशी प्रजातियों को मात दे सकता है या उनका शिकार कर सकता है, जिससे जैव विविधता में गिरावट आ सकती है।
- **वैश्विक जलवायु परिवर्तन**: जलवायु पैटर्न में बदलाव विश्व स्तर पर पारिस्थितिक तंत्र को प्रभावित करता है, आवासों को बदलता है और अनेक प्रजातियों के अस्तित्व को चुनौती देता है।
- **शोषण**: प्राकृतिक संसाधनों का अत्यधिक दोहन, चाहे वह लकड़ी, औषधीय पौधे, या अन्य कच्चे माल के लिए हो, प्रजातियों और पारिस्थितिकी तंत्र के लिए खतरा है।

स्थलीय पारिस्थितिकी तंत्र और उनकी जैव विविधता को संरक्षित करने के लिए, कई रणनीतियों को नियोजित किया जा सकता है, जिनमें शामिल हैं:

- **पारिस्थितिक सेवाओं का आर्थिक मूल्यांकन**: वनों की पारिस्थितिक सेवाओं से प्राप्त आर्थिक लाभों को पहचानने और बढ़ावा देने से उनके संरक्षण में सहायता मिल सकती है।
- **सतत प्रबंधन प्रथाओं**: नियंत्रित चराई और पुनर्वनीकरण जैसी स्थायी वानिकी और घास के मैदान प्रबंधन प्रथाओं को लागू करने से इन महत्वपूर्ण आवासों को बनाए रखने में मदद मिल सकती है।
- **संरक्षण और पुनरुद्धार**: मौजूदा प्राकृतिक भंडारों की सुरक्षा को बढ़ाना, ख़राब पारिस्थितिकी प्रणालियों की बहाली और जैव विविधता हॉटस्पॉट की पहचान और संरक्षण के साथ, जैव विविधता को बनाए रखने की दिशा में महत्वपूर्ण कदम हैं।
- **सुलह पारिस्थितिकी**: वन्यजीव गलियारे बनाने और संरक्षण परियोजनाओं को लागू करने जैसी प्रथाओं के माध्यम से हमारी प्रभुत्व वाली भूमि को अन्य प्रजातियों के साथ साझा करना मानव गतिविधि के साथ-साथ जैव विविधता को बढ़ावा दे सकता है।

जैव विविधता के खतरों को कम करने और स्थायी सह-अस्तित्व को बढ़ावा देने के उद्देश्य से ये उपाय, भविष्य की पीढ़ियों के लिए ग्रह की जैविक संपदा को संरक्षित करने के लिए महत्वपूर्ण हैं।

2.5 जैव विविधता का संरक्षण

जैव विविधता संरक्षण पृथ्वी पर जीवन की विविधता को संरक्षित करने के लिए दो मुख्य रणनीतियों का उपयोग करता है, प्रत्येक की अपनी अनूठी विधियाँ और सेटिंग्स हैं।

यथास्थिति, संरक्षण इसमें प्राकृतिक आवासों और उनमें रहने वाले वनस्पतियों और जीवों की रक्षा करना शामिल है। यह दृष्टिकोण जैव विविधता के संरक्षण के लिए मूलभूत है, क्योंकि यह पारिस्थितिक तंत्र को उनकी प्राकृतिक स्थिति में बनाए रखता है, जिससे प्रजातियों को बाहरी हस्तक्षेप के बिना रहने, बातचीत करने और विकसित होने की अनुमति मिलती है। संरक्षित क्षेत्रों के विभिन्न रूप इस उद्देश्य को पूरा करते हैं, जिनमें बायोस्फीयर रिजर्व, राष्ट्रीय उद्यान, वन्यजीव अभयारण्य, संरक्षण रिजर्व और टाइगर रिजर्व शामिल हैं। इसके अतिरिक्त, बीज स्टैंड और बीज उत्पादन क्षेत्र जैसे विशेष संरक्षण प्रयास, साथ ही उनके बेहतर आनुवंशिक गुणों के लिए प्लस पेड़ों के चयन, प्राकृतिक आवासों के भीतर आनुवंशिक विविधता के संरक्षण में योगदान करते हैं।

पूर्व सीटू संरक्षण दूसरी ओर, यह प्राकृतिक आवासों के बाहर होता है और विलुप्त होने के खतरे में या पहले से ही अपने प्राकृतिक वातावरण से खो चुकी प्रजातियों की सुरक्षा के लिए महत्वपूर्ण है। इस पद्धति में बॉटनिकल गार्डन और आर्बोरेटा की स्थापना शामिल है, जो विभिन्न प्रकार की पौधों की प्रजातियों की खेती और अध्ययन के लिए समर्पित हैं। हर्बल गार्डन, क्लोनल रिपॉजिटरी और प्लांट हरबेरियम पौधों की विशिष्ट श्रेणियों या अनुसंधान और शैक्षिक उद्देश्यों के लिए समान उद्देश्यों की पूर्ति करते हैं। उद्रम परीक्षण यह समझने में मदद करते हैं कि विभिन्न पर्यावरणीय परिस्थितियों पौधों की वृद्धि और अस्तित्व को कैसे प्रभावित करती हैं। जीन बैंक और बीज बैंक भविष्य में उपयोग के लिए आनुवंशिक सामग्री को संरक्षित करने, प्रजातियों के अस्तित्व को सुनिश्चित करने और अनुसंधान और बहाली परियोजनाओं को सुविधाजनक बनाने में महत्वपूर्ण भूमिका निभाते हैं। संस्कृति संग्रह अध्ययन और संरक्षण के लिए सूक्ष्मजीवों, पौधों और जानवरों के नमूनों को बनाए रखने में भी योगदान देता है।

2.5.1 यथास्थान संरक्षण

इन-सीटू संरक्षण एक मौलिक दृष्टिकोण है जिसका उद्देश्य सीधे प्राकृतिक आवासों के भीतर जैव विविधता को संरक्षित करना है। इस पद्धति में विभिन्न प्रकार के संरक्षित क्षेत्रों और पहलों को शामिल किया गया है, जो उनके मूल वातावरण में पारिस्थितिक तंत्र, प्रजातियों और आनुवंशिक विविधता की सुरक्षा के लिए डिज़ाइन किए गए हैं।

आरक्षित जैवमंडल दीर्घकालिक संरक्षण के लिए विशिष्ट पारिस्थितिक तंत्र का प्रतिनिधित्व करने, संरक्षण उद्देश्यों के साथ मानव गतिविधि को संतुलित करने के लिए यूनेस्को के "मैन एंड बायोस्फीयर" कार्यक्रम के तहत नामित किया गया है। भारत ने 49,012.62 वर्ग किलोमीटर क्षेत्र में फैले 14 आरक्षित जैवमंडल की पहचान की है, जिसमें उत्तर प्रदेश में नंदा देवी, कर्नाटक, केरल और तमिलनाडु में नीलगिरि रिजर्व बायोस्फीयर, तमिलनाडु में मन्नार की खाड़ी और सुंदरबन जैसे उल्लेखनीय स्थल शामिल हैं।

जीवमंडल रिज़र्व	स्थान (राज्य)
नीलगिरि बायोस्फीयर रिजर्व	तमिलनाडु, केरल, कर्नाटक
नंदा देवी बायोस्फीयर रिजर्व	उत्तराखंड
नोकरेक बायोस्फीयर रिजर्व	मेघालय
ग्रेट निकोबार बायोस्फीयर रिजर्व	अंडमान व निकोबार द्वीप समूह
मन्नार की खाड़ी बायोस्फीयर रिजर्व	तमिलनाडु
सुंदरवन बायोस्फीयर रिजर्व	पश्चिम बंगाल
मानस बायोस्फीयर रिजर्व	असम
सिमलीपाल बायोस्फीयर रिजर्व	ओडिशा
डिब्रू-सैखोवा बायोस्फीयर रिजर्व	असम
देहांग-दिबांग बायोस्फीयर रिजर्व	अरुणाचल प्रदेश
पंचमणी बायोस्फीयर रिजर्व	मध्य प्रदेश
कंचनजंगा बायोस्फीयर रिजर्व	सिक्किम
अगस्त्यमलाई बायोस्फीयर रिजर्व	केरल, तमिलनाडु
अचानकमार-अमरकंटक बायोस्फीयर रिजर्व	छत्तीसगढ़ , मध्य प्रदेश
कच्छ बायोस्फीयर रिजर्व	गुजरात

कोल्ड डेजर्ट बायोस्फीयर रिजर्व	हिमाचल प्रदेश
शेषाचलम हिल्स बायोस्फीयर रिजर्व	आंध्र प्रदेश
पन्ना बायोस्फीयर रिजर्व	मध्य प्रदेश

राष्ट्रीय उद्यान समग्र जैव विविधता के साथ-साथ विशेष प्रजातियों के संरक्षण पर जोर देते हुए, वन्यजीवों और उनके आवासों के लिए अभयारण्य के रूप में कार्य करें। वे पारिस्थितिक अखंडता से समझौता किए बिना, पर्यावरण-पर्यटन की सुविधा प्रदान करते हैं, प्राकृतिक वातावरण की सार्वजनिक सराहना और समझ को बढ़ाते हैं। भारत में 97 राष्ट्रीय उद्यान हैं जो 38,199.47 वर्ग किलोमीटर या देश के भौगोलिक क्षेत्र का 1.16% कवर करते हैं, अतिरिक्त 74 पार्कों की स्थापना का प्रस्ताव है।

राष्ट्रीय उद्यान	स्थान (राज्य)	महत्त्वपूर्ण वन्य जीवन
जिम कॉर्बेट नेशनल पार्क	उत्तराखंड	बंगाल टाइगर, तेंदुए, भारतीय हाथी
काजीरंगा राष्ट्रीय उद्यान	असम	एक सींग वाला गैंडा, बाघ, हाथी
रणथंभौर राष्ट्रीय उद्यान	राजस्थान	बाघ, तेंदुआ, मगरमच्छ
कान्हा राष्ट्रीय उद्यान	मध्य प्रदेश	बाघ, बारासिंघा (दलदल हिरण), तेंदुए
बांधवगढ़ राष्ट्रीय उद्यान	मध्य प्रदेश	बाघ, तेंदुए, भारतीय बाइसन (गौर)
सुंदरवन राष्ट्रीय उद्यान	पश्चिम बंगाल	रॉयल बंगाल टाइगर्स, खारे पानी के मगरमच्छ
केवलादेव घाना राष्ट्रीय उद्यान	राजस्थान	साइबेरियन क्रेन, किंगफिशर, ईगल्स
राष्ट्रीय उद्यान देता है	गुजरात	एशियाई शेर, तेंदुए, मृग
बांदीपुर राष्ट्रीय उद्यान	कर्नाटक	बाघ, भारतीय हाथी, गौर
पेंच राष्ट्रीय उद्यान	मध्य प्रदेश	बाघ, तेंदुए, जंगली कुत्ते (ढोल)

नागरहोल राष्ट्रीय उद्यान	कर्नाटक	बाघ, भारतीय बाइसन (गौर), हाथी
पेरियार राष्ट्रीय उद्यान	केरल	हाथी, बाघ, शेर जैसी पूंछ वाले मकाक
ताडोबा अंधारी टाइगर रिजर्व	महाराष्ट्र	बाघ, तेंदुए, सुस्त भालू
वाल्मिकी राष्ट्रीय उद्यान	बिहार	बाघ, गैंडा, काले भालू
दुधवा राष्ट्रीय उद्यान	उत्तर प्रदेश	बाघ, गैंडा, दलदली हिरण

वन्यजीव अभयारण्य संरक्षित क्षेत्र का दूसरा रूप है जहां वन्यजीवों के लिए हानिकारक गतिविधियां, जैसे सामान्य एवं अवैध शिकार, सख्ती से विनियमित या प्रतिबंधित हैं। ये अभयारण्य, जिनकी संख्या 508 है और भारत के 3.6% भौगोलिक क्षेत्र को कवर करते हैं, वनस्पतियों और जीवों दोनों के संरक्षण में महत्वपूर्ण भूमिका निभाते हैं। इसके अतिरिक्त, पौधों के संरक्षण के लिए विशिष्ट जीन अभयारण्य हैं, जैसे कि साइट्रस परिवार और पूर्वोत्तर भारत में पिचर प्लांट के लिए, और जानवरों के लिए लक्षित संरक्षण परियोजनाएं, जिनमें प्रोजेक्ट टाइगर, गिर शेर परियोजना और मगरमच्छ प्रजनन परियोजना शामिल हैं।

वन्यजीव अभ्यारण्य	स्थान (राज्य)	महत्त्वपूर्ण वन्य जीवन
भरतपुर पक्षी अभयारण्य	राजस्थान	साइबेरियाई सारस, पेलिकन, बगुला
चिल्का झील पक्षी अभयारण्य	ओडिशा	राजहंस, सफेद पेट वाले समुद्री चील
गिर वन्यजीव अभयारण्य	गुजरात	एशियाई शेर, तेंदुए, लकड़बग्घे
सरिस्का वन्यजीव अभयारण्य	राजस्थान	बाघ, तेंदुए, जंगली सूअर
पेरियार वन्यजीव अभयारण्य	केरल	हाथी, बाघ, शेर जैसी पूंछ वाले मकाक

रंगनाथिट्टू पक्षी अभयारण्य		कर्नाटक	स्पूनबिल्स, सारस, आइबिस
मुदुमलाई वन्यजीव अभयारण्य		तमिलनाडु	बाघ, तेंदुआ, हाथी
वायनाड वन्यजीव अभयारण्य		केरल	हाथी, बाघ, पैंथर
सासन-गिर वन्यजीव अभयारण्य		गुजरात	एशियाई शेर, तेंदुए, सियार
कान्हा वन्यजीव अभयारण्य		मध्य प्रदेश	बाघ, बारहसिंगा, तेंदुए
सुंदरवन वन्यजीव अभयारण्य		पश्चिम बंगाल	रॉयल बंगाल टाइगर, खारे पानी के मगरमच्छ
राजाजी राष्ट्रीय उद्यान		उत्तराखंड	एशियाई हाथी, बाघ, किंग कोबरा
थट्टेकड पक्षी अभयारण्य		केरल	सीलोन फ्रॉगमाउथ, भारतीय पित्त
नल सरोवर पक्षी अभयारण्य		Gujarat	पेलिकन, राजहंस, बत्तख
ताडोबा वन्यजीव अभयारण्य		महाराष्ट्र	बाघ, तेंदुए, सुस्त भालू

टाइगर रिजर्व इस लुप्तप्राय प्रजाति की रक्षा के उद्देश्य से 1973 में प्रोजेक्ट टाइगर के हिस्से के रूप में स्थापित किया गया था। आरंभिक नौ अभयारण्यों से, इस पहल का विस्तार 2006 तक 29 अभयारण्यों को शामिल करने के लिए किया गया, जो सामूहिक रूप से भारत के भौगोलिक क्षेत्र के 1.17% को कवर करते हैं, जिसमें पेरियार, कान्हा और कॉर्बेट जैसे प्रमुख अभयारण्य शामिल हैं।

बीज स्टैंड और बीज उत्पादन क्षेत्र बेहतर बीज गुणवत्ता के विकास के लिए सर्वोत्तम प्राकृतिक स्टैंडों या वृक्षारोपण से पहचान की जाती है। यह घटक भावी पौधों की पीढ़ियों की आनुवंशिक गुणवत्ता को बढ़ाने के लिए महत्वपूर्ण है।

टाइगर रिजर्व	स्थान (राज्य)	महत्वपूर्ण वन्य जीवन
कॉर्बेट टाइगर रिजर्व	उत्तराखंड	बंगाल टाइगर, हाथी, तेंदुए
रणथंभौर टाइगर रिजर्व	राजस्थान	बंगाल टाइगर, तेंदुए, मगरमच्छ
बांधवगढ़ टाइगर रिजर्व	मध्य प्रदेश	बंगाल टाइगर्स, तेंदुए, भारतीय बाइसन
सुंदरबन टाइगर रिजर्व	पश्चिम बंगाल	बंगाल टाइगर्स, खारे पानी के मगरमच्छ, डॉल्फ़िन
कान्हा टाइगर रिजर्व	मध्य प्रदेश	बंगाल टाइगर्स , बारहसिंगा , तेंदुए
काजीरंगा टाइगर रिजर्व	असम	बंगाल टाइगर, एक सींग वाला गैंडा, हाथी
ताडोबा-अंधारी टाइगर रिजर्व	महाराष्ट्र	बंगाल टाइगर, तेंदुए, सुस्त भालू
पेंच टाइगर रिजर्व	मध्य प्रदेश	बंगाल टाइगर, तेंदुए, जंगली कुत्ते
सरिस्का टाइगर रिजर्व	राजस्थान	बंगाल टाइगर्स, तेंदुए, धारीदार लकड़बग्घे
पेरियार टाइगर रिजर्व	केरल	बंगाल टाइगर्स, भारतीय हाथी, गौर
नागरहोल टाइगर रिजर्व	कर्नाटक	बंगाल टाइगर्स, इंडियन बाइसन, हाथी
मुदुमलाई टाइगर रिजर्व	तमिलनाडु	बंगाल टाइगर्स, भारतीय हाथी, तेंदुए
सिमलीपाल टाइगर रिजर्व	ओडिशा	बंगाल टाइगर, हाथी, तेंदुए
बांदीपुर टाइगर रिजर्व	कर्नाटक	बंगाल टाइगर, भारतीय हाथी, गौर

| वाल्मीकि टाइगर रिजर्व | बिहार | बंगाल टाइगर्स, भारतीय गैंडा, तेंदुए |

साथ ही, पेड़ फेनोटाइपिक रूप से बेहतर पेड़ों का चयन करके प्रजाति-स्तरीय विविधता को संरक्षित करने की एक विधि का प्रतिनिधित्व करते हैं। ये पेड़ अपने असाधारण गुणों के लिए पहचाने जाते हैं और जीन संरक्षण प्रयासों में महत्वपूर्ण भूमिका निभाते हैं।

2.5.2   पूर्व-स्थिति संरक्षण

भारत अपनी समृद्ध जैव विविधता को संरक्षित करने के उद्देश्य से पूर्व-स्थान संरक्षण के प्रयासों की एक विविध श्रृंखला का घर है, जिसमें विभिन्न जैव-भौगोलिक क्षेत्रों में स्थित 100 से अधिक वनस्पति उद्यान शामिल हैं। केंद्र और राज्य दोनों सरकारों द्वारा प्रबंधित ये उद्यान पौधों की विविधता को बनाए रखने में महत्वपूर्ण भूमिका निभाते हैं। इसके अतिरिक्त, देहरादून में वन अनुसंधान संस्थान की तरह आर्बोरेटा, जिसमें 130 वृक्ष प्रजातियों और बांस और ऑर्किड के विशेष सेट का संग्रह है, और भुवनेश्वर में राष्ट्रीय पादप आनुवांशिक संसाधन ब्यूरो , जिसमें व्यापक आर्बरेटम और ताड़ और बांस के संग्रह शामिल हैं, जोकि वृक्ष प्रजातियों के संरक्षण के लिए महत्वपूर्ण योगदान देते हैं।.

हर्बल उद्यान, जो औषधीय और सुगंधित जड़ी-बूटियों और झाड़ियों के संरक्षण पर ध्यान केंद्रित करते हैं, ने भारत में लोकप्रियता हासिल की है और गैर सरकारी संगठनों, कई संस्थानों और राज्य वन विभागों द्वारा समर्थित हैं। ये उद्यान पारंपरिक चिकित्सा के ज्ञान और संसाधनों को संरक्षित करने के लिए आवश्यक हैं।

पादप हर्बेरियम, जैसे कि भारतीय वनस्पति सर्वेक्षण, मद्रास में प्रेसीडेंसी कॉलेज, बॉम्बे में ब्लैटर हर्बेरियम और तिरुचिरापल्ली में सेंट जोसेफ कॉलेज द्वारा संचालित, पौधों की विविधता के लिए भंडार के रूप में काम करते हैं, लाखों नमूनों को रखते हैं और अनुसंधान के लिए अमूल्य संसाधन और संरक्षण प्रदान करते हैं।

भारत में उद्गम परीक्षण, जीन संसाधनों की खोज और संरक्षण में महत्वपूर्ण भूमिका निभाते हैं। नए वृक्षारोपण और बढ़ी हुई उत्पादकता के लिए सबसे उपयुक्त पौधों की पहचान करने के लिए विभिन्न पर्यावरणीय परिस्थितियों से पौधों की प्रजातियों का मूल्यांकन करते हैं। इसी तरह, सिद्ध आनुवंशिक गुणवत्ता के बीज का उत्पादन करने, उच्च गुणवत्ता वाले रोपण स्टॉक के उत्पादन का समर्थन करने और व्यापक संरक्षण और प्रजनन कार्यक्रमों के हिस्से के रूप में काम करने के लिए बीज उद्यान स्थापित किए जाते हैं।

भारत में चिड़ियाघर और एक्वेरियम, भारतीय चिड़ियाघर प्राधिकरण की देखरेख में और हैदराबाद में लुप्तप्राय प्रजातियों के संरक्षण के लिए प्रयोगशाला जैसी पहल के तहत, लुप्तप्राय जानवरों के लिए बंदी प्रजनन कार्यक्रमों में संलग्न हैं। वीर्य बैंकों और रेड पांडा जैसी विशिष्ट प्रजनन परियोजनाओं सहित इन प्रयासों का उद्देश्य खतरे में पड़ी प्रजातियों की आबादी को बढ़ाना और उन्हें जंगल में फिर से लाना है, जो जैव विविधता संरक्षण के लिए भारत के बहुमुखी दृष्टिकोण को प्रदर्शित करता है।

2.6 जलीय जैव विविधता

जलीय पारिस्थितिकी तंत्र, जिसमें खारे पानी और मीठे पानी दोनों के वातावरण शामिल हैं, पृथ्वी की सतह का लगभग तीन-चौथाई हिस्सा बनाते हैं, जिसमें महासागरों की विशालता विशेष रूप से प्रमुख है। इन जलीय प्रणालियों के भीतर जैव विविधता मुख्य रूप से तापमान, घुलनशील ऑक्सीजन स्तर, भोजन की उपलब्धता और प्रकाश संश्लेषण के लिए आवश्यक प्रकाश और पोषक तत्वों की उपस्थिति जैसे कारकों से प्रभावित होती है। खारे पानी के पारिस्थितिकी तंत्र, जैव विविधता के अद्वितीय भंडार के रूप में, पारिस्थितिकी और आर्थिक दोनों सेवाएं प्रदान करने में महत्वपूर्ण भूमिका निभाते हैं, फिर भी उन्हें मानवीय गतिविधियों से महत्वपूर्ण खतरों का सामना करना पड़ता है। ये गतिविधियां समुद्री पर्यावरण के नाजुक संतुलन को खतरे में डालती हैं, विविध जीवन रूपों को बनाए रखने और महत्वपूर्ण सेवाएं प्रदान करने की उनकी क्षमता को कम करती हैं।

झीलों, नदियों और आर्द्रभूमियों सहित मीठे पानी के पारिस्थितिकी तंत्र, इसी तरह अपरिहार्य पारिस्थितिक और आर्थिक लाभ प्रदान करते हैं और अद्वितीय जैव विविधता को बरकरार रखते हैं। हालांकि, वे भी मानवीय गतिविधियों से खतरे में हैं, जो उनकी पारिस्थितिक अखंडता और सेवा प्रावधान से समझौता करते हैं। जलीय प्रणालियाँ व्यापक रूप से भिन्न होती हैं और इसमें खारे पानी के महासागर, यूएस वर्जिन द्वीप समूह में ट्रंक बे जैसी सुरम्य खाड़ियाँ, कनाडा के बानफ नेशनल पार्क में पेयो झील जैसी प्राचीन मीठे पानी की झीलें और अदम्य पहाड़ी धाराएं शामिल हैं।

जलीय जीवन उल्लेखनीय रूप से विविध है, प्लवक से लेकर - जिसमें फाइटोप्लांकटन (छोटे पौधे) और ज़ोप्लांकटन (बहते जानवर) दोनों शामिल हैं, जो जलीय भोजन तंत्र का आधार बनाते हैं - व्हेल (नेकटन) जैसे अधिक मजबूत तैराकों और समुद्री सितारों जैसे निचले निवासियों तक। लाल सागर की मूंगा चट्टानें (बेन्थोस)। प्रत्येक समूह जलीय पारिस्थितिकी तंत्र में महत्वपूर्ण भूमिका निभाता है, इसकी जटिलता और गतिशीलता में योगदान देता है।

मीठे पानी की प्रणालियों पर मानवीय गतिविधियों का प्रभाव गहरा और दूरगामी है। बांध और नहरें दुनिया की लगभग 40% प्रमुख नदियों को खंडित कर देती हैं, जिससे इन जलमार्गों और उनके तटीय डेल्टाओं में निवास स्थान बदल जाते हैं और पारिस्थितिकी तंत्र बाधित होता है। बाढ़ नियंत्रण उपाय, जैसे कि तटबंध और बांध, नदियों और उनके बाढ़ के मैदानों के बीच प्राकृतिक संबंध को तोड़ देते हैं, जिससे निवास स्थान नष्ट हो जाता है और आर्द्रभूमि के कार्य बदल जाते हैं। इसके अलावा, शहरी और कृषि अपवाह से होने वाला प्रदूषण जल निकायों में हानिकारक पदार्थ और अतिरिक्त पोषक तत्व लाता है, जिससे ये पर्यावरण और भी खराब हो जाता है। कृषि, शहरी विकास और अन्य मानवीय प्रयासों के कारण अंतर्देशीय आर्द्रभूमि को नुकसान न केवल जैव विविधता को कम करता है, बल्कि इन आवासों द्वारा प्रदान की जाने वाली पारिस्थितिकी तंत्र सेवाओं को भी कम करता है, जो इन महत्वपूर्ण जलीय प्रणालियों की रक्षा के लिए संरक्षण और टिकाऊ प्रबंधन प्रथाओं की तत्काल आवश्यकता पर प्रकाश डालता है।

2.7 आनुवंशिक रूप से संशोधित फसलें

फसल सुधार का इतिहास सहस्राब्दियों में महत्वपूर्ण रूप से विकसित हुआ है, जिसकी शुरुआत लगभग 9,900 वर्षों तक अपनाई गई परीक्षण और त्रुटि विधियों से हुई है। पिछली शताब्दी में, प्रजनन के वैज्ञानिक सिद्धांतों ने एक महत्वपूर्ण भूमिका निभाई है, इसके बाद पिछले 75 वर्षों में रासायनिक-प्रेरित उत्परिवर्तन तकनीकों और सबसे हाल ही में, पिछले 25 वर्षों में पुनः संयोजक डीएनए (आरडीएनए) तकनीक के अनुप्रयोग ने महत्वपूर्ण भूमिका निभाई है।

जैसे-जैसे हम भविष्य की ओर देखते हैं, कई चुनौतियां सामने आती हैं, विशेष रूप से 2050 तक अनुमानित जनसंख्या 1.5 बिलियन तक बढ़ जाएगी, उपलब्ध खेती योग्य भूमि में कमी, घटते जल संसाधन, कुपोषण और अल्पपोषण के लगातार मुद्दे, मिट्टी की गुणवत्ता में गिरावट और प्रभाव जलवायु परिवर्तन, जिसमें ग्लोबल वार्मिंग भी शामिल है। इन चुनौतियों के जवाब में, आनुवंशिक रूप से संशोधित (जीएम) फसलें विकसित की गई हैं। ये फसलें, जिनके जीनोम में एक ही या अलग-अलग प्रजातियों के जीन कृत्रिम रूप से डाले गए हैं, कृषि विज्ञान में एक महत्वपूर्ण छलांग का प्रतिनिधित्व करते हैं, जो ऊतक संस्कृति और परिवर्तन तकनीकों के माध्यम से प्रजातियों में जीन स्थानांतरण में लचीलापन बढ़ाने की क्षमता प्रदान करते हैं।

2002 में बीटी-कॉटन की शुरुआत ने जीएम फसलों की शुरुआत की, जिससे भारत कपास का दूसरा सबसे बड़ा वैश्विक उत्पादक बन गया। 2008 तक, 8.0 मिलियन हेक्टेयर में बीटी-कपास की खेती की गई, जिसके परिणामस्वरूप उपज में 31% की वृद्धि हुई और कीटनाशकों के

छिड़काव में 39% की कमी आई। एक और उल्लेखनीय जीएम फसल गोल्डन राइस है, जिसे चावल के भ्रूणपोष में β-कैरोटीन मार्ग के एंजाइमों को व्यक्त करके पोषण गुणवत्ता बढ़ाने के लिए डिज़ाइन किया गया है, जो विटामिन ए की कमी को पूरा करने का लक्ष्य रखता है।

आनुवंशिक रूप से संशोधित जीवों (जीएमओ) के फायदे कई गुना हैं। वे वांछित गुणों को बढ़ा सकते हैं, कीट प्रतिरोधक क्षमता प्रदान कर सकते हैं, पोषण सामग्री में सुधार कर सकते हैं और पारंपरिक प्रजनन विधियों की तुलना में कम समय में परिणाम प्राप्त कर सकते हैं। जीएमओ आनुवंशिक परिवर्तन, शाकनाशी और ठंड सहनशीलता, और यहां तक कि खाद्य टीकों जैसे चिकित्सा लाभों में भी बेहतर सटीकता प्रदान करते हैं, संभावित रूप से कुपोषण को कम करके विश्व की भूख को समाप्त करते हैं। इसके अलावा, जीएमओ सस्ते और तेजी से विकसित हो सकते हैं, जो जीवन के सभी रूपों में संशोधन की अनंत संभावनाएं प्रदान करते हैं और रासायनिक और यांत्रिक रखरखाव में कमी के माध्यम से उत्पादन लागत को कम करते हैं।

हालांकि, जीएमओ का उपयोग इसके नुकसान से रहित नहीं है, जिसमें लाभकारी जीवों को संभावित नुकसान, अप्राकृतिक स्वाद, सुपरवीड और सुपरबग का प्रसार और व्यापार, टैरिफ और कोटा से संबंधित नई चुनौतियां शामिल हैं। स्वास्थ्य संबंधी चिंताएं, बड़ी कंपनियों के लिए बढ़ी हुई शक्ति, जीएमओ निर्माताओं के बीच संभावित लालच, अप्रत्याशित एलर्जेन जोखिम, तीव्र एलर्जी, नई एलर्जी का उद्भव, और बड़े खाद्य उत्पादन दिग्गजों और छोटे उत्पादकों के बीच बढ़ती खाई महत्वपूर्ण चिंताएं हैं जो जीएमओ को अपनाने के साथ आती हैं। ये जटिलताएँ आनुवंशिक रूप से संशोधित फसलों के चल रहे विकास और तैनाती में सावधानीपूर्वक विचार और विनियमन के महत्व को रेखांकित करती हैं।

प्रजाति अंतःक्रिया - पांच प्रमुख तरीके

पारिस्थितिकीविदों ने प्रजातियों की परस्पर क्रिया को पांच प्रमुख प्रकारों में वर्गीकृत किया है, जो इस आधार पर है कि जीव भोजन, आश्रय और रहने की जगह जैसे संसाधनों के लिए कैसे प्रतिस्पर्धा करते हैं या साझा करते हैं:

- **अंतरविशिष्ट प्रतियोगिता:** ऐसा तब होता है जब दो या दो से अधिक प्रजातियों के व्यक्ति भोजन, पानी, प्रकाश और क्षेत्र जैसे सामान संसाधनों के लिए प्रतिस्पर्धा करते हैं, जिनकी आपूर्ति सीमित होती है।

- **शिकार:** इस अंतःक्रिया में, एक प्रजाति का जीव (शिकारी) दूसरी प्रजाति (शिकार) के जीव का कुछ या पूरा भाग खा जाता है।

- **सुस्ती:** इस रिश्ते में एक जीव (परजीवी) शामिल होता है जो दूसरे जीव (मेजबान) को खाता है और अक्सर उसमें या उस पर रहता है, जो आमतौर पर मेजबान को नुकसान पहुंचाता है।

- **पारस्परिक आश्रय का सिद्धांत:** एक पारस्परिक रूप से लाभप्रद बातचीत जहां दोनों भाग लेने वाली प्रजातियां लाभ प्राप्त करती हैं, अक्सर भोजन या आश्रय जैसे आवश्यक संसाधनों के रूप में।

- **Commensalism:** एक ऐसी अंतःक्रिया जो एक प्रजाति को लाभ पहुँचाती है बिना दूसरी को महत्वपूर्ण रूप से प्रभावित किए।

अंतरविशिष्ट प्रतियोगिता

संसाधन विभाजन एक ऐसी प्रक्रिया है जहां समान दुर्लभ संसाधनों के लिए प्रतिस्पर्धा करने वाली प्रजातियां अद्वितीय लक्षण विकसित करती हैं जो उन्हें सह-अस्तित्व में सक्षम बनाती हैं। यह विकास उन्हें संसाधनों का अलग-अलग उपयोग करने की अनुमति देता है, या तो विभिन्न पहलुओं का शोषण करके, उन्हें अलग-अलग समय पर उपयोग करके, या उन्हें विशिष्ट तरीकों से नियोजित करके।

शिकारी-शिकार संबंध में, एक प्रजाति दूसरे की कीमत पर लाभान्वित होती है। शाकाहारी लोग आसानी से अपने पौधों के खाद्य स्रोतों तक पहुंच पाते हैं, जबकि मांसाहारी जानवरों को शिकार को पकड़ने के लिए पीछा करने या घात लगाने जैसी रणनीति अपनानी पड़ती है। उदाहरण के लिए, चीता अपनी गति पर भरोसा करते हैं, जबकि अमेरिकी गंजा ईगल अपनी गहरी दृष्टि का उपयोग करते हैं। यह गतिशील अंतःक्रिया शिकारियों और शिकार दोनों में विकासवादी परिवर्तन लाती है, शिकार प्रजातियाँ छलावरण, रासायनिक सुरक्षा और नकल जैसी विभिन्न चोरी की रणनीति विकसित करती हैं, जिससे सह-विकास होता है। इसका एक उदाहरण चमगादड़ों और उनके कीट शिकार के बीच दीर्घकालिक विकासवादी हथियारों की दौड़ है, जिसके कारण दोनों पक्षों में परिष्कृत अनुकूलन हुआ है।

परजीविता में एक प्रजाति शामिल होती है, परजीवी, जो भोजन करती है और अक्सर किसी अन्य जीव, मेज़बान पर या उसके अंदर रहती है, आमतौर पर तत्काल घातकता के बिना नुकसान पहुंचाती है। एक उदाहरण में परजीवी समुद्री लैम्प्रे शामिल है, जो ग्रेट लेक्स में लेक ट्राउट से जुड़ा होता है।

पारस्परिकता भोजन और आश्रय जैसे आवश्यक संसाधन प्रदान करके भाग लेने वाली दोनों प्रजातियों को लाभान्वित करती है। उदाहरणों में हमिंग बर्ड और उनके द्वारा परागित फूलों के बीच संबंध, ऑक्सपैकर जो गैंडे जैसे बड़े स्तनधारियों पर पाए जाने वाले टिक्स को खाते हैं, और क्लाउनफ़िश जो समुद्री एनीमोन के बीच रहते हैं, सुरक्षा प्रास करते हैं और बदले में लाभ प्रदान करते हैं।

सहभोजिता से एक प्रजाति को बिना किसी दूसरे को प्रभावित किए लाभ होता है। उदाहरण के लिए, ब्राजील के अटलांटिक वर्षावन में ब्रोमेलियाड पेड़ों को नुकसान पहुंचाए बिना उगते हैं, पेड़ को प्रभावित किए बिना सूर्य की रोशनी और पोषक तत्वों तक पहुंच से लाभान्वित होते हैं।

यह सिंहावलोकन जटिल अंतःक्रियाओं को छूता है जो जैव विविधता को परिभाषित करते हैं और निवास स्थान के विनाश, अवैध शिकार जैसे खतरों और मानव द्वारा उत्पन्न चुनौतियों के खिलाफ पृथ्वी पर जीवन की समृद्ध टेपेस्ट्री की रक्षा के लिए इन-सीटू और एक्स-सीटू दोनों संरक्षण प्रयासों के महत्व को छूते हैं। वन्य जीवन संघर्ष. आनुवंशिक रूप से संशोधित फसलों के लाभ और कमियों और जलीय जैव विविधता के संरक्षण के पारिस्थितिक और आर्थिक लाभों के साथ-साथ इन गतिशीलता को समझना, ग्रह के स्वास्थ्य और विविधता को बनाए रखने के लिए महत्वपूर्ण है।

अध्याय 2 का सारांश

- **जैविक विविधता (जैव विविधता)** इसमें पृथ्वी पर प्रजातियों की विविधता, उनकी आनुवंशिक विविधता, पारिस्थितिकी तंत्र और ऊर्जा प्रवाह और पोषक चक्र जैसी महत्वपूर्ण प्रक्रियाएं शामिल हैं, जो जीवन की जटिलता और अंतर्संबंध को उजागर करती हैं।
- दो मिलियन से अधिक प्रजातियों को सूचीबद्ध किया गया है, जबकि लाखों से अधिक संभावित रूप से अनदेखे हैं।
- **प्रत्येक प्रजाति एक अनूठी भूमिका निभाती है** पारिस्थितिकी तंत्र के संतुलन और स्वास्थ्य में, लचीलेपन और स्थिरता के लिए जैव विविधता के महत्व में योगदान देता है।
- **जैव विविधता का स्तरः**
- **आनुवंशिक विविधताः** प्रजातियों के भीतर जीन की विविधता, व्यक्तिगत भिन्नता के लिए मूलभूत और आकार और सुगंध जैसी विशेषताओं को प्रभावित करती है। उदाहरण: चावल की 40,000 से अधिक किस्में।

- **प्रजातीय विविधता:** किसी विशिष्ट क्षेत्र में प्रजातियों की विविधता और प्रचुरता, निवास स्थान के विनाश और जलवायु परिवर्तन जैसी मानवीय गतिविधियों से महत्वपूर्ण रूप से प्रभावित होती है।
- **पारिस्थितिकी तंत्र विविधता:** एक क्षेत्र के भीतर पारिस्थितिकी तंत्र की सीमा, लाखों वर्षों के विकास से आकार लेती है, जिसमें वर्षावन, रेगिस्तान और तालाब जैसे विविध आवास शामिल हैं।
- **भारत एक विशाल जैव विविधता वाले राष्ट्र के रूप में:**
- दुनिया की 6% प्रजातियों की मेजबानी करते हुए, भारतीय पौधों की विविधता में 10वें और स्थानिक प्रजातियों में 11वें स्थान पर है।
- 150,000 से अधिक पहचानी गई प्रजातियाँ और दो महत्वपूर्ण जैव विविधता हॉटस्पॉट की विशेषताएँ, इसके वैश्विक जैव विविधता महत्व को रेखांकित करती हैं।
- भारत की जैव विविधता को इसकी विविध जलवायु, स्थलाकृति और समृद्ध वनस्पतियों और जीवों से लाभ होता है, जो विविध प्रकार के पारिस्थितिक तंत्र का समर्थन करते हैं और संरक्षण प्रयासों की आवश्यकता होती है।
- **भारत में जैव विविधता के हॉटस्पॉट:**
- पूर्वी हिमालय और पश्चिमी घाट महत्वपूर्ण हॉटस्पॉट हैं, जो स्थानिक प्रजातियों और विविध पारिस्थितिक तंत्रों से समृद्ध हैं।
- इन क्षेत्रों को संरक्षण चुनौतियों का सामना करना पड़ता है, क्योंकि मूल वनों का केवल एक अंश ही बचा है।
- **जैव विविधता का मूल्य** विशाल है, जिसमें आंतरिक मूल्य और उपयोगितावादी लाभ (भोजन, दवा, ईंधन), सांस्कृतिक, सामाजिक और सौंदर्य मूल्य, भविष्य की खोजों की क्षमता और आवश्यक पारिस्थितिकी तंत्र सेवाएं (मिट्टी के कटाव की रोकथाम, पोषक तत्व चक्र) शामिल हैं।
- **जैव विविधता को संरक्षित करने का प्रयास** जीवन को बनाए रखने और यह सुनिश्चित करने के लिए महत्वपूर्ण हैं कि भावी पीढ़ियों को एक समृद्ध जैविक विरासत विरासत में मिल सके।
- **जैव विविधता को खतरा**
- **निवास का विनाश:** प्राथमिक तीन वनों की कटाई, शहरीकरण और कृषि विस्तार के माध्यम से होते हैं, जिससे निवास स्थान की हानि और विखंडन होता है। भारत में वन क्षेत्र प्रति वर्ष 0.6% की दर से घट रहा है।
- **अवैध शिकार:** वन्यजीवों का अवैध शिकार, हत्या और व्यापार, वन्यजीवों की आबादी में कमी।

- **मानव-वन्यजीव संघर्ष** अक्सर प्रतिशोध में जीव हत्याएं होती हैं, जैसा कि उड़ीसा में मनुष्यों और हाथियों के बीच संघर्ष में देखा गया है।
- **प्रदूषण**: पारिस्थितिकी तंत्र पर बोझ पड़ता है, जिससे निवास स्थान का क्षरण होता है और प्रजातियों का नुकसान होता है।
- **प्रजाति परिचय**: गैर-देशी प्रजातियाँ स्थानीय पारिस्थितिकी तंत्र को बाधित करती हैं, जिससे देशी प्रजातियाँ प्रभावित होती हैं।
- **वैश्विक जलवायु परिवर्तन**: आवासों को बदल देता है, जिससे प्रजातियों के अस्तित्व को खतरा पैदा हो जाता है।
- **शोषण**: संसाधनों के अत्यधिक दोहन से प्रजातियों और पारिस्थितिक तंत्र को खतरा है।
- **स्थलीय पारिस्थितिकी तंत्र के संरक्षण के लिए रणनीतियाँ:**
- **पारिस्थितिक सेवाओं का आर्थिक मूल्यांकन**: संरक्षण के लिए वनों से प्राप्त लाभों को बढ़ावा देना।
- **सतत प्रबंधन प्रथाएँ**: इसमें नियंत्रित चराई और पुनर्वनरोपण शामिल है।
- **संरक्षण और पुनरुद्धार**: प्राकृतिक भंडारों की सुरक्षा बढ़ाना और बिगड़े पारिस्थितिकी तंत्र को बहाल करना।
- **सुलह पारिस्थितिकी**: जैव विविधता को बढ़ावा देने के लिए वन्यजीव गलियारे और संरक्षण परियोजनाएं बनाना।
- **जैव विविधता का संरक्षण** दो मुख्य रणनीतियाँ अपनाती है:
- **सीटू संरक्षण में**: प्राकृतिक आवासों और उनके निवासियों की रक्षा करना, बायोस्फीयर रिजर्व, राष्ट्रीय उद्यान, वन्यजीव अभयारण्य जैसे संरक्षित क्षेत्रों का उपयोग करना और विशेष संरक्षण प्रयास करना।
- **पूर्व सीटू संरक्षण**: बॉटनिकल गार्डन, आर्बोरेटा, हर्बल गार्डन, प्लांट हर्बेरियम और जीन बैंकों के माध्यम से प्रजातियों को उनके प्राकृतिक आवास के बाहर सुरक्षित रखना।
- **यथास्थान संरक्षण** भारत में शामिल हैं:
- **बायोस्फीयर रिजर्व**: यूनेस्को के कार्यक्रम में 14 रिजर्व शामिल हैं, जिनमें नंदा देवी और नीलगिरि बायोस्फीयर रिजर्व शामिल हैं।
- **राष्ट्रीय उद्यान और वन्यजीव अभयारण्य**: वन्यजीवों और आवासों का संरक्षण करने वाले 97 पार्क और 508 अभयारण्य।
- **टाइगर रिजर्व**: प्रोजेक्ट टाइगर के तहत स्थापित, 29 रिजर्व तक विस्तार।
- **बीज स्टैंड, बीज उत्पादन क्षेत्र, और प्लस पेड़**: आनुवंशिक गुणवत्ता को बढ़ाना और प्रजाति-स्तरीय विविधता का संरक्षण करना।
- **पूर्व-स्थिति संरक्षण** भारत में शामिल हैं:

- 100 से अधिक वनस्पति उद्यान और आर्बोरेटा पौधों की विविधता का संरक्षण करते हैं।
- हर्बल उद्यान औषधीय और सुगंधित जड़ी-बूटियों को संरक्षित करते हैं।
- पादप हर्बेरियम में अनुसंधान और संरक्षण के लिए लाखों नमूने रखे जाते हैं।
- आनुवंशिक गुणवत्ता के बीज पैदा करने वाले उद्यम परीक्षण और बीज उद्यान।
- चिड़ियाघर और एक्वैरियम विशिष्ट प्रजनन परियोजनाओं सहित लुप्तप्राय जानवरों के लिए बंदी प्रजनन कार्यक्रमों में संलग्न हैं।
- **जलीय जैव विविधता में खारे पानी और मीठे पानी दोनों के पारिस्थितिक तंत्र शामिल हैं, जो पारिस्थितिक और आर्थिक सेवाओं के लिए महत्वपूर्ण हैं** । तापमान, घुलित ऑक्सीजन और पोषक तत्व जैसे कारक इस जैव विविधता को प्रभावित करते हैं।
- खारे पानी के पारिस्थितिकी तंत्र अद्वितीय जैव विविधता और सेवाएँ प्रदान करते हैं लेकिन खतरे में हैं।
- झीलों और नदियों सहित मीठे पानी के पारिस्थितिकी तंत्र, आवश्यक लाभ प्रदान करते हैं लेकिन मानव-प्रेरित खतरों का सामना करते हैं।
- जलीय जीवन में प्लैंकटन (खाद्य जाल का आधार), नेकटन (व्हेल की तरह तैराक), और बेन्थोस (समुद्री सितारों की तरह नीचे के निवासी) शामिल हैं।
- मानवीय गतिविधियां बांधों, प्रदूषण और आवास विनाश के माध्यम से मीठे पानी की प्रणालियों को प्रभावित करती हैं, जो संरक्षण की आवश्यकता पर प्रकाश डालती हैं।
- **आनुवंशिक रूप से संशोधित फसलें (जीएम फसलें)** जनसंख्या वृद्धि, भूमि और जल संसाधन में कमी और जलवायु परिवर्तन जैसी चुनौतियों का समाधान करते हुए, पारंपरिक प्रजनन से पुनः संयोजक डीएनए प्रौद्योगिकी के उपयोग तक विकसित हुए हैं।
- बीटी-कॉटन और गोल्डन राइस उपज और पोषण गुणवत्ता बढ़ाने वाली जीएम फसलों के उदाहरण हैं।
- जीएमओ कीट प्रतिरोध, बेहतर पोषण और कम उत्पादन लागत जैसे लाभ प्रदान करते हैं लेकिन स्वास्थ्य, जैव विविधता और आर्थिक असमानताओं पर चिंताएं बढ़ाते हैं।
- **प्रजाति इंटरेक्शन** संसाधन प्रतिस्पर्धा और साझाकरण को प्रभावित करने वाले पांच प्रकारों में वर्गीकृत किया गया है:
- **अंतरविशिष्ट प्रतियोगिता:** प्रजातियाँ सीमित संसाधनों के लिए प्रतिस्पर्धा करती हैं।
- **शिकार:** एक प्रजाति दूसरे को खा जाती है।
- **सुस्ती:** मेज़बान की कीमत पर एक प्रजाति को लाभ होता है।
- **पारस्परिक आश्रय का सिद्धांत:** परस्पर क्रिया से दोनों प्रजातियों को लाभ होता है।
- **सहभोजिता** : एक प्रजाति दूसरे को प्रभावित किए बिना लाभ पहुंचाती है।

- **अंतरविशिष्ट प्रतियोगिता** संसाधनों के विभाजन की ओर ले जाता है, जिससे प्रजातियों को संसाधनों का अलग-अलग उपयोग करके सह-अस्तित्व की अनुमति मिलती है।
- शिकारी-शिकार की गतिशीलता छलावरण या रासायनिक सुरक्षा जैसे विकासवादी अनुकूलन को संचालित करती है।

पारस्परिकता के उदाहरणों में फूलों के साथ हमिंगबर्ड और समुद्री एनीमोन के साथ क्लाउनफ़िश शामिल हैं।

प्राकृतिक संसाधनों और पर्यावरणीय गुणवत्ता को कायम रखना

डॉ. मंजू सोनकर

LL.B, LL.M, Ph.D.

3.1 पर्यावरणीय जोखिम

पर्यावरणीय खतरों में कई प्रकार के जोखिम शामिल हैं जो पर्यावरण और मानव स्वास्थ्य दोनों पर नकारात्मक प्रभाव डाल सकते हैं। इन खतरों को कई प्रकारों में वर्गीकृत किया जा सकता है, जिनमें जैविक, रासायनिक और परमाणु खतरे और इन खतरों से जुड़े जोखिम मूल्यांकन की प्रक्रिया शामिल है। जैविक खतरों में बैक्टीरिया, वायरस, परजीवी, प्रोटोजोआ और कवक जैसे रोगजनक शामिल होते हैं, जो मानव स्वास्थ्य के लिए महत्वपूर्ण जोखिम पैदा करते हैं। रासायनिक खतरों से तात्पर्य हवा, पानी, मिट्टी, भोजन और मानव निर्मित उत्पादों में पाए जाने वाले हानिकारक रसायनों की उपस्थिति से है जो विभिन्न स्वास्थ्य समस्याओं का कारण बन सकते हैं। परमाणु खतरे परमाणु ऊर्जा और कचरे से जुड़े जोखिमों से संबंधित हैं, जिससे गंभीर पर्यावरणीय और स्वास्थ्य परिणाम हो सकते हैं।

पर्यावरणीय खतरों के अलावा, प्रमुख स्वास्थ्य खतरे भी हैं जो सीधे व्यक्तियों और समुदायों को प्रभावित करते हैं। इनमें आग, भूकंप, ज्वालामुखी विस्फोट, बाढ़ और तूफान जैसे भौतिक खतरे शामिल हैं, जिनके परिणामस्वरूप तत्काल नुकसान और विनाश हो सकता है। सांस्कृतिक कारक भी स्वास्थ्य जोखिमों को निर्धारित करने में महत्वपूर्ण भूमिका निभाते हैं, जिनमें असुरक्षित कामकाजी परिस्थितियाँ, खतरनाक राजमार्ग, आपराधिक हमले और गरीबी शामिल हैं, जो सभी स्वास्थ्य समस्याओं के प्रति अधिक संवेदनशीलता में योगदान करते हैं। जीवनशैली विकल्प, जैसे धूम्रपान, खराब आहार संबंधी आदतें, अत्यधिक शराब का सेवन और असुरक्षित यौन संबंध, स्वास्थ्य जोखिमों को और बढ़ा देते हैं, जिससे इन खतरों को कम करने के लिए जागरूकता और निवारक उपायों की आवश्यकता पर प्रकाश पड़ता है।

3.2 जैविक खतरे

जैविक खतरों में जीवित जीवों के कारण होने वाले स्वास्थ्य खतरों की एक श्रृंखला शामिल है, जिनमें फ्लू, एड्स, तपेदिक, दस्त संबंधी रोग और मलेरिया जैसी बीमारियाँ शामिल हैं। इन

खतरों को गैर-संक्रामक और संक्रामक रोगों में विभेदित किया गया है। गैर-संक्रामक रोग, जो जीवित जीवों के कारण नहीं होते हैं, उनमें हृदय रोग, अधिकांश कैंसर, अस्थमा और मधुमेह शामिल हैं। इसके विपरीत, संक्रामक बीमारियां हैं जो बैक्टीरिया, वायरस या परजीवियों जैसे रोगजनकों के माध्यम से एक व्यक्ति से दूसरे व्यक्ति में फैल सकती हैं। उदाहरणों में तपेदिक, फ्लू और खसरा शामिल हैं।

मलेरिया एक संक्रामक रोग है जिसमें एक जीवन चक्र होता है जिसमें प्लाज्मोडियम परजीवियों का मच्छर से मनुष्य में और वापस मच्छर में संचार होता है, जो मेजबान और रोगजनकों के बीच जटिल बातचीत को प्रदर्शित करता है।

एचआईवी/एड्स, जिसे एक प्रमुख स्वास्थ्य संकट के रूप में पहचाना जाता है, ह्यूमन इम्युनोडेफिशिएंसी वायरस (एचआईवी) के कारण होता है, जो एक्वायर्ड इम्यूनो डिफिशिएंसी सिंड्रोम (एड्स) का कारण बनता है। 1983 में पता चला, एचआईवी/एड्स ने दुनिया भर में लगभग 40 मिलियन लोगों को प्रभावित किया है, मुख्य रूप से अफ्रीका, भारत, चीन और रूस में, अकेले 2003 में 3 मिलियन लोगों की मृत्यु हुई। एचआईवी की उत्पत्ति अफ्रीका में बंदरों और अन्य वानरों से मानी जाती है और माना जाता है कि यह दूषित पोलियो वैक्सीन कार्यक्रमों, कुछ अमेरिकी शहरों में हेपेटाइटिस बी वायरल टीकों और अफ्रीका में चेचक वैक्सीन कार्यक्रमों के माध्यम से मनुष्यों में फैल गया है, कुछ सिद्धांत जनेटिक इंजीनियरिंग के माध्यम से इसके निर्माण का सुझाव देते हैं।

एचआईवी संचरण रक्त संपर्क से जुड़ी गतिविधियों के माध्यम से होता है, जैसे रक्त संक्रमण, संक्रमित इंजेक्शन सिरिंज और सर्जरी उपकरणों का उपयोग, और कई भागीदारों के साथ असुरक्षित यौन संबंध। यह प्रसव और स्तनपान के दौरान माताओं से उनके बच्चों तक भी पहुंच सकता है। हालांकि, एचआईवी पसीने, आँसू, मूत्र, लार, मच्छर या खटमल के काटने, साधारण स्पर्श, या बर्तन और कपड़े साझा करने से नहीं फैलता है, क्योंकि वायरस रक्त के बाहर जल्दी मर जाता है।

एचआईवी/एड्स का पर्यावरणीय प्रभाव गहरा है, संक्रमित व्यक्तियों की हानि के कारण श्रम बल, कृषि उत्पादन, शिक्षा और चिकित्सा देखभाल पर महत्वपूर्ण प्रभाव पड़ता है। यह बीमारी लोगों को कमजोर कर देती है, जिससे उनके लिए खेती जैसे शारीरिक रूप से कठिन कार्यों में संलग्न होना मुश्किल हो जाता है, जिसके परिणामस्वरूप खाद्य उत्पादन प्रभावित होता है। शिक्षकों और डॉक्टरों जैसे पेशेवरों की हानि शिक्षा और स्वास्थ्य सेवाओं को बाधित करती है,

और उपलब्ध श्रम में कमी मिट्टी संरक्षण जैसे पर्यावरण संरक्षण प्रयासों को सीमित करती है, जो स्वास्थ्य और पर्यावरणीय स्थिरता के बीच जटिल संबंधों को उजागर करती है।

3.3 रासायनिक खतरे

रसायनों से उत्पन्न पर्यावरण और स्वास्थ्य खतरे एक महत्वपूर्ण चिंता का विषय बन गए हैं, जो मानव प्रतिरक्षा और तंत्रिका तंत्र से लेकर अंतःस्रावी तंत्र तक सब कुछ प्रभावित कर रहे हैं। अमेरिकी पर्यावरण संरक्षण एजेंसी (ईपीए) ने आर्सेनिक, सीसा, पारा, विनाइल क्लोराइड और पॉलीक्लोरिनेटेड बाइफिनाइल (पीसीबी) सहित शीर्ष विषाक्त पदार्थों की पहचान की है, जो कैंसर, जन्म दोष और महत्वपूर्ण शारीरिक प्रणालियों को बाधित करने की क्षमता रखते हैं।

कार्सिनोजेन, जैसे कि आर्सेनिक, बेंजीन और फॉर्मेल्डिहाइड, रसायन, विकिरण के प्रकार, या कुछ वायरस हैं जो कैंसर का कारण बनने या बढ़ावा देने के लिए जाने जाते हैं। इनके साथ-साथ, नाइट्रिक एसिड जैसे उत्परिवर्तजन डीएनए में उत्परिवर्तन लाते हैं, जिससे अतिरिक्त जोखिम पैदा होते हैं। इथाइल अल्कोहल और मरकरी जैसे पदार्थों सहित टेरेटोजन, विशेष रूप से भ्रूण या भ्रूण के लिए हानिकारक होते हैं, जिससे जन्म दोष होते हैं। ये रसायन प्रतिरक्षा प्रणाली को कमजोर कर सकते हैं, जिनमें आर्सेनिक और डाइऑक्सिन प्रमुख उदाहरण हैं, और पीसीबी और मिथाइल मरकरी जैसे न्यूरोटॉक्सिन तंत्रिका तंत्र को नुकसान पहुंचा सकते हैं, जिससे सीखने की अक्षमता से लेकर मृत्यु तक कई गंभीर स्वास्थ्य समस्याएं हो सकती हैं।

बिस्फेनॉल ए (बीपीए) और कुछ कीटनाशकों सहित हार्मोनल रूप से सक्रिय एजेंट (एचएए), अंतःस्रावी तंत्र को बाधित करते हैं, जिससे यौन विकास और प्रजनन प्रभावित होता है। बच्चों की बोतलों और खाद्य कंटेनरों जैसे कठोर प्लास्टिक में पाए जाने वाले BPA को मस्तिष्क क्षति, हृदय रोग और अन्य गंभीर स्थितियों से जोड़ा गया है। पीवीसी प्लास्टिक को नरम करने में उपयोग किए जाने वाले और कई उपभोक्ता उत्पादों में पाए जाने वाले थैलेट्स को जन्म दोष, यकृत कैंसर और असामान्य यौन विकास से जोड़ा गया है।

पारा और इसके यौगिक, जिनमें मिथाइलमरकरी भी शामिल है, अत्यधिक विषैले होते हैं, जिससे तंत्रिका तंत्र, मस्तिष्क, गुर्दे और फेफड़ों को अपरिवर्तनीय क्षति होती है और यहां तक कि निम्न स्तर भी भ्रूण को नुकसान पहुंचा सकता है। पीसीबी, स्थिर क्लोरीन युक्त कार्बनिक यौगिक, विभिन्न सामग्रियों में पाए जाते हैं और मिट्टी और पानी से लेकर वन्यजीवों और मानव शरीर तक के वातावरण में प्रवेश कर जाते हैं, जिससे दीर्घकालिक स्वास्थ्य जोखिम पैदा होते हैं।

सार्वजनिक स्वास्थ्य और पर्यावरण की रक्षा के लिए इन रसायनों के प्रभावों को समझना और उनका समाधान करना महत्वपूर्ण है, इन व्यापक खतरों को कम करने के लिए कड़े नियमों और सुरक्षित विकल्पों की आवश्यकता पर जोर दिया गया है।

3.4 परमाणु खतरा

परमाणु खतरों में परमाणु गतिविधियों से होने वाले संभावित नुकसान से जुड़े जोखिम शामिल हैं, जिनमें चोट, बीमारी, मृत्यु, आर्थिक हानि या पर्यावरणीय क्षति शामिल है। जोखिम मूल्यांकन एक महत्वपूर्ण प्रक्रिया है जो किसी विशिष्ट खतरे से मानव स्वास्थ्य या पर्यावरण को होने वाले नुकसान की सीमा का आकलन करने के लिए सांख्यिकीय तरीकों का उपयोग करती है। मूल्यांकन के बाद, जोखिम प्रबंधन में संबंधित लागतों के मुकाबले जोखिम में कमी को संतुलित करते हुए, किसी विशेष जोखिम को कम करना है या नहीं और कैसे करना है, इस पर सूचित निर्णय लेना शामिल है।

किसी भी प्रणाली की विश्वसनीयता, विशेष रूप से परमाणु ऊर्जा संयंत्र या अंतरिक्ष शटल जैसी जटिल तकनीकी प्रणाली, उसके तकनीकी और मानवीय दोनों घटकों द्वारा निर्धारित होती है। समग्र विश्वसनीयता, प्रतिशत के रूप में व्यक्त की गई, प्रौद्योगिकी विश्वसनीयता और मानव विश्वसनीयता का एक उत्पाद है। जबकि तकनीकी विश्वसनीयता को सावधानीपूर्वक डिजाइन, गुणवत्ता नियंत्रण, रखरखाव और निरंतर निगरानी के माध्यम से बढ़ाया जा सकता है, उच्च स्तर की सुरक्षा और दक्षता प्राप्त की जा सकती है, मानव प्रकृति की अंतर्निहित गिरावट के कारण मानव विश्वसनीयता कम और कम अनुमानित होती है। यह विसंगति अत्यधिक जटिल प्रणालियों की सुरक्षा सुनिश्चित करने में चुनौतियों पर प्रकाश डालती है, जोखिम प्रबंधन रणनीतियों में तकनीकी और मानवीय दोनों कारकों पर विचार करने के महत्व को रेखांकित करती है।

3.5 जोखिमों का मूल्यांकन करना और उनसे बचना

रसायनों की विषाक्तता का अनुमान लगाने के लिए, वैज्ञानिक विभिन्न तरीकों का इस्तेमाल करते हैं, जिनमें जीवित प्रयोगशाला जानवरों का उपयोग, विषाक्तता के मामले की रिपोर्ट और महामारी विज्ञान के अध्ययन शामिल हैं। हालांकि, ये दृष्टिकोण अपनी सीमाओं के साथ आते हैं, खासकर जब रासायनिक जोखिम से होने वाले नुकसान का सटीक मूल्यांकन करने की बात आती है। इस जटिलता और रासायनिक जोखिमों के आकलन में निहित चुनौतियों ने कई स्वास्थ्य वैज्ञानिकों को प्रदूषण की रोकथाम पर अधिक ध्यान केंद्रित करने की वकालत करने

के लिए प्रेरित किया है। अच्छी तरह से सूचित होकर, संभावित जोखिमों के बारे में गंभीर सोच में संलग्न होकर, और विचारशील विकल्प चुनकर, व्यक्ति हानिकारक रसायनों के संपर्क से उत्पन्न कई महत्वपूर्ण जोखिमों को प्रभावी ढंग से कम कर सकते हैं।

3.6 जल प्रदूषक

जल प्रदूषण से तात्पर्य पानी की गुणवत्ता में किसी भी परिवर्तन से है जो जीवित जीवों को नकारात्मक रूप से प्रभावित कर सकता है या सिंचाई और मनोरंजक उद्देश्यों सहित मानव गतिविधियों के लिए पानी को अनुपयुक्त बना सकता है। इस प्रकार का प्रदूषण विभिन्न संक्रामक एजेंटों के कारण हो सकता है, जैसे एसरिया कोलाई या ई. कोली सहित कोलीफॉर्म बैक्टीरिया के कुछ उपभेद। अन्य प्रदूषकों में घुलित ऑक्सीजन (डीओ), रासायनिक ऑक्सीजन मांग (सीओडी), जैव रासायनिक ऑक्सीजन मांग (बीओडी), और जहरीली भारी धातुएं शामिल हैं जो समुद्र में अपना रास्ता खोज लेती हैं। यूट्रोफिकेशन, एक प्राकृतिक प्रक्रिया, उथली झीलों, मुहल्लों या धीमी गति से बहने वाली धाराओं के पोषक तत्वों के संवर्धन को संदर्भित करती है, जो मुख्य रूप से आसपास की भूमि से नाइट्रेट और फॉस्फेट जैसे पौधों के पोषक तत्वों के अपवाह के कारण होती है। हालांकि, शहरी या कृषि गतिविधियों के करीब के क्षेत्रों में, मानवीय क्रियाएं सांस्कृतिक यूट्रोफिकेशन नामक प्रक्रिया के माध्यम से झीलों में इस पोषक तत्व के इनपुट को काफी तेज कर सकती हैं। यह त्वरित यूट्रोफिकेशन मुख्य रूप से विभिन्न मानवीय गतिविधियों से निकलने वाले नाइट्रेट- और फॉस्फेट युक्त अपशिष्टों के कारण है।

3.7 जल पदचिह्न

जल पदचिह्न अवधारणा व्यक्तियों द्वारा अपने अस्तित्व और जीवनशैली को बनाए रखने के लिए प्रत्यक्ष और अप्रत्यक्ष रूप से उपयोग किए जाने वाले पानी की कुल मात्रा का अनुमान प्रदान करती है। इस उपाय में न केवल वह पानी शामिल है जो हम पीते हैं या दैनिक गतिविधियों में उपयोग करते हैं बल्कि आभासी पानी की अवधारणा भी शामिल है। आभासी पानी से तात्पर्य भोजन और अन्य उपभोक्ता उत्पादों की उत्पादन प्रक्रियाओं में अंतर्निहित पानी से है, जो हमारे कुल पानी की खपत में महत्वपूर्ण भूमिका निभाता है। विशेष रूप से अधिक विकसित देशों में, हमारे जल पदचिह्नों में आभासी पानी का योगदान पर्याप्त है, जो इस बात को रेखांकित करता है कि हमारी उपभोग की आदतें अप्रत्यक्ष रूप से वैश्विक जल संसाधनों को कैसे प्रभावित करती हैं। हमारे जल पदचिह्नों के पैमाने को स्वीकार करना हमें "नीली क्रांति" में शामिल होने के लिए

सशक्त बनाता है, जहां हम अपने पानी के उपयोग को कम करके और अपशिष्ट को कम करके जल संरक्षण में सार्थक योगदान दे सकते हैं।

जल संकट से निपटने के लिए भूजल संसाधनों की सुरक्षा के लिए प्रदूषण की रोकथाम पर ध्यान केंद्रित करने, केवल जल शोधन संयंत्रों पर निर्भर रहने के बजाय एक सक्रिय उपाय के रूप में जलक्षेत्रों की रक्षा करने और पीने के पानी की गुणवत्ता सुनिश्चित करने वाले कानूनों को लागू करने के लिए बहुआयामी दृष्टिकोण की आवश्यकता है। इसके अतिरिक्त, जल प्रदूषण को कम करने के लिए सीवेज उपचार प्रक्रियाओं में सुधार करना महत्वपूर्ण है। इन रणनीतियों के माध्यम से, हम इस महत्वपूर्ण संसाधन के संरक्षण में व्यक्तिगत और सामूहिक दोनों कार्यों के महत्व पर जोर देते हुए, जल संकट को हल करने की दिशा में महत्वपूर्ण प्रगति कर सकते हैं।

3.8 जल संरक्षण प्रथाएं

पानी के संरक्षण और बर्बादी को कम करने के प्रयासों में बहुआयामी दृष्टिकोण शामिल है, जिसमें पानी के उपयोग और प्रबंधन के विभिन्न पहलुओं पर ध्यान केंद्रित किया जाता है। अपवाह हानि को कम करना एक महत्वपूर्ण पहला कदम है, जिसे मिट्टी की गुणवत्ता को बढ़ाने, समोच्च खेती, संरक्षण बेंच टेरेसिंग, जल प्रसार तकनीक और मिट्टी की पारगम्यता में सुधार के लिए जिप्सम और एचपीएएन जैसे रासायनिक गीला करने वाले एजेंटों और कंडीशनर के उपयोग जैसे तरीकों के माध्यम से प्राप्त किया जा सकता है। इसके अतिरिक्त, तालाबों और डगआउट जैसी जल-भंडारण संरचनाओं का निर्माण पानी को अधिक प्रभावी ढंग से पकड़ने और संग्रहीत करने में मदद कर सकता है।

वाष्पीकरण के नुकसान को कम करना भी महत्वपूर्ण है, जिसमें पानी के नुकसान को सीमित करने के लिए मिट्टी के नीचे डामर शीट का उपयोग, सुपर स्लपर्स का उपयोग करना जो अपने वजन से 1,400 गुना तक पानी को अवशोषित कर सकते हैं, और छाया प्रदान करने और वाष्पीकरण को कम करने के लिए खेतों के किनारों पर पेड़ लगाना शामिल है। मिट्टी में पानी का भंडारण, विशेष रूप से जड़ क्षेत्र में, यह सुनिश्चित करता है कि फसलों के लिए पानी उपलब्ध है, खासकर यदि भूमि अस्थायी रूप से परती छोड़ दी गई हो।

रिसाव को रोकने के लिए नहरों को कवर करने, दिन के ठंडे हिस्सों के दौरान समय पर सिंचाई करने, स्प्रिंकलर सिस्टम का उपयोग करने, कम पानी की आवश्यकता वाली फसल किस्मों का चयन करने और ड्रिप सिंचाई तकनीकों को लागू करने जैसे उपायों के माध्यम से सिंचाई के नुकसान को कम किया जा सकता है। सिंचाई प्रयोजनों के लिए स्नान और धुलाई जैसी घरेलू

गतिविधियों से उपचारित पानी और गंदे पानी का पुन: उपयोग भी जल संरक्षण में महत्वपूर्ण योगदान दे सकता है।

पानी की बर्बादी से निपटने के लिए, नल बंद करना, लीक की मरम्मत करना और शौचालयों में कम क्षमता वाले फ्लश सिस्टम का उपयोग करने जैसी सरल कार्रवाइयां काफी अंतर ला सकती हैं। इसके अलावा, पानी के लिए ब्लॉक मूल्य निर्धारण लागू करना, पानी के उपयोग के लिए शुल्क लगाना, प्रासंगिक कानून बनाना और जनता को जल संरक्षण के बारे में शिक्षित करना अधिक जिम्मेदार जल उपयोग को प्रोत्साहित कर सकता है और पानी की कमी की वैश्विक चुनौती से निपटने में मदद कर सकता है।

3.9 जल संचयन

वर्षा जल संचयन एक प्राचीन प्रथा है जिसमें भूजल पुनर्भरण को बढ़ाने के लिए वर्षा जल को एकत्रित करना और भंडारण करना शामिल है। इस पद्धति में विशिष्ट संरचनाओं जैसे खोदे गए कुएं, रिसाव गड्ढे, लैगून और चेक बांध का निर्माण शामिल है। वर्षा जल संचयन के उद्देश्यों में अपवाह हानि को कम करना, सड़कों पर बाढ़ को रोकना, पानी की बढ़ती मांग को पूरा करना, जल स्तर को ऊपर उठाना, भूजल प्रदूषण को कम करना और शुष्क मौसम के दौरान भूजल आपूर्ति को बढ़ाना शामिल है। वर्षा जल संचयन की तकनीकों में जमीन के ऊपर या नीचे टैंकों या जलाशयों में भंडारण करने से लेकर गड्ढे, कुएं, लैगून, खाइयां बनाने या नदियों और नालों पर चेक बांध बनाने के साथ-साथ सीधे भूजल को रिचार्ज करने तक की तकनीक शामिल हैं।

ऐतिहासिक भारत में, प्रत्येक गाँव में राजाओं द्वारा निर्मित झीलें और तालाब होते थे, राजस्थान जैसे क्षेत्र अपने भूमिगत टैंकों और तटबंधों के लिए जाने जाते थे और हिमालयी क्षेत्र नदियों से पानी निकालने के लिए बांस के पाइप का उपयोग करते थे। छतों से वर्षा जल एकत्र करना भारत में वर्षा जल संचयन के सबसे पुराने तरीकों में से एक है, गांव विभिन्न उपयोगों के लिए झील को काटकर तालाब भी बनाते हैं, जिसमें नहाने और कपड़े धोने के लिए तमिलनाडु में अलग तालाब भी शामिल हैं।

ठोस अपशिष्ट, जिसमें औद्योगिक क्षेत्रों , नगरपालिका से निष्कासित खतरनाक या विषाक्त अपशिष्ट शामिल हैं, प्रदूषण, संसाधन खपत, स्वास्थ्य समस्याओं और समय से पहले होने वाली मौतों सहित महत्वपूर्ण पर्यावरणीय चुनौतियों पैदा करते हैं। ठोस अपशिष्ट के प्रबंधन के लिए एक स्थायी दृष्टिकोण में अपशिष्ट उत्पादन को कम करना, सामग्रियों का पुन: उपयोग

और पुनर्चक्रण करना और अवशिष्ट अपशिष्ट का सुरक्षित निपटान करना शामिल है। कचरे को त्यागने के पारंपरिक तरीकों में सेनेटरी लैंडफिल, खाद बनाना और जलाना शामिल हैं।

खतरनाक कचरे का प्रबंधन एक प्राथमिकता दृष्टिकोण की मांग करता है, जिसमें उत्पादन को न्यूनतम करने और ऐसे कचरे का सुरक्षित रूप से उपचार और निपटान करने पर ध्यान केंद्रित किया जाता है। खतरनाक कचरे को विषहरण करने की तकनीकों में भौतिक तरीके शामिल हैं जैसे निस्पंदन के लिए चारकोल या रेजिन का उपयोग करना, तरल अपशिष्टों का आसवन और अवक्षेपण प्रक्रियाएँ। रासायनिक विधियों में रासायनिक प्रतिक्रियाओं के माध्यम से खतरनाक रसायनों को कम हानिकारक पदार्थों में बदलना शामिल है। नैनोमैग्नेट्स, विशिष्ट यौगिकों से लेपित चुंबकीय नैनोकण, पानी से प्रदूषकों को हटाकर नवीन समाधान प्रदान करते हैं। इसके अतिरिक्त, बायोरेमेडिएशन और फाइटोरीमेडिएशन जैसी जैविक विधियां बैक्टीरिया, एंजाइम और प्राकृतिक या आनुवंशिक रूप से इंजीनियर किए गए पौधों का उपयोग दूषित पदार्थों को तोड़ने या अवशोषित करने, उन्हें मिट्टी और पानी से बदलने या हटाने के लिए करती हैं, जो ठोस और पानी से उत्पन्न चुनौतियों का समाधान करने के लिए उपलब्ध रणनीतियों की श्रृंखला पर प्रकाश डालती हैं।

अध्याय 3 का सारांश

- **पर्यावरणीय जोखिम** इसमें पर्यावरण और मानव स्वास्थ्य को प्रभावित करने वाले जोखिमों की एक श्रृंखला शामिल है, जिन्हें जैविक, रासायनिक और परमाणु खतरों में वर्गीकृत किया गया है, और उनका जोखिम मूल्यांकन किया गया है।
- **जैविक खतरे:** बैक्टीरिया, वायरस और परजीवी जैसे रोगजनक मानव स्वास्थ्य के लिए महत्वपूर्ण जोखिम पैदा करते हैं।
- **रासायनिक खतरे:** हवा, पानी और मिट्टी में हानिकारक रसायन विभिन्न स्वास्थ्य समस्याओं का कारण बनते हैं।
- **परमाणु खतरे:** परमाणु ऊर्जा और अपशिष्ट से होने वाले जोखिम के गंभीर परिणाम होते हैं।
- **प्रमुख स्वास्थ्य खतरे** जीवनशैली विकल्पों (धूम्रपान, खराब आहार) के साथ-साथ भौतिक खतरों (प्राकृतिक आपदाओं) और सांस्कृतिक कारकों (असुरक्षित कामकाजी परिस्थितियों, गरीबी) के माध्यम से व्यक्तियों और समुदायों को सीधे प्रभावित करते हैं।
- **जैविक खतरे** फ्लू और एड्स जैसी बीमारियों से लेकर हृदय संबंधी बीमारियों और मधुमेह जैसी गैर-संक्रामक बीमारियों तक। मलेरिया और एचआईवी/एड्स को प्रमुख स्वास्थ्य संकट के रूप में उजागर किया गया है।

- **रासायनिक खतरे** ईपीए द्वारा पहचाने गए हैं, जिनमें आर्सेनिक, सीसा और पारा जैसे शीर्ष जहरीले पदार्थ शामिल हैं, जो कैंसर, जन्म दोष और शरीर प्रणालियों को बाधित करके मानव स्वास्थ्य को प्रभावित करते हैं। कार्सिनोजन, उत्परिवर्तन, टेरेटोजन, न्यूरोटॉक्सिन और हार्मोनली सक्रिय एजेंट (एचएए) महत्वपूर्ण चिंताएं हैं।

- **परमाणु खतरा** इसमें परमाणु गतिविधियों से होने वाले जोखिम शामिल हैं, जोखिम मूल्यांकन और प्रबंधन के महत्व पर जोर दिया गया है, तकनीकी और मानवीय विश्वसनीयता कारकों के कारण सुरक्षा सुनिश्चित करने में आने वाली चुनौतियों पर प्रकाश डाला गया है।

- **जोखिमों का मूल्यांकन करना और उनसे बचना** रासायनिक विषाक्तता का अनुमान लगाने के लिए प्रयोगशाला जानवरों का उपयोग करना, विषाक्तता के मामले की रिपोर्ट और महामारी विज्ञान के अध्ययन, प्रदूषण की रोकथाम की वकालत करना और सूचित निर्णय लेना शामिल है।

- **जल प्रदूषक** जल की गुणवत्ता को प्रभावित करते हैं, जीवित जीवों और मानवीय गतिविधियों को प्रभावित करते हैं। प्रदूषकों में ई. कोलाई जैसे संक्रामक एजेंट, घुलनशील ऑक्सीजन का स्तर, जहरीली भारी धातुएं और मानवीय गतिविधियों के कारण बढ़ी हुई यूट्रोफिकेशन की प्रक्रिया शामिल हैं।

- **जल पदचिह्न अवधारणा** सहित व्यक्तियों द्वारा उपयोग किए गए पानी की कुल मात्रा का अनुमान प्रदान करता है प्रत्यक्ष और अप्रत्यक्ष (आभासी जल) की खपत। खाद्य और उपभोक्ता उत्पादों में आभासी पानी हमारे कुल पानी के उपयोग में महत्वपूर्ण योगदान देता है, खासकर अधिक विकसित देशों में।

- **जल संकट को संबोधित करना** बहुआयामी दृष्टिकोण पर ध्यान केंद्रित करने की आवश्यकता है प्रदूषण **की रोकथाम, जलसंभरों की रक्षा करना, पेयजल गुणवत्ता कानूनों को लागू करना**, और सीवेज **उपचार में सुधार** प्रक्रियाएँ।

- **जल संरक्षण प्रथाएं** अपवाह हानियों को कम करने, वाष्पीकरण को कम करने, सिंचाई हानियों को कम करने और उपचारित पानी और भूरे पानी के पुन: उपयोग को प्रोत्साहित करने के लिए एक बहुआयामी दृष्टिकोण शामिल करें। रणनीतियों में शामिल हैं मृदा **घुसपैठ को बढ़ाना, जल-भंडारण संरचनाओं का उपयोग करना, सुपर स्लिपर्स को नियोजित करना, नहरों को कवर करना**, और ड्रिप **सिंचाई लागू करना** तकनीक।

- **जलसंचयन** एक प्राचीन प्रथा है जिसका लक्ष्य है भूजल **पुनर्भरण को बढ़ाना** और अपवाह हानि को कम करना। तकनीकों में वर्षा जल को टैंकों या जलाशयों में संग्रहित करने से लेकर गड्ढे, कुएँ, लैगून, खाइयाँ या चेक बाँध बनाने तक शामिल हैं। भारत में ऐतिहासिक प्रथाएं विभिन्न उपयोगों के लिए वर्षा जल संचयन की परंपरा को उजागर करती हैं।

- **ठोस अपशिष्ट प्रबंधन** औद्योगिक, नगरपालिका और खतरनाक कचरे से उत्पन्न पर्यावरणीय चुनौतियों का समाधान करता है **अपशिष्ट उत्पादन को कम करना,सामग्री का पुन: उपयोग और पुनर्चक्रण, और अवशिष्ट अपशिष्ट का सुरक्षित निपटान.** के लिए तकनीक खतरनाक **अपशिष्ट को विषहरण करना** इसमें भौतिक, रासायनिक और जैविक तरीके शामिल हैं, जैसे नैनो मैग्नेट **का उपयोग करना** प्रदूषण हटाने के लिए और जैविक **उपचार** प्रदूषकों को तोड़ने के लिए

अध्याय 4

ऊर्जा संसाधन

डॉ. देवेन्द्र कुमार स्वर्णकार
Ph.D, NET JR, B.Ed UPTET CTET

4.1 नवीकरणीय - गैर-नवीकरणीय ऊर्जा संसाधन

हमारे द्वारा उपभोग की जाने वाली अधिकांश ऊर्जा कार्बन युक्त जीवाश्म ईंधन को जलाने से प्राप्त होती है, जिसमें तेल विश्व स्तर पर वाणिज्यिक ऊर्जा का सबसे व्यापक रूप से उपयोग किया जाने वाला रूप है। दुनिया की लगभग 79% ऊर्जा और संयुक्त राज्य अमेरिका में खपत होने वाली 85% ऊर्जा गैर-नवीकरणीय जीवाश्म ईंधन से आती है। शुद्ध ऊर्जा की अवधारणा, जो किसी संसाधन को उपलब्ध कराने के लिए आवश्यक ऊर्जा को घटाने के बाद उपलब्ध उच्च गुणवत्ता वाली ऊर्जा की मात्रा है, इस बात पर प्रकाश डालती है कि ऊर्जा संसाधनों के मूल्यांकन में केवल शुद्ध ऊर्जा ही वास्तव में मायने रखती है। कम या नकारात्मक शुद्ध ऊर्जा उपज वाले संसाधनों को बाजार में चुनौतियों का सामना करना पड़ता है जब तक कि उन्हें सब्सिडी या अन्य उपायों द्वारा समर्थित न किया जाए। शुद्ध ऊर्जा पैदावार बढ़ाने और पैसे बचाने के सबसे प्रभावी तरीकों में से एक है ऊर्जा की बर्बादी को कम करना, ऊर्जा खपत में दक्षता के महत्व पर जोर देना।

प्रति व्यक्ति ऊर्जा उपयोग और देश के सकल राष्ट्रीय उत्पाद (जीएनपी) के बीच संबंध ऊर्जा खपत और आर्थिक गतिविधि के बीच संबंध को रेखांकित करता है, जिसे ऊर्जा के लिए ब्रिटिश थर्मल यूनिट (बीटीयू) और आर्थिक उत्पादन के लिए जीएनपी में मापा जाता है।

नवीकरणीय ऊर्जा संसाधन जीवाश्म ईंधन के लिए व्यवहार्य विकल्प प्रस्तुत करते हैं, जो सौर, पवन, जल विद्युत, ज्वारीय ऊर्जा, समुद्री तापीय ऊर्जा, भूतापीय ऊर्जा, बायोमास, बायोगैस, जैव ईंधन और हाइड्रोजन सहित कई प्रकार के विकल्प प्रदान करते हैं। ये स्रोत टिकाऊ ऊर्जा प्रदान करते हैं जो गैर-नवीकरणीय स्रोतों पर हमारी निर्भरता को कम कर सकते हैं और पर्यावरणीय प्रभावों को कम कर सकते हैं।

इसके विपरीत, कोयला, पेट्रोलियम, प्राकृतिक गैस और परमाणु ऊर्जा जैसे गैर-नवीकरणीय ऊर्जा संसाधन सीमित है और विभिन्न पर्यावरणीय और सुरक्षा जोखिम पैदा करते हैं। टिकाऊ ऊर्जा खपत प्राप्त करने और जलवायु परिवर्तन और संसाधन की कमी की चुनौतियों का समाधान करने के लिए नवीकरणीय ऊर्जा स्रोतों की ओर परिवर्तन महत्वपूर्ण है।

4.2 फायदे और नुकसान - तेल, प्राकृतिक गैस, कोयला, परमाणु ऊर्जा

4.2.1   तेल के फायदे और नुकसान

फायदे : तेल एक उच्च घनत्व वाला ऊर्जा स्रोत है, जो इसे परिवहन और औद्योगिक उपयोग के लिए अत्यधिक कुशल बनाता है। इसे निकालना और परिवहन करना अपेक्षाकृत आसान है, और यह लगातार बिजली आपूर्ति प्रदान करता है जिसका उपयोग परिवहन, हीटिंग और बिजली उत्पादन सहित विभिन्न क्षेत्रों में किया जा सकता है। तेल का बुनियादी ढांचा विश्व स्तर पर अच्छी तरह से स्थापित है, जिससे अंतर्राष्ट्रीय व्यापार में आसानी होती है।

नुकसान : तेल की प्रमुख कमियों में ग्रीनहाउस गैस उत्सर्जन में इसका योगदान शामिल है, जिससे जलवायु परिवर्तन होता है। तेल निष्कर्षण और फैलाव से महत्वपूर्ण पर्यावरणीय क्षति हो सकती है, जिससे समुद्री और स्थलीय पारिस्थितिकी तंत्र प्रभावित हो सकते हैं। आर्थिक रूप से, तेल पर निर्भरता भू-राजनीतिक तनाव और सीमित आपूर्ति के कारण वैश्विक बाजारों में अस्थिरता पैदा कर सकती है, जिससे ऊर्जा असुरक्षा में योगदान हो सकता है।

4.2.2   प्राकृतिक गैस के फायदे और नुकसान

फायदे: प्राकृतिक गैस कोयले और तेल की तुलना में कम कार्बन उत्सर्जन के साथ अधिक स्वच्छ जलती है, जिससे यह बिजली उत्पादन और हीटिंग के लिए अधिक पर्यावरण अनुकूल जीवाश्म ईंधन विकल्प बन जाती है। यह प्रचुर मात्रा में है और इसका एक विशाल वितरण नेटवर्क है, विशेष रूप से विकसित देशों में, जो अपेक्षाकृत स्थिर और विश्वसनीय ऊर्जा आपूर्ति सुनिश्चित करता है।

नुकसान: अन्य जीवाश्म ईंधन की तुलना में स्वच्छ होने के बावजूद, प्राकृतिक गैस जलने पर अभी भी कार्बन डाइऑक्साइड उत्सर्जित करती है और निष्कर्षण और परिवहन के दौरान मीथेन - एक शक्तिशाली ग्रीनहाउस गैस - का रिसाव कर सकती है। फ्रैकिंग सहित इसकी निष्कर्षण प्रक्रिया, जल प्रदूषण और भूकंपीय गतिविधियों को जन्म दे सकती है। तेल की तरह, प्राकृतिक गैस भू-राजनीतिक तनाव और बाजार में उतार-चढ़ाव के अधीन है।

4.2.3 कोयले के फायदे और नुकसान

फायदे: कोयला दुनिया भर में सबसे प्रचुर ऊर्जा संसाधनों में से एक है, जो बिजली उत्पादन के लिए इसके व्यापक उपयोग में योगदान देता है। इसे निकालना और ऊर्जा में परिवर्तित करना अपेक्षाकृत सस्ता है, जो इसे विकासशील अर्थव्यवस्थाओं के लिए एक लागत प्रभावी विकल्प बनाता है। कोयला बिजली संयंत्र स्थिर और विश्वसनीय ऊर्जा आपूर्ति प्रदान करने में सक्षम हैं।

नुकसान: कोयला सबसे अधिक कार्बन-सघन जीवाश्म ईंधन है, जो वायु प्रदूषण और ग्रीनहाउस गैस उत्सर्जन में महत्वपूर्ण योगदान देता है। कोयला जलाने से सल्फर डाइऑक्साइड और पारा सहित जहरीले प्रदूषक निकलते हैं, जो पर्यावरणीय स्वास्थ्य को नुकसान पहुंचाते हैं और अम्लीय वर्षा में योगदान करते हैं। खनन प्रक्रिया से परिदृश्य का क्षरण और जल प्रदूषण हो सकता है।

4.2.4 परमाणु ऊर्जा के फायदे और नुकसान

फायदे: परमाणु ऊर्जा जीवाश्म ईंधन का कम कार्बन वाला विकल्प प्रदान करती है, जिससे ग्रीनहाउस गैस उत्सर्जन में काफी कमी आती है। यह एक सुसंगत और विश्वसनीय बिजली आपूर्ति प्रदान करता है जो तेल और गैस की कीमतों से जुड़ी समान अस्थिरता के बिना बड़े पैमाने पर ऊर्जा मांगों को पूरा करने में सक्षम है। परमाणु ऊर्जा संयंत्रों में उच्च ऊर्जा घनत्व होता है, जिससे पर्याप्त मात्रा में ऊर्जा का उत्पादन करने के लिए कम ईंधन की आवश्यकता होती है।

नुकसान: परमाणु ऊर्जा से संबंधित प्रमुख चिंताओं में विनाशकारी दुर्घटनाओं की संभावना शामिल है, जैसा कि चेर्नोबिल और फुकुशिमा में देखा गया है, जिससे महत्वपूर्ण स्वास्थ्य और पर्यावरणीय जोखिम पैदा होते हैं। रेडियोधर्मी कचरे का निपटान संभावित दीर्घकालिक पर्यावरणीय प्रभावों के साथ एक अनसुलझा मुद्दा बना हुआ है। इसके अतिरिक्त, परमाणु संयंत्रों की उच्च लागत और लंबे निर्माण समय के साथ-साथ सार्वजनिक विरोध, परमाणु ऊर्जा के विस्तार को सीमित कर सकता है।

4.3 ऊर्जा दक्षता और नवीकरणीय ऊर्जा

ऊर्जा दक्षता एक ही कार्य को करने या एक ही परिणाम उत्पन्न करने के लिए कम ऊर्जा का उपयोग करने, प्रभावी ढंग से ऊर्जा की बर्बादी को कम करने, उत्सर्जन को कम करने और लागत में कटौती करने की विधि का प्रतिनिधित्व करती है। अंतर्राष्ट्रीय ऊर्जा एजेंसी (IEA) इस बात पर

प्रकाश डालती है कि ऊर्जा दक्षता में सुधार वैश्विक ऊर्जा और पर्यावरणीय लक्ष्यों को प्राप्त करने, ग्रीनहाउस गैस उत्सर्जन को कम करने और ऊर्जा सुरक्षा को बढ़ाने में महत्वपूर्ण योगदान दे सकता है। उदाहरण के लिए, यूनाइटेड स्टेट्स एनवायर्नमेंटल प्रोटेक्शन एजेंसी (ईपीए) का अनुमान है कि 1992 के बाद से, एनर्जी स्टार कार्यक्रम ने व्यवसायों, संगठनों और उपभोक्ताओं को उपयोगिता बिलों पर $362 बिलियन से अधिक की बचत की है, जबकि ग्रीनहाउस गैस उत्सर्जन में 2.5 बिलियन मीट्रिक टन से अधिक की कमी की है।

ऊर्जा दक्षता उपाय, औद्योगिक, परिवहन और आवासीय क्षेत्रों सहित विभिन्न क्षेत्रों में फैले हुए हैं। अमेरिकी ऊर्जा विभाग के अनुसार, औद्योगिक क्षेत्र में, ऊर्जा-कुशल प्रौद्योगिकियों और प्रथाओं को लागू करने से 20% से 30% तक ऊर्जा की बचत हो सकती है। परिवहन के लिए, ईंधन-कुशल वाहनों, इलेक्ट्रिक वाहनों (ईवी) और सार्वजनिक परिवहन प्रणालियों में प्रगति प्रति व्यक्ति ऊर्जा खपत और उत्सर्जन को कम करने में योगदान करती है। आवासीय क्षेत्र में, हीटिंग, वेंटिलेशन और एयर कंडीशनिंग (एचवीएसी) सिस्टम, उपकरणों और प्रकाश व्यवस्था में ऊर्जा दक्षता में सुधार से ऊर्जा बिल में नाटकीय रूप से कमी आई है। उदाहरण के लिए, अमेरिकी ऊर्जा विभाग के अनुसार, एलईडी लाइटिंग कम से कम 75% कम ऊर्जा का उपयोग करती है और गरमागरम रोशनी की तुलना में 25 गुना अधिक समय तक चलती है।

सौर, पवन, पनबिजली, भूतापीय और बायोमास सहित नवीकरणीय ऊर्जा स्रोत, जीवाश्म ईंधन का एक स्थायी विकल्प प्रदान करते हैं, जो स्वच्छ, अटूट ऊर्जा आपूर्ति प्रदान करते हैं। अंतर्राष्ट्रीय नवीकरणीय ऊर्जा एजेंसी (आईआरईएनए) की वैश्विक नवीकरणीय ऊर्जा रिपोर्ट से संकेत मिलता है कि नवीकरणीय ऊर्जा क्षमता लगातार बढ़ रही है, 2020 में वैश्विक स्तर पर रिकॉर्ड 260 गीगावाट (जीडब्ल्यू) जोड़ा गया है, जो गैर-नवीकरणीय क्षमता को पार कर गया है। तकनीकी प्रगति और लागत में कटौती के कारण सौर और पवन ऊर्जा में सबसे महत्वपूर्ण वृद्धि देखी गई है। उदाहरण के लिए, सौर फोटोवोल्टिक (पीवी) बिजली की लागत 2010 और 2020 के बीच 85% कम हो गई है, जिससे यह नई बिजली उत्पादन के सबसे सस्ते स्रोतों में से एक बन गई है।

नवीकरणीय ऊर्जा कार्बन-सघन जीवाश्म ईंधन पर निर्भरता को कम करके जलवायु परिवर्तन को कम करने में महत्वपूर्ण भूमिका निभाती है। नवीकरणीय ऊर्जा में परिवर्तन से न केवल CO2 उत्सर्जन में कटौती होती है, बल्कि वायु प्रदूषण भी कम होता है, जिससे सार्वजनिक स्वास्थ्य में सुधार होता है। 2050 तक कार्बन तटस्थ बनने का यूरोपीय संघ का महत्वाकांक्षी लक्ष्य उसके ऊर्जा मिश्रण में नवीकरणीय ऊर्जा की हिस्सेदारी बढ़ाने पर बहुत अधिक निर्भर

करता है। ब्लूमबर्ग न्यू एनर्जी फाइनेंस के अनुसार, 2050 तक दुनिया की आधे से अधिक बिजली में अकेले पवन और सौर ऊर्जा का योगदान होने का अनुमान है।

स्पष्ट लाभों के बावजूद, ऊर्जा दक्षता और नवीकरणीय ऊर्जा में परिवर्तन को तकनीकी, वित्तीय और नीतिगत बाधाओं सहित चुनौतियों का सामना करना पड़ता है। मौजूदा ग्रिडों में परिवर्तनीय नवीकरणीय ऊर्जा स्रोतों का एकीकरण, पर्याप्त अग्रिम निवेश की आवश्यकता, और सहायक नीतियों और विनियमों की आवश्यकता उन बाधाओं में से हैं जिन्हें दूर किया जाना है। हालांकि, ऊर्जा दक्षता और नवीकरणीय ऊर्जा द्वारा प्रदान की जाने वाली आर्थिक वृद्धि, रोजगार सृजन और पर्यावरणीय स्थिरता के अवसर बहुत अधिक हैं। नवीकरणीय ऊर्जा क्षेत्र ने 2019 में दुनिया भर में 11.5 मिलियन लोगों को रोजगार दिया, और यह संख्या बढ़ने की उम्मीद है क्योंकि देश हरित ऊर्जा संक्रमण में अधिक निवेश करते हैं।

4.4 सौर ऊर्जा, जलविद्युत ऊर्जा, महासागरीय तापीय ऊर्जा

सौर ऊर्जा: सूर्य से प्राप्त सौर ऊर्जा, पृथ्वी पर उपलब्ध सबसे प्रचुर और नवीकरणीय ऊर्जा स्रोतों में से एक है। अंतर्राष्ट्रीय ऊर्जा एजेंसी (IEA) की रिपोर्ट है कि दुनिया भर में सौर फोटोवोल्टिक (PV) क्षमता 2019 के अंत तक 627 गीगावाट (GW) से अधिक तक पहुंच गई, जो सौर ऊर्जा अपनाने में तेजी से वृद्धि को रेखांकित करती है।

- **प्रौद्योगिकी प्रगति:** पिछले कुछ वर्षों में सौर पैनलों की दक्षता में काफी सुधार हुआ है, कुछ मॉडल अब सूर्य के प्रकाश को बिजली में परिवर्तित करने में 22% से अधिक दक्षता प्राप्त कर रहे हैं। बायफेशियल पैनल और सोलर ट्रैकिंग सिस्टम जैसे नवाचार ऊर्जा ग्रहण को और बढ़ाते हैं।
- **आर्थिक प्रभाव:** ब्लूमबर्गएनईएफ के अनुसार, सौर पीवी की लागत कम हो गई है, सौर पीवी से बिजली की स्तरीकृत लागत (एलसीओई) 2010 से 2020 तक 89% कम हो गई है। इस लागत में कमी ने सौर ऊर्जा को पारंपरिक ऊर्जा स्रोतों के साथ तेजी से प्रतिस्पर्धी बना दिया है।
- **पर्यावरणीय लाभ:** सौर ऊर्जा से कोई प्रत्यक्ष ग्रीनहाउस गैस उत्सर्जन नहीं होता है, जिससे यह जलवायु परिवर्तन को कम करने की रणनीतियों में एक प्रमुख घटक बन जाता है। ग्लोबल सोलर काउंसिल का मानना है कि वैश्विक उत्सर्जन में कमी के लक्ष्यों को प्राप्त करने के लिए सौर ऊर्जा क्षमता का विस्तार करना महत्वपूर्ण है।

- **चुनौतियां:** अपनी क्षमता के बावजूद, सौर ऊर्जा को रुक-रुक कर होने वाली समस्याओं, ऊर्जा भंडारण समाधानों की आवश्यकता और सौर पैनलों के उत्पादन और निपटान से जुड़े पर्यावरणीय प्रभाव जैसी चुनौतियों का सामना करना पड़ता है।

जलविद्युत ऊर्जा: बहते पानी की ऊर्जा का उपयोग करके उत्पन्न जलविद्युत ऊर्जा, नवीकरणीय ऊर्जा का सबसे स्थापित रूप है। विश्व ऊर्जा परिषद की रिपोर्ट है कि जलविद्युत ऊर्जा दुनिया की कुल बिजली उत्पादन में लगभग 16% का योगदान देती है, जो इसे वैश्विक ऊर्जा मिश्रण का एक महत्वपूर्ण घटक बनाती है।

- **क्षमता और विकास:** 2019 तक, वैश्विक जलविद्युत क्षमता 1,308 गीगावॉट से अधिक हो गई। इंटरनेशनल हाइड्रोपावर एसोसिएशन के अनुसार, चीन अग्रणी उत्पादक है, उसके बाद कनाडा, ब्राजील और संयुक्त राज्य अमेरिका हैं।

- **आर्थिक और पर्यावरणीय पहलू:** जलविद्युत ऊर्जा संयंत्रों का जीवनकाल लंबा होता है और संचालन और रखरखाव की लागत अपेक्षाकृत कम होती है, जो उनकी आर्थिक व्यवहार्यता में योगदान करती है। वे बाढ़ नियंत्रण, जल आपूर्ति और सिंचाई सहायता जैसे लाभ भी प्रदान करते हैं। हालांकि, बड़े पैमाने पर जलविद्युत परियोजनाओं में महत्वपूर्ण पर्यावरणीय और सामाजिक प्रभाव हो सकते हैं, जिनमें निवास स्थान का विनाश, समुदायों का विस्थापन और नदी पारिस्थितिकी तंत्र में परिवर्तन शामिल हैं।

- **भविष्य की संभावना:** फोकस छोटे पैमाने और नदी के किनारे जलविद्युत परियोजनाओं की ओर बढ़ रहा है, जिनका पर्यावरणीय प्रभाव कम है। पंप्ड स्टोरेज हाइड्रो, जो ऊर्जा भंडारण के एक रूप के रूप में कार्य करता है, आंतरायिक नवीकरणीय ऊर्जा के उच्च शेयरों के साथ ग्रिड को संतुलित करने में अपनी भूमिका के लिए ध्यान आकर्षित कर रहा है।

महासागर तापीय ऊर्जा रूपांतरण (OTEC): महासागर तापीय ऊर्जा रूपांतरण (ओटीईसी) एक नवीकरणीय ऊर्जा तकनीक है जो बिजली उत्पन्न करने के लिए समुद्र की गर्म सतह के पानी और ठंडे गहरे पानी के बीच तापमान के अंतर का फायदा उठाती है। हालांकि अभी भी अपनी प्रारंभिक अवस्था में, ओटीईसी में निरंतर, विश्वसनीय ऊर्जा स्रोत प्रदान करने की क्षमता है।

- **तकनीकी पहलू:** ओटीईसी सिस्टम एक कार्यशील तरल पदार्थ को गर्म करने के लिए गर्म सतह के पानी का उपयोग करके संचालित होता है, जो फिर एक जनरेटर से जुड़े

टरबाइन को चलाता है। फिर ठंडे गहरे समुद्र के पानी का उपयोग चक्र को पूरा करते हुए, कार्यशील तरल पदार्थ को संघनित करने के लिए किया जाता है।

- **क्षमता और विकास:** ओटीईसी के लिए वैश्विक संभावनाएं विशाल हैं, खासकर उष्णकटिबंधीय क्षेत्रों में जहां तापमान का अंतर सबसे अधिक है। राष्ट्रीय नवीकरणीय ऊर्जा प्रयोगशाला (एनआरईएल) का अनुमान है कि ओटीईसी संभावित रूप से वैश्विक ऊर्जा आपूर्ति में लाखों मेगावाट का योगदान दे सकता है। हालांकि, अभी तक, जापान, संयुक्त राज्य अमेरिका और फ्रांस जैसे देशों में उल्लेखनीय प्रयासों के साथ, केवल कुछ पायलट परियोजनाएँ मौजूद हैं।

- **चुनौतियां:** ओटीईसी के विकास को कई चुनौतियों का सामना करना पड़ता है, जिनमें उच्च प्रारंभिक पूंजी लागत, दक्षता में सुधार और लागत कम करने के लिए महत्वपूर्ण तकनीकी प्रगति की आवश्यकता और इसके संचालन के लिए आवश्यक पानी की बड़ी मात्रा से संबंधित संभावित पर्यावरणीय प्रभाव शामिल हैं।

पवन ऊर्जा: पवन ऊर्जा, टरबाइन के माध्यम से प्राप्त की जाती है जो गतिज ऊर्जा को हवा से बिजली में परिवर्तित करती है, दुनिया भर में सबसे तेजी से बढ़ते नवीकरणीय ऊर्जा स्रोतों में से एक है। वैश्विक पवन ऊर्जा परिषद (जीडब्ल्यूईसी) के अनुसार, वैश्विक पवन ऊर्जा क्षमता 2020 के अंत तक 743 गीगावॉट तक पहुंच गई, जिसमें अकेले उस वर्ष 93 गीगावॉट की वृद्धि हुई, जो पवन क्षेत्र में विकास की तीव्र गति को दर्शाता है।

- **प्रगति और आर्थिक व्यवहार्यता:** तकनीकी प्रगति ने अधिक कुशल और लम्बे टरबाइन को जन्म दिया है, जो कम हवा की गति वाले क्षेत्रों में भी पवन ऊर्जा का उपयोग करने में सक्षम हैं। 2010 के बाद से तटवर्ती पवन से बिजली की स्तरीय लागत (एलसीओई) में लगभग 40% की कमी आई है, जिससे यह आज सबसे अधिक लागत-प्रतिस्पर्धी ऊर्जा स्रोतों में से एक बन गया है। अपतटीय हवा, हालांकि अधिक महंगी है, उच्च हवा की गति और कम दृश्य प्रभाव प्रदान करती है, जिसकी संभावित क्षमता वैश्विक स्तर पर हजारों गीगावॉट होने का अनुमान है।

- **पर्यावरणीय प्रभाव:** पवन ऊर्जा एक स्वच्छ ऊर्जा स्रोत है जो कार्बन उत्सर्जन को काफी कम कर देता है। हालाँकि, पवन टरबाइनों की स्थापना से स्थानीय पारिस्थितिक प्रभाव पड़ सकते हैं, जिनमें निवास स्थान में व्यवधान और पक्षी और चमगादड़ की मृत्यु दर शामिल है, हालांकि इन्हें उचित साइट चयन और प्रौद्योगिकी के साथ कम किया जा सकता है।

भू - तापीय ऊर्जा: भूतापीय ऊर्जा बिजली उत्पन्न करने और प्रत्यक्ष ताप प्रदान करने के लिए पृथ्वी के आंतरिक भाग से गर्मी का उपयोग करती है। अंतर्राष्ट्रीय नवीकरणीय ऊर्जा एजेंसी (आईआरईएनए) की रिपोर्ट है कि भू-तापीय ऊर्जा की वैश्विक स्थापित क्षमता 2019 के अंत तक 14 गीगावॉट से अधिक हो गई है, जिसमें विस्तार की महत्वपूर्ण संभावना है, खासकर ज्वालामुखीय क्षेत्रों में।

- **प्रौद्योगिकी और उपयोग:** भूतापीय विद्युत संयंत्र विभिन्न प्रकारों में आते हैं, जिनमें सूखी भाप, फ़्लैश भाप और बाइनरी चक्र शामिल हैं, प्रत्येक अलग-अलग भूतापीय संसाधन स्थितियों के लिए उपयुक्त हैं। बिजली उत्पादन के अलावा, भूतापीय ताप पंप पृथ्वी की सतह के ठीक नीचे स्थिर तापमान का शोषण करके कुशल ताप और शीतलन समाधान प्रदान करते हैं।
- **आर्थिक और पर्यावरणीय पहलू:** जबकि भू-तापीय ऊर्जा के लिए अग्रिम लागत अन्वेषण और ड्रिलिंग के कारण अधिक हो सकती है, परिचालन लागत अपेक्षाकृत कम है, जिससे प्रतिस्पर्धी एलसीओई को बढ़ावा मिलता है। भूतापीय ऊर्जा न्यूनतम उत्सर्जन और भूमि पदचिह्न के साथ एक स्थिर, बेसलोड बिजली आपूर्ति प्रदान करती है, हालांकि पानी का उपयोग और प्रेरित भूकंपीयता की संभावना ऐसी चिंताएं हैं जिनके लिए सावधानीपूर्वक प्रबंधन की आवश्यकता होती है।

बायोमास से ऊर्जा: बायोमास ऊर्जा में बिजली, गर्मी और जैव ईंधन का उत्पादन करने के लिए पौधों के पदार्थ और पशु अपशिष्ट जैसे कार्बनिक पदार्थों का उपयोग करना शामिल है। यह दुनिया की ऊर्जा आपूर्ति का लगभग 10% हिस्सा है, जिसमें विकासशील देशों में हीटिंग और खाना पकाने में महत्वपूर्ण योगदान है।

- **स्थिरता और चुनौतियां:** बायोमास ऊर्जा की स्थिरता बायोमास खपत की दर और उसके पुनर्जनन के बीच संतुलन पर निर्भर करती है। जबकि बायोमास को उसके जीवनचक्र में कार्बन-तटस्थ माना जाता है, भूमि उपयोग परिवर्तन, जैव विविधता हानि और खाद्य उत्पादन के साथ प्रतिस्पर्धा के बारे में चिंताएं बनी हुई हैं। उन्नत जैव ईंधन, जैसे कि गैर-खाद्य बायोमास या शैवाल से प्राप्त, कम पर्यावरणीय प्रभावों के साथ आशाजनक रास्ते प्रदान करते हैं।

सौर-हाइड्रोजन क्रांति: सौर-हाइड्रोजन क्रांति एक ऐसे भविष्य की कल्पना करती है जहां सौर ऊर्जा हाइड्रोजन, एक स्वच्छ ईंधन का उत्पादन करने के लिए पानी के इलेक्ट्रोलिसिस को शक्ति

प्रदान करती है। यह अवधारणा सौर ऊर्जा की विशाल क्षमता को हाइड्रोजन की बहुमुखी प्रतिभा और परिवहन क्षमता के साथ जोड़ती है।

- **क्षमता और विकास:** हाइड्रोजन का उपयोग बिजली उत्पादन, परिवहन और औद्योगिक प्रक्रियाओं के लिए ईंधन कोशिकाओं में किया जा सकता है, जो उन क्षेत्रों को डिकार्बोनाइज करने का मार्ग प्रदान करता है जहां प्रत्यक्ष विद्युतीकरण चुनौतीपूर्ण है। सौर पैनलों और इलेक्ट्रोलाइजर की दक्षता में सुधार हुआ है, और दुनिया भर में पायलट परियोजनाएँ सौर-से-हाइड्रोजन प्रणालियों की व्यवहार्यता का परीक्षण कर रही हैं।

- **चुनौतियां और अवसर:** प्रमुख चुनौतियों में हाइड्रोजन उत्पादन, भंडारण और वितरण की लागत को कम करना, साथ ही यह सुनिश्चित करना शामिल है कि हाइड्रोजन का उत्पादन पर्यावरण के अनुकूल तरीके से किया जाए। सौर-हाइड्रोजन अर्थव्यवस्था को वास्तविकता बनाने के लिए प्रौद्योगिकी में प्रगति और नवीकरणीय ऊर्जा स्रोतों का विस्तार महत्वपूर्ण है।

- **नवीकरणीय बनाम गैर-नवीकरणीय ऊर्जा संसाधन**: संसार प्रमुख रूप से उपयोग करता है गैर-नवीकरणीय जीवाश्म ईंधन, जिसमें तेल सबसे आम व्यावसायिक ऊर्जा स्रोत है। **नवीकरणीय ऊर्जा संसाधनों जैसे** कि सौर, पवन और जलविद्युत, स्थायी विकल्प प्रदान करते हैं, सीमित संसाधनों पर निर्भरता कम करते हैं और पर्यावरणीय प्रभावों को कम करते हैं।

- **शुद्ध ऊर्जा संकल्पना**: ऊर्जा संसाधनों के मूल्यांकन में महत्वपूर्ण बिंदुओं पर ध्यान केंद्रित करना आवश्यक है, **ऊर्जा घटाने के बाद निष्कर्षण और प्रसंस्करण के लिए उच्च गुणवत्ता वाली ऊर्जा उपलब्ध होती है।** विशेषकर ऊर्जा खपत में दक्षता **ऊर्जा की बर्बादी को कम करना,** शुद्ध ऊर्जा पैदावार बढ़ाने के लिए महत्वपूर्ण है।

- **जीवाश्म ईंधन के फायदे और नुकसान:**
- **तेल**: अत्यधिक कुशल लेकिन ग्रीनहाउस गैस उत्सर्जन और पर्यावरणीय क्षति में योगदान देता है।
- **प्राकृतिक गैस**: कोयले और तेल की तुलना में अधिक स्वच्छ जलता है लेकिन फिर भी CO_2 उत्सर्जित करता है और मीथेन का रिसाव हो सकता है।
- **कोयला**: प्रचुर मात्रा में और सस्ता लेकिन सबसे अधिक कार्बन-सघन जीवाश्म ईंधन, जो पर्यावरणीय स्वास्थ्य को काफी नुकसान पहुंचाता है।
- **परमाणु ऊर्जा**: निम्न-कार्बन विकल्प लगातार बिजली प्रदान करता है लेकिन दुर्घटनाओं और अनसुलझे रेडियोधर्मी अपशिष्ट मुद्दों का जोखिम पैदा करता है।

- **ऊर्जा दक्षता और नवीकरणीय ऊर्जा:**
- **ऊर्जा दक्षता**: एक ही कार्य के लिए कम ऊर्जा का उपयोग करना, अपशिष्ट और उत्सर्जन को कम करना। जैसे कार्यक्रम ऊर्जा **सितारा** उपयोगिता बिलों पर महत्वपूर्ण मात्रा में बचत हुई है और ग्रीनहाउस गैस उत्सर्जन में कमी आई है।
- **नवीकरणीय ऊर्जा**: सौर, पवन, जलविद्युत और बायोमास स्वच्छ, अटूट ऊर्जा आपूर्ति प्रदान करते हैं। सौर ऊर्जा की लागत में काफी गिरावट आई है, जिससे नवीकरणीय ऊर्जा जीवाश्म ईंधन के साथ तेजी से प्रतिस्पर्धी हो गई है।
- **वैश्विक ऊर्जा और पर्यावरण लक्ष्य**: ऊर्जा दक्षता में सुधार और नवीकरणीय ऊर्जा में परिवर्तन महत्वपूर्ण है ग्रीनहाउस **गैस उत्सर्जन को कम करना, ऊर्जा सुरक्षा बढ़ाना,** और जलवायु

परिवर्तन को कम करना। यूरोपीय संघ का लक्ष्य 2050 तक कार्बन तटस्थ होना है, जिसमें नवीकरणीय ऊर्जा प्रमुख भूमिका निभाएगी।

- **सौर ऊर्जा**: सूर्य से प्राप्त, सौर ऊर्जा की वैश्विक फोटोवोल्टिक क्षमता 2019 में 627 गीगावाट से अधिक तक पहुंच गई। सौर ऊर्जा की मुख्य **चुनौतियां**, इसमें पैनल उत्पादन और निपटान के रुक-रुक कर होने वाले प्रभाव और पर्यावरणीय प्रभाव शामिल हैं।

- **महासागर तापीय ऊर्जा रूपांतरण (ओटीईसी)**: बिजली उत्पन्न करने के लिए समुद्र की सतह और गहरे पानी के बीच तापमान अंतर का उपयोग करता है। हालाँकि, OTEC अपनी प्रारंभिक अवस्था में है विशाल **क्षमता** उष्णकटिबंधीय क्षेत्रों में चुनौतियाँ शामिल हैं

- **पवन ऊर्जा**: निम्न में से एक सबसे **तेजी से बढ़ते नवीकरणीय स्रोत** 2020 के अंत तक वैश्विक क्षमता 743 गीगावाट तक पहुंचने के साथ। तकनीकी प्रगति ने टरबाइन दक्षता में सुधार किया है, जिससे तटवर्ती पवन ऊर्जा में से एक बन गई है।

- **भू - तापीय ऊर्जा**: बिजली उत्पन्न करता है और पृथ्वी की गर्मी का दोहन करके ताप प्रदान करता है। 2019 तक वैश्विक स्थापित क्षमता 14 गीगावाट से अधिक हो गई। जियोथर्मल संयंत्र हैं आर्थिक **रूप से प्रतिस्पर्धी** और पर्यावरण **के अनुकूल**, हालांकि उन्हें सावधानीपूर्वक प्रबंधन की आवश्यकता हो सकती है।

- **बायोमास से ऊर्जा**: बिजली, गर्मी और जैव ईंधन के लिए जैविक सामग्री का उपयोग करता है, इसमें योगदान देता है विश्व **की ऊर्जा आपूर्ति का 10%**. स्थिति संबंधी चिंताओं में शामिल है भूमि **उपयोग परिवर्तन** और खाद्य **उत्पादन के साथ प्रतिस्पर्धा**, हालांकि उन्नत जैव ईंधन की पेशकश के **पर्यावरणीय प्रभाव**.

- **सौर-हाइड्रोजन क्रांति**: हाइड्रोजन सौर ऊर्जा द्वारा संचालित पानी के इलेक्ट्रोलिसिस के माध्यम से निर्माण की कल्पना करता है । हाइड्रोजन विद्युतीकरण के लिए चुनौतीपूर्ण क्षेत्रों को डेकार्बोनाइज कर सकता है। चुनौतियाँ शामिल हैं, उत्पादन **लागत कम करें** और पर्यावरण **के अनुकूल हाइड्रोजन उत्पादन** सुनिश्चित करना. इस दृष्टिकोण के लिए प्रौद्योगिकी और नवीकरणीय ऊर्जा प्रगति में महत्वपूर्ण है।

पर्यावरण प्रभाव आकलन

डॉ. श्रद्धा पांडे

B.Sc. , M.Sc., D.Phil., B.Ed.

पर्यावरणीय प्रभाव आकलन (ईआईए) पर्यावरण प्रबंधन में एक महत्वपूर्ण उपकरण है जिसे विकास पर प्राकृतिक प्रणालियों, संसाधनों और प्रस्तावित परियोजनाओं के संभावित प्रभावों का मूल्यांकन और दस्तावेजीकरण करने के लिए डिज़ाइन किया गया है। 1996 में सैडलर द्वारा गढ़े गए ईआईए का उद्देश्य विकास गतिविधियों के प्रतिकूल परिणामों की भविष्यवाणी और प्रबंधन करने के लिए प्राकृतिक प्रणालियों की क्षमताओं और कार्यों का विश्लेषण करके योजना और निर्णय लेने में सहायता करना है। यह नकारात्मक प्रभावों को कम करके और सकारात्मक प्रभावों को अधिकतम करके पर्यावरणीय गुणवत्ता बढ़ाने के लिए परियोजना परिणामों की व्यवस्थित रूप से जांच करता है। इस दृष्टिकोण में पर्यावरणीय विचारों के साथ-साथ सामाजिक प्रभावों का आकलन भी शामिल है।

प्राकृतिक संसाधनों के सतत उपयोग को सुनिश्चित करने में इसके महत्व के लिए इस प्रक्रिया को विश्व स्तर पर मान्यता प्राप्त है। वाणिज्यिक, औद्योगिक और विधायी प्रस्तावों के प्रभावों का मूल्यांकन करने के लिए इसे विभिन्न देशों द्वारा तेजी से अपनाया जा रहा है, जिससे हितधारकों को इन प्रभावों के बारे में सूचित किया जा सके। ईआईए की आवश्यकता पर्यावरणीय गुणवत्ता को प्रभावित करने वाली किसी भी विकासात्मक गतिविधि से उत्पन्न होती है, जिससे परियोजना शुरू होने से पहले कई न्यायालयों में इसे अनिवार्य बना दिया जाता है। उदाहरण के लिए, भारत के पर्यावरण और वन मंत्रालय ने 1994 में विभिन्न क्षेत्रों में विशिष्ट गतिविधियों के लिए ईआईए को अनिवार्य किया।

ईआईए का लक्ष्य परियोजना डिजाइनों को परिष्कृत करना, कुशल संसाधन उपयोग को बढ़ावा देना, सामाजिक पहलुओं को बढ़ाना और शमन रणनीतियों के साथ महत्वपूर्ण प्रभावों की पहचान करना है। यह निर्णय लेने की जानकारी देने, अपरिवर्तनीय पर्यावरणीय क्षति को रोकने और मानव स्वास्थ्य और सुरक्षा की रक्षा करने का कार्य करता है। यह प्रक्रिया अखंडता, उपयोगिता और स्थिरता के मूल मूल्यों पर बनाई गई है, जो मानकों का पालन सुनिश्चित करती

है, निर्णय लेने के लिए संतुलित जानकारी प्रदान करती है और परिणामस्वरूप पर्यावरण संरक्षण के उपाय करती है।

ईआईए प्रक्रिया में कई चरण शामिल हैं, जिसकी शुरुआत ईआईए की आवश्यकता निर्धारित करने के लिए स्क्रीनिंग से होती है, इसके बाद प्रमुख समस्याओं की पहचान करने की गुंजाइश होती है। प्रभाव मूल्यांकन तब विकल्पों और शमन रणनीतियों पर विचार करते हुए संभावित पर्यावरणीय, सामाजिक, आर्थिक और सांस्कृतिक प्रभावों का मूल्यांकन करता है। यह व्यापक प्रक्रिया एक पर्यावरण रिपोर्ट तैयार करने, सार्वजनिक जांच और संबंधित अधिकारियों द्वारा निर्णय लेने में समाप्त होती है।

ईआईए के तरीके अलग-अलग होते हैं, जीवन चक्र विश्लेषण (एलसीए) के माध्यम से औद्योगिक उत्पादों पर प्रभावों को संबोधित करना, विशिष्ट तकनीकों के साथ आनुवंशिक रूप से संशोधित जीवों, और मात्रा निर्धारित करना मुश्किल प्रभावों के लिए अस्पष्ट तर्क को नियोजित करना। ईआईए रिपोर्ट की सामग्री भौतिक, जैविक और सामाजिक आर्थिक श्रेणियों में प्रस्तावित परियोजना के अनुमानित प्रभावों और परियोजना स्वीकार्यता के लिए सिफारिशों का विवरण देती है।

ईआईए के लाभों में मध्य-पाठ्यक्रम सुधारों से बचकर लागत और समय की बचत, हितधारकों के बीच परियोजना की स्वीकार्यता में वृद्धि, कानूनों और विनियमों का अनुपालन, बेहतर परियोजना प्रदर्शन और स्वस्थ पर्यावरण और मानव स्वास्थ्य में योगदान, सतत विकास का मार्ग प्रशस्त करना शामिल है।

ईआईए प्रक्रिया, स्क्रीनिंग और स्मोकिंग से लेकर प्रभाव विश्लेषण, शमन और सार्वजनिक भागीदारी तक, विकास परियोजनाओं के पर्यावरणीय प्रभावों को प्रभावी ढंग से प्रबंधित करने और कम करने, सूचित निर्णय लेने और टिकाऊ परिणामों को सुनिश्चित करने के लिए आवश्यक व्यापक दृष्टिकोण को रेखांकित करती है।

5.1 पर्यावरणीय विधान

भारत गर्व से पर्यावरण संरक्षण और संरक्षण के उपायों को सीधे अपने संविधान में शामिल करने वाला विश्व स्तर पर पहला देश है। यह अग्रणी कदम पर्यावरणीय मुद्दों की वैश्विक मान्यता के बाद उठाया गया था, विशेष रूप से 5 जून, 1972 को स्टॉकहोम में मानव पर्यावरण पर संयुक्त राष्ट्र सम्मेलन में पर्यावरण पर चर्चा के बाद। इस तिथि को तब से दुनिया भर में विश्व पर्यावरण दिवस के रूप में मनाया जाता है। पर्यावरण संरक्षण के प्रति सार्वभौमिक प्रतिबद्धता हेतु

स्टॉकहोम सम्मेलन से उत्पन्न गति के जवाब में, भारत ने पर्यावरण संरक्षण की दिशा में महत्वपूर्ण विधायी कदम उठाए।

1972 का वन्यजीव (संरक्षण) अधिनियम, 1974 का जल (रोकथाम और नियंत्रण) अधिनियम, 1980 का वन (संरक्षण) अधिनियम, 1981 का वायु (प्रदूषण की रोकथाम और नियंत्रण) अधिनियम और पर्यावरण जैसे कानून (संरक्षण) अधिनियम 1986 अधिनियमित किये गये । इन अधिनियमों का उद्देश्य भारत की प्राकृतिक विरासत की रक्षा करना, वन्यजीव संरक्षण से लेकर प्रदूषण नियंत्रण तक पर्यावरणीय स्वास्थ्य के विभिन्न पहलुओं को संबोधित करना है।

1976 में स्टॉकहोम सम्मेलन के चार वर्षों के भीतर, भारत ने अपने संविधान के 42वें संशोधन के माध्यम से पर्यावरण प्रबंधन के प्रति अपनी प्रतिबद्धता को मजबूत किया। इस संशोधन ने अनुच्छेद 48-ए पेश किया, जिसमें राज्य को पर्यावरण की रक्षा और सुधार और देश के जंगलों और वन्यजीवों के संरक्षण की दिशा में प्रयास करने का आदेश दिया गया। इसके अतिरिक्त, अनुच्छेद 51ए(जी) में जंगलों, झीलों, नदियों और वन्यजीवों सहित प्राकृतिक पर्यावरण की रक्षा और संवर्धन करने और जीवित प्राणियों के प्रति दया दिखाने के प्रत्येक भारतीय नागरिक के कर्तव्य पर जोर दिया गया है।

1972 का वन्यजीव (संरक्षण) अधिनियम भारत के वन्यजीव कानून में एक महत्वपूर्ण मील का पत्थर साबित हुआ, जिसमें भारतीय वन्यजीव बोर्ड के मार्गदर्शन में कई राष्ट्रीय उद्यान और वन्यजीव अभयारण्यों की स्थापना हुई। इस अधिनियम ने लुप्तप्राय प्रजातियों और आवासों की सुरक्षा के लिए व्यापक उपाय पेश किए, जो अपनी जैव विविधता के संरक्षण के लिए भारत के समर्पण को प्रदर्शित करता है।

बाद के कानूनों, जैसे 1974 का जल (रोकथाम और प्रदूषण नियंत्रण) अधिनियम और 1980 का वन (संरक्षण) अधिनियम, ने पर्यावरण प्रबंधन के लिए भारत के सक्रिय दृष्टिकोण का उदाहरण दिया। इन कानूनों ने प्रदूषण को रोकने और वनों के संरक्षण के लिए रूपरेखा स्थापित की, यह सुनिश्चित करते हुए की विकास परियोजनाएं उनके पर्यावरणीय प्रभावों पर उचित विचार के साथ शुरू की जाती हैं।

इन अधिनियमों के तहत केंद्रीय और राज्य प्रदूषण नियंत्रण बोर्डों की स्थापना ने पर्यावरणीय गुणवत्ता की निगरानी और प्रबंधन के लिए एक संरचित दृष्टिकोण प्रदान किया। इन बोर्डों को नियमों को लागू करने, पर्यावरणीय मानदंडों के आधार पर औद्योगिक गतिविधियों के लिए

अनुमति देने और प्रदूषण की घटनाओं के मामले में उपचारात्मक कार्रवाई करने का अधिकार दिया गया था।

इन व्यापक उपायों के बावजूद, अपराधियों के लिए हल्के दंड, अवैध वन्यजीव व्यापार और पौधों के आनुवंशिक संसाधनों के क्षरण जैसी चुनौतियों की पहचान की गई है। हालांकि, सतत विकास और प्रदूषण नियंत्रण पर जोर भारत की अपनी विकासात्मक आवश्यकताओं के साथ पर्यावरण संरक्षण को संतुलित करने की चल रही प्रतिबद्धता को उजागर करता है।

पर्यावरण संरक्षण के लिए भारत का विधायी ढांचा, इसके संवैधानिक प्रावधानों द्वारा रेखांकित, प्राकृतिक संसाधनों और पारिस्थितिकी तंत्र के संरक्षण के महत्व की गहन मान्यता को दर्शाता है। इस दृष्टिकोण का उद्देश्य न केवल भारत की समृद्ध जैव विविधता की रक्षा करना है बल्कि सतत विकास और पर्यावरणीय अखंडता की दिशा में वैश्विक प्रयास में भी योगदान देना है।

5.2 वायु (प्रदूषण निवारण एवं नियंत्रण) अधिनियम, 1981

5 जून, 1972 को स्टॉकहोम में मानव पर्यावरण पर संयुक्त राष्ट्र सम्मेलन में पर्यावरण अंतरराष्ट्रीय वार्ता का केंद्र बिंदु बनने के तुरंत बाद भारत ने अपने संविधान के भीतर पर्यावरण संरक्षण और संरक्षण को शामिल करने वाले पहले देश के रूप में खुद को प्रतिष्ठित किया, जो इन आदर्शों के प्रति अपनी प्रतिबद्धता को दर्शाता है। तब से इस दिन को वैश्विक स्तर पर विश्व पर्यावरण दिवस के रूप में मान्यता दी गई है, जो पर्यावरणीय स्थिरता की दिशा में प्रयासों का उत्सव मनाता है। इस सम्मेलन के मद्देनजर, भारत ने अपने प्राकृतिक पर्यावरण की सुरक्षा के उद्देश्य से महत्वपूर्ण विधायी कार्रवाई की।

अधिनियमित किए गए महत्वपूर्ण कानूनों में 1972 में वन्य जीव (संरक्षण) अधिनियम, 1974 में जल (प्रदूषण की रोकथाम और नियंत्रण) अधिनियम, 1980 में वन (संरक्षण) अधिनियम, 1981 में वायु (प्रदूषण की रोकथाम और नियंत्रण) अधिनियम, शामिल थे। और 1986 में पर्यावरण (संरक्षण) अधिनियम। इन कानूनों ने वन्यजीव संरक्षण से लेकर प्रदूषण नियंत्रण तक विभिन्न पहलुओं को संबोधित करते हुए पर्यावरण संरक्षण के लिए एक व्यापक दृष्टिकोण के लिए आधार तैयार किया।

1976 के संवैधानिक संशोधनों ने पर्यावरण प्रबंधन के प्रति भारत के समर्पण को और मजबूत किया। अनुच्छेद 48-ए राज्य को पर्यावरण की रक्षा और सुधार और वनों और वन्यजीवों के संरक्षण का प्रयास करने का आदेश देता है। इसके साथ ही, अनुच्छेद 51 ए(जी) प्रत्येक नागरिक को पर्यावरण संरक्षण को एक मौलिक कर्तव्य के रूप में चिह्नित करते हुए,

वनस्पतियों, जीवों और जल निकायों सहित प्राकृतिक पर्यावरण के संरक्षण और संवर्द्धन में योगदान देने के लिए बाध्य करता है।

ध्वनि प्रदूषण को शामिल करने के लिए 1987 में संशोधित वायु (प्रदूषण की रोकथाम और नियंत्रण) अधिनियम 1981, केंद्रीय और राज्य प्रदूषण नियंत्रण बोर्डों को वायु गुणवत्ता को विनियमित करने का अधिकार देता है। इन बोर्डों को यह सुनिश्चित करने का काम सौंपा गया है कि उद्योग निर्धारित उत्सर्जन मानकों का पालन करें, वायु गुणवत्ता और समग्र पर्यावरण में सुधार में योगदान दें।

दिवंगत प्रधानमंत्री इंदिरा गांधी की पर्यावरणीय विरासत की स्मृति में 1986 का पर्यावरण (संरक्षण) अधिनियम, भारत की पर्यावरण नीति में एक महत्वपूर्ण कदम था । यह अधिनियम पर्यावरण की परिभाषा को व्यापक बनाता है जिसमें जल, वायु, भूमि और उनके तथा जीवित प्राणियों के बीच के जटिल संबंधों को शामिल किया गया है। यह केंद्र सरकार को पर्यावरण की गुणवत्ता के लिए मानक निर्धारित करने और खतरनाक पदार्थों का प्रबंधन करने का अधिकार देता है, जिसका लक्ष्य प्रदूषण को कम करना और सतत विकास को बढ़ावा देना है।

केंद्रीय और राज्य प्रदूषण नियंत्रण बोर्ड इन नियमों को लागू करने, प्रदूषण नियंत्रण उपायों पर उद्योगों को सलाह देने और पर्यावरण मानकों का अनुपालन सुनिश्चित करने में महत्वपूर्ण भूमिका निभाते हैं। ये बोर्ड स्वच्छ प्रौद्योगिकियों, कुशल अपशिष्ट प्रबंधन और पर्यावरण संरक्षण में सर्वोत्तम प्रथाओं को अपनाने को बढ़ावा देने में सहायक हैं।

पर्यावरण संरक्षण के लिए भारत का विधायी ढांचा इसके प्राकृतिक संसाधनों और पारिस्थितिकी तंत्र के प्रबंधन के लिए इसके सक्रिय और व्यापक दृष्टिकोण का उदाहरण देता है। सख्त प्रदूषण नियंत्रण उपायों को अनिवार्य करके, वन्यजीवों और जंगलों का संरक्षण करके और पर्यावरण संरक्षण में सार्वजनिक भागीदारी को बढ़ावा देकर, भारत सतत विकास प्राप्त करने और भावी पीढ़ियों के लिए अपने पर्यावरण के स्वास्थ्य की रक्षा करने का प्रयास करता है।

5.3 राज्य प्रदूषण नियंत्रण बोर्ड

राज्य प्रदूषण नियंत्रण बोर्ड (एसपीसीबी) केंद्रीय प्रदूषण नियंत्रण बोर्ड (सीपीसीबी) की गतिविधियों को प्रतिबिंबित करते हुए, राज्य सरकारों के लिए एक महत्वपूर्ण सलाहकार भूमिका निभाता है। इसके पास किसी भी जल निकाय या अपशिष्ट जल से परीक्षण के लिए

नमूने एकत्र करने का अधिकार है, यह सुनिश्चित करता है कि उद्योग तकनीकी विवरण और सहमति के लिए शुल्क जमा करके पर्यावरण मानकों का अनुपालन करें। पर्यावरण कानून को लागू करने के प्रयासों के बावजूद, चुनौतियां बनी हुई हैं, जिनमें उल्लंघन के लिए हल्के दंड, कानूनी देर और पर्यावरण प्रशासन पर राजनीतिक कारकों का प्रभाव शामिल है। इसके अतिरिक्त, पर्यावरणीय मुद्दों पर सार्वजनिक जागरूकता और शिक्षा सीमित है, जिससे पर्यावरण संरक्षण उपायों की प्रभावशीलता प्रभावित हो रही है।

वायु (प्रदूषण की रोकथाम और नियंत्रण) अधिनियम, 1981, जिसका उद्देश्य वायु प्रदूषण को कम करना है, प्रदूषण को मोटे तौर पर हानिकारक पदार्थों और शोर को शामिल करने के लिए परिभाषित करता है, उद्योगों और वाहनों से उत्सर्जन के नियंत्रण पर जोर देता है। यह प्रदूषण नियंत्रण बोर्डों को निर्णयों के विरुद्ध सार्वजनिक अपील के प्रावधानों के साथ वायु गुणवत्ता को विनियमित करने की शक्ति प्रदान करता है। इसी प्रकार, इंदिरा गांधी की पर्यावरणीय विरासत से प्रेरित, 1986 का पर्यावरण (संरक्षण) अधिनियम, विभिन्न पर्यावरण प्रदूषकों और खतरनाक पदार्थों को संबोधित करता है, जो केंद्र सरकार को पर्यावरण संरक्षण के लिए मानक स्थापित करने और उपायों को लागू करने का अधिकार देता है।

इन विधायी प्रयासों के बावजूद, वन्यजीव और वन संरक्षण अधिनियमों को चुनौतियों का सामना करना पड़ता है, जिसमें केंद्रीकृत शक्ति के कारण कार्रवाई में देरी, अपर्याप्त दंड और सूचना का अधिकार अधिनियम से बहिष्कार शामिल है। सार्वजनिक जागरूकता और शिक्षा इन कमियों को दूर करने में महत्वपूर्ण हैं, सभी स्तरों पर पर्यावरण शिक्षा और सतत विकास की दिशा में सामूहिक जिम्मेदारी को बढ़ावा देने के लिए जन मीडिया की भागीदारी आवश्यक है।

सतत विकास, पर्यावरणीय स्वास्थ्य और सामाजिक समानता के मूल्य पर आर्थिक विकास के पारंपरिक केंद्रण पर सवाल उठाता है। यह एक संतुलित दृष्टिकोण की मांग करता है जो विकास गतिविधियों के सामाजिक, पर्यावरणीय और आर्थिक प्रभावों पर विचार करता है, यह सुनिश्चित करता है कि भविष्य की पीढ़ियों की जरूरतों को पूरा करने की क्षमता से समझौता किए बिना वर्तमान जरूरतों को पूरा किया जाए। सतत विकास के उपायों में उचित प्रौद्योगिकी को अपनाना, 3 आर (कम करें, पुन: उपयोग, रीसायकल) पर जोर देना, पर्यावरण शिक्षा को बढ़ावा देना और संसाधन उपयोग के लिए वहन क्षमता का पालन करना शामिल है।

भारतीय संदर्भ में, आर्थिक विकास और खाद्य उत्पादन में आत्मनिर्भरता के बावजूद, अमीर-गरीब की खाई, प्रदूषण और शहरी प्रवास जैसी चुनौतियों बनी हुई हैं, जो एक सतत विकास पथ

की आवश्यकता को रेखांकित करती हैं जो पर्यावरणीय प्रबंधन और सामाजिक भलाई के साथ आर्थिक उद्देश्यों का सामंजस्य स्थापित करता है। 1972 में राष्ट्रीय पर्यावरण योजना और समन्वय परिषद और 1985 में पर्यावरण और वन मंत्रालय की स्थापना, प्रगति के लिए एक संतुलित और समावेशी दृष्टिकोण का लक्ष्य रखते हुए, विकास योजना में स्थिरता के सिद्धांतों को एकीकृत करने की दिशा में सराहनीय कदमों का प्रतिनिधित्व करती है।

अध्याय 5 का सारांश

- **पर्यावरणीय प्रभाव आकलन (ईआईए)** सतत विकास पर परियोजनाओं के संभावित प्रभावों का मूल्यांकन करने और विकास प्रभावों का अनुमान लगाने और प्रबंधित करने के लिए प्राकृतिक प्रणालियों की क्षमताओं का विश्लेषण करने के लिए एक महत्वपूर्ण उपकरण है। यह शामिल है सामाजिक **प्रभाव** पर्यावरण विचारों के साथ-साथ, लक्ष्य नकारात्मक **प्रभावों को कम करें** और सकारात्मक **को अधिकतम करें**.

- ईआईए को इसकी भूमिका के लिए विश्व स्तर पर मान्यता प्राप्त है प्राकृतिक **संसाधनों के सतत उपयोग को सुनिश्चित करना और इसका मूल्यांकन करने के लिए इसे तेजी से अपनाया जा रहा है। वाणिज्यिक**, औद्योगिक और विधायी प्रस्तावों के प्रभाव में भारत ने विशिष्ट गतिविधियों के लिए ईआईए को अनिवार्य कर दिया है। 1994 की परियोजना में योजना निर्माण और निर्णय लेने में इसके महत्व पर प्रकाश डाला गया।

- ईआईए प्रक्रिया में शामिल है स्क्रीनिंग, **स्मोकिंग, प्रभाव मूल्यांकन,** और सार्वजनिक **जांच,** के लिए अग्रणी अधिकारियों द्वारा सूचित **निर्णय लेना** । इसके माध्यम से औद्योगिक उत्पादों पर पड़ने वाले प्रभावों को संबोधित किया जाता है ।

- **भारत का पर्यावरण विधान:** भारत पहला **देश** है जहां नियमों का पालन करते हुए पर्यावरण संरक्षण को अपने संविधान में शामिल किया गया। मानव **पर्यावरण पर संयुक्त राष्ट्र सम्मेलन** 1972 में स्टॉकहोम में विधान जैसा वन्यजीव **(संरक्षण) अधिनियम 1972,जल (प्रदूषण की रोकथाम और नियंत्रण) अधिनियम 1974,** और अन्य पर्यावरण संरक्षण के लिए अधिनियमित किए गए थे।

- **42वां संशोधन** भारत का संविधान पेश किया गया अनुच्छेद **48-ए** और अनुच्छेद **51 ए(जी),** पर्यावरण संरक्षण और संरक्षण को अनिवार्य बनाना।**वन्यजीव (संरक्षण) अधिनियम 1972** राष्ट्रीय उद्यानों और वन्यजीव अभयारण्यों की स्थापना की, जिस पर ध्यान केंद्रित किया गया लुप्तप्राय **प्रजातियों की रक्षा करना।**

- केंद्र **और राज्य प्रदूषण नियंत्रण बोर्ड** का उद्देश्य पर्यावरणीय गुणवत्ता की निगरानी और प्रबंधन करना है। चुनौतियों के बावजूद अपराधियों के लिए हल्का **जुर्माना** निर्धारित करना । भारत हमेशा सतत **विकास** और प्रदूषण नियंत्रण पे जोर देता रहा है ।

- **वायु (प्रदूषण की रोकथाम और नियंत्रण) अधिनियम 1981**, शामिल करने के लिए संशोधित किया गया ध्वनि **प्रदूषण**, प्रदूषण नियंत्रण बोर्डों को वायु गुणवत्ता को विनियमित करने, उद्योगों के लिए उत्सर्जन मानक निर्धारित करने का अधिकार देता है।**पर्यावरण (संरक्षण) अधिनियम 1986** पर्यावरण की परिभाषा को व्यापक बनाता है, जिससे सरकार को खतरनाक पदार्थों का प्रबंधन करने और प्रदूषण को कम करने की अनुमति मिलती है।

- कानून के माध्यम से पर्यावरण संरक्षण के लिए भारत का व्यापक दृष्टिकोण प्राकृतिक संसाधनों और पारिस्थितिकी प्रणालियों के संरक्षण की गहन मान्यता को दर्शाता है, जिसका लक्ष्य है सतत **विकास** और पर्यावरणीय **अखंडता**.

- **राज्य प्रदूषण नियंत्रण बोर्ड (एसपीसीबी)** पर्यावरण मानकों पर राज्य सरकारों को सलाह देता है और अनुपालन करवाता है , केंद्रीय प्रदूषण नियंत्रण बोर्ड की गतिविधियों को प्रतिबिंबित करता है। इसका अधिकार है परीक्षण के लिए नमूने **एकत्र करें**, और यह सुनिश्चित करना कि उद्योग पर्यावरणीय मानदंडों को पूरा करें।

- पर्यावरण कानून को लागू करने में चुनौतियों शामिल हैं उल्लंघन **के लिए हल्का दंड,कानूनी देरी**, और शासन पर राजनीतिक **प्रभाव ।**सीमित जन **जागरण** और पर्यावरण **संबंधी मुद्दों पर शिक्षा** सुरक्षा उपायों की प्रभावशीलता पर भी प्रभाव पड़ता है।

- **वायु (प्रदूषण की रोकथाम और नियंत्रण) अधिनियम 1981** हानिकारक पदार्थों और शोर सहित वायु प्रदूषण को कम करने पर ध्यान केंद्रित करता है, जिससे प्रदूषण नियंत्रण बोर्ड को शक्ति मिलती है वायु **गुणवत्ता को नियंत्रित करें**. अधिनियम इसकी अनुमति देता है सार्वजनिक **अपील** निर्णयों के विरुद्ध।

- **पर्यावरण (संरक्षण) अधिनियम 1986**, से प्रेरित इंदिरा **गांधी की पर्यावरण विरासत**, केंद्र सरकार को मानक स्थापित करने और उपायों को लागू करने का अधिकार देता है पर्यावरण **संरक्षण**, प्रदूषकों और खतरनाक पदार्थों को संबोधित करना।

- वन्यजीव और वन संरक्षण अधिनियमों को चुनौतियों का सामना करना पड़ता है जैसे:**केंद्रीकृत शक्ति,अपर्याप्त दंड**, और सूचना **का अधिकार अधिनियम से बहिष्कार**. जन **जागरण** और शिक्षा इन चुनौतियों पर काबू पाने के लिए यह महत्वपूर्ण है।

- **सतत विकास** एक संतुलित दृष्टिकोण पर विचार करने पर जोर देता है सामाजिक, **पर्यावरण और आर्थिक प्रभाव**, भावी पीढ़ियों की जरूरतों से समझौता करने से बचना इसकी वकालत करता है।

अध्याय 6

मानव जनसंख्या परिवर्तन और पर्यावरण

डॉ अचल मोगला

Ph.d, PGDBA, B.Tech

6.1 शहरी पर्यावरणीय समस्याएं

शहरी पर्यावरणीय समस्याएँ तेजी से जटिल होती जा रही हैं जो शहरी क्षेत्रों में लोगों, उद्योगों, वाहनों और गतिविधियों की अधिक सघनता से उत्पन्न होती हैं। ये समस्याएँ तेजी से हो रहे शहरीकरण और मानव जनसंख्या परिवर्तन के प्रबंधन से जुड़ी चुनौतियों से काफी प्रभावित हैं। जनसंख्या वृद्धि, प्रशासन और शहरी फैलाव जैसे जनसांख्यिकीय बदलावों के एकीकरण का शहरी पर्यावरण पर गहरा प्रभाव पड़ता है, जो इसकी गिरावट में योगदान देता है। नीचे शहरी पर्यावरणीय समस्याओं पर विस्तृत बिंदु दिए गए हैं, जो स्पष्ट समझ प्रदान करने के लिए आंकड़ों और डेटा से समृद्ध हैं:

वायु प्रदूषण: शहरी केंद्र वायु प्रदूषण के हॉटस्पॉट हैं, जिनमें वाहनों, उद्योगों और ऊर्जा उत्पादन का प्रमुख योगदान है। उदाहरण के लिए, विश्व स्वास्थ्य संगठन (डब्ल्यूएचओ) का अनुमान है कि दुनिया भर में 10 में से 9 लोग ऐसी हवा में सांस लेते हैं जो डब्ल्यूएचओ दिशानिर्देश सीमा से अधिक है जिसमें उच्च स्तर के प्रदूषक होते हैं। कई बड़े शहरों में, पार्टिकुलेट मैटर (पीएम 2.5) का स्तर अक्सर डब्ल्यूएचओ की सीमा से पांच गुना अधिक होता है, जिससे श्वसन संक्रमण, हृदय रोग और फेफड़ों के कैंसर जैसे गंभीर स्वास्थ्य जोखिम पैदा होते हैं।

जल प्रदूषण और कमी: शहरीकरण के साथ शहरी क्षेत्रों में पानी की मांग बढ़ती है, जिससे महत्वपूर्ण जल प्रदूषण और कमी होती है। यह अनुमान लगाया गया है कि 80% अपशिष्ट जल बिना पर्याप्त उपचार के पर्यावरण में छोड़ दिया जाता है। इसके अलावा, संयुक्त राष्ट्र ने बताया है कि 2025 तक, दुनिया की दो-तिहाई आबादी को पानी की कमी का सामना करना पड़ सकता है, भूजल के अत्यधिक दोहन और जल स्रोतों के प्रदूषण के कारण शहरी क्षेत्र विशेष रूप से असुरक्षित हैं।

कचरे का प्रबंधन: विश्व बैंक के अनुसार, शहरी क्षेत्र प्रति वर्ष लगभग 1.3 बिलियन टन ठोस कचरा उत्पन्न करते हैं, यह आंकड़ा 2025 तक 2.2 बिलियन टन तक बढ़ने की उम्मीद है।

प्रभावी अपशिष्ट प्रबंधन एक गंभीर चुनौती है, क्योंकि वैश्विक कचरे का अनुमानित 20% ही ठीक से पुनर्नवीनीकरण किया जाता है, शेष विशाल भाग को भूमि में भर दिया जाता है या जला दिया जाता है, जो प्रदूषण और ग्रीनहाउस गैस उत्सर्जन में योगदान देता है।

शहरी ऊष्मा द्वीप प्रभाव: शहरी ताप द्वीप प्रभाव ग्रामीण क्षेत्रों की तुलना में शहर के तापमान को 1-3°C (1.8-5.4°F) अधिक बढ़ा देता है। यह घटना न केवल वायु प्रदूषण को बढ़ाती है बल्कि शीतलन के लिए ऊर्जा की मांग को भी काफी बढ़ा देती है। उदाहरण के लिए, संयुक्त राज्य अमेरिका में, शहरी ताप द्वीपों में एयर कंडीशनिंग की आवश्यकता के कारण वार्षिक ऊर्जा लागत में 5 अरब डॉलर से अधिक की वृद्धि होने का अनुमान है।

हरित स्थानों और जैव विविधता का नुकसान: शहरीकरण से प्राकृतिक आवासों और हरे-भरे स्थानों का विनाश होता है, जिससे महत्वपूर्ण जैव विविधता को नुकसान होता है। अध्ययनों से पता चलता है कि शहरी क्षेत्रों का विस्तार उस दर से हो रहा है जो शहरी आबादी में वृद्धि की तुलना में लगभग 1.5 गुना अधिक है, जिससे प्रति व्यक्ति हरित स्थान में कमी आ रही है। यह हानि न केवल शहरी पारिस्थितिकी तंत्र के लचीलेपन को प्रभावित करती है, बल्कि CO_2 को अवशोषित करने की क्षमता को भी कम कर देती है, जिससे शहरी ताप द्वीप प्रभाव बढ़ जाता है और तूफानी जल प्रबंधन दक्षता कम हो जाती है।

यातायात भीड़भाड़ और परिवहन चुनौतियां: प्रमुख शहरों में, यातायात भीड़ एक महत्वपूर्ण मुद्दा है, जो वायु प्रदूषण में वृद्धि और जीवन की गुणवत्ता में कमी में योगदान देती है। यह अनुमान लगाया गया है कि यातायात की भीड़ के कारण उत्पादकता में सालाना अरबों डॉलर का नुकसान होता है। उदाहरण के लिए, लॉस एंजिल्स में, ड्राइवर प्रति वर्ष औसतन 100 घंटे से अधिक ट्रैफिक जाम में व्यतीत करते हैं, जिससे ईंधन की खपत और उत्सर्जन में वृद्धि होती है।

ध्वनि प्रदूषण: शहरी ध्वनि प्रदूषण, मुख्य रूप से यातायात, औद्योगिक गतिविधियों और निर्माण से, गंभीर स्वास्थ्य जोखिम पैदा करता है। यूरोपीय पर्यावरण एजेंसी की रिपोर्ट है कि 100 मिलियन से अधिक यूरोपीय ध्वनि प्रदूषण के हानिकारक स्तरों के संपर्क में हैं, जिससे सुनने की क्षमता में कमी, तनाव से संबंधित बीमारियां और नींद में खलल जैसी स्वास्थ्य संबंधी समस्याएं पैदा हो रही हैं।

6.2 उपभोक्तावाद और अपशिष्ट उत्पाद

उपभोक्तावाद और अपशिष्ट उत्पादों के बीच संबंध, विशेष रूप से "मानव जनसंख्या परिवर्तन और पर्यावरण" के संदर्भ में, अध्ययन का एक महत्वपूर्ण क्षेत्र है जो आधुनिक उपभोग पैटर्न के पर्यावरणीय प्रभावों को रेखांकित करता है। जैसे-जैसे वैश्विक आबादी बढ़ती है और अर्थव्यवस्थाएं विकसित होती हैं, उपभोक्ता वस्तुओं के उत्पादन का पैमाना और परिणामी अपशिष्ट अभूतपूर्व स्तर पर पहुंच गया है, जिससे पारिस्थितिकी तंत्र और मानव स्वास्थ्य पर काफी प्रभाव पड़ रहा है। यह चर्चा प्रासंगिक आंकड़ों, तथ्यों और डेटा के पूरक के रूप में उपभोक्तावाद, अपशिष्ट उत्पादन और पर्यावरणीय गिरावट के बीच जटिल संबंधों पर विस्तार से चर्चा करेगी।

वैश्विक अपशिष्ट उत्पादन: विश्व बैंक की रिपोर्ट है कि वैश्विक अपशिष्ट उत्पादन 2050 तक 3.4 बिलियन टन तक बढ़ने की उम्मीद है, जो 2016 में 2.01 बिलियन टन से अधिक है। इस वृद्धि का श्रेय जनसंख्या वृद्धि, शहरीकरण और बढ़ती खपत दर को दिया जाता है। दुनिया में प्रत्येक व्यक्ति प्रतिदिन औसतन 0.74 किलोग्राम कचरा उत्पन्न करता है, लेकिन उच्च आय वाले देशों में यह आंकड़ा 4.5 किलोग्राम तक हो सकता है, जो उपभोक्तावाद और अपशिष्ट उत्पादन के बीच सीधे संबंध को दर्शाता है।

प्लास्टिक प्रदूषण: शायद उपभोक्ता अपशिष्ट का सबसे चिंताजनक प्रतीक प्लास्टिक है। संयुक्त राष्ट्र पर्यावरण कार्यक्रम (यूएनईपी) के अनुसार, दुनिया में हर साल लगभग 300 मिलियन टन प्लास्टिक कचरा पैदा होता है, जो पूरी मानव आबादी के वजन के बराबर है। इस प्लास्टिक का केवल 9% ही पुनर्नवीनीकरण किया गया है, जिसमें से अधिकांश लैंडफिल, महासागरों और अन्य प्राकृतिक वातावरणों में समाप्त हो जाता है, जिससे गंभीर प्रदूषण होता है और वन्यजीवों को नुकसान होता है।

इलेक्ट्रॉनिक अपशिष्ट (ई-कचरा): इलेक्ट्रॉनिक्स में वृद्धि के कारण ई-कचरे में वृद्धि हुई है, जो अब विश्व स्तर पर सबसे तेजी से बढ़ने वाला अपशिष्ट प्रवाह है। ग्लोबल ई-वेस्ट मॉनिटर का कहना है कि 2019 में दुनिया भर में लगभग 53.6 मिलियन मीट्रिक टन (एमटी) ई-कचरा उत्पन्न हुआ, यह आंकड़ा 2030 तक 74 मिलियन टन तक पहुंचने का अनुमान है। 2019 के ई-कचरे का केवल 17.4% एकत्रीकरण और पुनर्नवीनीकरण किया गया था, इस पर प्रकाश डाला गया ई-कचरा पर्यावरण प्रबंधन और मानव स्वास्थ्य के लिए महत्वपूर्ण चुनौती है।

खाना बर्बादः संयुक्त राष्ट्र के खाद्य और कृषि संगठन (एफएओ) का अनुमान है कि मानव उपभोग के लिए उत्पादित सभी भोजन का लगभग एक तिहाई, जो प्रति वर्ष लगभग 1.3 बिलियन टन के बराबर है, खो जाता है या बर्बाद हो जाता है। यह न केवल संसाधनों की भारी बर्बादी का प्रतिनिधित्व करता है बल्कि जब यह कचरा लैंडफिल में विघटित होता है तो ग्रीनहाउस गैस उत्सर्जन में भी योगदान देता है।

फैशन और कपड़ा अपशिष्टः फैशन उद्योग उपभोक्ता अपशिष्ट में एक और प्रमुख योगदानकर्ता है, एलेन मैकआर्थर फाउंडेशन की रिपोर्ट के अनुसार हर सेकंड कपड़ा के एक कचरा ट्रक के बराबर कचरा जमीन में भर दिया जाता है या जला दिया जाता है। फ़ास्ट फैशन वस्तुओं का जीवन चक्र विशेष रूप से छोटा होता है, जिसके कारण हर साल वैश्विक स्तर पर लगभग 92 मिलियन टन कपड़ा कचरा उत्पन्न होता है।

कार्बन फुटप्रिंट पर प्रभावः उपभोक्ता वस्तुओं का उत्पादन, परिवहन और निपटान वैश्विक कार्बन उत्सर्जन में महत्वपूर्ण योगदान देता है। वर्ल्ड रिसोर्सेज इंस्टीट्यूट के अनुसार, वस्तुओं के निर्माण से वैश्विक CO_2 उत्सर्जन का 21% हिस्सा होता है। यह आंकड़ा उपभोक्तावाद की पर्यावरणीय लागत को रेखांकित करता है, इसे सीधे जलवायु परिवर्तन से जोड़ता है।

जल का उपयोग और प्रदूषणः उपभोक्ता उत्पादों का भी जल संसाधनों पर पर्याप्त प्रभाव पड़ता है। एक सूती शर्ट बनाने में लगभग 2,700 लीटर पानी लगता है, जो कपड़ा उत्पादन से जुड़े जल पदचिह्न का एक ज्वलंत उदाहरण है। इसके अतिरिक्त, उपभोक्ता वस्तुओं के निर्माण से निकलने वाला औद्योगिक कचरा अक्सर जलमार्गों को प्रदूषित करता है, जिससे जलीय पारिस्थितिकी तंत्र और मानव जल आपूर्ति दोनों प्रभावित होते हैं।

उपभोक्तावाद और कचरे के पर्यावरणीय प्रभावों को संबोधित करने के लिए एक बहुआयामी दृष्टिकोण की आवश्यकता है, जिसमें रीसाइक्लिंग और अपशिष्ट प्रबंधन बुनियादी ढांचे को बढ़ाना, टिकाऊ उपभोग पैटर्न को प्रोत्साहित करना और उत्पादन और अपशिष्ट निपटान पर सख्त नियमों को लागू करना शामिल है। इसके अलावा, एक चक्रीय अर्थव्यवस्था को बढ़ावा देना, जहां उत्पादों को स्थायित्व, पुनः उपयोग और पुनर्चक्रण के लिए डिज़ाइन किया गया है, पर्यावरण पर उपभोक्तावाद के नकारात्मक प्रभावों को काफी हद तक कम कर सकता है। स्थायी उपभोग की ओर परिवर्तन न केवल प्राकृतिक संसाधनों पर दबाव कम करता है बल्कि वैश्विक पर्यावरणीय पदचिह्न को कम करने का मार्ग भी प्रदान करता है, जो ग्रह और उसके निवासियों के स्वास्थ्य के लिए महत्वपूर्ण है।

6.3 आर्थिक विकास को बढ़ावा देना

"मानव जनसंख्या परिवर्तन और पर्यावरण" के ढांचे के भीतर आर्थिक विकास को बढ़ावा देना एक बहुआयामी विषय है जो जनसांख्यिकीय परिवर्तन, पर्यावरणीय स्थिरता और आर्थिक विकास की गतिशीलता को जोड़ता है। जीवन स्तर में सुधार के लिए आर्थिक विकास महत्वपूर्ण है, लेकिन इसे ऐसे तरीके से आगे बढ़ाया जाना चाहिए जो हमारे पर्यावरण की सीमाओं और समान संसाधन वितरण की आवश्यकता को स्वीकार और सम्मान करे। यह विस्तृत अन्वेषण आर्थिक विकास के विभिन्न पहलुओं को कवर करेगा, जिसमें व्यापक समझ प्रदान करने के लिए आंकड़े, तथ्य और डेटा शामिल होंगे।

वैश्विक आर्थिक विकास और जनसंख्या गतिशीलता: पिछले कुछ दशकों में वैश्विक अर्थव्यवस्था में उल्लेखनीय वृद्धि हुई है, विश्व बैंक ने वैश्विक सकल घरेलू उत्पाद में 1960 में लगभग 1.37 ट्रिलियन डॉलर से बढ़कर 2019 में 87 ट्रिलियन डॉलर से अधिक की वृद्धि दर्ज की है। यह वृद्धि तेजी से जनसंख्या परिवर्तन के साथ हुई है, वैश्विक जनसंख्या में वृद्धि के साथ 1960 में लगभग 3 बिलियन से 2020 तक लगभग 7.8 बिलियन हो जाना। इसलिए, आर्थिक विकास रणनीतियों को प्राकृतिक संसाधनों के स्थायी प्रबंधन की आवश्यकता के साथ-साथ संसाधनों और रोजगार के अवसरों की बढ़ती मांग पर भी विचार करना चाहिए।

गरीबी उन्मूलन पर आर्थिक विकास का प्रभाव: गरीबी कम करने में आर्थिक विकास महत्वपूर्ण रहा है। विश्व बैंक के अनुसार, वैश्विक गरीबी दर, जिसे प्रतिदिन 1.90 डॉलर से कम पर जीवन यापन करने के रूप में परिभाषित किया गया है, 1990 में 36% से घटकर 2018 में 8.6% हो गई है, जो जीवन स्तर में सुधार के लिए आर्थिक विकास की क्षमता का प्रमाण है। हालांकि, आय और संसाधनों तक पहुँच में असमानताएँ बनी हुई हैं, जो समावेशी आर्थिक नीतियों की आवश्यकता पर प्रकाश डालती हैं।

सतत आर्थिक विकास: संयुक्त राष्ट्र सतत विकास लक्ष्य (एसडीजी) सतत आर्थिक विकास के महत्व पर जोर देते हैं जो सभी को लाभान्वित करता है और पर्यावरणीय गिरावट को कम करता है। उदाहरण के लिए, एसडीजी 8 का लक्ष्य निरंतर, समावेशी और टिकाऊ आर्थिक विकास, पूर्ण और उत्पादक रोजगार और सभी के लिए सभ्य काम है। इसे प्राप्त करने के लिए ग्रह की पारिस्थितिक सीमाओं के साथ आर्थिक गतिविधियों को संतुलित करना और संसाधनों का उचित वितरण सुनिश्चित करना आवश्यक है।

प्रौद्योगिकी और नवाचार की भूमिका: तकनीकी प्रगति और नवाचार सतत आर्थिक विकास को बढ़ावा देने में महत्वपूर्ण भूमिका निभाते हैं। अंतर्राष्ट्रीय नवीकरणीय ऊर्जा एजेंसी (आईआरईएनए) का सुझाव है कि 2019 में वैश्विक स्तर पर नवीकरणीय ऊर्जा नौकरियां 11.5 मिलियन तक पहुंच गईं, यह दर्शाता है कि कैसे हरित प्रौद्योगिकियों में नवाचार न केवल जलवायु परिवर्तन को कम करने में बल्कि नए क्षेत्रों में रोजगार सृजन में भी योगदान देता है।

शहरीकरण का प्रभाव: शहरी क्षेत्र अक्सर आर्थिक विकास के इंजन होते हैं। संयुक्त राष्ट्र का अनुमान है कि 2050 तक, दुनिया की 68% आबादी शहरी क्षेत्रों में रहेगी, जो 2018 में 55% से अधिक है। शहरीकरण संसाधनों, लोगों और सेवाओं को केंद्रित करके आर्थिक विकास को आगे बढ़ा सकता है। हालाँकि, बढ़ते पर्यावरणीय दबावों और सामाजिक असमानताओं से बचने के लिए टिकाऊ शहरी नियोजन की भी आवश्यकता है।

कृषि एवं आर्थिक विकास: आर्थिक विकास के लिए कृषि एक महत्वपूर्ण क्षेत्र बना हुआ है, विशेषकर निम्न और मध्यम आय वाले देशों में। खाद्य और कृषि संगठन (एफएओ) का कहना है कि उप-सहारा अफ्रीका और एशिया के कुछ हिस्सों में कृषि 60% से अधिक कार्यबल को रोजगार देती है। खाद्य सुरक्षा सुनिश्चित करने, गरीबी कम करने और पर्यावरणीय प्रभावों को कम करने के लिए टिकाऊ कृषि पद्धतियाँ आवश्यक हैं।

पर्यावरणीय क्षरण और आर्थिक लागत: पर्यावरणीय क्षरण आर्थिक विकास के लिए एक महत्वपूर्ण जोखिम पैदा करता है। विश्व आर्थिक मंच (डब्ल्यूईएफ) की रिपोर्ट है कि दुनिया की आधी से अधिक जीडीपी, लगभग $44 ट्रिलियन, प्रकृति और उसकी सेवाओं पर मध्यम या अत्यधिक निर्भर है, जो पर्यावरणीय गिरावट के आर्थिक प्रभावों को रेखांकित करती है। इसलिए, प्रभावी आर्थिक विकास रणनीतियों में दीर्घकालिक स्थिरता सुनिश्चित करने के लिए पर्यावरण संरक्षण और बहाली के प्रयासों को शामिल करना चाहिए।

शिक्षा और आर्थिक विकास: शिक्षा आर्थिक विकास का एक प्रमुख चालक है, जो लोगों की नवाचार करने, नई प्रौद्योगिकियों को अपनाने और उत्पादकता में सुधार करने की क्षमता को बढ़ाती है। यूनेस्को के आंकड़ों से संकेत मिलता है कि शिक्षा का प्रत्येक अतिरिक्त वर्ष किसी व्यक्ति की आय में 10% तक की वृद्धि कर सकता है, जो आर्थिक विकास को बढ़ावा देने के लिए शिक्षा में निवेश के महत्व पर प्रकाश डालता है।

6.4 जनसंख्या आयु संरचना का प्रभाव

मानव जीवन और पर्यावरण के विभिन्न पहलुओं पर जनसंख्या आयु संरचना का प्रभाव "मानव जनसंख्या परिवर्तन और पर्यावरण" के व्यापक संदर्भ में अध्ययन का एक महत्वपूर्ण क्षेत्र है। जनसंख्या आयु संरचना का तात्पर्य आयु के आधार पर जनसंख्या के वितरण से है और यह देश की सामाजिक-आर्थिक स्थिति का एक महत्वपूर्ण निर्धारक है, जो आर्थिक विकास और श्रम बाजारों से लेकर स्वास्थ्य देखभाल प्रणालियों और पर्यावरणीय स्थिरता तक सब कुछ प्रभावित करता है। यह विस्तृत अन्वेषण व्यापक अवलोकन प्रदान करने के लिए आंकड़ों, तथ्यों और डेटा का उपयोग करके विभिन्न आयु संरचनाओं के निहितार्थों की पड़ताल करेगा।

1. **युवा जनसंख्या (उच्च जन्म दर):**
    - **आर्थिक निहितार्थ:** उच्च जन्म दर वाली युवा आबादी वाले देशों को पर्याप्त रोजगार के अवसर प्रदान करने की चुनौती का सामना करना पड़ता है। विश्व बैंक संकेत देता है कि विश्व स्तर पर सबसे युवा आबादी वाले उप-सहारा अफ्रीका को अपनी बढ़ती आबादी के साथ तालमेल बनाए रखने के लिए हर साल 10 मिलियन से अधिक नई नौकरियां पैदा करने की जरूरत है।
    - **शैक्षिक मांगें:** एक युवा आबादी शैक्षिक संसाधनों की मांग बढ़ती है। यूनेस्को की रिपोर्ट है कि उच्च युवा आबादी वाले कम आय वाले देश अक्सर शैक्षिक आवश्यकताओं को पूरा करने में असमर्थ होते हैं, जिससे साक्षरता दर और दीर्घकालिक आर्थिक विकास प्रभावित होता है।
    - **स्वास्थ्य देखभाल और सामाजिक सेवाएं:** युवा आबादी स्वास्थ्य देखभाल और सामाजिक सेवाओं, विशेषकर मातृ एवं शिशु स्वास्थ्य देखभाल पर दबाव डालती है। यूनिसेफ इस बात पर प्रकाश डालता है कि उच्च जन्म दर वाले क्षेत्रों, जैसे कि अफ्रीका और दक्षिण एशिया के कुछ हिस्सों में, जीवित रहने की दर और स्वास्थ्य परिणामों में सुधार के लिए स्वास्थ्य देखभाल के बुनियादी ढांचे में निवेश बढ़ाने की गंभीर आवश्यकता है।

2. **वृद्ध जनसंख्या (कम जन्म दर):**
    - **आर्थिक विकास:** बढ़ती आबादी, जो कई विकसित देशों में आम है, श्रम शक्ति में कमी का कारण बन सकती है, जिससे संभावित रूप से आर्थिक विकास धीमा हो सकता है। ओईसीडी के अनुसार, जापान जैसे देशों को अपने कार्यबल के आकार को बनाए रखने में महत्वपूर्ण चुनौतियों का सामना करना पड़ता है, अनुमानों से संकेत मिलता है कि 2040 तक कामकाजी उम्र की आबादी 20% से अधिक कम हो जाएगी।

- पेंशन प्रणाली और स्वास्थ्य देखभाल: बढ़ती आबादी के कारण पेंशन प्रणाली और स्वास्थ्य सेवा पर बोझ बढ़ जाता है। यूरोपीय आयोग की रिपोर्ट है कि 2070 तक, यूरोपीय संघ में कामकाजी उम्र के व्यक्तियों और 65 वर्ष से अधिक उम्र के लोगों का अनुपात 3:1 से गिरकर 2:1 हो जाएगा, जिससे पेंशन और स्वास्थ्य देखभाल पर सार्वजनिक व्यय में उल्लेखनीय वृद्धि होगी।

- पर्यावरणीय प्रभाव: वृद्ध आबादी में ऊर्जा की खपत कम हो सकती है और प्रति व्यक्ति कम कार्बन उत्सर्जन हो सकता है, क्योंकि वृद्ध व्यक्तियों की गतिशीलता और उपभोग पैटर्न कम होते हैं। हालांकि, स्वास्थ्य सेवाओं और सहायक प्रौद्योगिकियों की बढ़ती मांग इन संभावित लाभों की भरपाई कर सकती है।

3. संतुलित आयु संरचना:

- आर्थिक स्थिरता: एक संतुलित आयु संरचना, जिसमें युवा और कामकाजी उम्र के बुजुर्ग व्यक्तियों का स्वास्थ्य अनुपात होता है, स्थानीय आर्थिक विकास और स्थिरता का समर्थन करता है। यह संतुलन एक स्थिर श्रम शक्ति, प्रबंधनीय निर्भरता अनुपात और वस्तुओं, सेवाओं और आवास की स्थायी मांग सुनिश्चित करता है।

- स्वास्थ्य देखभाल और शिक्षा: संतुलित आयु संरचनाएं स्वास्थ्य देखभाल और शिक्षा में अधिक अनुमानित योजना बनाने की अनुमति देती हैं, जिससे बुनियादी ढांचे और सेवाओं में दीर्घकालिक निवेश की सुविधा मिलती है जो सभी आयु समूहों की आबादी की जरूरतों को पूरा करती है।

4. निर्भरता अनुपात:

- आर्थिक निर्भरता: निर्भरता अनुपात, जो आबादी के उस हिस्से को मापता है जो कार्यबल में नहीं है (युवा और बुजुर्ग) और जो लोग कार्यबल में हैं, वह आर्थिक विकास पर महत्वपूर्ण प्रभाव डालता है। उच्च निर्भरता अनुपात सार्वजनिक वित्त पर दबाव डाल सकता है, क्योंकि कम श्रमिकों को करों और सामाजिक योगदान के माध्यम से बड़ी आश्रित आबादी का समर्थन करना होगा।

- सामाजिक सेवाओं पर प्रभाव: उच्च निर्भरता अनुपात वाले देश युवाओं (शिक्षा) और बुजुर्गों (स्वास्थ्य देखभाल) की जरूरतों के बीच संसाधनों को कुशलतापूर्वक आवंटित करने के लिए संघर्ष कर सकते हैं, जिससे संभावित रूप से सेवा प्रावधान और गुणवत्ता में अंतर पैदा हो सकता है।

5. प्रवासन और आयु संरचना:

- बढ़ती उम्र की आबादी को कम करना: प्रवासन बढ़ती उम्र की आबादी के प्रभाव को कम करके आयु संरचना को प्रभावित कर सकता है। अप्रवासी आम तौर पर कामकाजी उम्र के होते हैं, जो आयु संरचना को संतुलित करने और श्रम बाजार का

समर्थन करने में मदद कर सकते हैं। संयुक्त राष्ट्र ने कहा है कि उच्च आय वाले देशों में जनसंख्या आकार और आयु संतुलन बनाए रखने के लिए आप्रवासन एक महत्वपूर्ण कारक है।

6. **शहरीकरण और आयु संरचना:**
   - शहरी जनसांख्यिकी: शहरी क्षेत्र युवा आबादी को आकर्षित करते हैं, जिससे शहरी और ग्रामीण दोनों क्षेत्रों की आयु संरचना प्रभावित होती है। इससे ग्रामीण आबादी वृद्धि हो सकती है क्योंकि युवा व्यक्ति काम के लिए शहरों की ओर पलायन करते हैं, जिससे ग्रामीण अर्थव्यवस्था और जीवनशैली प्रभावित होती है।

6.5 महिला एवं बाल कल्याण

"मानव जनसंख्या परिवर्तन और पर्यावरण" के संदर्भ में "महिला और बाल कल्याण" में मुद्दों की एक विस्तृत श्रृंखला शामिल है जो लैंगिक समानता, प्रजनन स्वास्थ्य, शिक्षा, आर्थिक विकास और पर्यावरणीय स्थिरता से जुड़ी है। सतत विकास लक्ष्यों को प्राप्त करने के लिए महिलाओं और बच्चों के कल्याण पर ध्यान देना महत्वपूर्ण है, क्योंकि उनकी भलाई जनसंख्या की गतिशीलता, पर्यावरण संरक्षण प्रयासों और समाज के समग्र सामाजिक-आर्थिक ताने-बाने को सीधे प्रभावित करती है। यहां विस्तृत, बिंदुवार नोट्स दिए गए हैं जिनमें इस महत्वपूर्ण विषय का व्यापक अवलोकन प्रदान करने के लिए आंकड़े, तथ्य और डेटा शामिल हैं।

1. **मातृ स्वास्थ्य:**
   - वैश्विक सांख्यिकी: विश्व स्वास्थ्य संगठन (डब्ल्यूएचओ) के अनुसार, 2017 में गर्भावस्था और प्रसव से संबंधित रोके जा सकने वाले कारणों से लगभग 295,000 महिलाओं की मृत्यु हो गई। उप-सहारा अफ्रीका और दक्षिण एशिया में इनमें से लगभग 86% मौतें हुईं, जो मातृ स्वास्थ्य में महत्वपूर्ण असमानताओं को उजागर करती हैं।
   - शिक्षा और पहुंच का प्रभाव: संयुक्त राष्ट्र जनसंख्या कोष (यूएनएफपीए) इस बात पर जोर देता है कि प्रजनन स्वास्थ्य सेवाओं और परिवार नियोजन के बारे में शिक्षा तक पहुंच से मातृ मृत्यु दर में काफी कमी आती है। उदाहरण के लिए, प्रसव से पहले, उसके दौरान और बाद में कुशल देखभाल से अधिकांश मातृ मृत्यु को रोका जा सकता है।

2. **बाल स्वास्थ्य और मृत्यु दर:**

- 5 वर्ष से कम उम्र के बच्चों की मृत्यु दर: यूनिसेफ की रिपोर्ट है कि 2019 में, पांच साल से कम उम्र के लगभग 5.2 मिलियन बच्चों की मृत्यु हो गई, जिनमें से ज्यादातर रोकथाम योग्य और उपचार योग्य कारणों से हुए। उप-सहारा अफ्रीका दुनिया में 5 वर्ष से कम उम्र के बच्चों की मृत्यु दर सबसे अधिक वाला क्षेत्र बना हुआ है, जहां 13 में से 1 बच्चा अपने पांचवें जन्मदिन से पहले मर जाता है।
- पोषण और टीकाकरण: इनमें से 45% मौतों का कारण कुपोषण है, और स्वच्छ पानी और स्वच्छता सुविधाओं तक पहुंच की कमी इस समस्या को बढ़ा देती है। इसके अतिरिक्त, टीकाकरण कवरेज में सुधार ने बाल मृत्यु दर को कम करने में महत्वपूर्ण क्षमता दिखाई है।

3. **लड़कियों के लिए शिक्षा:**

- शिक्षा तक पहुँच: यूनेस्को का अनुमान है कि दुनिया भर में 132 मिलियन लड़कियाँ स्कूल से बाहर हैं, जिनमें 34.3 मिलियन प्राथमिक स्कूल की उम्र की, 30 मिलियन निम्न-माध्यमिक स्कूल की उम्र की, और 67.4 मिलियन उच्च-माध्यमिक स्कूल की उम्र की हैं। लड़कियों की शिक्षा उच्च आर्थिक उत्पादकता, मातृ एवं शिशु मृत्यु दर में कमी और पारिवारिक स्वास्थ्य में सुधार से जुड़ी है।
- प्रजनन दर पर प्रभाव: शिक्षा, विशेष रूप से माध्यमिक शिक्षा, प्रजनन दर को कम करने में एक शक्तिशाली उपकरण है। उच्च स्तर की शिक्षा वाली महिलाओं के कम और स्वस्थ बच्चे होते हैं, और वे आर्थिक विकास में योगदान करते हुए कार्यों में अधिक भाग लेती हैं।

4. **महिलाओं का आर्थिक सशक्तिकरण:**

- श्रम बल भागीदारी: अंतर्राष्ट्रीय श्रम संगठन (ILO) का कहना है कि 2018 में महिलाओं के लिए वैश्विक श्रम बल भागीदारी दर लगभग 48.5% थी, जबकि पुरुषों के लिए यह 75% थी। महिलाओं का आर्थिक सशक्तिकरण आर्थिक विविधीकरण और आय समानता को बढ़ावा देता है और अधिक टिकाऊ आर्थिक विकास में योगदान देता है।
- उद्यमिता और भूमि स्वामित्व: कृषि उत्पादकता और खाद्य सुरक्षा को बढ़ावा देने के लिए भूमि पर महिलाओं का स्वामित्व और ऋण तक पहुंच महत्वपूर्ण है। हालांकि, महिलाओं को महत्वपूर्ण कानूनी और सामाजिक बाधाओं का सामना करना पड़ता है जो उनके आर्थिक अवसरों को सीमित करती हैं।

5. **पर्यावरण परिवर्तन का प्रभाव:**

- जलवायु परिवर्तन के प्रति संवेदनशीलता: महिलाएं और बच्चे विशेष रूप से जलवायु परिवर्तन और पर्यावरणीय गिरावट के प्रभावों के प्रति संवेदनशील हैं। संयुक्त राष्ट्र इस

बात पर प्रकाश डालता है कि महिलाएं, जो दुनिया के गरीबों में से अधिकांश हैं, प्राकृतिक आपदाओं और संसाधनों की कमी से प्रभावित होने की अधिक संभावना है।

- पर्यावरणीय स्थिरता में भूमिका: महिलाएं प्राकृतिक संसाधन प्रबंधन में महत्वपूर्ण भूमिका निभाती हैं और पारिस्थितिक स्थिरता की अद्वितीय समझ रखती हैं। सतत विकास के लिए पर्यावरणीय निर्णय लेने की प्रक्रियाओं में महिलाओं को सशक्त बनाना आवश्यक है।

6. **महिलाओं और बच्चों के विरुद्ध हिंसा:**

- व्यापकता: डब्ल्यूएचओ का अनुमान है कि दुनिया भर में लगभग 3 में से 1 महिला ने अपने जीवनकाल में शारीरिक और/या यौन अंतरंग साथी हिंसा या गैर-साथी यौन हिंसा का अनुभव किया है। महिलाओं और बच्चों के खिलाफ हिंसा को उनके शारीरिक, मानसिक और प्रजनन स्वास्थ्य पर गहरा प्रभाव पड़ता है।

7. **नीति और अंतर्राष्ट्रीय प्रतिबद्धता:**

- सतत विकास लक्ष्य (एसडीजी): कई एसडीजी सीधे तौर पर महिलाओं और बाल कल्याण को संबोधित करते हैं, जिनमें लक्ष्य 3 (अच्छा स्वास्थ्य और कल्याण), लक्ष्य 4 (गुणवत्तापूर्ण शिक्षा), लक्ष्य 5 (लिंग समानता), और लक्ष्य 6 (स्वच्छ जल और स्वच्छता) शामिल हैं। इन लक्ष्यों को प्राप्त करने के लिए सरकारों, गैर सरकारी संगठनों और अंतर्राष्ट्रीय संगठनों के ठोस प्रयासों की आवश्यकता है।

6.6 महिला सशक्तिकरण

मानव जनसंख्या परिवर्तन और पर्यावरणीय स्थिरता से संबंधित वैश्विक चुनौतियों का समाधान करने में महिला सशक्तिकरण एक महत्वपूर्ण कारक है। महिलाओं को सशक्त बनाने से जनसांख्यिकीय रुझान प्रभावित होता है, आर्थिक उत्पादकता बढ़ती है और पर्यावरण संरक्षण को बढ़ावा मिलता है।

- ➢ **शैक्षिक सशक्तिकरण:**
  - वैश्विक शैक्षिक असमानताएँ: यूनेस्को के अनुसार, दुनिया भर में लाखों लड़कियाँ स्कूल से बाहर रहती हैं, जिससे माध्यमिक शिक्षा में महत्वपूर्ण अंतर होता है। शिक्षा महिला सशक्तिकरण की आधारशिला है, जिससे पूरे समुदायों के लिए बेहतर स्वास्थ्य और आर्थिक और सामाजिक परिणाम प्राप्त होते हैं।

- o प्रजनन क्षमता और जनसंख्या वृद्धि पर प्रभाव: शिक्षित महिलाएं कम बच्चे पैदा करती हैं, बच्चे को जन्म देने में देरी करती हैं, और उनके और उनके बच्चों के स्वास्थ्य पर बेहतर परिणाम होते हैं। विश्व बैंक इस बात पर प्रकाश डालता है कि माध्यमिक या उच्चतर शिक्षा प्राप्त महिलाओं के पास बिना शिक्षा प्राप्त महिलाओं की तुलना में औसतन 2.9 कम बच्चे होते हैं।

> ### आर्थिक सशक्तिकरण:

- o श्रम बल भागीदारी: अंतर्राष्ट्रीय श्रम संगठन (ILO) की रिपोर्ट है कि 2020 में महिलाओं के लिए वैश्विक श्रम बल भागीदारी दर 48.5% थी, जबकि पुरुषों के लिए 75% थी। इस अंतर को पाटने से वैश्विक सकल घरेलू उत्पाद में उल्लेखनीय वृद्धि हो सकती है।

- o आय समानता: आर्थिक सशक्तिकरण से महिलाओं की वित्तीय स्वतंत्रता बढ़ती है, लेकिन लैंगिक वेतन अंतर एक महत्वपूर्ण बाधा बनी हुई है। विश्व आर्थिक मंच के अनुसार, मौजूदा दर से आर्थिक लिंग अंतर को पाटने में 257 साल लगेंगे।

> ### राजनीतिक और सामाजिक सशक्तिकरण:

- o निर्णय लेने में प्रतिनिधित्व: संयुक्त राष्ट्र महिला की रिपोर्ट है कि 2021 तक, वैश्विक स्तर पर राष्ट्रीय संसदीय सीटों में से केवल 25.5% महिलाओं के पास थीं। लिंग-विशिष्ट आवश्यकताओं को संबोधित करने और टिकाऊ नीतियों को बढ़ावा देने के लिए राजनीतिक और निर्णय लेने की प्रक्रियाओं में प्रतिनिधित्व बढ़ाना महत्वपूर्ण है।

- o कानूनी अधिकार और सामाजिक मानदंड: समानता, संपत्ति के अधिकार और हिंसा के खिलाफ सुरक्षा का समर्थन करने वाले कानूनी ढांचे महिला सशक्तिकरण के लिए आवश्यक हैं। विश्व बैंक की महिला, व्यवसाय और कानून 2020 की रिपोर्ट में कहा गया है कि महिलाओं के पास पुरुषों को दिए गए कानूनी अधिकारों का केवल तीन-चौथाई अधिकार है, जिससे उनकी काम करने, व्यवसाय शुरू करने और आर्थिक निर्णय लेने की क्षमता प्रभावित होती है।

> ### स्वास्थ्य देखभाल पहुंच:

- o प्रजनन स्वास्थ्य अधिकार: प्रजनन स्वास्थ्य सेवाओं तक पहुंच महिला सशक्तिकरण के लिए मौलिक है, जो उन्हें बच्चे पैदा करने के बारे में सूचित

विकल्प चुनने की अनुमति देती है कि कब और कितने बच्चे पैदा करने हैं। गुटमाकर इंस्टीट्यूट के अनुसार, विकासशील क्षेत्रों में, 200 मिलियन से अधिक महिलाएं गर्भावस्था से बचना चाहती हैं लेकिन आधुनिक गर्भनिरोधक का उपयोग नहीं कर रही हैं।

- o मातृ स्वास्थ्य: विश्व स्वास्थ्य संगठन इस बात पर प्रकाश डालता है कि कम आय वाले देशों में मातृ मृत्यु अनुपात काफी अधिक है, यहाँ तक कि देशों के भीतर भी पर्याप्त असमानताएं हैं। स्वास्थ्य देखभाल तक बेहतर पहुंच महिलाओं को उनके स्वास्थ्य निर्णयों पर बेहतर एजेंसी के माध्यम से सशक्त बना सकती है।

➤ पर्यावरणीय स्थिरता पर प्रभाव:

- o संसाधन प्रबंधन में भूमिका: महिलाएं अक्सर प्राकृतिक संसाधनों के प्रबंधन में महत्वपूर्ण भूमिका निभाती हैं और पर्यावरणीय क्षरण से असमान रूप से प्रभावित होती हैं। भूमि और संसाधनों के अधिकारों के माध्यम से महिलाओं को सशक्त बनाने से अधिक टिकाऊ पर्यावरण प्रबंधन प्रथाओं को बढ़ावा मिल सकता है।

- o जलवायु परिवर्तन अनुकूलन और शमन: जलवायु परिवर्तन अनुकूलन और शमन रणनीतियों में महिलाओं का अद्वितीय ज्ञान और दृष्टिकोण महत्वपूर्ण हैं। जलवायु परिवर्तन पर संयुक्त राष्ट्र फ्रेमवर्क कन्वेंशन (यूएनएफसीसीसी) जलवायु कार्रवाई में लैंगिक विचारों के महत्व को पहचानता है।

➤ महिला के विरुद्ध क्रूरता:

- o वैश्विक प्रसार: विश्व स्वास्थ्य संगठन का अनुमान है कि दुनिया भर में लगभग 3 में से 1 महिला ने शारीरिक या यौन हिंसा का अनुभव किया है। इस हिंसा को संबोधित करना न केवल मानवाधिकारों का मामला है बल्कि सशक्तिकरण और समानता प्राप्त करने के लिए भी आवश्यक है।

➤ कोविड-19 का प्रभाव:

- o असंगत प्रभाव: महामारी ने महिलाओं को नौकरी छूटने से लेकर घरेलू बोझ और हिंसा में वृद्धि तक असमान रूप से प्रभावित किया है। संयुक्त राष्ट्र ने महामारी के प्रति लिंग-संवेदनशील प्रतिक्रियाओं का आह्वान किया है ताकि यह सुनिश्चित किया जा सके कि महिला सशक्तिकरण की प्रगति उलट न जाए।

6.7 मानव समाज को कायम रखना

तेजी से जनसंख्या परिवर्तन और पर्यावरणीय गिरावट के बीच मानव समाज को बनाए रखने के लिए एक समग्र दृष्टिकोण की आवश्यकता है जो अर्थशास्त्र, पर्यावरण, नीतियों और शिक्षा को एकीकृत करता है। शहरी पर्यावरणीय समस्याओं के समाधान के लिए इन तत्वों के बीच संतुलन महत्वपूर्ण है, जो दुनिया भर में शहरों के विस्तार के साथ तेजी से जटिल होती जा रही हैं।

अर्थशास्त्र और पर्यावरणीय स्थिरता

आर्थिक विकास को पारंपरिक रूप से सकल घरेलू उत्पाद (जीडीपी) में वृद्धि से मापा जाता है, लेकिन यह मानक अक्सर पर्यावरणीय गिरावट और संसाधन की कमी को ध्यान में रखने में विफल रहता है। विश्व बैंक ने "हरित जीडीपी" की अवधारणा पर प्रकाश डाला है, जो पर्यावरणीय क्षति को समायोजित करता है, और अधिक टिकाऊ विकास मॉडल पेश करता है। हालांकि, वैश्विक आर्थिक गतिविधियां पर्यावरण पर दबाव डाल रही हैं। एक वृत्ताकार अर्थव्यवस्था में परिवर्तन, जहां अपशिष्ट को न्यूनतम किया जाता है, और सामग्रियों का पुन: उपयोग किया जाता है, आगे बढ़ने का एक व्यवहार्य मार्ग प्रस्तुत करता है। उदाहरण के लिए, एलेन मैकआर्थर फाउंडेशन का अनुमान है कि एक चक्रीय अर्थव्यवस्था अपशिष्ट को कम करके, नवाचार को प्रोत्साहित करके और नए बाजार खोलकर 2030 तक 4.5 ट्रिलियन डॉलर का आर्थिक लाभ उत्पन्न कर सकती है।

शहरी पर्यावरणीय समस्याएं

संयुक्त राष्ट्र के अनुसार, शहरी क्षेत्र, जहां दुनिया की 55% आबादी रहती है, पर्यावरणीय चुनौतियों में सबसे आगे हैं। अंतर्राष्ट्रीय ऊर्जा एजेंसी के अनुसार, शहर दुनिया की दो-तिहाई से अधिक ऊर्जा की खपत करते हैं और 70% से अधिक CO_2 उत्सर्जन के लिए जिम्मेदार हैं। शहरीकरण से वायु और जल प्रदूषण, अपशिष्ट प्रबंधन के मुद्दे और शहरी ताप द्वीप प्रभाव होता है, जो सार्वजनिक स्वास्थ्य और जैव विविधता पर महत्वपूर्ण प्रभाव डालता है। विश्व स्वास्थ्य संगठन की रिपोर्ट है कि वायु प्रदूषण के कारण दुनिया भर में सालाना अनुमानित 4.2 मिलियन समय से पहले मौतें होती हैं, इन मौतों का एक महत्वपूर्ण हिस्सा शहरी क्षेत्रों में होता है।

सतत विकास के लिए नीतियां

पर्यावरणीय प्रभावों को कम करने और सतत विकास को बढ़ावा देने के लिए प्रभावी नीतियां आवश्यक हैं। संयुक्त राष्ट्र के सतत विकास लक्ष्य (एसडीजी) कार्रवाई के लिए एक व्यापक रूपरेखा प्रदान करते हैं, जिसमें विशेष रूप से शहरी स्थिरता (एसडीजी 11), जलवायु कार्रवाई (एसडीजी 13), और जिम्मेदार उपभोग और उत्पादन (एसडीजी 12) को लक्षित किया जाता है। राष्ट्रीय और स्थानीय सरकार पर्यावरणीय नियमों को लागू करने, हरित प्रौद्योगिकियों को प्रोत्साहित करने और टिकाऊ शहरी नियोजन को बढ़ावा देने में महत्वपूर्ण भूमिका निभाती हैं। जलवायु परिवर्तन पर पेरिस समझौते की सफलता, जिसका लक्ष्य ग्लोबल वार्मिंग को 2 डिग्री सेल्सियस से नीचे सीमित करना है, मजबूत नीति ढांचे और अंतर्राष्ट्रीय सहयोग पर निर्भर है।

स्थिरता के लिए शिक्षा

पर्यावरण जागरूकता और टिकाऊ प्रथाओं को बढ़ावा देने के लिए शिक्षा एक शक्तिशाली उपकरण है। यूनेस्को की सतत विकास शिक्षा (ईएसडी) पहल का उद्देश्य व्यक्तियों को अधिक टिकाऊ भविष्य में योगदान देने के लिए आवश्यक ज्ञान, कौशल, मूल्यों और दृष्टिकोण से लैस करना है। ईएसडी को राष्ट्रीय पाठ्यक्रम में एकीकृत करने से नागरिकों को सूचित निर्णय लेने और पर्यावरण संरक्षण के लिए जिम्मेदार कार्रवाई करने में सशक्त बनाया जा सकता है। उदाहरण के लिए, ईएसडी कार्यक्रमों के कार्यान्वयन से रीसाइक्लिंग दर, ऊर्जा संरक्षण और समुदाय के नेतृत्व वाली पर्यावरणीय पहल में भागीदारी में वृद्धि देखी गई है।

एकीकृत समाधान

मानव जनसंख्या परिवर्तन और पर्यावरण के संदर्भ में शहरी पर्यावरणीय समस्याओं को संबोधित करने के लिए एक एकीकृत दृष्टिकोण की आवश्यकता होती है जो आर्थिक नवाचार, पर्यावरणीय प्रबंधन, नीति सुधार और शिक्षा को जोड़ती है। टिकाऊ आर्थिक मॉडल जो दीर्घकालिक पारिस्थितिक स्वास्थ्य को प्राथमिकता देते हैं, मजबूत नीति ढांचे और जन जागरूकता अभियानों के साथ मिलकर शहरीकरण के नकारात्मक प्रभावों को कम कर सकते हैं। इसके अलावा, नवीकरणीय ऊर्जा स्रोतों, सार्वजनिक परिवहन प्रणालियों और हरित स्थानों जैसे हरित बुनियादी ढांचे में निवेश से शहरी रहने की क्षमता और लचीलेपन में वृद्धि हो सकती है।

- **राज्य प्रदूषण नियंत्रण बोर्ड (एसपीसीबी)** राज्य सरकारों को सलाह देता है और केंद्रीय प्रदूषण नियंत्रण बोर्ड की गतिविधियों को प्रतिबिंबित करते हुए पर्यावरण मानकों को लागू करता है। चुनौतियाँ शामिल हैं उल्लंघन **के लिए हल्का दंड,कानूनी देरी**, और सीमित जन **जागरण** ।

- **वायु (प्रदूषण की रोकथाम और नियंत्रण) अधिनियम 1981** और पर्यावरण **(संरक्षण) अधिनियम 1986** वायु गुणवत्ता को विनियमित करने और विभिन्न प्रदूषकों को संबोधित करने के लिए प्रदूषण नियंत्रण बोर्डों को सशक्त बनाना वायु **प्रदूषण कम करें** और पर्यावरण **की रक्षा करें** ।

- **शहरी पर्यावरणीय समस्याएँ** तेजी से हो रहे शहरीकरण के कारण ये और भी बदतर हो गए हैं वायु **प्रदूषण,पानी की कमी,** और **प्रदूषण,अप्रभावी अपशिष्ट प्रबंधन,शहरी ताप द्वीप प्रभाव,हरित स्थानों का नुकसान,यातायात संकुलन**, और ध्वनि **प्रदूषण** ।

- **वायु प्रदूषण:** प्रमुख शहरों में है **PM 2.5 का स्तर** WHO की सीमा से पाँच गुना ऊपर, जिससे गंभीर स्वास्थ्य जोखिम उत्पन्न होते हैं, श्वासप्रणाली **में संक्रमण,दिल की बीमारी**, और फेफड़ों **का कैंसर** ।

- **जल प्रदूषण और कमी:** 80% **अपशिष्ट जल** को बिना उपचार के निष्कासित कर दिया जाता है दुनिया **की दो-तिहाई आबादी** को संभावित रूप से 2025 तक पानी की कमी का सामना करना पड़ेगा।

- **कचरे का प्रबंधन:** शहरी क्षेत्र लगभग 1.3 **अरब टन** प्रति वर्ष ठोस अपशिष्ट उत्पन्न करते हैं, जिसमें से केवल 20% का ही ठीक से पुनर्नवीनीकरण हो पता है ।

- **शहरी ऊष्मा द्वीप प्रभाव:** शहर के तापमान को ग्रामीण क्षेत्रों की तुलना में 1-3°C अधिक बढ़ाता है, बढ़ रहा है ठंडा **करने के लिए ऊर्जा की मांग** ।

- **हरित स्थानों और जैव विविधता का नुकसान:** निवास **का विनाश** शहरीकरण की ओर ले जाता है जिससे महत्वपूर्ण जैव **विविधता हानि** होती , CO2 **अवशोषण** और तूफान **जल के प्रबंधन** की क्षमता प्रभावित कर रहे हैं ।

- **यातायात भीड़ भाड़ और परिवहन चुनौतियां:** प्रमुख शहरों को यातायात की भीड़ के कारण प्रतिवर्ष अरबों **डॉलर** के होने वाले घाटे का सामना करना पड़ता है।इससे उत्पादकता प्रभावित होती है ।

- **ध्वनि प्रदूषण:** 100 **मिलियन यूरोपीय** लोग ध्वनि प्रदूषण के हानिकारक स्तरों के संपर्क में आते हैं, जिससे बहरापन और तनाव **से संबंधित बीमारियां** होती हैं ।

- **उपभोक्तावाद और अपशिष्ट उत्पाद**: वैश्विक अपशिष्ट उत्पादन में वृद्धि होने की उम्मीद है 2050 तक **3.4 बिलियन टन**, साथ प्लास्टिक **प्रदूषण,ई - कचरा,खाना बर्बाद**, और फैशन **और कपड़ा अपशिष्ट** आधुनिक उपभोग पैटर्न के पर्यावरणीय प्रभावों पर प्रकाश डालना।

- **प्लास्टिक प्रदूषण**: दुनिया के बारे में उत्पादन करता है 300 **मिलियन टन** सालाना प्लास्टिक कचरे का, केवल के साथ 9% पुनर्चक्रित।

- **इलेक्ट्रॉनिक अपशिष्ट (ई-कचरा)**: सबसे तेजी से बढ़ने वाली अपशिष्ट धारा, **53.6 मिलियन मीट्रिक टन** 2019 में उत्पन्न, 2030 तक **74 मिलियन मीट्रिक टन** पहुंचने का अनुमान है ।

- **खाना बर्बाद**: के बारे में एक **तिहाई** मानव उपभोग के लिए उत्पादित सभी खाद्य पदार्थों में से एक है। जिसमें से कुछ सालाना खो **गया या बर्बाद हो गया** है।

- **फैशन और कपड़ा अपशिष्ट**: फैशन उद्योग लगभग 92 **मिलियन टन** प्रत्येक वर्ष कपड़ा अपशिष्ट उत्पन्न करता है ।

- **आर्थिक विकास को बढ़ावा देना**:

- **वैश्विक आर्थिक विकास** 1960 में 1.37 ट्रिलियन डॉलर से बढ़कर 2019 में 87 ट्रिलियन डॉलर से अधिक हो गया है, साथ ही वैश्विक जनसंख्या में 3 बिलियन से 7.8 बिलियन की वृद्धि हुई है।

- **आर्थिक विकास** के लिए आवश्यक है जीवन **स्तर में सुधार**, प्राकृतिक संसाधनों के स्थायी प्रबंधन और न्यायसंगत संसाधन वितरण की आवश्यकता है।

- **गरीबी घटाना**: आर्थिक विकास ने वैश्विक गरीबी दर को 1990 में 36% से घटाकर 2018 में 8.6% कर दिया है, हालांकि असमानताएं **बनी हुई हैं**।

- **सतत आर्थिक विकास** संयुक्त राष्ट्र के सतत विकास लक्ष्यों पर प्रकाश डाला गया है, जिसका लक्ष्य है समांवेशी **विकास** इससे सभी को लाभ होता है और पर्यावरण का क्षरण कम होता है।

- **प्रौद्योगिकी और नवाचार** नवीकरणीय ऊर्जा नौकरियाँ पहुँचने के साथ सतत विकास की कुंजी है। वैश्विक **स्तर पर 11.5 मिलियन** 2019 में।

- **शहरीकरण** आर्थिक विकास में योगदान देता है लेकिन पर्यावरण और सामाजिक असमानताओं को प्रबंधित करने के लिए स्थायी योजना की आवश्यकता होती है।

- **कृषि** निम्न और मध्यम आय वाले देशों में टिकाऊ प्रथाओं की आवश्यकता पर बल देते हुए एक महत्वपूर्ण भूमिका निभाता है।

- **वातावरण संबंधी मान भंग** विश्व की आधी से अधिक जीडीपी प्रकृति और उनकी सेवाओं पर निर्भर होने से आर्थिक विकास के लिए जोखिम पैदा होता है।

- **शिक्षा** आर्थिक विकास को बढ़ावा मिलता है, शिक्षा के प्रत्येक अतिरिक्त वर्ष के साथ संभावित रूप से आय में 10% तक की वृद्धि होती है।

- **जनसंख्या आयु संरचना का प्रभाव:**
- **युवा आबादी** उच्च जन्म दर के कारण रोजगार प्रदान करने, शैक्षिक मांगों को पूरा करने और स्वास्थ्य देखभाल और सामाजिक सेवाओं का समर्थन करने में चुनौतियों पैदा होती हैं।
- **उम्रदराज आबादी** आर्थिक विकास धीमा हो सकता है, पेंशन प्रणालियों और स्वास्थ्य देखभाल पर बोझ बढ़ सकता है और ऊर्जा की खपत और कार्बन उत्सर्जन में कमी आ सकती है।
- संतुलित **आयु संरचना** आर्थिक स्थिरता और सतत विकास का समर्थन करता है और स्वास्थ्य देखभाल और शिक्षा में कौशल योजना बनाने की अनुमति देता है।
- **निर्भरता अनुपात** आर्थिक विकास पर महत्वपूर्ण प्रभाव पड़ता है, उच्च अनुपात सार्वजनिक वित्त पर दबाव डालता है और संसाधनों के आवंटन को प्रभावित करता है।
- **प्रवास** कामकाजी उम्र के व्यक्तियों को श्रम बाजार में पेश करके उम्र बढ़ने वाली आबादी के प्रभावों को कम करने में मदद मिल सकती है।
- **शहरीकरण** आयु संरचना को प्रभावित करता है, जिससे ग्रामीण आबादी उम्रदराज हो जाती है क्योंकि युवा व्यक्ति शहरों की ओर पलायन कर जाते हैं, जिससे अर्थव्यवस्था और जीवन शैली प्रभावित होती है।
- **महिला एवं बाल कल्याण** जनसंख्या **में गतिशीलता,पर्यावरण संरक्षण,** और सामाजिक-**आर्थिक विकास** सतत विकास लक्ष्यों को प्राप्त करने, प्रभावित करने के अभिन्न अंग हैं।
- **मातृ स्वास्थ्य:**
- **295,000 महिलाएँ** की 2017 में गर्भावस्था से संबंधित कारणों से मृत्यु हो गई, ज्यादातर उप-सहारा अफ्रीका और दक्षिण एशिया की थीं ।
- **बाल स्वास्थ्य और मृत्यु दर:**
- 2019 में, उप-सहारा अफ्रीका में रोकथाम योग्य कारणों से **पांच साल से कम उम्र के 5.2 मिलियन** बच्चों की मृत्यु हुई जोकि उच्चतम **मृत्यु दर** है ।
- **कुपोषण** इनमें से 45% मौतों का कारण इसकी आवश्यकता पर प्रकाश डालता है बेहतर **पोषण और टीकाकरण कवरेज.**
- **लड़कियों के लिए शिक्षा:**
- **दुनिया भर में 132 मिलियन लड़कियाँ** स्कूल से बाहर हैं, जिससे आर्थिक उत्पादकता और स्वास्थ्य परिणाम प्रभावित हो रहे हैं।
- शिक्षा, विशेष रूप से माध्यमिक शिक्षा, प्रजनन दर को कम करती है और स्वस्थ **बच्चे** और अधिक **से अधिक कार्यबल भागीदारी** आगे बढ़ती है।
- **महिला आर्थिक सशक्तिकरण:**
- **वैश्विक श्रम बल भागीदारी दर** महिलाओं के लिए 48.5% जोकि 2018 में पुरुषों से कम थी.

- महिला भूमि **का स्वामित्व** और ऋण **तक पहुंच** कृषि उत्पादकता और खाद्य **सुरक्षा** के लिए महत्वपूर्ण हैं

- **पर्यावरण परिवर्तन का प्रभाव:**
- जलवायु **परिवर्तन के प्रति** महिलाएं और बच्चे **संवेदनशील** हैं, दुनिया के गरीबों में बहुसंख्यक महिलाएं हैं।
- महिलाओं को सशक्त बनाना पर्यावरणीय **निर्णय लेना** के लिए महत्वपूर्ण है ।

- **महिलाओं और बच्चों के खिलाफ हिंसा:**
- **3 में से 1 महिला:** दुनिया भर में लोगों ने शारीरिक और/या यौन हिंसा का अनुभव किया है, जिससे उनके स्वास्थ्य और कल्याण पर असर पड़ा है।
- **नीति और अंतरराष्ट्रीय प्रतिबद्धता:**
- **सतत विकास लक्ष्य (एसडीजी)** महिला एवं बाल कल्याण पर जोर देते हुए संबोधित करें स्वास्थ्य,शिक्षा,**लैंगिक समानता**, और साफ **पानी।**
- **महिला सशक्तिकरण:**
- **शैक्षिक सशक्तिकरण** शिक्षित महिलाओं के साथ बेहतर स्वास्थ्य और आर्थिक परिणाम प्राप्त होते हैं।
- **आर्थिक सशक्तिकरण** हालांकि, विविधीकरण और आय समानता को बढ़ावा मिलता है लिंग **वेतन अंतर** एक चुनौती बनी हुई है.
- **राजनीतिक और सामाजिक सशक्तिकरण** के लिए आवश्यक है टिकाऊ **नीतियां** और लिंग-विशिष्ट आवश्यकताओं को संबोधित करना।
- **स्वास्थ्य सेवा पहुंच,** विशेष रूप से प्रजनन **स्वास्थ्य अधिकार,** महिला सशक्तिकरण के लिए मौलिक है।
- महिलाओं की अहम भूमिका है पर्यावरणीय **स्थिरता,** जिसमें उनकी भागीदारी महत्वपूर्ण है संसाधन **प्रबंधन** और जलवायु **कार्रवाई.**
- **महिला के विरुद्ध क्रूरता** एक वैश्विक मुद्दा है जो सशक्तिकरण और समानता में बाधा डालता है।
- **कोविड-19 महामारी** ने महिलाओं पर असंगत रूप से प्रभाव डाला है, जो इसकी आवश्यकता पर प्रकाश डालता है लिंग-**संवेदनशील प्रतिक्रियाएँ.**
- **मानव समाज को कायम रखना:**
- समग्र **दृष्टिकोण** अर्थशास्त्र, पर्यावरण, नीतियों और शिक्षा को एकीकृत करना महत्वपूर्ण है मानव **समाज को कायम रखना** तेजी से जनसंख्या परिवर्तन और पर्यावरणीय चुनौतियों के बीच।

- **अर्थशास्त्र और पर्यावरणीय स्थिरता:**
- आर्थिक विकास, पारंपरिक रूप से मापा जाता है सकल **घरेलू उत्पाद**, अक्सर नजरअंदाज कर देता है वातावरण **संबंधी मान भंग** और संसाधनों **का क्षरण।**
- **"हरित जीडीपी"** विश्व बैंक की अवधारणा प्रस्तुत करता है, जो पर्यावरणीय क्षति के लिए समायोजन करता है, और अधिक **टिकाऊ विकास मॉडल** का सुझाव देता है।
- मानवता की खपत पृथ्वी की पुनर्योजी क्षमता से अधिक है 1.**7 गुना**, जैसा कि रिपोर्ट किया गया है ग्लोबल **फुटप्रिंट नेटवर्क।**

- **शहरी पर्यावरणीय समस्याएं:**
- शहरी क्षेत्र, और दुनिया **की 55% आबादी**, महत्वपूर्ण पर्यावरणीय चुनौतियों का सामना करना, विश्व **की दो-तिहाई ऊर्जा** का उपभोग करना।
- शहरों का हिसाब है 70% **से अधिक CO_2 उत्सर्जन** और वायु और जल प्रदूषण, अपशिष्ट प्रबंधन मुद्दों और से पीड़ित हैं शहरी **ताप द्वीप प्रभाव.**
- **विश्व स्वास्थ्य संगठन** रिपोर्ट प्रतिवर्ष **4.2 मिलियन असामयिक मौतें** वायु प्रदूषण के कारण, जिनमें से अधिकांश शहरी परिवेश में होती हैं।

- **सतत विकास के लिए नीतियां:**
- **संयुक्त राष्ट्र के सतत विकास लक्ष्य (एसडीजी)**, विशेष रूप से एसडीजी 11, 13, और 12, शहरी स्थिरता, जलवायु कार्रवाई और जिम्मेदार उपभोग को लक्षित करते हैं।
- **राष्ट्रीय और स्थानीय सरकार में** पर्यावरण नियमों को लागू करने और बढ़ावा देने में टिकाऊ **शहरी नियोजन** महत्वपूर्ण है।
- **पेरिस समझौता** इसका लक्ष्य ग्लोबल वार्मिंग को काफी हद तक सीमित करना है। **2 डिग्री सेल्सियस**, जोकि मजबूत नीति ढांचे और अंतर्राष्ट्रीय सहयोग पर निर्भर है।

- **स्थिरता के लिए शिक्षा:**
- **शिक्षा** पर्यावरण जागरूकता और टिकाऊ प्रथाओं को बढ़ावा देने के लिए महत्वपूर्ण है।
- यूनेस्को का सतत **विकास के लिए शिक्षा (ईएसडी) पहल** व्यक्तियों को स्थायी भविष्य के लिए आवश्यक ज्ञान और कौशल से सुसज्जित करता है।
- राष्ट्रीय **पाठ्यक्रम में एसडी** पर्यावरण संरक्षण, रीसाइक्लिंग दरों में वृद्धि और ऊर्जा संरक्षण की दिशा में सूचित निर्णयों और कार्यों को प्रोत्साहित करता है।
- **एकीकृत समाधान:** एक संकलित **दृष्टिकोण** शहरी पर्यावरणीय चुनौतियों से निपटने के लिए आर्थिक नवाचार, पर्यावरण प्रबंधन, नीति सुधार और शिक्षा का समायोजन आवश्यक है।

- **सतत आर्थिक मॉडल**, मजबूत नीतिगत ढांचे, और जन **जागरूकता अभियान** द्वारा शहरीकरण के नकारात्मक प्रभावों को कम किया जा सकता है।

वैश्विक जलवायु परिवर्तन और शमन

डॉ. सुनील कुमार भारद्वाज

LL.B, LL.M, Ph.D.

7.1 जलवायु व्यवधान और ग्रीनहाउस प्रभाव:

जलवायु व्यवधान और ग्रीनहाउस प्रभाव पर्यावरणीय चिंताओं में सबसे आगे परस्पर जुड़ी हुई घटनाएं हैं। ग्रीनहाउस प्रभाव, पृथ्वी पर जीवन के लिए आवश्यक एक प्राकृतिक प्रक्रिया है, जो मानवीय गतिविधियों द्वारा बढ़ जाती है, जिससे असंतुलन पैदा होता है। इस असंतुलन के परिणामस्वरूप जलवायु व्यवधान होता है, जो वैश्विक तापमान वृद्धि, अनियमित मौसम पैटर्न और चरम जलवायु घटनाओं की विशेषता है। कार्बन डाइऑक्साइड और मीथेन जैसी ग्रीनहाउस गैसों की वृद्धि, वातावरण में अधिक गर्मी को फैलाता है, जिससे ग्लोबल वार्मिंग बढ़ जाती है। यह परिचय ग्रीनहाउस प्रभाव की तीव्रता और परिणामी जलवायु व्यवधान के बीच महत्वपूर्ण संबंधों को रेखांकित करता है, और इन परस्पर जुड़ी चुनौतियों को कम करने के लिए व्यापक उपायों की तत्काल आवश्यकता पर प्रकाश डालता है।

ग्रीनहाउस प्रभाव के रूप में जानी जाने वाली घटना पृथ्वी के वायुमंडल और सतह के धीरे-धीरे गर्म होने की विशेषता है, यह प्रक्रिया कार्बन डाइऑक्साइड (सीओ2) जैसे अवरक्त (आईआर) विकिरण को रोकने में सक्षम गैसों द्वारा संचालित होती है। जब सूर्य का प्रकाश पृथ्वी पर पहुंचता है, तो इस सौर विकिरण का एक हिस्सा वापस अंतरिक्ष में परिवर्तित हो जाता है, जबकि शेष ग्रह की सतह द्वारा अवशोषित हो जाता है। यह अवशोषित ऊर्जा अंततः वायुमंडल में वापस उत्सर्जित हो जाती है। सैद्धांतिक रूप से, यदि सभी अवशोषित सौर ऊर्जा को फिर से उत्सर्जित किया जाता है, तो पृथ्वी महत्वपूर्ण शीतलन का अनुभव करेगी, खासकर रात में।

हालाँकि, CO2, मीथेन, क्लोरोफ्लोरोकार्बन, नाइट्रस ऑक्साइड और जमीनी स्तर के ओजोन सहित ग्रीनहाउस गैसों के इन्सुलेशन प्रभाव के कारण, कई क्षेत्रों में दिन और रात के बीच तापमान का अंतर अपेक्षाकृत कम है। ये गैसें पृथ्वी के उत्सर्जित अवरक्त विकिरण को पकड़ लेती हैं, इसे अंतरिक्ष में जाने से रोकती हैं, जिससे रात में तापमान में गिरावट नियंत्रित होती है। उत्सर्जित विकिरण का 70% तक इन गैसों द्वारा अवशोषित किया जा सकता है। प्राकृतिक स्तर से परे इन गैसों की सांद्रता में वृद्धि से ग्रीनहाउस प्रभाव में वृद्धि होती है, जिसके

परिणामस्वरूप ग्लोबल वार्मिंग होती है, जहां पृथ्वी का औसत तापमान सामान्य स्तर से ऊपर बढ़ जाता है।

ग्लोबल वार्मिंग का प्राकृतिक दुनिया और मानव समाज दोनों पर कई हानिकारक प्रभाव पड़ते हैं:

1. **तापमान बढ़ जाता है**: भूमि और महासागर दोनों के तापमान में उल्लेखनीय वृद्धि देखी गई है।

2. **पिघलते हिमनद**: ध्रुवों पर बर्फ पिघलनी शुरू हो जाती है, जिससे समुद्र का स्तर बढ़ने लगता है।

3. **समुद्र का स्तर बढ़ना**: समुद्र के गर्म तापमान और ध्रुवीय बर्फ के पिघलने से समुद्र का स्तर बढ़ जाता है, जिससे समुद्री और तटीय पारिस्थितिकी तंत्र प्रभावित होते हैं।

4. **परिवर्तित महासागरीय धाराएँ**: समुद्र के तापमान में परिवर्तन से समुद्री धाराएँ बाधित हो सकती हैं।

5. **मौसम के मिजाज में बदलाव**: ग्लोबल वार्मिंग से मौसम में महत्वपूर्ण बदलाव हो सकते हैं, जिनमें अधिक गंभीर तूफान और अप्रत्याशित मौसम शामिल हैं।

6. **पारिस्थितिक प्रभाव**: पारिस्थितिकी तंत्र में गड़बड़ी हो सकती है, जिससे वन्य जीवन और पौधों का जीवन प्रभावित हो सकता है।

7. **कृषि प्रभाव**: खेती को अप्रत्याशित मौसम, सूखा, बाढ़, मिट्टी की नमी के स्तर में बदलाव, कीटों की बदलती गतिशीलता और फसल व्यवहार्यता में बदलाव से चुनौतियों का सामना करना पड़ता है।

8. **जैव विविधता के खतरे**: ध्रुवीय भालू और समुद्री कछुए जैसी प्रजातियां निवास स्थान के नुकसान और बदलती परिस्थितियों के कारण विलुप्त होने के जोखिम का सामना कर रही हैं।

9. **मानव स्वास्थ्य जोखिम**: ग्लोबल वार्मिंग से ठंड से होने वाली मौतों में कमी आ सकती है लेकिन गर्मी से संबंधित बीमारियों, त्वचा और श्वसन संबंधी बीमारियों और गर्म परिस्थितियों में पनपने वाले कीड़ों और अन्य जानवरों से फैलने वाली बीमारियों में वृद्धि हो सकती है।

ग्लोबल वार्मिंग को कम करने के लिए एक बहुआयामी दृष्टिकोण की आवश्यकता है, जिसमें शामिल हैं:

- CO2 को अवशोषित करने के लिए अधिक पेड़ लगाना।
- संसाधन खपत को कम करने के लिए जनसंख्या वृद्धि का प्रबंधन करना।
- सीएफसी और जीवाश्म ईंधन के उत्सर्जन को कम करना।
- नवीकरणीय ऊर्जा स्रोतों को अपनाना।
- कोयले से स्वच्छ प्राकृतिक गैस में परिवर्तन।
- CO2 उत्सर्जन को पकड़ना और कम करना।
- CO2 हटाने के लिए प्रकाश संश्लेषण शैवाल का उपयोग।
- गर्मी प्रतिरोधी फसल किस्मों की खेती सहित टिकाऊ कृषि पद्धतियों को अपनाना।

7.2 ओजोन परत रिक्तीकरण

ओजोन परत, पृथ्वी के समताप मंडल का एक महत्वपूर्ण घटक, एक सुरक्षा कवच के रूप में कार्य करता है, जो ग्रह को सूर्य की हानिकारक पराबैंगनी (यूवी) किरणों से बचाता है। यह परत यूवी विकिरण की विभिन्न तरंग दैर्घ्य, विशेष रूप से यूवी-बी को प्रभावी ढंग से अवशोषित करती है, जो त्वचा कैंसर और जीवित जीवों और पारिस्थितिकी तंत्र पर अन्य हानिकारक प्रभाव पैदा करने की क्षमता के लिए जाना जाता है।

ओजोन अणु यूवी विकिरण को फ़िल्टर करने में महत्वपूर्ण भूमिका निभाते हैं, लेकिन कुछ मानव निर्मित रसायनों से उनकी स्थिरता को खतरा होता है। क्लोरोफ्लोरोकार्बन (सीएफसी), एचसीएफसी, मिथाइल ब्रोमाइड, कार्बन टेट्राक्लोराइड, नाइट्रस ऑक्साइड (एनओ2) और मिथाइल क्लोरोफॉर्म जैसे अन्य हैलोजेनेटेड हाइड्रोकार्बन के साथ, स्ट्रैटोस्फेरिक ओजोन के क्षरण में महत्वपूर्ण योगदानकर्ता हैं। उल्लेखनीय रूप से, इन यौगिकों से प्राप्त क्लोरीन या ब्रोमीन का एक परमाणु, 100,000 ओजोन अणुओं के विनाश को उत्प्रेरित कर सकता है, जो ओजोन परत की अखंडता के लिए गंभीर खतरा पैदा करता है।

ऐतिहासिक रूप से, सीएफसी का प्रशीतन, भवन इन्सुलेशन, एयरोसोल प्रणोदक, प्लास्टिक फोम उत्पादन और डिस्पोजेबल खाद्य कंटेनर सहित विभिन्न अनुप्रयोगों में व्यापक उपयोग पाया गया है। निचले वायुमंडल (क्षोभमंडल) में सीएफसी जैसे क्लोरीन और ब्रोमीन युक्त यौगिकों की स्थिरता समतापमंडल में ऊपर की ओर उनकी विनाशकारी क्षमता को झुठलाती है। यहां, तीव्र पराबैंगनी प्रकाश के प्रभाव में, ये यौगिक टूट जाते हैं, जिससे क्लोरीन परमाणु निकलते हैं जो एक रासायनिक प्रतिक्रिया में संलग्न होते हैं जिससे ओजोन (O3) अणुओं का ह्रास होता है।

यह जटिल प्रक्रिया हमारे वायुमंडल के भीतर नाजुक संतुलन और ओजोन के निर्माण और कमी जैसे प्राकृतिक चक्रों पर मानवीय गतिविधियों के महत्वपूर्ण प्रभाव को रेखांकित करती है। ओजोन परत और, विस्तार से, पृथ्वी के जीवमंडल की रक्षा के लिए रणनीति विकसित करने के लिए इन गतिशीलता की समझ महत्वपूर्ण है।

7.3 क्योटो प्रोटोकॉल, कार्बन क्रेडिट

क्योटो प्रोटोकॉल एक ऐतिहासिक अंतरराष्ट्रीय संधि है, जो जलवायु परिवर्तन पर संयुक्त राष्ट्र फ्रेमवर्क कन्वेंशन (यूएनएफसीसीसी) के तत्वावधान में बनाई गई है, जिसका प्राथमिक उद्देश्य कार्बन डाइऑक्साइड (सीओ2), मीथेन जैसी ग्रीनहाउस गैसों (जीएचजी) के वैश्विक उत्सर्जन पर अंकुश लगाना है। (CH4), और नाइट्रस ऑक्साइड (N2O), हाइड्रोफ्लोरोकार्बन (HFCs), परफ्लोरोकार्बन (PFCs), और सल्फर हेक्साफ्लोराइड (SF6) जैसी औद्योगिक गैसों के साथ आधिकारिक तौर पर 11 दिसंबर, 1997 को क्योटो, जापान में अपनाया गया और 16 फरवरी, 2005 को लागू हुआ, प्रोटोकॉल को 192 पार्टियों द्वारा अनुमोदित किया गया है, जिसमें 191 राज्य और एक क्षेत्रीय आर्थिक एकीकरण संगठन शामिल हैं। यह 2012 तक जीएचजी उत्सर्जन को 1990 के स्तर से 5.2% तक कम करने के महत्वाकांक्षी लक्ष्य निर्धारित करता है, विभिन्न देशों के लिए अलग-अलग लक्ष्यों के साथ, वर्तमान जीएचजी स्तरों में उनके ऐतिहासिक योगदान के कारण विकसित देशों पर अधिक जिम्मेदारी डालता है। प्रोटोकॉल इस स्तर पर भारत और चीन जैसे विकासशील देशों को कटौती प्रतिबद्धताओं से छूट देते हुए अनुपालन की सुविधा के लिए उत्सर्जन व्यापार और स्वच्छ विकास तंत्र (सीडीएम) जैसे तंत्र पेश करता है।

7.4 कार्बन क्रेडिट

कार्बन क्रेडिट और कार्बन बाजार वातावरण में ग्रीनहाउस गैस (जीएचजी) सांद्रता में वृद्धि को रोकने के लिए राष्ट्रीय और अंतर्राष्ट्रीय दोनों प्रयासों में एक महत्वपूर्ण तत्व का प्रतिनिधित्व करते हैं। एक परमिट के रूप में परिभाषित किया गया है जो धारक को एक टन कार्बन डाइऑक्साइड या अन्य जीएचजी में इसके समकक्ष उत्सर्जन करने की अनुमति देता है, कार्बन क्रेडिट औद्योगिक और वाणिज्यिक क्षेत्रों में कम जीएचजी उत्सर्जन की ओर संक्रमण को बढ़ावा देने में सहायक हैं। क्योटो प्रोटोकॉल के दौरान शुरू किए गए, ये क्रेडिट देशों के बीच आवंटित किए गए थे, जो उनके उत्सर्जन कोटा के प्रबंधन के लिए एक लचीला दृष्टिकोण पेश करते थे। इन कोटा से अधिक होने पर अतिरिक्त क्रेडिट प्राप्त करने के लिए तीन तंत्रों में से एक में भागीदारी की आवश्यकता होती है: उत्सर्जन व्यापार, स्वच्छ विकास तंत्र, या संयुक्त कार्यान्वयन तंत्र।

यह प्रणाली व्यक्तियों और संगठनों को उत्सर्जन कटौती के प्रयासों में योगदान करने के लिए भी सशक्त बनाती है, साथ ही कार्बन क्रेडिट खरीदने और बेचने का बाज़ार भी फल-फूल रहा है। कार्बन क्रेडिट का मूल्य बाजार की गतिशीलता के आधार पर उतार-चढ़ाव करता है, वर्तमान में 12 से 20 यूरो के बीच है। भारत में, कार्बन क्रेडिट पहल ने महत्वपूर्ण गति देखी है, देश में पर्याप्त मात्रा में उत्पादन हो रहा है और जीएचजी कटौती के उद्देश्य से कई परियोजनाओं में संलग्न है, जो एक मजबूत और तेजी से बढ़ते कार्बन बाजार का संकेत देता है।

7.5 मॉन्ट्रियल प्रोटोकॉल

मॉन्ट्रियल प्रोटोकॉल, एक अंतरराष्ट्रीय समझौता है , इसकी कमी के लिए जिम्मेदार पदार्थों के उत्पादन को समाप्त करके ओजोन परत की सुरक्षा के प्राथमिक उद्देश्य के साथ स्थापित किया गया था। 16 सितंबर, 1987 को हस्ताक्षरित और 1 जनवरी, 1989 से प्रभावी, इस संधि ने वैश्विक पर्यावरण नीति में एक महत्वपूर्ण क्षण को चिह्नित किया। प्रारंभ में, 1989 से 2000 तक क्लोरोफ्लोरोकार्बन (सीएफसी) के उत्सर्जन को लगभग 35% तक कम करने के लिए एक महत्वाकांक्षी लक्ष्य निर्धारित करते हुए, एक व्यापक रणनीति पर सहमत होने के लिए 36 देशों ने मॉन्ट्रियल, कनाडा में बैठक की। 196 देशों के समर्थन के साथ, मॉन्ट्रियल प्रोटोकॉल कायम है। अंतर्राष्ट्रीय सहयोग के प्रमाण के रूप में, कोफी अन्नान द्वारा संभवतः "अब तक का सबसे सफल अंतर्राष्ट्रीय समझौता" के रूप में मनाया गया। सितंबर 2006 में दर्ज किए गए सबसे बड़े ओजोन छिद्र के साथ, अंटार्कटिका में मौसमी पतलेपन से उत्पन्न चुनौतियों के बावजूद, इस ठोस प्रयास ने महत्वपूर्ण मील के पत्थर हासिल किए हैं, जिसमें 2050 तक ओजोन परत के 1980 के स्तर तक ठीक होने की प्रत्याशा भी शामिल है।

7.6 कार्बन पृथक्करण के तरीके

कार्बन पृथक्करण में वैश्विक जलवायु परिवर्तन पर इसके प्रभाव को कम करने के लिए कार्बन डाइऑक्साइड (CO_2) को पकड़ने और सुरक्षित रूप से संग्रहीत करने के उद्देश्य से प्रक्रियाओं का एक सेट शामिल है। इसे उत्सर्जन के बिंदु पर प्राप्त किया जा सकता है, जैसे कि बिजली संयंत्रों में, या प्रकाश संश्लेषण जैसी प्राकृतिक प्रक्रियाओं के माध्यम से, जो वायुमंडल से CO_2 खींचता है। प्रमुख ज़ब्ती रणनीतियों में मिट्टी ज़ब्ती शामिल है, जहां मिट्टी में कार्बन भंडारण बढ़ाया जाता है; वनों और वनस्पतियों की कार्बन भंडारण क्षमताओं का लाभ उठाते हुए, पौधों को अलग करना; जियोसेक्वेस्ट्रेशन, जिसमें भूवैज्ञानिक संरचनाओं में कार्बन का भूमिगत भंडारण शामिल है; महासागरीय पृथक्करण, जहां कार्बन गहरे समुद्र में जमा हो जाता है; और खनिज कार्बोनेशन, एक प्रक्रिया जो रासायनिक प्रतिक्रियाओं के माध्यम से CO_2 को

अकार्बनिक कार्बोनेट में परिवर्तित करती है। मृदा पृथक्करण के प्रयास मिट्टी की कार्बन सिंक क्षमता को बढ़ाने पर ध्यान केंद्रित करते हैं, जो जंगलों को कृषि भूमि में या कुछ कृषि पद्धतियों के माध्यम से परिवर्तित करने पर काफी कम हो सकता है। उभरते शोध मिट्टी में कार्बन भंडारण को बढ़ावा देने के लिए पायरोलिसिस के माध्यम से कार्बनिक पदार्थों से उत्पादित बायोचार की क्षमता पर प्रकाश डालते हैं। पौधों को ज़ब्ती करने से प्राकृतिक प्रकाश संश्लेषण प्रक्रिया में मदद मिलती है, जबकि भू-ज़ब्ती से सीओ2 को घटते तेल क्षेत्रों या खारे जलभृतों में डाला जाता है। महासागरीय पृथक्करण और खनिज कार्बोनेशन दीर्घकालिक कार्बन भंडारण के लिए अतिरिक्त रास्ते प्रदान करते हैं, जो वायुमंडलीय CO2 स्तर को कम करने और जलवायु परिवर्तन से निपटने की तत्काल आवश्यकता को संबोधित करते हैं।

7.7 अम्ल वर्षा

वायुमंडल में प्राकृतिक रूप से मौजूद कार्बन डाइऑक्साइड (CO2), सल्फर डाइऑक्साइड (SO2), और नाइट्रोजन ऑक्साइड (NOx) के घुलने के कारण सामान्य वर्षा जल की प्रकृति थोड़ी अम्लीय होती है। हालाँकि, अम्लीय वर्षा उच्च स्तर की अम्लता प्रदर्शित करती है, जो औद्योगिक उत्सर्जन, थर्मल संयंत्रों में ईंधन दहन, ईंट भट्टों, चीनी मिलों और वाहनों से उत्सर्जन जैसी मानवीय गतिविधियों से इन अम्लीय आयनों की बढ़ती सांद्रता के कारण बढ जाती है। यह पर्यावरणीय चिंता प्रदूषण स्रोतों के तत्काल आसपास तक ही सीमित नहीं है; वायु धाराएँ अम्लीय वर्षा को उसके मूल स्थान से बहुत दूर ले जा सकती हैं। उदाहरण के लिए, यूके विभिन्न यूरोपीय देशों में अम्लीय सल्फर के जमाव में महत्वपूर्ण योगदान देता है, जो इस मुद्दे की सीमा पार प्रकृति को रेखांकित करता है। ज्वालामुखी और जैविक अपघटन जैसे प्राकृतिक स्रोत भी एसिड उत्सर्जन में योगदान करते हैं, लेकिन थर्मल पावर प्लांट और परिवहन जैसे मानव निर्मित स्रोत SO2 और NOx स्तरों में प्रमुख योगदानकर्ता हैं। अम्लीय वर्षा के प्रभाव बहुत गहरे हैं, जो जलीय पारिस्थितिक तंत्र, स्थलीय वनस्पतियों और यहां तक कि मानव निर्मित संरचनाओं को भी प्रभावित कर रहे हैं, जिससे ईंधन में सल्फर की कमी, NOx के लिए चयनात्मक उत्प्रेरक कटौती और उत्प्रेरक कन्वर्टर्स और गैर-जीवाश्म ईंधन ऊर्जा स्रोतों को अपनाने जैसे उपायों की आवश्यकता होती है। इस गंभीर पर्यावरणीय चुनौती को कम करें।

7.8 पर्यावरण में सूचना प्रौद्योगिकी की भूमिका

इंटरनेट, वर्ल्ड वाइड वेब, रिमोट सेंसिंग, भौगोलिक सूचना प्रणाली (जीआईएस) और उपग्रह प्रौद्योगिकी के आगमन ने पर्यावरण और स्वास्थ्य मुद्दों पर समकालीन जानकारी की उपलब्धता और पहुंच में क्रांति ला दी है। इस डिजिटल युग ने भारत में पर्यावरण और वन

मंत्रालय (एमओईएफ) जैसे व्यापक डेटाबेस के संकलन को सक्षम किया है, जिसमें वन्यजीवन, संरक्षण प्रयासों, वन कवरेज और एचआईवी/एड्स और मलेरिया जैसी बीमारियों पर मूल्यवान डेटा शामिल है। इसके अतिरिक्त, विज्ञान और प्रौद्योगिकी विभाग की राष्ट्रीय प्रबंधन सूचना प्रणाली (एनएमआईएस) ने वैज्ञानिकों और शोधकर्ताओं के योगदान पर प्रकाश डालते हुए अनुसंधान और विकास परियोजनाओं पर व्यापक विवरण एकत्र किया है। MoEF की पर्यावरण सूचना प्रणाली (ENVIS) इस ज्ञान आधार का और विस्तार करती है, एक मजबूत नेटवर्क के माध्यम से प्रदूषण नियंत्रण, जैव विविधता और बहुत कुछ में अंतर्दृष्टि प्रदान करती है। रिमोट सेंसिंग और जीआईएस प्रौद्योगिकियों ने विशेष रूप से पृथ्वी की सतह के बारे में हमारी समझ को बदल दिया है, जिससे भौतिक और जैविक संसाधनों, शहरी विस्तार और मानसून पैटर्न और ओजोन परत की कमी जैसी पर्यावरणीय घटनाओं के मानचित्रण और विश्लेषण को सक्षम किया गया है। यह तकनीकी तालमेल न केवल पर्यावरण और स्वास्थ्य संबंधी चुनौतियों के बारे में हमारी समझ को बढ़ाता है, बल्कि प्राकृतिक संसाधनों की खोज और रोग-प्रवण क्षेत्रों की पहचान की सुविधा भी देता है, जो वैश्विक मुद्दों को प्रबंधित करने और कम करने की हमारी क्षमता में एक महत्वपूर्ण छलांग है।

7.9 आईटी से संबंधित केस स्टडीज

भारत द्वारा महासागर निगरानी पहलः

भारत ने 26 मई, 1999 को आईआरएस-पी 4 ओशन कलर मॉनिटर (ओसीएम) के विकास और प्रक्षेपण के साथ उपग्रह समुद्र विज्ञान के क्षेत्र में महत्वपूर्ण प्रगति की है। इस अग्रणी उपग्रह सेंसर, विशेष रूप से समुद्र के रंग का पता लगाने के लिए डिज़ाइन किया गया, ने उपग्रह में भारत के प्रवेश को चिह्नित किया -आधारित समुद्री अध्ययन। इसके बाद, भारत ने 23 सितंबर, 2009 को महासागर निगरानी के लिए समर्पित एक और उपग्रह लॉन्च करके अपने प्रयास जारी रखे। ये उपग्रह समुद्र विज्ञान अनुसंधान के व्यापक स्पेक्ट्रम में सहायक हैं, जिसमें सतही हवाओं, समुद्र की सतह परतों, समुद्री जल में क्लोरोफिल स्तर, फाइटोप्लांकटन का विश्लेषण शामिल है। गतिशीलता, वायुमंडलीय एरोसोल माप, और निलंबित तलछट का पता लगाना।

इसरो का हेल्थसैट प्रोजेक्टः

भारतीय अंतरिक्ष अनुसंधान संगठन (इसरो) ने हेल्थसैट नामक एक अभिनव परियोजना शुरू की है, जिसका उद्देश्य ग्रामीण क्षेत्रों में स्वास्थ्य सेवा वितरण में क्रांतिकारी बदलाव लाना है। यह परियोजना टेलीमेडिसिन के लिए आवश्यक बुनियादी ढांचा और संचार क्षमताएं प्रदान

करने के लिए उपग्रह प्रौद्योगिकी का लाभ उठाती है। छोटे स्वास्थ्य केंद्र पीसी, विशेष चिकित्सा सॉफ्टवेयर और ईसीजी और एक्स-रे मशीनों जैसे नैदानिक उपकरणों से सुसज्जित हैं, जो उपग्रह के माध्यम से विशेषज्ञों को चिकित्सा छवियों और नैदानिक जानकारी के दूरस्थ प्रसारण की सुविधा प्रदान करते हैं। यह सेटअप वीडियो कॉन्फ्रेंसिंग के माध्यम से विशेषज्ञ परामर्श, निदान और उपचार की सिफारिशों को सक्षम बनाता है, जिससे ग्रामीण स्वास्थ्य देखभाल और विशेषज्ञ चिकित्सा सेवाओं के बीच अंतर कम हो जाता है।

ग्रामीण सशक्तिकरण के लिए सूचना कियोस्क:

सूचना कियोस्क डेटा विश्लेषण के लिए सुलभ, आईटी-आधारित उपकरणों के साथ ग्रामीण समुदायों को सशक्त बनाने में एक तकनीकी छलांग का प्रतिनिधित्व करते हैं। ये कियोस्क उपयोगकर्ता के अनुकूल टचस्क्रीन इंटरफेस के साथ डिजाइन किए गए हैं, जो बाहरी सहायता के बिना ग्राफिकल और सारणीबद्ध डेटा प्रस्तुतियां प्रदान करते हैं। बहुभाषी क्षमताओं के साथ स्थानीय भाषाओं के अनुरूप, सॉफ्टवेयर सरल नेविगेशन पथ प्रदान करता है, जो ग्राफिक्स और एनिमेशन द्वारा समर्थित आवश्यक डेटा पर ध्यान केंद्रित करता है। ये कियोस्क ग्रामीण निर्णय लेने के लिए एक महत्वपूर्ण संसाधन के रूप में काम करते हैं, खासकर भूजल उपयोग और कृषि प्रथाओं से संबंधित क्षेत्रों में।

सॉफ्टवेयर निगरानी के माध्यम से वन्यजीव संरक्षण:

लुप्तप्राय प्रजातियों, विशेष रूप से बाघों की रक्षा के लिए एक सक्रिय उपाय में, भारत सरकार देश के सभी 39 बाघ अभयारण्यों में एक परिष्कृत सॉफ्टवेयर निगरानी प्रणाली एम-स्ट्राइप्स तैनात कर रही है। इस पहल का उद्देश्य वन्यजीवों की सुरक्षा के लिए प्रौद्योगिकी का लाभ उठाते हुए निगरानी और अवैध शिकार विरोधी प्रयासों को बढ़ाना है। चुनिंदा भंडारों में पहले से ही लागू, एम-स्ट्राइप्स ने संरक्षण प्रयासों में प्रौद्योगिकी की क्षमता का प्रदर्शन करते हुए, अवैध शिकार गतिविधियों में उल्लेखनीय कमी लाने में योगदान दिया है।

अध्याय 7 का सारांश

- **जलवायु व्यवधान और ग्रीनहाउस प्रभाव:**
- **ग्रीनहाउस प्रभाव, जलवायु व्यवधान** द्वारा संचालित है, जिससे वैश्विक तापमान में वृद्धि, अनियमित मौसम और अत्यधिक जलवायु घटनाएँ होती हैं।
- ग्लोबल वार्मिंग का परिणाम है तापमान **में वृद्धि, ग्लेशियरों का पिघलना, समुद्र का स्तर बढ़ना, परिवर्तित समुद्री धाराएँ, मौसम के पैटर्न में बदलाव,** और पारिस्थितिक **प्रभाव.**

- शमन रणनीतियों में शामिल है पेड़ **लगाना, जनसंख्या वृद्धि का प्रबंधन करना, सीएफसी और जीवाश्म ईंधन उत्सर्जन को कम करना**, और नवीकरणीय **ऊर्जा को अपनाना.**

- ओजोन परत रिक्तीकरण:
- **ओजोन की परत** पृथ्वी को हानिकारक UV किरणों से बचाता है लेकिन इससे खतरा है **क्लोरोफ्लोरोकार्बन (सीएफसी)** और अन्य **हैलोजेनेटेड हाइड्रोकार्बन.**
- **सीएफसी** प्रशीतन, एरोसोल और प्लास्टिक फोम उत्पादन में उपयोग किया जाने वाले ओजोन अणुओं को नष्ट कर सकता है, जिससे यूवी जोखिम और स्वास्थ्य जोखिम बढ़ सकते हैं।
- **क्योटो प्रोटोकॉल और कार्बन क्रेडिट:**
- **क्योटो प्रोटोकॉल** इसका उद्देश्य ग्रीनहाउस गैस उत्सर्जन को कम करना है 2012 **तक 1990 के स्तर से 5.2% नीचे**, विकासशील देशों को कटौती प्रतिबद्धताओं से छूट देते हुए विकसित देशों पर ध्यान केंद्रित करना।
- **कार्बन क्रेडिट** उत्सर्जन कोटा को प्रभावी ढंग से प्रबंधित करने के लिए धारकों को इन क्रेडिटों का व्यापार करने के लिए बाजारों के साथ एक टन CO2 या समकक्ष गैसों का उत्सर्जन करने की अनुमति दें।
- **मॉन्ट्रियल प्रोटोकॉल:**
- **मॉन्ट्रियल प्रोटोकॉल** इसका उद्देश्य ओजोन परत को नष्ट करने वाले पदार्थों को चरणबद्ध तरीके से समाप्त करके उसकी रक्षा करना है 2000 **तक सीएफसी उत्सर्जन में 35% की कमी.**
- इसे एक अत्यधिक सफल अंतर्राष्ट्रीय समझौता माना जाता है।

- **कार्बन पृथक्करण विधियाँ:**
- **कार्बन पृथक्करण** का उद्देश्य CO2 **को कैप्चर करें और स्टोर करें** वैश्विक जलवायु परिवर्तन को कम करने के लिए।
- तरीकों में शामिल हैं मिट्टी **का पृथक्करण**, मृदा कार्बन भंडारण को बढ़ाना;**पौधे का ज़ब्ती**, वनों और वनस्पतियों का उपयोग करना;**भू-अवरोधन**, भूवैज्ञानिक संरचनाओं में भूमिगत भंडारण;**महासागर का ज़ब्ती**, गहरे महासागरों में कार्बन का भंडारण; और खनिज **कार्बोनेशन**, CO2 को कार्बोनेट में परिवर्तित करना।
- **अम्ल वर्षा:**
- **अम्ल वर्षा** द्वारा SO2, **NOx**, और अन्य अम्लीय आयन का स्तर बढ़ा दिया गया है।
- **वायु प्रवाह अपने मूल से बहुत दूर** अम्लीय वर्षा का परिवहन कर सकता है।

- शमन उपायों में शामिल है ईंधन **में सल्फर को कम करना** और गैर-**जीवाश्म ईंधन ऊर्जा स्रोतों** को अपनाना.

- **पर्यावरण में सूचना प्रौद्योगिकी की भूमिका:**
- **डिजिटल प्रौद्योगिकियों** इंटरनेट, **जीआईएस**, और उपग्रह **प्रौद्योगिकी** द्वारा पर्यावरणीय डेटा तक पहुंचने में क्रांतिकारी बदलाव लाना।
- **भारत का MoEF** और एमएस डेटाबेस वन्य **जीवन की बातचीत**, और रोग संबंधित व्यापक जानकारी प्रदान करते हैं ।

आईटी-संबंधित केस अध्ययन:

- **इसरो की हेल्थ सेट परियोजना** में **उपग्रह प्रौद्योगिकी** का इस्तेमाल ग्रामीण क्षेत्रों में टेलीमेडिसिन **के लिए** किया जाता है ।
- **सूचना कियोस्क** ग्रामीण समुदायों को सशक्त बनाना सुलभ **आईटी उपकरण** के लिए डेटा **विश्लेषण** और निर्णय **लेना।**
  वन्य जीवन की बातचीत प्रयासों का उपयोग एम-**स्ट्राइप्स सॉफ्टवेयर** के लिए बढ़ी **हुई निगरानी** और बाघ अभयारण्यों में अवैध **शिकार विरोधी** प्रयास ।

पर्यावरण प्रदूषण नियंत्रण उपाय

डॉ. विजय शंकर पांडे

Ph.D, B.A.,LL.B.,LL.M.

पर्यावरण प्रदूषण हमारे समय की सबसे गंभीर चुनौतियों में से एक है, जो हवा, पानी और मिट्टी के प्रदूषण के माध्यम से प्रकट होती है। यह गिरावट न केवल हमारे ग्रह के स्वास्थ्य के लिए खतरा है, बल्कि मानव स्वास्थ्य, जैव विविधता और पारिस्थितिक तंत्र के समग्र संतुलन के लिए भी महत्वपूर्ण जोखिम पैदा करती है। वायु प्रदूषण, जो मुख्य रूप से औद्योगिक उत्सर्जन, वाहनों के धुएं और जीवाश्म ईंधन के जलने से प्रेरित है, जलवायु परिवर्तन में योगदान देता है और सालाना लाखों लोगों में श्वसन संबंधी बीमारियों का कारण बनता है। औद्योगिक अपशिष्ट, कृषि अपवाह और अनुपचारित सीवेज के निर्वहन से उत्पन्न जल प्रदूषण, जलीय जीवन को प्रभावित करता है और पीने के पानी की गुणवत्ता से समझौता करता है, जिससे व्यापक स्वास्थ्य समस्याएं पैदा होती हैं। कीटनाशकों, भारी धातुओं के उपयोग और अनुचित अपशिष्ट निपटान के कारण होने वाला मृदा प्रदूषण, फसल की पैदावार को कम करके और खाद्य स्रोतों को दूषित करके खाद्य सुरक्षा को प्रभावित करता है। पर्यावरण प्रदूषण के संचयी प्रभाव न केवल प्राकृतिक दुनिया के लिए सीधा खतरा हैं बल्कि आर्थिक विकास और सामाजिक कल्याण को भी कमजोर करते हैं। इस वैश्विक संकट से निपटने के लिए उत्सर्जन को कम करने, टिकाऊ प्रथाओं को लागू करने और स्वच्छ प्रौद्योगिकियों में निवेश करने, भावी पीढ़ियों के लिए एक स्वस्थ ग्रह सुनिश्चित करने के लिए सरकारों, उद्योगों, समुदायों और व्यक्तियों के ठोस प्रयासों की आवश्यकता है।

8.1 प्रदूषण के प्रकार

प्रदूषण, हमारे समय की एक विकट चुनौती है , विभिन्न तत्वों - हवा, पानी, मिट्टी, शोर और प्रकाश के माध्यम से प्रकट होता है। प्रत्येक प्रकार में अद्वितीय विशेषताएं और स्रोत होते हैं, जो स्वास्थ्य, पारिस्थितिकी तंत्र और वैश्विक पर्यावरण पर अलग-अलग प्रभाव डालते हैं। प्रभावी नियंत्रण और प्रबंधन रणनीति तैयार करने के लिए इन आयामों को समझना महत्वपूर्ण है।

वायु प्रदूषण

वायु प्रदूषण, जो वायुमंडल में विषाक्त पदार्थों की उपस्थिति की विशेषता है, मुख्य रूप से औद्योगिक उत्सर्जन, वाहनों से निकलने वाले धुएं और जीवाश्म ईंधन के दहन जैसी मानवीय गतिविधियों का परिणाम है। पार्टिकुलेट मैटर, सल्फर डाइऑक्साइड, नाइट्रोजन ऑक्साइड, कार्बन मोनोऑक्साइड और वाष्पशील कार्बनिक यौगिक प्रमुख प्रदूषकों के रूप में सामने आते हैं, जिनमें से प्रत्येक वायु गुणवत्ता के जटिल मुद्दों में योगदान करते हैं। ये प्रदूषक विभिन्न स्रोतों से उत्पन्न होते हैं, जिनमें बिजली संयंत्र, ऑटोमोबाइल, कृषि और औद्योगिक प्रक्रियाएं शामिल हैं।

वायु प्रदूषण के स्वास्थ्य प्रभाव गहरे और दूरगामी हैं, जिनमें अस्थमा और ब्रोंकाइटिस जैसी श्वसन संबंधी बीमारियाँ, हृदय संबंधी समस्याएं और यहां तक कि समय से पहले मौत भी शामिल है। पर्यावरणीय परिणाम समान रूप से गंभीर हैं, जिससे अम्लीय वर्षा, जलवायु परिवर्तन और पारिस्थितिकी तंत्र का क्षरण होता है। वायु प्रदूषण को कम करने के लिए एक बहुआयामी दृष्टिकोण की आवश्यकता है, जिसमें स्वच्छ ऊर्जा स्रोतों को अपनाना, कड़े नियामक ढांचे और सार्वजनिक जागरूकता और व्यवहार परिवर्तन शामिल हैं।

जल प्रदूषण

जल प्रदूषण तब होता है जब हानिकारक पदार्थ जल निकायों को प्रदूषित करते हैं, जिससे वे मनुष्यों, पौधों और जानवरों के लिए विषाक्त हो जाते हैं। प्राथमिक दोषियों में औद्योगिक निर्वहन, कीटनाशकों और उर्वरकों से भरा कृषि अपवाह, अनुपचारित सीवेज और तेल रिसाव शामिल हैं। प्रदूषण का यह रूप मानव स्वास्थ्य के लिए महत्वपूर्ण जोखिम पैदा करता है, जिससे हैजा और पेचिश जैसी जलजनित बीमारियां होती हैं, और खाद्य श्रृंखलाओं और जैव विविधता को बाधित करके जलीय पारिस्थितिकी तंत्र को खतरा होता है।

जल प्रदूषण से निपटने के लिए व्यापक अपशिष्ट जल उपचार समाधान, टिकाऊ कृषि पद्धतियों और औद्योगिक निर्वहन पर सख्त नियमों की आवश्यकता होती है। इसके अतिरिक्त, पानी की गुणवत्ता की निगरानी और संरक्षण में सामुदायिक भागीदारी इस वैश्विक समस्या के समाधान में महत्वपूर्ण भूमिका निभाती है।

मृदा प्रदूषण

मृदा प्रदूषण एक कम दिखाई देने वाला लेकिन उतना ही गंभीर पर्यावरणीय मुद्दा है। यह भूमि पर खतरनाक रसायनों, भारी धातुओं और कचरे के जमाव से उत्पन्न होता है। स्रोत विविध हैं, जिनमें औद्योगिक अपशिष्ट निपटान और कृषि रसायनों के अत्यधिक उपयोग से लेकर अनुचित अपशिष्ट प्रबंधन और तेल रिसाव तक शामिल हैं। मृदा प्रदूषण के परिणाम दूषित उपज के सीधे संपर्क या उपभोग के माध्यम से मानव स्वास्थ्य जोखिमों के साथ-साथ मिट्टी की उर्वरता में कमी और वन्यजीवों को नुकसान जैसे पर्यावरणीय प्रभावों तक भी विस्तारित होते हैं।

मृदा प्रदूषण के उपचारात्मक उपायों में जिम्मेदार अपशिष्ट प्रबंधन और कृषि में रासायनिक उपयोग में कमी जैसी निवारक रणनीतियों के साथ-साथ बायोरेमेडिएशन, फाइटोरीमेडिएशन और मिट्टी की धुलाई जैसी प्रौद्योगिकियां शामिल हैं।

ध्वनि प्रदूषण

ध्वनि प्रदूषण, जिसे अक्सर पर्यावरणीय गिरावट की चर्चाओं में नजरअंदाज कर दिया जाता है, यातायात, औद्योगिक संचालन, शहरी विकास और मनोरंजक गतिविधियों से अत्यधिक और अवांछित ध्वनि से उत्पन्न होता है। ध्वनि प्रदूषण के स्वास्थ्य संबंधी प्रभाव महत्वपूर्ण हैं, जिनमें सुनने की क्षमता में कमी, नींद में खलल, तनाव और हृदय संबंधी बीमारियां शामिल हैं। मानव स्वास्थ्य के अलावा, ध्वनि प्रदूषण वन्य जीवन पर प्रतिकूल प्रभाव डालता है, विशेषकर शहरी क्षेत्रों में जहां यह प्राकृतिक व्यवहार और संचार को बाधित कर सकता है।

ध्वनि प्रदूषण के लिए शमन रणनीतियों में शोर जोखिम को कम करने के लिए शहरी नियोजन, शोर नियमों का विकास और प्रवर्तन, और शोर में कमी के महत्व पर सार्वजनिक शिक्षा शामिल है।

प्रकाश प्रदूषण

प्रकाश प्रदूषण, कृत्रिम प्रकाश का अत्यधिक या गलत दिशा में उपयोग, मानव स्वास्थ्य, वन्य जीवन और खगोलीय अनुसंधान पर प्रभाव के साथ एक बढ़ती चिंता के रूप में उभरा है। यह मानव सर्कैडियन लय को बाधित करता है, नींद संबंधी विकारों और अन्य स्वास्थ्य समस्याओं में योगदान देता है, और रात के वन्यजीवों की नेविगेशन क्षमताओं में हस्तक्षेप करता है। इसके

अतिरिक्त, प्रकाश प्रदूषण रात के आकाश को अस्पष्ट कर देता है, जिससे ब्रह्मांड से हमारा संबंध कम हो जाता है और वैज्ञानिक अवलोकन में बाधा आती है।

प्रकाश प्रदूषण को संबोधित करने के लिए प्रकाश व्यवस्था के डिजाइन और कार्यान्वयन की आवश्यकता है जो आकाश की चमक, चमक और प्रकाश अतिचार को कम करती है, साथ ही प्राकृतिक अंधेरे को संरक्षित करने के मूल्य को उजागर करने के लिए सार्वजनिक जागरूकता अभियान भी चलाती है।

8.2 प्रदूषण स्रोत और प्रभाव

प्रदूषण, अपने असंख्य रूपों में, हमारे पर्यावरण, सार्वजनिक स्वास्थ्य और समग्र कल्याण के लिए सबसे महत्वपूर्ण खतरों में से एक है। औद्योगिक शहरों के धुंध से भरे आसमान से लेकर हमारे महासागरों के प्लास्टिक-युक्त पानी तक, प्रदूषण के स्रोत उतने ही विविध हैं जितने कि ग्रह पर उनके गंभीर प्रभाव। प्रमुख प्रदूषकों, उनकी उत्पत्ति और उनके प्रभावों को समझना उनके प्रभावों को कम करने और हमारे वैश्विक पारिस्थितिकी तंत्र की रक्षा के लिए प्रभावी रणनीति तैयार करने के लिए महत्वपूर्ण है।

जिस हवा में हम सांस लेते हैं

वायु प्रदूषण सार्वजनिक स्वास्थ्य के लिए एक घातक विरोधी है, जिसका कारण रसायनों और सूक्ष्म कणों का मिश्रण है। विश्व स्वास्थ्य संगठन (डब्ल्यूएचओ) का अनुमान है कि वायु प्रदूषण के कारण हर साल लगभग 7 मिलियन समय से पहले मौतें होती हैं, जो इसके विनाशकारी स्वास्थ्य प्रभावों को उजागर करता है। पार्टिकुलेट मैटर (PM2.5 और PM10), सल्फर डाइऑक्साइड (SO2), नाइट्रोजन ऑक्साइड (NOx), कार्बन मोनोऑक्साइड (CO), वाष्पशील कार्बनिक यौगिक (VOCs), और सीसा प्राथमिक दोषियों में से हैं।

औद्योगिक उत्सर्जन, वाहनों से निकलने वाला धुआं और जीवाश्म ईंधन का जलना इन प्रदूषकों के प्रमुख स्रोत हैं। उदाहरण के लिए, PM2.5 फेफड़ों के ऊतकों और रक्तप्रवाह में गहराई तक प्रवेश करता है, जिससे अस्थमा और ब्रोंकाइटिस सहित हृदय और श्वसन संबंधी बीमारियाँ होती हैं। नाइट्रोजन ऑक्साइड और सल्फर डाइऑक्साइड अम्लीय वर्षा के निर्माण में योगदान करते हैं, जो फसलों, जंगलों और जलीय आवासों को नुकसान पहुंचाते हैं। इसके अलावा, हीमोग्लोबिन के साथ कार्बन मोनोऑक्साइड का बंधन रक्त की ऑक्सीजन-वहन क्षमता को कम कर देता है, जिससे हृदय संबंधी समस्याएं पैदा होती हैं।

जल जो हमें कायम रखते हैं

औद्योगिक निर्वहन, कृषि अपवाह और अनुपचारित सीवेज से उत्पन्न जल प्रदूषण, वस्तुतः सभी जलीय पारिस्थितिकी तंत्र और उनमें रहने वाली प्रजातियों को प्रभावित करता है। भारी धातुएँ, कीटनाशक और माइक्रोप्लास्टिक जैसे प्रदूषक जलीय खाद्य श्रृंखला को बाधित करते हैं, जिससे जैव विविधता की हानि होती है और मानव उपभोग, मनोरंजन और आजीविका के लिए आवश्यक जल निकायों का क्षरण होता है।

प्रभाव न केवल पर्यावरणीय हैं, बल्कि स्वास्थ्य संबंधी भी हैं, प्रदूषकों के कारण दूषित जल का सेवन करने वाले या उसके संपर्क में आने वाले मनुष्यों में हैजा, टाइफाइड और हेपेटाइटिस जैसी बीमारियां होती हैं। यूट्रोफिकेशन, पोषक तत्वों के अपवाह का परिणाम है, जल निकायों में मृत क्षेत्र बनाता है जहां ऑक्सीजन का स्तर कम हो जाता है, जिससे समुद्री जीवन का दम घुट जाता है। संयुक्त राष्ट्र की रिपोर्ट है कि 80% से अधिक अपशिष्ट जल बिना उपचार के बहा दिया जाता है, जिससे विश्व स्तर पर जल प्रदूषण बढ़ जाता है।

हमारे पैरों के नीचे की मिट्टी

मृदा प्रदूषण, जिसे अक्सर नजरअंदाज कर दिया जाता है, खाद्य सुरक्षा, सार्वजनिक स्वास्थ्य और पर्यावरणीय स्थिरता को महत्वपूर्ण रूप से प्रभावित करता है। कीटनाशक, भारी धातुएँ और औद्योगिक अपशिष्ट मिट्टी की गुणवत्ता में गिरावट में योगदान करते हैं, जिससे फसल की उपज और खाद्य सुरक्षा प्रभावित होती है। दूषित मिट्टी में पाए जाने वाले सीसा, आर्सेनिक और कैडमियम, खाद्य श्रृंखला में जमा हो सकते हैं, जिससे अन्य स्वास्थ्य समस्याओं के अलावा कैंसर, गुर्दे की विफलता और मस्तिष्क क्षति का खतरा पैदा हो सकता है।

एफएओ (खाद्य और कृषि संगठन) ने चेतावनी दी है कि मिट्टी का क्षरण कृषि उत्पादकता और मिट्टी की कार्बन सिंक के रूप में कार्य करने की क्षमता दोनों को खतरे में डालता है, इस महत्वपूर्ण संसाधन की सुरक्षा के लिए टिकाऊ मिट्टी प्रबंधन प्रथाओं की आवश्यकता पर बल देता है।

हमारे चारों ओर की ध्वनियाँ

ध्वनि प्रदूषण, आधुनिकता का एक सर्वव्यापी उपोत्पाद है, वैश्विक स्तर पर लाखों लोगों को प्रभावित करता है। शहरीकरण, परिवहन नेटवर्क और औद्योगिक गतिविधियां शोर के स्तर को मानव जोखिम के लिए सुरक्षित माने जाने वाले स्तर से कहीं अधिक बढ़ा देती हैं। उच्च शोर

स्तर के लगातार संपर्क को सुनने की हानि, तनाव से संबंधित बीमारियों, नींद में खलल और यहां तक कि हृदय रोगों से भी जोड़ा गया है।

पर्यावरण संरक्षण एजेंसी (ईपीए) श्रवण हानि को रोकने के लिए 70 डीबी या उससे कम के शोर स्तर की सिफारिश करती है, फिर भी कई शहरी क्षेत्र लगातार इस सीमा से अधिक हैं, जो ध्वनि प्रदूषण के प्रबंधन की व्यापक चुनौती को रेखांकित करता है।

प्रकाश

प्रकाश प्रदूषण, कृत्रिम प्रकाश का अत्यधिक या गलत दिशा में उपयोग, मानव स्वास्थ्य और वन्य जीवन दोनों को प्रभावित करता है। यह मानव सर्केडियन लय को बाधित करता है, जिससे नींद संबंधी विकार, अवसाद और अन्य स्वास्थ्य समस्याएं पैदा होती हैं। वन्यजीवों के लिए, विशेष रूप से रात्रिचर प्रजातियों के लिए, प्रकाश प्रदूषण प्रवासन, प्रजनन और भोजन जैसे प्राकृतिक व्यवहार में हस्तक्षेप करता है।

इंटरनेशनल डार्क-स्काई एसोसिएशन की रिपोर्ट के अनुसार, खगोलीय अनुसंधान पर भी प्रभाव पड़ा है, दुनिया की लगभग 80% आबादी आसमान की रोशनी में रहती है। रात के आकाश में कृत्रिम प्रकाश का अतिक्रमण ब्रह्मांड के बारे में हमारे दृष्टिकोण को अस्पष्ट कर देता है और प्राकृतिक दुनिया से हमारा संबंध कम कर देता है।

8.3 नियंत्रण प्रौद्योगिकी

पर्यावरणीय क्षरण के खिलाफ समकालीन लड़ाई में, नियंत्रण प्रौद्योगिकियों का विकास और अनुप्रयोग प्रदूषण को कम करने के वैश्विक प्रयासों में सबसे आगे है। इन प्रौद्योगिकियों का निरंतर विकास न केवल प्रदूषण के बहुमुखी प्रभावों के बारे में हमारी बढ़ती समझ को दर्शाता है, बल्कि उन्हें प्रभावी ढंग से संबोधित करने की हमारी बढ़ती क्षमता को भी दर्शाता है। हवा और पानी से लेकर मिट्टी और उससे आगे तक, प्रदूषण का डटकर सामना करने के लिए नवोन्मेषी समाधान तैनात किए जा रहे हैं, जो पर्यावरणीय स्थिरता की दिशा में महत्वपूर्ण प्रगति का प्रतीक है।

वायु प्रदूषण नियंत्रण प्रौद्योगिकियाँ

हमारे आसमान को साफ करने की खोज ने वायु प्रदूषण नियंत्रण प्रौद्योगिकियों में महत्वपूर्ण प्रगति की है। इनमे से,**इलेक्ट्रोस्टैटिक प्रीसिपिटेटर्स (ईएसपी)** और **कपड़ा फिल्टर** औद्योगिक

उत्सर्जन से पार्टिकुलेट मैटर को पकड़ने में महत्वपूर्ण बन गए हैं। ईएसपी, इलेक्ट्रिक चार्ज का उपयोग करते हुए, निकास धाराओं से कणों को आकर्षित और हटाते हैं, कुछ कणों के लिए 99% तक की दक्षता दर का दावा करते हैं। फैब्रिक फिल्टर, या बैग हाउस, इसी तरह कणों को फंसाते हैं क्योंकि उत्सर्जन फिल्टर बैग से गुजरता है, जोकि उच्च दक्षता के साथ विभिन्न औद्योगिक आवश्यकताओं के अनुकूल होता है।

एक अन्य आधारशिला प्रौद्योगिकी है चयनात्मक **उत्प्रेरक न्यूनीकरण (एससीआर)** प्रणाली, बिजली संयंत्रों और औद्योगिक प्रक्रियाओं से नाइट्रोजन ऑक्साइड (एनओएक्स) उत्सर्जन को कम करने के लिए डिज़ाइन की गई है। उत्प्रेरक की उपस्थिति में निकास गैसों में अमोनिया जैसे रिडक्टेंट को शामिल करने से, NOx को हानिरहित नाइट्रोजन और जल वाष्प में परिवर्तित किया जाता है, जिससे 90% तक की कटौती दर प्राप्त होती है।

कार्बन कैप्चर और स्टोरेज (सीसीएस) प्रौद्योगिकियाँ वायु प्रदूषण को कम करने में, विशेष रूप से CO2 उत्सर्जन से निपटने में एक महत्वपूर्ण सीमा का प्रतिनिधित्व करती हैं। सीसीएस में CO2 को उसके उत्सर्जन स्रोत पर कैप्चर करना, उसे भंडारण स्थान (अक्सर भूमिगत) तक पहुंचाना और उसे वायुमंडल से अलग करना शामिल है। यद्यपि आर्थिक और तार्किक विचारों द्वारा चुनौती दी गई है, सीसीएस बड़े पैमाने पर प्रदूषकों से ग्रीनहाउस गैस उत्सर्जन को काफी कम करने की क्षमता रखता है।

जल प्रदूषण नियंत्रण नवाचार

जल प्रदूषण के क्षेत्र में, उपचार प्रौद्योगिकियों में प्रगति जलीय पर्यावरण की रक्षा करने और मानव उपयोग के लिए सुरक्षित पानी सुनिश्चित करने में सहायक रही है।**रिवर्स ऑस्मोसिस (आरओ)**, एक ऐसी प्रक्रिया है जो दूषित पदार्थों को हटाने के लिए अर्धपारगम्य झिल्लियों के माध्यम से पानी को मजबूर करती है, इसे अलवणीकरण और अपशिष्ट जल उपचार के लिए व्यापक रूप से अपनाया गया है, जो उच्च स्तर की शुद्धि प्रदान करता है।

जैव निस्पंदन सिस्टम प्राकृतिक प्रक्रियाओं का लाभ उठाते हैं, अपशिष्ट जल में कार्बनिक प्रदूषकों को कम करने के लिए सूक्ष्मजीवों का उपयोग करते हैं। ये प्रणालियाँ, आर्द्रभूमि में शुद्धिकरण प्रक्रियाओं की नकल करते हुए, रासायनिक उपचारों के लिए एक पर्यावरण-अनुकूल विकल्प प्रदान करती हैं, जो सीवेज में रोगजनकों और कार्बनिक भार को प्रभावी ढंग से कम करती हैं।

उभरती प्रौद्योगिकियां, जैसे कि फोटोकैटलिटिक जल उपचार, आणविक स्तर पर प्रदूषकों को तोड़ने के लिए प्रकाश-सक्रिय उत्प्रेरक का उपयोग करती हैं। यह विधि उन जटिल रसायनों और फार्मास्यूटिकल्स को नष्ट करने का वादा दिखाती है जिन्हें पारंपरिक उपचार पीछे छोड़ सकते हैं, जिससे जल शुद्धिकरण के एक नए युग की शुरुआत हो सकती है।

मृदा उपचार तकनीक

मृदा प्रदूषण ने, खाद्य सुरक्षा और पारिस्थितिकी तंत्र के स्वास्थ्य पर अपने घातक प्रभावों के साथ, परिष्कृत उपचार प्रौद्योगिकियों के विकास को उत्प्रेरित किया है।**फाइटर मेडियेशन** प्रदूषकों को अवशोषित करने या तोड़ने के लिए पौधों का उपयोग करता है, और दूषित स्थलों को साफ करने के लिए एक स्थायी तरीका पेश करता है। कुछ प्रजातियाँ, जिन्हें हाइपर एक्युमुलेटर के रूप में जाना जाता है, मिट्टी से भारी धातुओं और अन्य विषाक्त पदार्थों को निकालने में विशेष रूप से प्रभावी हैं।

जैविक उपचार प्रदूषकों को चयापचय और निष्क्रिय करने के लिए सूक्ष्मजीवों का उपयोग करता है। यह तकनीक बहुमुखी है और तेल रिसाव, भारी धातु संदूषण और कार्बनिक प्रदूषकों पर लागू होती है, जो खतरनाक स्थलों को पुनर्वासित भूमि में बदल देती है।

मिट्टी की धुलाई और कांच **में रूपांतर** क्रमशः भौतिक और रासायनिक विधियाँ हैं, जो संदूषण को धोकर या उन्हें अक्रिय गिलास में परिवर्तित करके हटा देती हैं। अधिक गहन होते हुए भी, उच्च स्तर के संदूषण वाली मिट्टी के उपचार के लिए ये दृष्टिकोण अमूल्य हैं।

शोर और प्रकाश प्रदूषण में कमी

कम दिखाई देने वाले लेकिन समान रूप से प्रभावशाली ध्वनि और प्रकाश प्रदूषण से निपटने के लिए नवोन्मेषी समाधान सामने आए हैं। शोर के लिए,**ध्वनि अवरोधक प्रौद्योगिकियाँ** और शोर रद्द करने की तकनीकें काफी उन्नत हो गई हैं। शहरी नियोजन में अब आवासीय क्षेत्रों को यातायात और औद्योगिक शोर से बचाने के लिए शोर मानचित्रण और अवरोध निर्माण शामिल है। इसी प्रकार,**अनुकूलित प्रकाश व्यवस्था** और एलईडी **प्रौद्योगिकी** ने प्रकाश प्रदूषण को कम करने, अधिक लक्षित रोशनी की अनुमति देने और रात के आकाश में अनावश्यक प्रकाश फैलाव को कम करने के दृष्टिकोण में क्रांति ला दी है।

डेटा और तकनीकी प्रगति को एकीकृत करना

इन प्रौद्योगिकियों के कार्यान्वयन को उनकी प्रभावशीलता को रेखांकित करने वाले डेटा के बढ़ते समूह द्वारा समर्थित किया जाता है। उदाहरण के लिए, ईएसपी और एससीआर पर अध्ययन न केवल प्रदूषक हटाने में उनकी उच्च दक्षता प्रदर्शित करते हैं, बल्कि उन क्षेत्रों में वायु गुणवत्ता और सार्वजनिक स्वास्थ्य परिणामों में भी महत्वपूर्ण सुधार दिखाते हैं जहां वे तैनात हैं। आरओ और बायो फिल्ट्रेशन जैसे जल उपचार नवाचारों से साफ पानी की उपलब्धता में नाटकीय रूप से वृद्धि देखी गई है, जिससे वैश्विक स्तर पर जलजनित बीमारियों को कम करने में योगदान मिला है।

8.4 विधान और नीतियाँ

पर्यावरणीय क्षरण के खिलाफ वैश्विक लड़ाई में, कानून और नीतियां महत्वपूर्ण भूमिका निभाती हैं, जो प्रदूषण नियंत्रण में कार्रवाई, अनुपालन और प्रवर्तन के लिए रूपरेखा प्रदान करती हैं। ये कानूनी उपकरण विभिन्न क्षेत्रों के अद्वितीय पर्यावरणीय, आर्थिक और सामाजिक संदर्भों को दर्शाते हुए, विभिन्न न्यायक्षेत्रों में व्यापक रूप से भिन्न होते हैं। फिर भी, उनका सामान्य लक्ष्य प्रदूषकों के नियमन और टिकाऊ प्रथाओं को बढ़ावा देने के माध्यम से पर्यावरण और सार्वजनिक स्वास्थ्य की सुरक्षा करना है।

प्रदूषण नियंत्रण विधान की उत्पत्ति

कानूनी हस्तक्षेप की आवश्यकता वाले एक गंभीर मुद्दे के रूप में प्रदूषण की पहचान की जड़ें प्रारंभिक औद्योगिक युग में हैं, लेकिन 20वीं सदी के मध्य में ही व्यापक पर्यावरण कानून ने आकार लेना शुरू किया। इस अवधि में औद्योगीकरण, शहरीकरण और वैश्विक जनसंख्या वृद्धि के पर्यावरणीय प्रभावों के बारे में जागरूकता बढ़ी, जिससे प्रदूषण को कम करने के उद्देश्य से कानूनों के विकास को बढ़ावा मिला।

वैश्विक ढांचे और समझौते

अंतरराष्ट्रीय स्तर पर, प्रदूषण और पर्यावरण संरक्षण के विशिष्ट पहलुओं को संबोधित करने के लिए कई समझौते और सम्मेलन स्थापित किए गए हैं।**मानव पर्यावरण पर संयुक्त राष्ट्र सम्मेलन (1972)**जिसे स्टॉकहोम सम्मेलन के नाम से भी जाना जाता है, एक महत्वपूर्ण क्षण था, जिसके फलस्वरूप इसका निर्माण हुआ संयुक्त **राष्ट्र पर्यावरण कार्यक्रम (यूएनईपी)** और पर्यावरण संबंधी मुद्दों पर वैश्विक सहयोग के लिए मंच तैयार करना।

- क्योटो प्रोटोकॉल (1997) और पेरिस समझौता (2015) जलवायु परिवर्तन के खिलाफ लड़ाई में महत्वपूर्ण हैं, जो ग्रीनहाउस गैस उत्सर्जन में कमी पर ध्यान केंद्रित करते हैं।
- बेसल कन्वेंशन (1989) का उद्देश्य खतरनाक अपशिष्टों की सीमापार गतिविधियों और उनके निपटान को नियंत्रित करना है।
- मॉन्ट्रियल प्रोटोकॉल (1987) उन पदार्थों को लक्षित करता है जो ओजोन परत को नुकसान पहुंचाते हैं, जो ओजोन-घटाने वाले पदार्थों को चरणबद्ध तरीके से समाप्त करने में उल्लेखनीय सफलता दर्शाता है।

राष्ट्रीय कानून

राष्ट्रीय मोर्चे पर, देशों ने अपनी विशिष्ट पर्यावरणीय चुनौतियों और प्राथमिकताओं के अनुरूप प्रदूषण से निपटने के लिए अपने कानून विकसित किए हैं।

- **स्वच्छ वायु अधिनियम (संयुक्त राज्य अमेरिका, 1970)** स्थिर और मोबाइल स्रोतों से वायु उत्सर्जन को विनियमित करने वाले एक व्यापक संघीय कानून के रूप में कार्य करता है, जो सीसा, कार्बन मोनोऑक्साइड और सल्फर डाइऑक्साइड जैसे प्रदूषकों को काफी कम करता है।
- **जल प्रदूषण नियंत्रण अधिनियम (जापान, 1970),** अपने संशोधन के बाद से इसे बुनियादी पर्यावरण कानून के रूप में जाना जाता है, यह जल प्रदूषण नियंत्रण और जल गुणवत्ता मानकों को संबोधित करता है, जो अपने जल संसाधनों के संरक्षण के लिए जापान की प्रतिबद्धता को दर्शाता है।
- **पर्यावरण संरक्षण अधिनियम (यूनाइटेड किंगडम, 1990)** अपशिष्ट प्रबंधन, प्रदूषण की रोकथाम और नियंत्रण को कवर करने वाला एक व्यापक कानून है, जो पर्यावरण संरक्षण के लिए यूके के दृष्टिकोण का प्रतीक है।

नीति में नवाचार

पारंपरिक कमांड-और-नियंत्रण नियमों से परे, प्रदूषण में कमी को प्रोत्साहित करने के लिए आर्थिक प्रोत्साहन और बाजार तंत्र का लाभ उठाते हुए, नवीन नीति उपकरण पेश किए गए हैं।

- **उत्सर्जन व्यापार प्रणाली (ईटीएस),** कैप-एंड-ट्रेड सिस्टम के रूप में भी जाना जाता है, जो कंपनियों को उत्सर्जन के लिए भत्ते खरीदने या बेचने की अनुमति

देता है, जिससे बाजार की गतिशीलता के माध्यम से प्रदूषण में कमी को प्रोत्साहन मिलता है।**ईयू उत्सर्जन व्यापार प्रणाली** प्रमुख स्रोतों से ग्रीनहाउस गैस उत्सर्जन को लक्षित करना एक प्रमुख उदाहरण है।

- **कार्बन कराधान** कार्बन डाइऑक्साइड उत्सर्जन को कम करने के उद्देश्य से जीवाश्म ईंधन की कार्बन सामग्री पर कर लगाता है। उदाहरण के लिए, स्वीडन ने 1991 में कार्बन टैक्स लागू किया, जिसने आर्थिक विकास को बनाए रखते हुए देश के ग्रीनहाउस गैस उत्सर्जन में कमी लाने में महत्वपूर्ण योगदान दिया।

चुनौतियाँ और भविष्य की दिशाएँ

पर्यावरण कानून और नीतियों की व्यापक रूपरेखा के बावजूद चुनौतियां बनी हुई हैं। प्रवर्तन और अनुपालन कई क्षेत्रों में महत्वपूर्ण बाधाएँ बनी हुई हैं, जो आर्थिक, तकनीकी और राजनीतिक कारकों के कारण और बढ़ गई हैं। इसके अलावा, उभरते प्रदूषकों और जलवायु परिवर्तन की जटिलताओं जैसी पर्यावरणीय चुनौतियों की गतिशील प्रकृति के लिए कानूनी और नीतिगत दृष्टिकोणों में निरंतर अनुकूलन और नवाचार की आवश्यकता होती है।

प्रदूषण नियंत्रण कानून और नीतियों के भविष्य में वैज्ञानिक अनुसंधान, प्रौद्योगिकी और अंतर्राष्ट्रीय सहयोग के बढ़ते एकीकरण को देखने की संभावना है। सीमाओं के पार नियमों में सामंजस्य स्थापित करने, पारदर्शिता बढ़ाने, जनता, उद्योग और गैर-सरकारी संगठनों सहित हितधारकों को शामिल करने के प्रयास प्रभावी पर्यावरणीय प्रशासन के लिए आवश्यक हैं।

8.5 प्रदूषण कम करने की पहल

पर्यावरणीय क्षरण के खिलाफ चल रही लड़ाई में, दुनिया भर में कई उल्लेखनीय प्रदूषण कटौती पहल, सफलता के प्रतीक के रूप में खड़ी हैं। यह केस अध्ययन न केवल प्रदूषण को कम करने में लक्षित प्रयासों की प्रभावशीलता को प्रदर्शित करते हैं बल्कि मूल्यवान सबक और रूपरेखा भी प्रदान करते हैं जिन्हें दुनिया भर में अपनाया और दोहराया जा सकता है। नदियों के पुनरुद्धार से लेकर वायु प्रदूषण पर अंकुश लगाने वाली अभूतपूर्व नीतियों तक, ये उदाहरण सामूहिक कार्रवाई, नवीन नीति-निर्माण और तकनीकी प्रगति के माध्यम से सकारात्मक पर्यावरणीय परिवर्तन की क्षमता को रेखांकित करते हैं।

टेम्स नदी पुनरुद्धार, यूनाइटेड किंगडम

1957 में एक बार "जैविक रूप से मृत" समझी जाने वाली टेम्स नदी का परिवर्तन व्यापक पर्यावरण प्रबंधन और प्रदूषण नियंत्रण रणनीतियों के स्थायी प्रभाव का एक प्रमाण है। दशकों से यूनाइटेड किंगडम के ठोस प्रयासों ने नदी को पुनर्जीवित किया है, इसे सैल्मन, ऊदबिलाव और सील की वापसी सहित समुद्री जीवन का समर्थन करने वाले एक संपन्न पारिस्थितिकी तंत्र में बदल दिया है।

टेम्स नदी के पुनरुद्धार की सफलता औद्योगिक निर्वहन पर कड़े नियमों, अपशिष्ट जल उपचार बुनियादी ढांचे में महत्वपूर्ण निवेश और पर्यावरण कानूनों के परावर्तन पर आधारित थी, जिसने पानी में कार्बनिक प्रदूषकों और भारी धातुओं के स्तर को धीरे-धीरे कम कर दिया। यह पहल जलीय पारिस्थितिकी तंत्र को बहाल करने में प्रदूषण नियंत्रण प्रौद्योगिकियों में निरंतर निवेश के साथ नियामक ढांचे की महत्वपूर्ण भूमिका को दर्शाती है।

लॉस एंजेलिस, संयुक्त राज्य अमेरिका में वायु प्रदूषण नियंत्रण

कभी स्मॉग का पर्याय रहे लॉस एंजिल्स में आक्रामक वायु प्रदूषण नियंत्रण उपायों के कारण वायु गुणवत्ता में उल्लेखनीय सुधार देखा गया है। 1950 के दशक के धुंध भरे दिनों से लेकर आज काफी स्वच्छ हवा तक की शहर की यात्रा वाहन और औद्योगिक उत्सर्जन नियंत्रण में नवीन नियामक दृष्टिकोण और तकनीकी प्रगति की प्रभावकारिता पर प्रकाश डालती है।

इस परिवर्तन की कुंजी कैलिफोर्निया स्वच्छ वायु अधिनियम का कार्यान्वयन और कैलिफोर्निया एयर रिसोर्सेज बोर्ड (सीएआरबी) की स्थापना रही है, जिसने वाहनों और औद्योगिक गतिविधियों के लिए कठोर उत्सर्जन मानक निर्धारित किए हैं। उत्प्रेरक कन्वर्टर्स की शुरुआत, इलेक्ट्रिक वाहनों को बढ़ावा, और स्वच्छ ईंधन में संक्रमण ने सामूहिक रूप से कण पदार्थ, नाइट्रोजन ऑक्साइड और वाष्पशील कार्बनिक यौगिकों सहित प्रमुख प्रदूषकों में पर्याप्त कमी लाने में योगदान दिया है।

वायु प्रदूषण पर चीन की कार्य योजना

चीन के तेजी से औद्योगीकरण ने वायु प्रदूषण की गंभीर चुनौतियों ला दीं, खासकर बीजिंग जैसे शहरों में। जवाब में, चीनी सरकार ने 2013 में एक व्यापक वायु प्रदूषण कार्य योजना शुरू की, जिसका लक्ष्य PM2.5 के स्तर को कम करना और समग्र वायु गुणवत्ता में सुधार करना है। इस योजना में प्रदूषण फैलाने वाली औद्योगिक सुविधाओं को बंद करना या स्थानांतरित करना, कोयले की खपत कम करना और स्वच्छ ऊर्जा स्रोतों को बढ़ावा देना जैसे उपाय शामिल थे।

इस पहल के महत्वपूर्ण परिणाम मिले हैं, बीजिंग और अन्य चीनी शहरों में वायु गुणवत्ता में उल्लेखनीय सुधार हुआ है। 2013 और 2017 के बीच, बीजिंग में सार्वजनिक स्वास्थ्य में सुधार और प्रदूषण से संबंधित मृत्यु दर में कमी के साथ-साथ PM2.5 के स्तर में 35% की कमी देखी गई। यह मामला महत्वाकांक्षी नीतिगत पहलों और राष्ट्रीय एजेंडा में पर्यावरणीय स्वास्थ्य को प्राथमिकता देने के महत्व को रेखांकित करता है।

मॉन्ट्रियल प्रोटोकॉल

मॉन्ट्रियल प्रोटोकॉल, ओजोन-क्षयकारी पदार्थों को चरणबद्ध तरीके से समाप्त करने के लिए 1987 में हस्ताक्षरित एक अंतरराष्ट्रीय संधि, वैश्विक पर्यावरण सहयोग के प्रतिमान के रूप में खड़ी है। क्लोरोफ्लोरोकार्बन (सीएफसी) जैसे रसायनों को लक्षित करके, प्रोटोकॉल ने ओजोन परत की कमी को सफलतापूर्वक रोक दिया है, जिससे यूवी विकिरण जोखिम में एक भयावह वृद्धि को रोका जा सका है।

प्रोटोकॉल की सफलता का श्रेय इसकी गतिशील संरचना को दिया जाता है, जो वैज्ञानिक समझ के आधार पर समय-समय पर अद्यतन और समायोजन की अनुमति देता है, और इसके वैश्विक अनुपालन, जिसमें लगभग सभी संयुक्त राष्ट्र सदस्य देश हस्ताक्षरकर्ता हैं। ओजोन परत की क्रमिक पुनर्प्राप्ति महत्वपूर्ण पर्यावरणीय बहाली को प्रभावित करने वाले अंतरराष्ट्रीय समझौतों की क्षमता का उदाहरण देती है।

8.6 सामुदायिक क्रियाएँ

पर्यावरणीय क्षरण को कम करने के वैश्विक प्रयास में, सामुदायिक कार्रवाई की भूमिका को बढ़ा-चढ़ाकर नहीं बताया जा सकता है। व्यक्तिगत प्रयास, जब समुदायों के भीतर एकत्रित होते हैं, तो नीति, कॉर्पोरेट प्रथाओं और सामाजिक मानदंडों को परिभाषित करते हुए महत्वपूर्ण परिवर्तन लाने की शक्ति रखते हैं। यह अध्याय उन असंख्य तरीकों की पड़ताल करता है जिनके माध्यम से व्यक्ति और समुदाय प्रदूषण कम करने में योगदान करते हैं, सफल पहले और वैश्विक पर्यावरणीय स्वास्थ्य पर जमीनी स्तर के आंदोलनों के प्रभाव पर प्रकाश डालते हैं।

सामूहिक कार्रवाई की शक्ति को समझना

पर्यावरणीय स्थिरता की दिशा में यात्रा इस मान्यता के साथ शुरू होती है कि प्रत्येक व्यक्ति में अपने परिवेश को सकारात्मक रूप से प्रभावित करने की क्षमता होती है। जब इन व्यक्तिगत प्रयासों को समुदायों के भीतर समन्वित किया जाता है, तो वे महत्वपूर्ण पर्यावरणीय सुधार ला

सकते हैं। छोटे पैमाने की कार्रवाइयों का संचयी प्रभाव, जैसे अपशिष्ट को कम करना, पानी का संरक्षण और टिकाऊ प्रथाओं को अपनाया, प्रदूषण में कमी और पर्यावरण संरक्षण के व्यापक लक्ष्यों में महत्वपूर्ण योगदान देता है।

जमीनी स्तर के आंदोलन: पर्यावरणीय परिवर्तन को उत्प्रेरित करना

ऐतिहासिक रूप से, जमीनी स्तर के आंदोलन पर्यावरण नीति में बदलाव लाने और स्थिरता की संस्कृति को बढ़ावा देने में महत्वपूर्ण रहे हैं। एक उल्लेखनीय उदाहरण एकल-उपयोग प्लास्टिक के खिलाफ वैश्विक अभियान है, जिसने समुदाय के नेतृत्व वाली पहल के माध्यम से गति प्राप्त की। पुन: प्रयोज्य बैग, स्ट्रॉ और कंटेनरों को व्यापक रूप से अपनाने, स्थानीय संगठनों द्वारा समर्थित और व्यक्तियों द्वारा समर्थित, ने कई न्यायालयों में एकल-उपयोग प्लास्टिक पर प्रतिबंध लगाने या प्रतिबंधित करने के लिए विधायी कार्रवाई की है।

समुदाय-आधारित संरक्षण प्रयास

समुदाय के नेतृत्व वाली संरक्षण परियोजनाएं इस बात का उदाहरण देती हैं कि स्थानीय प्रयास पर्यावरण संरक्षण और बहाली में कैसे योगदान दे सकते हैं। केन्या में ग्रीन बेल्ट मूवमेंट जैसी वृक्षारोपण पहल, जो 51 मिलियन से अधिक पेड़ लगाने के लिए जिम्मेदार थी, ने समुदायों को सशक्त बनाते हुए वनों की कटाई का मुकाबला किया है। इसी तरह, समुदाय-प्रबंधित समुद्री संरक्षित क्षेत्र मछली की आबादी को बहाल करने और समुद्री जैव विविधता की रक्षा करने में सफल रहे हैं, जो संरक्षण प्रयासों में सामुदायिक प्रबंधन की प्रभावकारिता को प्रदर्शित करता है।

दीर्घकालीन जीवन यापन

टिकाऊ जीवन की दिशा में परिवर्तन को दुनिया भर के समुदायों द्वारा तेजी से अपनाया जा रहा है, जो पर्यावरणीय पदचिह्नों को कम करने वाली प्रथाओं को अपना रहे हैं। सामुदायिक उद्यान और शहरी खेती की पहल न केवल स्थानीय खाद्य उत्पादन को बढ़ावा देती है बल्कि जैव विविधता को भी बढ़ाती है और शहरी वायु गुणवत्ता में सुधार करती है। इसके अतिरिक्त, समुदाय-आधारित नवीकरणीय ऊर्जा परियोजनाएं, सौर, पवन और जल विद्युत का उपयोग करके, जीवाश्म ईंधन पर निर्भरता को कम करने और ग्रीनहाउस गैस उत्सर्जन को कम करने में योगदान देती हैं।

शिक्षा और जागरूकता की भूमिका

शिक्षा और जागरूकता सामुदायिक कार्रवाई के महत्वपूर्ण घटक हैं, जो व्यक्तियों को सूचित पर्यावरण विकल्प चुनने के लिए ज्ञान प्रदान करते हैं। स्थिरता प्रथाओं, पुनर्चक्रण और प्रदूषण की रोकथाम पर केंद्रित कार्यशालाएं, सेमिनार और सामुदायिक कार्यक्रम पर्यावरणीय चेतना को बढ़ावा देने में महत्वपूर्ण भूमिका निभाते हैं। इसके अलावा, स्कूल और शैक्षणिक संस्थान पर्यावरण शिक्षा के केंद्र बन गए हैं, पाठ्यक्रम में स्थिरता को एकीकृत कर रहे हैं और छात्र-नेतृत्व वाली पर्यावरण परियोजनाओं को प्रोत्साहित कर रहे हैं।

सामुदायिक कार्रवाई में प्रौद्योगिकी और नवाचार

प्रौद्योगिकी और नवाचार के एकीकरण ने सामुदायिक कार्यों के दायरे और प्रभाव को बढ़ाया है। नागरिक विज्ञान परियोजनाएं, मोबाइल एप्लिकेशन और ऑनलाइन प्लेटफ़ॉर्म का लाभ उठाते हुए, व्यक्तियों को पर्यावरण निगरानी और डेटा संग्रह में योगदान करने की अनुमति देते हैं। उदाहरण के लिए, वायु गुणवत्ता या प्लास्टिक प्रदूषण पर नजर रखने वाले ऐप्स ने समुदायों को मूल्यवान डेटा इकट्ठा करने, नीति और संरक्षण रणनीतियों को सूचित करने के लिए सशक्त बनाया है।

अध्याय 8 का सारांश

- **प्रदूषण नियंत्रण के उपाय:**
- **पर्यावरण प्रदूषण** अंतर्गत कई हवा, **पानी और मिट्टी का प्रदूषण.**
- **वायु प्रदूषण** इस कारण औद्योगिक **उत्सर्जन, वाहन निकास,** और जीवाश्म **ईंधन का जलना.**
- **जल प्रदूषण** वहां से परिणाम मिले औद्योगिक **अपशिष्ट, कृषि अपवाह,** और अनुपचारित **सीवेज.**
- मृदा **प्रदूषण** की वजह है कीटनाशक, **भारी धातुएँ,** और अनुचित **अपशिष्ट निपटान.**
- **शमन** आवश्यक है उत्सर्जन **में कमी, टिकाऊ प्रथाएं,** और स्वच्छ **प्रौद्योगिकी निवेश.**
- **प्रदूषण के प्रकार:**
- **वायु प्रदूषण:** प्रमुख प्रदूषकों में शामिल हैं पार्टिकुलेट **मैटर, सल्फर डाइऑक्साइड,** और नाइट्रोजन **ऑक्साइड।**
- **जल प्रदूषण:** के कारण औद्योगिक **निर्वहन** और कृषि **अपवाह।**
- **मृदा प्रदूषण:** से उपजते हैं खतरनाक **रसायन।**
- **ध्वनि प्रदूषण:** मूल शब्द से यातायात, **औद्योगिक संचालन,** और शहरी **विकास.**
- **प्रकाश प्रदूषण:** इस कारण अत्यधिक **या गलत निर्देशित कृत्रिम प्रकाश.**
- **प्रदूषण स्रोत और प्रभाव:**

* **वायु प्रदूषण:**औद्योगिक **उत्सर्जन** और वाहन **निकास** कारण सांस **की बीमारियों** और जलवायु परिवर्तन।
* **जल प्रदूषण:**कृषि अपवाह और औद्योगिक **निर्वहन** नेतृत्व करने के लिए जल जनित **रोग** और जलीय **पारिस्थितिकी तंत्र में व्यवधान।**
* **मिट्टी का प्रदूषण:**कीटनाशकों और हैवी **मेटल्स** कम करना फसल **की पैदावार** और खाद्य **स्रोतों** को दूषित करें.
* **ध्वनि प्रदूषण:**शहरीकरण और परिवहन कारण बहरापन और निद्रा **संबंधी परेशानियां।**
* **शमन रणनीतियों:** शामिल करना स्वच्छ **ऊर्जा स्रोत, अपशिष्ट जल उपचार,** और टिकाऊ **कृषि पद्धतियाँ.**
* **पर्यावरण प्रदूषण नियंत्रण के उपाय** पर जोर दें वायु, **जल और मृदा प्रदूषण को कम करने की आवश्यकता** स्वास्थ्य, जैव विविधता और पारिस्थितिकी तंत्र के लिए इसके महत्वपूर्ण जोखिमों के कारण।
* **प्रदूषण के प्रकार:**
* **वायु प्रदूषण** इस कारण औद्योगिक **उत्सर्जन, वाहन निकास,** और जीवाश्म **ईंधन का जलना,** अग्रणी श्वसन **संबंधी बीमारियां और जलवायु परिवर्तन।**
* **जल प्रदूषण** मूल शब्द से औद्योगिक **अपशिष्ट, कृषि अपवाह,** और अनुपचारित **सीवेज,** जलीय **जीवन और पीने के पानी की गुणवत्ता** प्रभाव डाल रहा है।
* **मिट्टी का प्रदूषण** वहां से परिणाम मिले कीटनाशक, **भारी धातुएँ,** और बर्बाद **करना,** प्रभावित कर रहा है खाद्य **सुरक्षा और पारिस्थितिकी तंत्र स्वास्थ्य।**
* शमन शामिल है स्थायी **प्रथाएं और स्वच्छ प्रौद्योगिकी निवेश।**
* **नियंत्रण प्रौद्योगिकी:**
* **वायु प्रदूषण नियंत्रण प्रौद्योगिकियाँ** शामिल करना इलेक्ट्रोस्टैटिक **प्रेसिपिटेटर (एसपी),** फैब्रिक फिल्टर, और चयनात्मक **उत्प्रेरक न्यूनीकरण (एनसीआर)** कणों को पकड़ने और उत्सर्जन को कम करने के लिए सिस्टम।
* **जल प्रदूषण नियंत्रण** उन्नति जैसे रिवर्स **ऑस्मोसिस (आरओ) और बायोफिल्ट्रेशन सिस्टम** सुरक्षित जल सुनिश्चित करें और जलीय पर्यावरण की रक्षा करें।
* **मृदा उपचार तकनीक** जैसे कि फाइटोरीमेडिएशन **और बायोरेमेडिएशन** दूषित स्थलों को साफ करने के लिए स्थायी तरीके प्रदान करें।
* **शोर और प्रकाश प्रदूषण में कमी** रणनीतियों में शामिल है ध्वनि **अवरोधक प्रौद्योगिकियाँ और अनुकूली प्रकाश व्यवस्था** प्रभाव को कम करने के लिए।
* **विधान और नीतियाँ:**

- विकास व्यापक **पर्यावरण कानून** 20वीं सदी के मध्य में शुरू हुआ क्योटो **प्रोटोकॉल और पेरिस समझौते जैसे वैश्विक समझौते** उत्सर्जन को कम करने पर ध्यान केंद्रित करना।
- **राष्ट्रीय कानून** जैसे कि स्वच्छ **वायु अधिनियम (यूएसए)** और जल **प्रदूषण नियंत्रण अधिनियम (जापान)** विशिष्ट पर्यावरणीय चुनौतियों का समाधान करता है।
- नीति में नवाचार शामिल हैं उत्सर्जन **व्यापार प्रणाली (ईटीएस)** और कार्बन **कराधान,** प्रदूषण में कमी के लिए आर्थिक प्रोत्साहन का लाभ उठाना।
- हमारे ऊपर प्रकाश:
- **प्रकाश प्रदूषण** बाधित मानव **सर्केडियन लय** और हस्तक्षेप करता है वन्यजीव **प्रशासन और प्रजनन.**
- इसका प्रभाव पड़ता है खगोलीय **अनुसंधान,** साथ दुनिया **की 80% आबादी आसमान की रोशनी में रहती है.**
- नियंत्रण उपायों में शामिल हैं प्रौद्योगिकियों **को विकसित करना और लागू करना** विभिन्न प्रकार के प्रदूषणों के लिए पर्यावरणीय **स्थिरता.**
- **चुनौतियाँ और भविष्य की दिशाएँ** के साथ चल रहे मुद्दों पर प्रकाश डालें प्रवर्तन **और अनुकूलन** पर्यावरण कानून में, की आवश्यकता के साथ निरंतर **अनुकूलन** और नवाचार संबोधित करने हेतु नीतियों में उभरते **प्रदूषण और जलवायु परिवर्तन.**
- **वैज्ञानिक अनुसंधान, प्रौद्योगिकी का बढ़ा हुआ एकीकरण,** और अंतरराष्ट्रीय **सहयोग** के प्रयासों के साथ-साथ अप्रत्याशित है नियमों **में सामंजस्य स्थापित करें** और पारदर्शिता **बढ़ाएँ.**
- **प्रदूषण कम करने की पहल** सफल वैश्विक प्रयासों का प्रदर्शन:
- **टेम्स नदी पुनरुद्धार** ब्रिटेन में की शक्ति का प्रदर्शन करता है नियामक **ढांचे** और निवेश एक "जैविक रूप से मृत" नदी को एक संपन्न पारिस्थितिकी तंत्र में बदलने में।
- **देवदूत** ने देखा है वायु **गुणवत्ता में सुधार** के माध्यम से नियामक **दृष्टिकोण** और प्रौद्योगिकी **प्रगति** उत्सर्जन नियंत्रण में।
- **चीन की वायु प्रदूषण कार्य योजना** एक की ओर ले गया है PM2.5 के **स्तर में 35% की कमी** बीजिंग में, महत्वाकांक्षी नीतियों के प्रभाव पर प्रकाश डाला गया।
- **मॉन्ट्रियल प्रोटोकॉल** इसके लिए मनाया जाता है ओजोन **क्षरण पर सफल रोक,** प्रभावी उदाहरण अंतरराष्ट्रीय **सहयोग।**
- **सामुदायिक क्रियाएँ** पर जोर दें व्यक्तिगत **एवं सामूहिक प्रयासों का महत्व** पर्यावरण संरक्षण में:
- **जमीनी स्तर पर आंदोलन** नीतिगत परिवर्तनों को प्रेरित किया है और स्थिरता की संस्कृति को बढ़ावा दिया है, विशेष रूप से इसके विरुद्ध एकल-**उपयोग प्लास्टिक।**

- **समुदाय के नेतृत्व वाली संरक्षण परियोजना**, की तरह हरित **पट्टी आंदोलन**, दिखाया कि कैसे स्थानीय प्रयासों से महत्वपूर्ण पर्यावरणीय लाभ हो सकते हैं।

- **सतत जीवन पद्धतियाँ** समुदायों के भीतर पर्यावरणीय पदचिह्नों को कम करने में योगदान करते हैं शहरी **खेती** और नवीकरणीय **ऊर्जा परियोजना**।

- **शिक्षा और जागरूकता** पर्यावरणीय चेतना को बढ़ावा देने के लिए महत्वपूर्ण हैं, स्कूल एकीकृत करने में महत्वपूर्ण भूमिका निभाते हैं **पाठ्यक्रम में स्थिरता।**

प्रौद्योगिकी और नवाचार सामुदायिक गतिविधियों का दायरा बढ़ाएं नागरिक **विज्ञान परियोजनाओं** के लिए अनुमति पर्यावरण **निगरानी और डेटा संग्रह।**

टिकाऊ कृषि और खाद्य प्रणाली

डॉ. मिनाक्षी सावंकर
PhD

9.1 सतत कृषि सिद्धांत

सतत कृषि पौधे और पशु उत्पादन प्रथाओं की एक एकीकृत प्रणाली है जिसमें साइट-विशिष्ट अनुप्रयोग होता है जो लंबी अवधि में मानव भोजन और फाइबर की जरूरतों को पूरा करेगा, पर्यावरणीय गुणवत्ता और प्राकृतिक संसाधन आधार को बढ़ाएगा जिस पर कृषि अर्थव्यवस्था निर्भर करती है। गैर-नवीकरणीय संसाधनों और ऑन-फार्म संसाधनों का सबसे कुशल उपयोग, और कृषि कार्यों की आर्थिक व्यवहार्यता को बनाए रखना। यह समग्र रूप से किसानों और समाज के जीवन की गुणवत्ता को भी बढ़ाता है।

1. प्राकृतिक जैविक चक्रों और नियंत्रणों का एकीकरण

टिकाऊ कृषि प्राकृतिक जैविक चक्रों और नियंत्रणों के एकीकरण पर बहुत अधिक निर्भर करती है। पोषक चक्र और कीट-शिकारी संबंधों जैसे प्राकृतिक चक्रों को समझने और उनके भीतर काम करने से, टिकाऊ कृषि पद्धतियां रासायनिक आदानों की आवश्यकता को कम करती हैं। यह दृष्टिकोण सुनिश्चित करता है कि खेती उत्पादक और पर्यावरण के अनुकूल दोनों हो सकती है। उदाहरण के लिए, फसल चक्र और कवर फसल मिट्टी की उर्वरता और कीट प्रबंधन को बढ़ा सकती है, जिससे सिंथेटिक उर्वरकों और कीटनाशकों पर निर्भरता कम हो सकती है।

2. संसाधन दक्षता और संरक्षण

संसाधनों का कुशल उपयोग टिकाऊ कृषि की पहचान है। जल संरक्षण तकनीक, जैसे ड्रिप सिंचाई और वर्षा जल संचयन, फसल उत्पादन के लिए आवश्यक पानी की मात्रा को काफी कम कर देती हैं। खाद्य और कृषि संगठन (एफएओ) के अनुसार, वैश्विक मीठे पानी की निकासी का लगभग 70% कृषि क्षेत्र से आता है, जो स्थिरता के लिए जल दक्षता को महत्वपूर्ण बनाता है। इसी तरह, ऊर्जा संरक्षण के उपाय, जैसे कि कृषि कार्यों में नवीकरणीय ऊर्जा स्रोतों (सौर, पवन और जैव ऊर्जा) का उपयोग, कृषि के कार्बन पदचिह्न को कम करते हैं।

3. मृदा स्वास्थ्य एवं उर्वरता प्रबंधन

मिट्टी कृषि की नींव है और टिकाऊ खेती के लिए इसका स्वास्थ्य सर्वोपरि है। कम जुताई, कार्बनिक पदार्थ जोड़ना (जैसे, खाद बनाना), और हरी खाद का उपयोग जैसी प्रथाएं मिट्टी की संरचना, उर्वरता और जैव विविधता को बनाए रखने और सुधारने में मदद करती हैं। ये प्रथाएं मिट्टी की जलधारण क्षमता और कटाव के खिलाफ लचीलापन बढ़ाती हैं। संयुक्त राष्ट्र ने बताया है कि मिट्टी का क्षरण दुनिया की दो-तिहाई कृषि भूमि को प्रभावित करता है, जो टिकाऊ मिट्टी प्रबंधन प्रथाओं की आवश्यकता पर प्रकाश डालता है।

4. आर्थिक व्यवहार्यता और सामाजिक समानता

सतत कृषि का लक्ष्य किसानों के लिए आर्थिक रूप से व्यवहार होना है, जिससे यह सुनिश्चित हो सके कि वे बढ़ती आबादी की मांगों को पूरा करने के लिए पर्याप्त उत्पादन करते हुए अपनी आजीविका बनाए रख सकें। यह सिद्धांत निष्पक्ष श्रम प्रथाओं और सामुदायिक कल्याण को बढ़ावा देने तक फैला हुआ है। स्थानीय खाद्य प्रणालियों और बाजारों को बढ़ावा देकर, टिकाऊ कृषि स्थानीय अर्थव्यवस्थाओं का समर्थन करती है और लंबी दूरी के खाद्य परिवहन से जुड़े कार्बन पदचिह्न को कम करती है।

5. जलवायु परिवर्तन के प्रति अनुकूलन और लचीलापन

जलवायु परिवर्तन वैश्विक खाद्य सुरक्षा के लिए एक महत्वपूर्ण खतरा है। कृषि वानिकी, विविध फसल, और ख़राब भूमि की बहाली जैसी स्थायी कृषि पद्धतियाँ खेतों को बदलती जलवायु परिस्थितियों के अनुकूल बनाने और जलवायु परिवर्तन के कुछ प्रभावों को कम करने में मदद कर सकती हैं। ये प्रथाएं जैव विविधता को बढ़ाती हैं, पारिस्थितिकी तंत्र सेवाओं को बढ़ाती हैं, और कार्बन पृथक्करण में सुधार करती हैं, जिससे चरम मौसम की घटनाओं के खिलाफ कृषि प्रणालियों के लचीलेपन में योगदान होता है।

सतत कृषि के लाभ

पर्यावरणीय लाभ

- **जैव विविधता संरक्षण**: टिकाऊ कृषि पद्धतियाँ लाभकारी कीड़ों और मिट्टी के सूक्ष्मजीवों सहित पौधों और जानवरों की खेत में जैव विविधता को बढ़ाती हैं। विविध कृषि परिदृश्य प्रजातियों की एक विस्तृत श्रृंखला का समर्थन कर सकते हैं, जो समुद्र पारिस्थितिकी तंत्र के स्वास्थ्य में योगदान करते हैं।

- **मृदा संरक्षण**: मिट्टी के कटाव को रोकने और मिट्टी के कार्बनिक पदार्थ को बढ़ाकर, टिकाऊ कृषि मिट्टी के स्वास्थ्य में सुधार करती है, जो दीर्घकालीन कृषि उत्पादकता के लिए महत्वपूर्ण है।

- **जल की गुणवत्ता एवं उपलब्धता**: रासायनिक आदानों का कम उपयोग और बेहतर जल प्रबंधन प्रथाएं कृषि अपवाह को कम करती हैं, सतह और भूजल की गुणवत्ता की रक्षा करती हैं। जल का कुशल उपयोग भविष्य की पीढ़ियों के लिए जल संसाधनों को संरक्षित करने में भी मदद करता है।

- **जलवायु परिवर्तन शमन और अनुकूलन**: मिट्टी में कार्बन पृथक्करण और नवीकरणीय ऊर्जा स्रोतों के उपयोग जैसी प्रथाओं के माध्यम से ग्रीनहाउस गैस उत्सर्जन को कम करने में टिकाऊ कृषि महत्वपूर्ण भूमिका निभाती है। यह जलवायु परिवर्तन प्रभावों के प्रति खाद्य प्रणालियों की लचीलापन भी बढ़ाता है।

आर्थिक लाभ

- **इनपुट लागत में कमी**: कृषि संसाधनों के उपयोग को अनुकूलित करके और बाहरी इनपुट (जैसे, रासायनिक उर्वरक और कीटनाशकों) पर निर्भरता कम करके, टिकाऊ कृषि उत्पादन लागत को कम कर सकती है और किसानों के लाभ मार्जिन को बढ़ा सकती है।

- **बाजार के अवसर**: टिकाऊ रूप से उत्पादित भोजन की मांग बढ़ रही है, जो टिकाऊ कृषि करने वाले किसानों के लिए प्रीमियम बाजार के अवसर प्रदान करता है। यह प्रवृत्ति जैविक उत्पादों की बढ़ती वैश्विक बाजार हिस्सेदारी में स्पष्ट है।

- **उन्नत खाद्य सुरक्षा**: स्थायी कृषि पद्धतियाँ स्थानीय और वैश्विक खाद्य सुरक्षा में योगदान देकर खाद्य उत्पादन दक्षता और लचीलेपन में सुधार कर सकती हैं। फसलों में विविधता लाकर और पशुधन को एकीकृत करके, खेत अधिक विविध और पौष्टिक खाद्य आपूर्ति का उत्पादन कर सकते हैं।

सामाजिक लाभ

- **बेहतर आजीविका**: टिकाऊ कृषि अधिक स्थिर आय प्रदान करके और काम करने की स्थिति में सुधार करके किसानों के जीवन की गुणवत्ता को बढ़ा सकती है। यह निष्पक्ष व्यापार और श्रम प्रथाओं को बढ़ावा देता है, जो सामाजिक समानता के लिए आवश्यक हैं।
- **सामुदायिक कल्याण**: टिकाऊ कृषि द्वारा समर्थित स्थानीयकृत खाद्य प्रणालियाँ सामुदायिक बंधनों को मजबूत करती हैं और ताज़ा, पौष्टिक खाद्य पदार्थों तक पहुंच सुनिश्चित करती हैं। वे स्थानीय समुदायों के भीतर आर्थिक लाभ भी रखते हैं और खाद्य परिवहन के पर्यावरणीय प्रभाव को कम करते हैं।

9.2 पारंपरिक खेती बनाम टिकाऊ प्रथाएँ

वैश्विक कृषि क्षेत्र को पर्यावरणीय प्रभावों को कम करते हुए दुनिया की बढ़ती खाद्य मांग को पूरा करने की दोहरी चुनौती का सामना करना पड़ रहा है। इस चुनौती के कारण पारंपरिक कृषि पद्धतियों की आलोचनात्मक जांच हुई है और टिकाऊ कृषि पद्धतियों में रुचि बढ़ी है। उच्च इनपुट और मोनोकल्चर प्रणालियों की विशेषता वाली पारंपरिक खेती, दशकों से प्रमुख कृषि मॉडल रही है। इसके विपरीत, टिकाऊ प्रथाएं दीर्घकालिक पारिस्थितिक संतुलन, संसाधन दक्षता और कार्बन फुटप्रिंट को कम करने पर ध्यान केंद्रित करती हैं। यह अध्याय विरोधाभास को स्पष्ट करने के लिए डेटा और आंकड़ों द्वारा समर्थित, दोनों दृष्टिकोणों के पर्यावरणीय प्रभावों पर प्रकाश डालता है।

9.3 परंपरागत खेती

पारंपरिक कृषि प्रणालियाँ फसल की पैदावार को अधिकतम करने के लिए सिंथेटिक उर्वरकों, कीटनाशकों और शाकनाशियों जैसे रासायनिक आदानों पर बहुत अधिक निर्भर करती हैं। हालांकि ये प्रथाएँ खाद्य उत्पादन बढ़ाने में प्रभावी हैं, लेकिन इनमें महत्वपूर्ण पर्यावरणीय कमियाँ हैं।

मिट्टी की अवनति

गहन जुताई, पारंपरिक खेती में एक आम प्रथा है, जो मिट्टी की संरचना को बाधित करती है, जिससे कटाव होता है, पानी का घुसपैठ कम हो जाता है और कार्बनिक पदार्थों का नुकसान होता है। खाद्य और कृषि संगठन (एफएओ) की रिपोर्ट है कि वैश्विक स्तर पर, पिछले 40 वर्षों में दुनिया की लगभग एक तिहाई कृषि योग्य भूमि कटाव या प्रदूषण के कारण नष्ट हो गई है।

जल का उपयोग और प्रदूषण

वैश्विक मीठे पानी की निकासी का लगभग 70% हिस्सा कृषि से आता है, पारंपरिक कृषि पद्धतियों के कारण अक्सर पानी का अकुशल उपयोग होता है। इसके अतिरिक्त, उर्वरकों और कीटनाशकों का अपवाह नदियों, झीलों और भूजल को प्रदूषित करता है। अमेरिकी पर्यावरण संरक्षण एजेंसी (ईपीए) नदियों और झीलों में पानी की गुणवत्ता की समस्याओं के लिए कृषि अपवाह को एक प्रमुख योगदानकर्ता के रूप में पहचानती है।

जैव विविधता हानि

पारंपरिक खेती में मोनोकल्चर प्रथाएं आवास विविधता को कम करती हैं, जिससे वन्यजीव आबादी में गिरावट आती है। व्यापक-स्पेक्ट्रम कीटनाशकों का उपयोग परागणकों और प्राकृतिक कीट शिकारियों सहित गैर-लक्षित प्रजातियों को मारकर जैव विविधता के नुकसान को और बढ़ा देता है।

ग्रीनहाउस गैस का उत्सर्जन

पारंपरिक कृषि ग्रीनहाउस गैसों (जीएचजी) का एक महत्वपूर्ण स्रोत है, जिसमें सिंथेटिक उर्वरक के उपयोग से नाइट्रस ऑक्साइड और गहन पशुधन उत्पादन से मीथेन शामिल है। जलवायु परिवर्तन पर अंतर सरकारी पैनल (आईपीसीसी) का अनुमान है कि कुल वैश्विक ग्रीनहाउस गैस उत्सर्जन में कृषि का योगदान लगभग 24% है।

9.4   सतत अभ्यास

सतत कृषि पद्धतियों का उद्देश्य जैव विविधता, संसाधन संरक्षण और पारिस्थितिक संतुलन पर जोर देकर खाद्य उत्पादन के पर्यावरणीय प्रभावों को कम करना है।

मृदा स्वास्थ्य एवं संरक्षण

कवर क्रॉपिंग, कम जुताई और जैविक संशोधन जैसी टिकाऊ प्रथाएं कार्बनिक पदार्थ सामग्री, संरचना और जल धारण क्षमता को बढ़ाकर मिट्टी के स्वास्थ्य में सुधार करती हैं। ये प्रथाएं कटाव को कम करती हैं और मिट्टी की जैव विविधता को बढ़ाती हैं, जिससे दीर्घकालिक मिट्टी की उर्वरता में योगदान होता है। शोध से संकेत मिलता है कि जैविक खेती के तरीके मिट्टी में जैविक कार्बन भंडार बढ़ा सकते हैं, जिससे मिट्टी की कार्बन सोखने की क्षमता बढ़ सकती है और जलवायु परिवर्तन को कम किया जा सकता है।

जल दक्षता और गुणवत्ता

टिकाऊ खेती में जल-बचत तकनीकों जैसे ड्रिप सिंचाई, वर्षा जल संचयन और सूखा प्रतिरोधी फसल किस्मों का उपयोग किया जाता है। ये प्रथाएं पानी के उपयोग को काफी हद तक कम करती हैं और कृषि अपवाह को कम करती हैं। अध्ययनों से पता चला है कि टिकाऊ सिंचाई पद्धतियाँ पारंपरिक तरीकों की तुलना में पानी के उपयोग को 20-50% तक कम कर सकती हैं।

जैव विविधता संवर्धन

विविध फसल प्रणाली, कृषि वानिकी और एकीकृत कीट प्रबंधन (आईपीएम) टिकाऊ प्रथाएं हैं जो जैव विविधता को बढ़ावा देती हैं। विभिन्न प्रजातियों के लिए आवास बनाकर, ये प्रथाएं परागण और प्राकृतिक कीट नियंत्रण जैसी पारिस्थितिकी तंत्र सेवाओं का समर्थन करती हैं। संयुक्त राष्ट्र के आंकड़ों से पता चलता है कि टिकाऊ कृषि पद्धतियों से खेत में जैव विविधता 30% तक बढ़ सकती है।

ग्रीनहाउस गैस उत्सर्जन में कमी

सतत कृषि सिंथेटिक उर्वरकों और जीवाश्म ईंधन पर निर्भरता को कम करने पर ध्यान केंद्रित करती है, जिससे जीएचजी उत्सर्जन कम होता है। कृषि वानिकी और चारागाह-आधारित पशुधन प्रबंधन जैसी प्रथाएं कार्बन डाइऑक्साइड को अलग करती हैं, जबकि जैव ऊर्जा और नवीकरणीय ऊर्जा के उपयोग से कृषि कार्यों में कार्बन पदचिह्न में कमी आती है। एफएओ इस बात पर प्रकाश डालता है कि टिकाऊ प्रथाएं कृषि के जीएचजी उत्सर्जन को 20-30% तक कम कर सकती हैं।

तुलनात्मक विश्लेषण

- ❖ **मिट्टी का कटाव:** पारम्परिक जुताई से मिट्टी के कटाव की दर प्राकृतिक मिट्टी निर्माण दर से 10 गुना अधिक हो सकती है। इसके विपरीत, संरक्षण जुताई प्रथाएं कटाव को 90% तक कम कर सकती हैं।

- ❖ **जल का उपयोग:** टिकाऊ प्रणालियों में कौशल सिंचाई प्रौद्योगिकियों के अनुप्रयोग से पारंपरिक सिंचाई पद्धतियों में उपयोग किए जाने वाले पानी का लगभग 20-50% बचाया जा सकता है।

- ❖ **जैव विविधता:** अध्ययनों से पता चला है कि जैविक फार्म पारंपरिक फार्मों की तुलना में औसतन 34% अधिक पौधों, कीड़ों और जानवरों की प्रजातियों का समर्थन करते हैं।

- ❖ **ग्रीनहाउस गैस का उत्सर्जन:** एक मेटा-विश्लेषण में पाया गया कि पारंपरिक प्रणालियों की तुलना में जैविक प्रणालियाँ नाइट्रोजन लीचिंग को 50%, ऊर्जा उपयोग को 30-70% और कीटनाशकों के उपयोग को 97% तक कम कर सकती हैं। इसके अतिरिक्त, जैविक खेतों में आमतौर पर मिट्टी में 20-60% अधिक कार्बनिक कार्बन होता है, जो कार्बन पृथक्करण क्षमताओं को बढ़ाता है।

9.5 नवीन कृषि तकनीक

1. परिशुद्ध कृषि

सटीक कृषि सूचना प्रौद्योगिकी और जीपीएस मार्गदर्शन, नियंत्रण प्रणाली, सेंसर, रोबोटिक्स, ड्रोन, स्वायत्त वाहन, परिवर्तनीय दर प्रौद्योगिकी और सॉफ्टवेयर जैसी वस्तुओं की एक विस्तृत श्रृंखला का उपयोग करती है। यह दृष्टिकोण किसानों को भूमि और संसाधन उपयोग को अनुकूलित करने, पानी, उर्वरक और ऊर्जा जैसे इनपुट की दक्षता में सुधार करने की अनुमति देता है। परिशुद्ध कृषि से फसल की पैदावार में उल्लेखनीय वृद्धि हो सकती है और पर्यावरणीय प्रभाव में कमी आ सकती है। उदाहरण के लिए, जीपीएस-निर्देशित सिस्टम रोपण, उर्वरक और कीटनाशक अनुप्रयोग में ओवरलैप को 10% तक कम कर सकते हैं, जिससे इनपुट लागत और पर्यावरणीय पदचिन्ह काफी कम हो सकते हैं।

2. खड़ी खेती

ऊर्ध्वाधर खेती में खड़ी परतों में फसलें उगाना शामिल है, अक्सर नियंत्रित पर्यावरण कृषि (सीईए) तकनीकों का उपयोग किया जाता है। यह अभिनव दृष्टिकोण अंतरिक्ष दक्षता को अधिकतम करता है और इसे शहरी क्षेत्रों में लागू किया जा सकता है जहां भूमि दुर्लभ है।

ऊर्ध्वाधर खेत पारंपरिक खेतों की तुलना में 70% कम पानी का उपयोग करते हैं और साल भर काम कर सकते हैं, जिससे प्रति वर्ग मीटर अधिक पैदावार होती है। उदाहरण के लिए, एक ऊर्ध्वाधर खेत 95% कम पानी का उपयोग करके पारंपरिक खेत की तुलना में 350 गुना अधिक उपज दे सकता है।

3. एक्वापोनिक्स और हाइड्रोपोनिक्स

एक्वापोनिक्स एक सहजीवी वातावरण में हाइड्रोपोनिक्स (पानी में पौधों की खेती) के साथ जलीय कृषि (मछली पालने) को जोड़ती है। हाइड्रोपोनिक प्रणालियों में, पौधे बिना मिट्टी के पोषक तत्वों से भरपूर पानी में उगते हैं, जिससे पानी और भूमि की आवश्यकता कम हो जाती है। एक्वापोनिक्स समीकरण में मछली को जोड़कर एक कदम आगे बढ़ता है, जिसका अपशिष्ट पौधों के लिए जैविक पोषक तत्व प्रदान करता है जबकि पौधे मछली के लिए पानी को साफ करते हैं। ये परेशानियाँ पारंपरिक कृषि की तुलना में 90% कम पानी का उपयोग कर सकती हैं और रासायनिक उर्वरकों की आवश्यकता को काफी कम कर सकती हैं।

4. आनुवंशिक रूप से संशोधित जीव (जीएमओ) और सीआरआईएसपीआर (क्रिसपर) जीन संपादन

आनुवंशिक रूप से संशोधित जीव और सीआरआईएसपीआर जीन संपादन फसल विकास में जैव प्रौद्योगिकी प्रगति का प्रतिनिधित्व करते हैं। जीएमओ का उपयोग फसल की पैदावार बढ़ाने, कीटों और बीमारियों के प्रति प्रतिरोधक क्षमता में सुधार और पोषण मूल्य बढ़ाने के लिए किया गया है। सीआरआईएसपीआर (क्रिसपर) तकनीक जीन संपादन में सटीकता प्रदान करती है, जिससे ऐसी फसलों के विकास की अनुमति मिलती है जो सूखे, लवणता और अत्यधिक तापमान जैसे पर्यावरणीय तनावों का सामना कर सकती हैं। उदाहरण के लिए, जीएमओ कपास को कीटों का विरोध करने के लिए इंजीनियर किया गया है, जिससे कुछ क्षेत्रों में रासायनिक कीटनाशकों की आवश्यकता 50% से अधिक कम हो गई है।

5. कृषि वानिकी और पर्माकल्चर

कृषि वानिकी पेड़ों और झाड़ियों को कृषि परिदृश्य में एकीकृत करती है, जैव विविधता में सुधार करती है, मिट्टी के स्वास्थ्य को बढ़ाती है, और लकड़ी और गैर-लकड़ी उत्पादों से आर्थिक लाभ प्रदान करती है। पर्माकल्चर डिज़ाइन प्राकृतिक पारिस्थितिक तंत्र में पाए जाने वाले पैटर्न और रिश्तों की नकल करते हैं, स्थिरता और आत्मनिर्भरता को बढ़ावा देते हैं। ये प्रथाएं न केवल

खाद्य सुरक्षा में योगदान देते हैं बल्कि वनस्पति और मिट्टी में कार्बन को सोखकर जलवायु परिवर्तन को कम करने में भी योगदान देती हैं।

9.6 खाद्य सुरक्षा चुनौतियाँ और नवाचारों का प्रभाव

फसल की पैदावार बढ़ाना

नवीन कृषि तकनीकों में फसल की पैदावार में उल्लेखनीय वृद्धि करने की क्षमता है। उदाहरण के लिए, सटीक कृषि, इनपुट के अधिक कुशल उपयोग के माध्यम से पैदावार को 20-25% तक बढ़ा सकती है। वर्टिकल खेती, अपने नियंत्रित वातावरण के साथ, पारंपरिक खेती की तुलना में तेज गति से फसल पैदा कर सकती है, जो शहरी आबादी को खिलाने की चुनौती का एक व्यवहार्य समाधान पेश करती है।

पोषण गुणवत्ता में वृद्धि

जीएमओ और सीआरआईएसपीआर जैसे जैव प्रौद्योगिकी नवाचार भोजन की पोषण गुणवत्ता को बढ़ा सकते हैं। बायोफोर्टिफिकेशन, आनुवंशिक संशोधन के माध्यम से पोषण मूल्य बढ़ाने की प्रक्रिया, ने गोल्डन राइस जैसी फसलों के विकास को जन्म दिया है, जो विटामिन ए से समृद्ध है और इसका उद्देश्य मुख्य भोजन के रूप में चावल पर निर्भर आबादी में विटामिन ए की कमी को कम करना है।

पर्यावरणीय स्थिरता

नवीन कृषि तकनीक कृषि क्षेत्र के कार्बन पदचिह्न को कम करके, पानी और मिट्टी का संरक्षण करके और जैव विविधता को बढ़ाकर पर्यावरणीय स्थिरता में योगदान करती हैं। उदाहरण के लिए, एक्वापोनिक्स सिस्टम पारंपरिक खेती में इस्तेमाल होने वाले पानी का 90% तक बचा सकता है, जिससे कृषि में पानी की कमी की गंभीर समस्या का समाधान हो सकता है।

9.7 सतत मत्स्य पालन और जलीय कृषि

दुनिया के आहार में प्रोटीन का एक महत्वपूर्ण हिस्सा प्रदान करने, आजीविका का समर्थन करने और समुद्री और मीठे पानी की जैव विविधता को बनाए रखने के लिए सतत मत्स्य पालन और जलीय कृषि महत्वपूर्ण हैं। हालांकि, अत्यधिक मछली पकड़ने, आवास विकास, प्रदूषण और जलवायु परिवर्तन से इन संसाधनों को खतरा है।

मत्स्य पालन और जलीय कृषि में चुनौतियां

- **अत्यधिक मछली पकड़ना:** संयुक्त राष्ट्र खाद्य और कृषि संगठन (एफएओ) का अनुमान है कि दुनिया की 34% से अधिक मत्स्य पालन में जरूरत से ज्यादा मछली पकड़ी जाती है, जिससे स्टॉक कम हो जाता है और पारिस्थितिकी तंत्र असंतुलन हो जाता है।
- **वातावरण संबंधी मान भंग:** एक्वाकल्चर प्रथाओं, जैसे कि ओपन-नेट पेन का उपयोग, के परिणामस्वरूप प्रदूषण, आवास विनाश और जंगली मछली आबादी में बीमारियों का प्रसार हो सकता है।
- **जलवायु परिवर्तन:** बढ़ता तापमान और समुद्र का अम्लीकरण मछली के आवास, प्रशासन पैटर्न और प्रजनन चक्र को प्रभावित करता है, जिससे मत्स्य पालन स्थिरता के लिए जोखिम पैदा होता है।

सतत अभ्यास और नवाचार

- **पारिस्थितिकी तंत्र-आधारित प्रबंधन (ईवीएम):** ईवीएम दृष्टिकोण मानव प्रभावों सहित संपूर्ण पारिस्थितिकी तंत्र पर विचार करते हुए पारिस्थितिक सीमाओं के भीतर मत्स्य पालन का प्रबंधन करता है।
- **एक्वापोनिक्स और क्लोज्ड-लूप सिस्टम:** ये प्रणालियाँ मछली पालन को पौधों की खेती के साथ जोड़ती हैं, पौधों के लिए पोषक तत्वों के रूप में अपशिष्टों का पुनर्चक्रण करती हैं, जिससे प्रदूषण कम होता है और दक्षता बढ़ती है।
- **समुद्री संरक्षित क्षेत्र (एमपीए):** एमपीए की स्थापना से मछली भंडार को बहाल करने, आवासों की रक्षा करने और जैव विविधता को बनाए रखने में मदद मिलती है।

9.8   शहरी खेती

शहरी खेती, शहरी क्षेत्रों में या उसके आसपास भोजन की खेती, प्रसंस्करण और वितरण की प्रथा, शहरी खाद्य सुरक्षा और सतत विकास की चुनौतियों का अभिनव समाधान प्रदान करती है।

शहरी खेती में चुनौतियां और अवसर

- **जगह की कमी**: शहरी क्षेत्रों में जगह की सीमित उपलब्धता पारंपरिक कृषि पद्धतियों को चुनौती देती है।
- **संसाधन क्षमता**: शहरी खेतों को सीमित संसाधनों का कुशलतापूर्वक उपयोग करना चाहिए, कम पानी का उपयोग करना चाहिए और अपशिष्ट को कम करना चाहिए।
- **ताजा उपज तक पहुंच**: शहरी खेती किराने की दुकानों तक पहुंच की कमी वाले क्षेत्रों में ताजा उपज प्रदान करके खाद्य रेगिस्तान को कम कर सकती है।

नवोन्मेषी शहरी कृषि पद्धतियाँ

- **ऊर्ध्वाधर खेती**: प्रति वर्ग मीटर उपज बढ़ाने और पानी के उपयोग को कम करने के लिए, अक्सर नियंत्रित वातावरण में फसल उगाने के लिए ऊर्ध्वाधर स्थान का उपयोग करना।
- **छत के बगीचे**: अप्रयुक्त छतों को उत्पादक हरे स्थानों में बदलना जो ताजा उपज प्रदान करते हैं और शहरी ताप द्वीप प्रभाव को कम करते हैं।
- **सामुदायिक उद्यान**: खाद्य उत्पादन में सामुदायिक भागीदारी को प्रोत्साहित करना, सामाजिक एकता को बढ़ाना और खाद्य मील को कम करना।

9.9   सतत मत्स्य पालन, जलीय कृषि और शहरी खेती को एकीकृत करना

लचीली खाद्य प्रणालियाँ बनाने के लिए मत्स्य पालन, जलीय कृषि और शहरी खेती में टिकाऊ प्रथाओं को एकीकृत करना आवश्यक है। एक्वापोनिक्स इस एकीकरण का उदाहरण है, जो सहकार्यात्मक लाभ पैदा करने के लिए शहरी कृषि के साथ टिकाऊ मछली पालन का आयोजन करता है। ऐसी प्रणालियाँ पानी के उपयोग को काफी कम कर सकती हैं, रासायनिक उर्वरकों की आवश्यकता को समाप्त कर सकती हैं और शहरी सेटिंग्स में ताजा उपज और प्रोटीन प्रदान कर सकती हैं।

नीति और तकनीकी प्रगति

स्थायी प्रथाओं के विस्तार और सफलता के लिए प्रौद्योगिकी और सहायक नीतियों में प्रगति महत्वपूर्ण है। मत्स्य पालन की निगरानी और प्रबंधन में नवाचार, जलीय कृषि प्रणालियों में

सुधार और शहरी कृषि प्रौद्योगिकियों को अपनाने को उन नीतियों द्वारा समर्थित किया जाता है जो स्थिरता, संसाधन संरक्षण और स्थानीय खाद्य उत्पादन को प्रोत्साहित करती हैं।

आगामी दृष्टिकोण

खाद्य उत्पादन का भविष्य एकीकृत, टिकाऊ प्रथाओं को अपनाने में निहित है जो पारिस्थितिक तंत्र, शहरी वातावरण और मानव आवश्यकताओं के अंतर्संबंध को पहचानते हैं। मत्स्य पालन, जलीय कृषि और शहरी खेती में नवाचारों को अपनाकर, पर्यावरणीय रूप से टिकाऊ और सामाजिक रूप से न्यायसंगत तरीके से भोजन की वैश्विक मांग को पूरा करना संभव है।

अध्याय 9 का सारांश

- **सतत कृषि सिद्धांत** ध्यान केंद्रित करना **दीर्घकालिक उत्पादकता,पर्यावरणीय गुणवत्ता,संसाधनों का कुशल उपयोग,** और **किसान और सामाजिक कल्याण को बढ़ाना.**
- **प्राकृतिक जैविक चक्रों का एकीकरण** उपयोग करके रासायनिक इनपुट को कम करता है फसल **चक्र, आवरण फसल,** और **कीट-शिकारी संबंध.**
- **संसाधन दक्षता और संरक्षण** के माध्यम से प्राप्त किये जाते हैं जल **संरक्षण तकनीक** पसंद बूंद **से सिंचाई** और ऊर्जा **संरक्षण के उपाय,** कृषि के कार्बन पदचिह्न को कम करना।
- **मृदा स्वास्थ्य एवं उर्वरता प्रबंधन** पर जोर देती है जुताई **कम हो गई,कार्बनिक पदार्थ का जोड़,** और हरी **खाद** मिट्टी की संरचना और उर्वरता को बनाए रखने और सुधारने के लिए।
- **आर्थिक व्यवहार्यता और सामाजिक समानता** सुनिश्चित करना स्थायी **कृषि** आर्थिक रूप से व्यवहार्य है और बढ़ावा देता है निष्पक्ष **श्रम प्रथाओं** और सामुदायिक **कल्याण.**
- **जलवायु परिवर्तन के प्रति अनुकूलन और लचीलापन** के माध्यम से Agroforestry और विविध **फसल** जैव विविधता और पारिस्थितिकी तंत्र सेवाओं में वृद्धि, सुधार कार्बन **पृथक्करण.**
- **पर्यावरणीय लाभ** शामिल करना जैव **विविधता संरक्षण,मृदा संरक्षण,पानी की गुणवत्ता और उपलब्धता,** और जलवायु **परिवर्तन शमन.**
- **आर्थिक लाभ** शामिल होना इनपुट **लागत में कमी,बाज़ार के अवसर** सतत रूप से उत्पादित भोजन और संवर्धन के लिए **खाद्य सुरक्षा.**
- **सामाजिक लाभ** प्रमुखता से दिखाना **आजीविका में सुधार** किसानों के लिए और **सामुदायिक कल्याण** स्थानीयकृत खाद्य प्रणालियों के माध्यम से।

- पारंपरिक खेती बनाम टिकाऊ प्रथाएँ विरोधाभासों उच्च-इनपुट मोनोकल्चर सिस्टम साथ टिकाऊ प्रथाएँ ध्यान रखते हुए पारिस्थितिक संतुलन और कार्बन फुटप्रिंट को न्यूनतम करना.
- परंपरागत खेती चुनौतियाँ शामिल हैं मिट्टी की अवनति,जल का उपयोग एवं प्रदूषण,जैव विविधता हानि, और ग्रीनहाउस गैस का उत्सर्जन.
- सतत अभ्यास पदोन्नति करना मृदा स्वास्थ्य,जल दक्षता,और जैव विविधता संवर्धन और हैं पारंपरिक खेती के नकारात्मक प्रभावों का प्रतिकार।
- मृदा स्वास्थ्य एवं संरक्षण टिकाऊ खेती में सुधारमिट्टी का कार्बनिक पदार्थ, क्षरण को कम करें, और बढ़ाएं कार्बन पृथक्करण.
- जल दक्षता और गुणवत्ता टिकाऊ तरीकों के माध्यम से पानी का उपयोग कम करें और कृषि अपवाह को कम करें.
- जैव विविधता संवर्धन टिकाऊ खेती में वृद्धि होती है खेत पर जैव विविधता और समर्थन करता है पारिस्थितिकी तंत्र सेवाएं.
- सतत कृषि सिद्धांत ज़ोर देना दीर्घकालिक भोजन और फाइबर की आवश्यकता,पर्यावरण संवर्धन,गैर-नवीकरणीय संसाधनों का कुशल उपयोग,खेतों की आर्थिक व्यवहार्यता, और जीवन की गुणवत्ता में सुधार.
- प्राकृतिक जैविक चक्र और नियंत्रण शामिल होना फसल चक्र और कीट प्रबंधन को रासायनिक इनपुट कम करें.
- संसाधन क्षमता पर ध्यान देता है जल एवं ऊर्जा संरक्षण तरीके, जैसे बूंद से सिंचाई और पुनःप्राप्य उर्जा स्रोत.
- मृदा स्वास्थ्य प्रबंधन के माध्यम से जुताई कम हो गई और कार्बनिक पदार्थ का जोड़ को मिट्टी की उर्वरता और जल धारण को बढ़ाएं.
- आर्थिक व्यवहार्यता और सामाजिक समानता के उद्देश्य स्थानीय अर्थव्यवस्थाओं का समर्थन करें और खाद्य परिवहन कार्बन पदचिह्न को कम करें.
- जलवायु परिवर्तन अनुकूलन शामिल Agroforestry और विविध फसल के लिए जैव विविधता और कार्बन पृथक्करण.
- पर्यावरणीय लाभ:जैव विविधता संरक्षण,मृदा संरक्षण,पानी की गुणवत्ता में सुधार, और जलवायु परिवर्तन शमन.
- आर्थिक लाभ:कम उत्पादन लागत,बाज़ार के अवसर टिकाऊ उत्पादों के लिए, और बढ़ी हुई खाद्य सुरक्षा.
- सामाजिक लाभ:किसानों की आजीविका में सुधार,निष्पक्ष श्रम प्रथाएँ, और सामुदायिक कल्याण.

- **परंपरागत खेती** मुद्दों में शामिल हैं **मिट्टी की अवनति,अकुशल जल उपयोग,जैव विविधता हानि,** और **उच्च GHG उत्सर्जन.**
- **सतत अभ्यास** इनका मुकाबला करें **मृदा स्वास्थ्य सुधार,जल दक्षता,जैव विविधता संवर्धन,** और **उत्सर्जन में कमी.**
- **नवीन कृषि तकनीकें:**
- **परिशुद्धता कृषि** संसाधनों के उपयोग को अनुकूलित करता है, पैदावार बढ़ाता है और प्रभावों को कम करता है।
- **ऊर्ध्वाधर खेती** स्थान को अधिकतम करता है, कम पानी का उपयोग करता है, और शहरी उपज की उपज बढ़ाता है।
- **एक्वापोनिक्स और हाइड्रोपोनिक्स** पानी बचाएं और रासायनिक उर्वरक कम करें।
- **जीएमओ और सीआरआईएसपीआर** फसल के लचीलेपन में सुधार और कीटनाशकों का उपयोग कम करें।
- **कृषि वानिकी और पर्माकल्चर** जैव विविधता को बढ़ाना और कार्बन को अलग करना।
- **खाद्य सुरक्षा चुनौतियाँ:**
- नवीन तकनीकें **फसल की पैदावार बढ़ाएँ** और **पोषण गुणवत्ता.**
- पर्यावरणीय स्थिरता द्वारा सुधार किया जाता है **कृषि के कार्बन पदचिह्न को कम करना.**
- **डेटा और आंकड़े** उजागर करें **टिकाऊ प्रथाओं की संभावना** महत्वपूर्ण रूप से **दक्षता बढ़ाएँ और** पर्यावरणीय प्रभाव कम करें.
- **सतत मत्स्य पालन और जलीय कृषि** पता **अत्यधिक मछली पकड़ना,वातावरण संबंधी मान भंग,** और **जलवायु परिवर्तन के प्रभाव** साथ **पारिस्थितिकी तंत्र-आधारित प्रबंधन,बंद-लूप सिस्टम,** और **समुद्री संरक्षित क्षेत्र.**
- **शहरी खेती** टैकल **जगह की कमी और संसाधन क्षमता** के माध्यम से **ऊर्ध्वाधर खेती,छत के बगीचे,** और **सामुदायिक उद्यान,** बढ़ाना **स्थानीय भोजन तक पहुंच** और **सामाजिक एकता.** **सतत प्रथाओं को एकीकृत करना** आर-पार **मत्स्य पालन, जलीय कृषि, और शहरी खेती** के लिए महत्वपूर्ण है **लचीली खाद्य प्रणालियाँ** द्वारा समर्थित **प्रौद्योगिकी प्रगति** और **स्थिरता नीतियां.**

पर्यावरणीय नैतिकता

डॉ. अंकुर कुमार आर्य
Ph.D.

पर्यावरणीय नैतिकता मनुष्य और प्राकृतिक दुनिया के बीच नैतिक संबंधों की पड़ताल करती है। कई विचारकों के योगदान के बावजूद 1970 के दशक में दर्शन के इस क्षेत्र को प्रमुखता मिली। इसका उद्भव मुख्यतः 1960 के दशक में तकनीकी प्रगति, औद्योगीकरण, आर्थिक विकास और जनसंख्या वृद्धि के कारण होने वाले पर्यावरणीय प्रभावों की बढ़ती अनुभूति से प्रेरित था। यह बढ़ी हुई जागरूकता दो महत्वपूर्ण कार्यों के प्रकाशन से काफी प्रभावित थी: 1962 में राशेल कार्सन की "साइलेंट स्प्रिंग", जिसने सार्वजनिक स्वास्थ्य और वन्य जीवन पर व्यापक रासायनिक कीटनाशकों के उपयोग के खतरों पर प्रकाश डाला, और 1968 में पॉल एर्लिच की "द पॉपुलेशन बम", जिसनें पृथ्वी के संसाधनों पर अनियंत्रित मानव जनसंख्या वृद्धि के विनाशकारी प्रभावों के बारे में चेतावनी दी। प्रदूषण और संसाधनों की कमी के अलावा, पर्यावरण संबंधी चिंताओं का दायरा बढ़ गया है और इसमें जैव विविधता में कमी, जंगल की हानि, पारिस्थितिकी तंत्र का क्षरण और जलवायु परिवर्तन जैसे मुद्दे शामिल हो गए हैं। ये मुद्दे तब से सार्वजनिक जागरूकता और नीति दोनों में शामिल हो गए हैं। पर्यावरणीय नैतिकता इन चुनौतियों के आलोक में हमारी नैतिक जिम्मेदारियों को परिभाषित करने का प्रयास करती है। यह दो प्रमुख प्रश्नों पर केन्द्रित है: पर्यावरण के प्रति मनुष्य की क्या जिम्मेदारियाँ हैं, और ये दायित्व क्यों मौजूद हैं? यह समझना कि हमारे पास ये कर्तव्य क्यों हैं, अक्सर इन कर्तव्यों की प्रकृति पर चर्चा से पहले होती है, चाहे वे वर्तमान और भविष्य की मानव पीढ़ियों के लिए हों या पर्यावरण के लिए, मानव लाभ से स्वतंत्र हों। दार्शनिकों ने इन सवालों के विविध उत्तर दिए हैं, जिससे विभिन्न पर्यावरणीय नैतिक ढाँचों का विकास हुआ है।

10.1 नैतिक प्रतिष्ठा का विस्तार

पर्यावरणीय नैतिकता के मूल में महत्वपूर्ण प्रश्न निहित है: प्राकृतिक पर्यावरण के प्रति हमारा दायित्व क्यों है? यदि तर्क केवल यह है कि मानव अस्तित्व प्रकृति के साथ हमारी बातचीत को नियंत्रित करने पर निर्भर करता है, तो ऐसे नैतिक परिप्रेक्ष्य को 'मानवकेंद्रित' माना जाता है। मानव केंद्रितवाद, या मानव-केंद्रितता, सुझाव देती है कि, कुछ हद तक, सभी नैतिक

प्रणालियाँ मनुष्यों पर केंद्रित हैं क्योंकि, संभवतः, केवल मनुष्य ही नैतिक तर्क और प्रतिबिंब में संलग्न होते हैं, सभी नैतिक चर्चाओं को मानवीय चिंताओं पर अंतर्निहित फोकस के साथ जोड़ते हैं। हालाँकि, पर्यावरणीय नैतिकता के क्षेत्र में, मानवकेंद्रितवाद की अक्सर एक संकीर्ण परिभाषा होती है, जो एक ऐसे दृष्टिकोण का संदर्भ देती है जो विशेष रूप से मनुष्यों में नैतिक मूल्य को पहचानता है। इस दृष्टिकोण के अनुसार, केवल मनुष्यों में ही आंतरिक नैतिक मूल्य होता है, जिसका अर्थ है कि हमारे कोई भी नैतिक कर्तव्य, जिनमें पर्यावरण से संबंधित कर्तव्य भी शामिल हैं, अन्य मनुष्यों के प्रति हमारे कर्तव्य हैं।

पश्चिमी दर्शन के इतिहास में इसकी व्यापकता के बावजूद, ऐसी मानवकेंद्रित नैतिकता को पर्यावरण नैतिकतावादियों की महत्वपूर्ण आलोचना का सामना करना पड़ा है जो नैतिकता की व्यापक अवधारणा के लिए तर्क देते हैं जिसमें गैर-मानव दुनिया भी शामिल है। ये आलोचक संवेदनशील जानवरों, व्यक्तिगत जीवित जीवों और यहां तक कि नदियों, प्रजातियों और पारिस्थितिक तंत्र जैसी समग्र संस्थाओं पर नैतिक विचार करने का सुझाव देते हैं। इन व्यापक नैतिक ढाँचों के तहत, हमारे पर्यावरणीय कर्तव्य न केवल मनुष्यों के प्रति दायित्वों से बल्कि इन गैर-मानवीय संस्थाओं के प्रति प्रत्यक्ष जिम्मेदारियों से भी उत्पन्न होते हैं। पर्यावरणीय दायित्वों के लिए मानवकेंद्रित और गैर-मानवकेंद्रित नींव के बीच अंतर हमारे विशिष्ट कर्तव्यों की विभिन्न व्याख्याओं की ओर ले जाता है। यह चर्चा पर्यावरणीय नैतिकता के भीतर नैतिक स्थिति पर प्रमुख दृष्टिकोण और प्रत्येक परिप्रेक्ष्य को अपनाने के परिणामों की पड़ताल करती है।

ए)। मनुष्य

जबकि कई पर्यावरण दार्शनिक मानवकेंद्रितवाद से आगे बढ़ना चाहते हैं, पर्यावरण नैतिकता के कई अच्छी तरह से विकसित मानवकेंद्रित सिद्धांत मौजूद हैं (उद्धृत कार्यों में 1972 में ब्लैकस्टोन, 1974 में पासमोर, 1997 में ओ'नील और 2001 में गेविर्थ शामिल हैं)। यह आश्चर्य की बात नहीं है, क्योंकि कई पर्यावरणीय चिंताएँ इसलिए महत्वपूर्ण हैं क्योंकि वे मानव कल्याण को प्रभावित करती हैं। प्रदूषण हमारे स्वास्थ्य को प्रभावित करता है, संसाधनों की कमी हमारे जीवन स्तर को खतरे में डालती है, जलवायु परिवर्तन हमारे घरों को खतरे में डालता है, जैव विविधता की हानि संभावित चिकित्सा समाधानों को समाप्त कर देती है, और जंगल की हानि हमें विस्मय और सुंदरता से वंचित कर देती है। इस प्रकार, मानव केंद्रित नैतिकता का तर्क है कि पर्यावरण की रक्षा करने का हमारा कर्तव्य मानव कल्याण और समृद्धि के लिए इसके महत्व से उपजा है।

मानव हितों पर ध्यान केंद्रित करने के बावजूद, मानवकेंद्रित पर्यावरणीय नैतिकता ने भविष्य की पीढ़ियों को शामिल करने के लिए नैतिक विचार की अवधारणा का विस्तार किया है। यह विस्तार इस मान्यता से प्रेरित है कि जलवायु परिवर्तन और संसाधनों की कमी जैसे पर्यावरणीय मुद्दे मुख्य रूप से भविष्य के मनुष्यों को प्रभावित करेंगे। हमारे वर्तमान निर्णय और कार्य इन भविष्य के व्यक्तियों की भलाई पर महत्वपूर्ण प्रभाव डालेंगे। कुछ दार्शनिक अपनी पर्यावरणीय नैतिकता का आधार इन भावी पीढ़ियों के प्रति हमारे दायित्वों को बनाते हैं।

हालाँकि, भविष्य के मनुष्यों की नैतिक स्थिति को स्वीकार करना और उसे उचित ठहराना दो अलग-अलग मामले हैं। कुछ लोग भावी पीढ़ियों को नैतिक दर्जा देने के ख़िलाफ़ तर्क देते हैं, उनका सुझाव है कि वे हमारे कार्यों का प्रतिदान करने में असमर्थता के कारण हमारे नैतिक समुदाय से बाहर हो जाते हैं। हालाँकि, अन्य लोगों का तर्क है कि हम पहले से ही मृतक के प्रति दायित्वों को पहचानते हैं, जो पारस्परिक पारस्परिकता का एक रूप सुझाते हुए पारस्परिक नहीं कर सकते हैं।

भविष्य के लोगों के प्रति दायित्वों के लिए एक चुनौती 'गैर-पहचान की समस्या' है, जैसा कि डेरेक पारफिट ने कहा है, जो इस अनिश्चितता से उत्पन्न होती है कि वास्तव में ये भविष्य के व्यक्ति कौन होंगे, यह देखते हुए कि हमारे कार्य भविष्य की जनसांख्यिकी को प्रभावित करते हैं। यह अनिश्चितता हमारी पर्यावरणीय रूप से हानिकारक नीतियों द्वारा अन्याय किए जाने के भविष्य की पीढ़ियों के दावों की नैतिक प्रतिष्ठा और वैधता को जटिल बनाती है।

जवाब में, कुछ लोग तर्क देते हैं कि यद्यपि हम भविष्य के व्यक्तियों की पहचान नहीं कर सकते हैं, हम यह स्वीकार कर सकते हैं कि भविष्य की आबादी ऐसे हितों के साथ मौजूद होगी जो नैतिक विचार की आवश्यकता है। यह परिप्रेक्ष्य बताता है कि हमारे दायित्व विशिष्ट व्यक्तियों के बजाय भविष्य की आबादी के हितों के प्रति हो सकते हैं। भले ही भावी पीढ़ियों को हमारे अस्तित्व से लाभ हो, फिर भी उन्हें हमारे कार्यों से नुकसान हो सकता है, जो लाभ और हानि के बीच एक जटिल संबंध का संकेत देता है।

भावी मनुष्यों को नैतिक दर्जा प्रदान करना उनके प्रति हमारे दायित्वों की प्रकृति पर सवाल उठाता है, जो उनके जीवन, मूल्यों और तकनीकी प्रगति के बारे में हमारे सीमित ज्ञान से जटिल है। ब्रायन बैरी जैसे दार्शनिकों का तर्क है कि भविष्य के विकास की परवाह किए बिना, बुनियादी संसाधन आवश्यक बने रहेंगे, जिससे भविष्य की पीढ़ियों की

बुनियादी जरूरतों को पूरा करने की क्षमता को कम न करने के लिए हमारे कर्तव्यों का मार्गदर्शन किया जा सके। यह दृष्टिकोण हमें वर्तमान और भविष्य की पीढ़ियों की जरूरतों को संतुलित करते हुए, हमारे पर्यावरणीय प्रभाव का पुनर्मूल्यांकन करने के लिए प्रेरित करता है।

इन विचारों के बावजूद, कई पर्यावरण दार्शनिक पर्यावरणीय नैतिकता की चुनौतियों को पूरी तरह से संबोधित करने और पर्यावरण और इसके गैर-मानव निवासियों के लिए सम्मान सुनिश्चित करने के लिए मानवता से परे नैतिक प्रतिष्ठा बढ़ाने का तर्क देते हैं।

बी) पशु

यदि सिद्धांत को अपनाया जाता है कि केवल मनुष्य ही नैतिक विचार के हकदार हैं, तो काल्पनिक रूप से, यदि कोई शिविर के दौरान भालू का सामना करता है और उसे आवेग में मारने का फैसला करता है, तो इस सिद्धांत के तहत, किसी ने भालू के साथ अन्याय नहीं किया है। एक मानवकेंद्रित दृष्टिकोण सुझाव दे सकता है कि ऐसा कार्य अन्य कारणों से गलत है - शायद यह किसी के चरित्र पर खराब प्रभाव डालता है, या यह मानवता को सुंदरता के स्रोत से वंचित करता है - लेकिन चूंकि मानवकेंद्रितवाद केवल मनुष्यों को नैतिक मूल्य प्रदान करता है, इसलिए भालू को स्वयं नहीं माना जाता है गलत काम का शिकार. हालाँकि, यह धारणा कई लोगों को सहज रूप से गलत लगती है, जो मानते हैं कि जानवरों के साथ गलत व्यवहार करना संभव है, चाहे भालू को नुकसान पहुंचाने के कृत्यों के माध्यम से या बिल्लियों के प्रति क्रूरता के माध्यम से। फिर भी, केवल भावना ही जानवरों की नैतिक प्रतिष्ठा स्थापित नहीं करती है, और वास्तव में, दृष्टिकोण व्यापक रूप से भिन्न होते हैं, जिससे विभिन्न नैतिक निष्कर्ष निकलते हैं।

इन अंतर्जानों को संबोधित करने के लिए, पीटर सिंगर और टॉम रेगन जैसे दार्शनिकों ने जानवरों पर नैतिक विचार बढ़ाने के लिए उन्नत तर्क दिए हैं। गायक नैतिक विचार की कसौटी के रूप में भावना, या सुख और दर्द का अनुभव करने की क्षमता का प्रस्ताव करता है। वैकल्पिक रूप से, रेगन का तर्क है कि जो प्राणी 'जीवन के विषय' हैं, अविशेषताओं के साथ-साथ विश्वास, इच्छाएं और भविष्य की भावना रखने में सक्षम हैं, वे नैक मान्यता के पात्र हैं। दोनों दार्शनिक, अपने अलग-अलग शुरुआती बिंदुओं के बावजूद, चेतना के किसी न किसी रूप के महत्व पर जोर देते हैं।

सिंगर एक उपयोगितावादी ढांचे के भीतर भावनाओं के आधार पर हितों के समान विचार के लिए तर्क देते हैं, जिसका लक्ष्य हितों की सबसे बड़ी समग्र संतुष्टि है। इसका मतलब सभी संवेदनशील प्राणियों के साथ एक जैसा व्यवहार करना नहीं है, बल्कि उनके हितों को समान महत्व देना है। उदाहरण के लिए, सूअरों को मतदान का अधिकार देना अनावश्यक है, लेकिन पीड़ा से बचने में उनकी रुचि को नजरअंदाज नहीं किया जाना चाहिए।

रेगन, सिंगर के उपयोगितावादी दृष्टिकोण की आलोचना करते हुए, चेतना की धारणा से एक अधिकार-आधारित सिद्धांत का निर्माण करते हैं, जिसमें कहा गया है कि 'जीवन के विषयों' में अंतर्निहित मूल्य होते हैं, जो उन्हें अधिकार प्रदान करते हैं जो नैतिक सीमाएं निर्धारित करते हैं कि उनके साथ कैसे व्यवहार किया जा सकता है। यह सिंगर के दृष्टिकोण के विपरीत है, जहां व्यापक भलाई के लिए कुछ लोगों के हितों का बलिदान दिया जा सकता है।

पशु अधिकारों पर यह चर्चा पर्यावरणीय नैतिकता के लिए महत्वपूर्ण प्रश्न उठाती है, खासकर जब से जानवर प्राकृतिक पर्यावरण का हिस्सा हैं। जानवरों को नैतिक दर्जा देने के लिए पर्यावरणीय निर्णय लेने में उनके कल्याण पर विचार करना आवश्यक है, इस धारणा को चुनौती देना कि केवल मनुष्यों को लाभ ही पर्यावरणीय हस्तक्षेप को उचित ठहराता है।

हालाँकि, कुछ पर्यावरण दार्शनिक पशु-केंद्रित नैतिकता की अत्यधिक व्यक्तिवादी और संभावित रूप से प्राकृतिक प्रक्रियाओं के लिए विघटनकारी के रूप में आलोचना करते हैं। उदाहरण के लिए, अलग-अलग जानवरों को प्राथमिकता देने से संपूर्ण प्रजाति या पारिस्थितिक तंत्र के स्वास्थ्य के साथ टकराव हो सकता है। इसके अलावा, व्यक्तिगत जानवरों पर केंद्रित एक नैतिकता लुप्तप्राय प्रजातियों के लिए विशेष चिंता को उचित ठहराने के लिए संघर्ष करती है, क्योंकि यह सैद्धांतिक रूप से एक अकेले पांडा को एक आम पालतू जानवर के समान नैतिक दर्जा प्रदान करेगी।

पशु-केंद्रित दृष्टिकोण की यह कहकर भी आलोचना की जाती है कि मनुष्यों को प्राकृतिक शिकार में हस्तक्षेप करना चाहिए, एक ऐसी धारणा जो अव्यावहारिक और पर्यावरणवादी उद्देश्यों के विपरीत लगती है। फिर भी, पशु नैतिकता और पर्यावरणीय नैतिकता के बीच अंतर सख्ती से विरोधी नहीं है; जागरूक व्यक्तियों की नैतिक स्थिति को स्वीकार करने का मतलब व्यापक पारिस्थितिकी तंत्र की उपेक्षा करना नहीं है। चुनौती व्यक्तिगत जानवरों की भलाई और पारिस्थितिक तंत्र के स्वास्थ्य के बीच संघर्ष को सुलझाने में

निहित है, पशु नैतिकतावादी अक्सर संवेदनशील प्राणियों के हितों को प्राथमिकता देते हैं।

इन बहसों के बावजूद, कई पर्यावरण नैतिकतावादियों के बीच आम सहमति यह है कि नैतिक विचार सिर्फ जागरूक जानवरों से आगे बढ़ना चाहिए, हमारे नैतिक समुदाय की सीमाओं को और भी आगे बढ़ाना चाहिए।

ग) व्यक्तिगत जीवित जीव

कई दार्शनिक ऐसे परिदृश्यों की खोज करके इस दृष्टिकोण को चुनौती देते हैं कि केवल सचेत संस्थाएँ ही नैतिक विचार की पात्र हैं जहाँ मानव क्रियाएँ गैर-जागरूक प्रकृति को प्रभावित करती हैं। 'अंतिम-मानव परिदृश्य' (एटफील्ड, 1983) के रूप में जाना जाने वाला एक विचार प्रयोग हमें यह कहकर दर्शाता है कि पृथ्वी पर अंतिम व्यक्ति द्वारा एक विनाशकारी घटना के बाद अपनी प्रजाति के अंतिम शेष पेड़ को काटने का निर्णय लेने के नैतिक निहितार्थों पर विचार करने के लिए कहा गया है। सभी जानवर भी नष्ट हो गए हैं। यह परिदृश्य सवाल उठाता है: क्या पेड़ को नष्ट करना नैतिक रूप से गलत होगा यदि किसी सचेतन प्राणी को नुकसान नहीं पहुँचाया जाए? संवेदनशील प्राणियों को सीधे नुकसान की कमी के बावजूद, कई लोगों की सहज प्रतिक्रिया यह है कि ऐसा कृत्य वास्तव में नैतिक रूप से आपत्तिजनक होगा। यह पेड़ों जैसे व्यक्तिगत जीवित जीवों को शामिल करने के लिए संवेदनशील जीवन से परे नैतिक विचार का विस्तार करने की आवश्यकता का सुझाव देता है।

नैतिक प्रतिष्ठा निर्धारित करने के लिए केवल अंतर्ज्ञान पर भरोसा करना अपर्याप्त है, जो दार्शनिकों को सभी जीवित जीवों के नैतिक मूल्य को पहचानने के लिए तर्क तैयार करने के लिए प्रेरित करता है। अल्बर्ट श्वाइट्ज़र की 'जीवन के प्रति श्रद्धा' नीति, सभी जीवित प्राणियों के बीच एक सार्वभौमिक 'जीवित रहेंगे' की मान्यता की वकालत करती है, और पॉल डब्ल्यू. टेलर की 'जीवन के दूरसंचार केंद्रों' की अवधारणा का प्रस्ताव है कि जीवित जीव पूर्ति के माध्यम से अपना भला करते हैं। इस प्रकार उनकी जैविक क्षमताएं अंतर्निहित मूल्य रखती हैं। इन दृष्टिकोणों का तर्क है कि जीवित संस्थाएं दूसरों के लिए उनकी उपयोगिता के बावजूद, उनके आंतरिक मूल्य के कारण नैतिक विचार के योग्य हैं।

सभी जीवित चीजों के लिए नैतिक प्रतिष्ठा का विस्तार व्यावहारिक दुविधाएं पैदा करता है, क्योंकि मानव अस्तित्व के लिए जीवित जीवों को कुछ हद तक नुकसान पहुंचाना

आवश्यक है। श्वित्ज़र सुझाव देते हैं कि नुकसान केवल पूर्ण आवश्यकता से ही होना चाहिए, एक सिद्धांत जिसे टेलर ने आगे बढ़ाया है, जो गैर-मानवीय संस्थाओं के बुनियादी हितों और मनुष्यों के गैर-आवश्यक हितों के बीच संतुलन की वकालत करते हैं, उन स्थितियों में कार्यों का मार्गदर्शन करने के लिए सिद्धांतों का प्रस्ताव करते हैं जहां हितों का टकराव.

यह नैतिकता, अपनी समावेशिता में उत्कृष्ट होते हुए भी, महत्वपूर्ण चुनौतियाँ प्रस्तुत करती है। उदाहरण के लिए, एक साफ-सुथरे बगीचे के लिए मनुष्य की गैर-जरूरी इच्छा पर एक खरपतवार के बुनियादी अस्तित्व हित को प्राथमिकता देना अत्यधिक कठोर लग सकता है। ऐसी चिंताओं को दूर करने के लिए, अन्य दार्शनिक नैतिक स्थिति के लिए एक पदानुक्रमित दृष्टिकोण का सुझाव देते हैं, यह स्वीकार करते हुए कि हालांकि सभी जीवित प्राणियों में नैतिक मूल्य हो सकते हैं, इस मूल्य का महत्व भिन्न हो सकता है। यह परिप्रेक्ष्य पौधों की नैतिक स्थिति का सम्मान करने और मानवीय जरूरतों को पूरा करने के बीच अधिक व्यावहारिक संतुलन की अनुमति देता है।

हालाँकि, यह पदानुक्रमित मॉडल नैतिक स्थिति प्रदान करने की सार्थकता पर सवाल उठाता है यदि यह निचले क्रम के जीवों के प्रति हमारे उपचार पर महत्वपूर्ण प्रभाव नहीं डालता है। इसके अतिरिक्त, आलोचकों का तर्क है कि केवल जीवित रहने की शर्त नैतिक विचार के लिए पर्याप्त नहीं है, यह चुनौती देते हुए कि क्या पौधों जैसी गैर-संवेदनशील संस्थाएं अपना सामान रख सकती हैं। जवाब में, इस व्यापक नैतिक दृष्टिकोण के समर्थकों का तर्क है कि किसी इकाई को अपनी भलाई और समृद्धि में योगदान देने के लिए अपनी आवश्यकताओं के प्रति सचेत रहने की आवश्यकता नहीं है।

आलोचक ऐसी नैतिकता के व्यक्तिवादी फोकस पर भी सवाल उठाते हैं, यह सुझाव देते हुए कि यह परस्पर जुड़ी जीवित प्रणालियों और प्रजातियों और पारिस्थितिक तंत्र जैसी समग्र संस्थाओं के पारिस्थितिक महत्व को नजरअंदाज करता है। जबकि दार्शनिक जो व्यक्तिगत जीवित जीवों के नैतिक विचार की वकालत करते हैं, वे पारिस्थितिक संपूर्णता के महत्व को पहचानते हैं, उनका तर्क है कि ऐसी प्रणालियाँ नैतिक रूप से केवल तभी तक मायने रखती हैं जब तक वे व्यक्तिगत सदस्यों के उत्कर्ष का समर्थन करती हैं।

घ) समग्र संस्थाएँ

अल्बर्ट श्वित्ज़र सभी जीवित संस्थाओं के नैतिक विचार की वकालत करने वालों के लिए एक मौलिक व्यक्ति के रूप में खड़े हैं, जबकि एल्डो लियोपोल्ड की 'भूमि नैतिकता' समग्र पर्यावरणीय नैतिकता के समर्थकों के लिए एक मूलभूत प्रभाव के रूप में कार्य करती है। लियोपोल्ड का दर्शन हमें भूमि को एक वस्तु के रूप में नहीं बल्कि मिट्टी, पौधों और जानवरों के बीच ऊर्जा के परस्पर प्रवाह से बनी एक गतिशील इकाई के रूप में देखने का आग्रह करता है। वह इस बात पर जोर देते हैं कि मानवीय गतिविधियों ने अक्सर इन प्राकृतिक प्रक्रियाओं को हिंसक रूप से बाधित किया है, और एक 'भूमि नैतिकता' की ओर बदलाव की वकालत की है जो न केवल इसके व्यक्तिगत घटकों को बल्कि पूरे भूमि समुदाय के नैतिक मूल्य को पहचानती है। लियोपोल्ड का नैतिक सिद्धांत यह मानता है कि कार्य नैतिक रूप से सही हैं यदि वे जैविक समुदाय की अखंडता, स्थिरता और सुंदरता को बढ़ावा देते हैं और यदि वे अन्यथा करते हैं तो गलत हैं।

हालाँकि, आलोचक लियोपोल्ड की वर्णनात्मक पारिस्थितिक टिप्पणियों से मानक नैतिक निष्कर्षों तक की छलांग को चुनौती देते हैं, और उस आधार पर सवाल उठाते हैं जिसके आधार पर जैविक समुदाय नैतिक प्रतिष्ठा का हकदार है। जे. बेयर्ड कैलिकॉट ने लियोपोल्ड का बचाव करते हुए सुझाव दिया कि उनका दृष्टिकोण पारंपरिक नैतिक तर्क के बजाय नैतिक भावना में निहित है, एक विशिष्ट विशेषता की तलाश करने के बजाय भूमि के साथ हमारे भावनात्मक संबंध पर जोर देना जो नैतिक विचार की गारंटी देता है।

पर्यावरणीय नैतिकता की नींव के रूप में भावना पर निर्भरता संदेह पैदा करती है, विशेष रूप से जैविक समुदाय के प्रति व्यक्तियों के स्नेह की अलग-अलग श्रेणी को देखते हुए। लॉरेंस ई. जॉनसन एक विकल्प प्रदान करते हैं, यह तर्क देते हुए कि सचेत अनुभव से परे हितों को पहचानने से गैर-जागरूक संस्थाओं को नैतिक स्थिति का श्रेय दिया जा सकता है। उनका मानना है कि जिस तरह एक बच्चा ऑक्सीजन की सचेत इच्छा के बिना ऑक्सीजन से लाभ उठाता है, उसी तरह प्रजातियों और पारिस्थितिक तंत्रों की अपनी भलाई होती है, जो उनकी जीवन प्रक्रियाओं पर आधारित होती है, जिसे हमारे नैतिक विचारों को सूचित करना चाहिए।

हालाँकि, समग्र नैतिकता को जैविक समुदाय की सामूहिक भलाई के लिए व्यक्तिगत हितों के बलिदान का संभावित समर्थन करने के लिए आलोचना का सामना करना पड़ता है। जबकि कुछ समग्र नैतिकतावादी कुछ संदर्भों में इस आधार को स्वीकार करते हैं, वे आम तौर पर मानव हितों के लिए उसी तर्क को लागू करने का विरोध करते हैं, जिससे उनके

निहितार्थों के लिए 'पर्यावरण फासीवाद' का आरोप लगाया जाता है। जवाब में, समग्र नैतिकतावादियों का तर्क है कि सामूहिक प्राकृतिक संस्थाओं के नैतिक मूल्य को पहचानने के लिए व्यक्तिगत मानवाधिकारों और हितों की उपेक्षा करना आवश्यक नहीं है।

कैलिकॉट 'नेस्टेड' समुदायों की अवधारणा के माध्यम से एक समाधान का सुझाव देते हैं, जहां हमारे अलग-अलग दायित्व हमारे विभिन्न सामुदायिक संबद्धताओं से प्रभावित होते हैं। हालाँकि, यह दृष्टिकोण अपनी चुनौतियों का परिचय देता है, जैसे कि हमारी सामुदायिक प्रतिबद्धताओं के पदानुक्रम को निर्धारित करना और मानवकेंद्रितवाद में वापस जाने से बचना। इस प्रकार, जबकि समग्र नैतिकता पर्यावरणीय नैतिक विचार के दायरे को व्यापक बनाती है, वे प्राकृतिक दुनिया के प्रति हमारे सटीक दायित्वों के निर्धारण को भी जटिल बनाते हैं।

10.2   कट्टरपंथी पारिस्थितिकी

पर्यावरणीय कर्तव्यों के बारे में चर्चा में शामिल सभी विचारक इस मुद्दे को केवल नैतिक प्रतिष्ठा के विस्तार की दृष्टि से नहीं देखते हैं। दार्शनिकों की एक महत्वपूर्ण संख्या इसके जैविक नाम से प्रेरित एक नए वैचारिक ढांचे की ओर एक आदर्श बदलाव की वकालत करती है, जिसे 'पारिस्थितिकी' कहा जाता है। यह उभरता हुआ 'कट्टरपंथी पारिस्थितिकी' दर्शन, हालांकि अपने विचारों और मान्यताओं में विविधतापूर्ण है, दो विशिष्ट विशेषताएं साझा करता है जो इसे अलग करती हैं पहले चर्चा किए गए नैतिक विस्तारवाद से। सबसे पहले, कट्टरपंथी पारिस्थितिकी के समर्थकों का मानना है कि केवल नैतिक प्रतिष्ठा बढ़ाना पर्यावरणीय संकट का पर्याप्त समाधान नहीं है। वे एक गहन दार्शनिक बदलाव के लिए तर्क देते हैं जिसके लिए मनुष्य के रूप में हमारी पहचान और प्राकृतिक दुनिया के साथ हमारे संबंधों का पुनर्मूल्यांकन करना आवश्यक है। कट्टरपंथी पारिस्थितिकीविदों के अनुसार, नैतिक विस्तारवाद का दृष्टिकोण त्रुटिपूर्ण है क्योंकि यह वर्तमान पर्यावरणीय चुनौतियों के लिए जिम्मेदार मानवकेंद्रित मानसिकता को कायम रखता है। यह पद्धति, जो नैतिक मूल्य के प्राथमिक धारकों के रूप में मनुष्यों से शुरू होती है और पर्याप्त रूप से समान समझी जाने वाली संस्थाओं तक विचार को बढ़ाती है, को बहुत संकीर्ण माना जाता है। दूसरे, कट्टरपंथी पारिस्थितिक विचार अकेले नैतिकता की सीमाओं को पार करते हुए सामाजिक संरचनाओं और संस्थानों में व्यापक बदलाव की वकालत करते हैं। यह दृष्टिकोण एक राजनीतिक आयाम का परिचय देता है, जो

पर्यावरणीय संकट को प्रभावी ढंग से संबोधित करने के लिए एक समाज और व्यक्तियों के रूप में हमारे रहने और संगठित होने के तरीके में व्यापक परिवर्तन का आग्रह करता है।

क) गहन पारिस्थितिकी

गहरी पारिस्थितिकी को 'उथली पारिस्थितिकी' के विपरीत सबसे अच्छी तरह समझा जाता है। उथली पारिस्थितिकी, जो अपने मानवकेंद्रित फोकस की विशेषता है, मुख्य रूप से प्रदूषण और संसाधन की कमी को संबोधित करती है, जो पर्यावरणवाद के लिए अधिक पारंपरिक दृष्टिकोण का प्रतिनिधित्व करती है। इसके विपरीत, गहन पारिस्थितिकी मानवकेंद्रितवाद को चुनौती देती है और पर्यावरण के प्रति व्यापक दृष्टिकोण अपनाती है। इस दर्शन का उद्देश्य केवल हमारे मौजूदा नैतिक ढांचे में पर्यावरणीय चिंताओं को जोड़ना नहीं है, बल्कि हम प्राकृतिक दुनिया को कैसे देखते हैं और उसके साथ कैसे बातचीत करते हैं, उसमें मौलिक परिवर्तन की वकालत करता है। आर्ने नेस, गहन पारिस्थितिकी में एक महत्वपूर्ण व्यक्ति, एक नए पर्यावरण-दर्शन, या 'इकोसोफी' के लिए तर्क देते हैं, जो आधुनिक औद्योगिक समाज की विनाशकारी मानसिकता से परे है।

नेस, जॉर्ज सेशंस के साथ, गहन पारिस्थितिकी के केंद्र में आठ सिद्धांतों की रूपरेखा तैयार करते हैं, जिसमें मानव और गैर-मानव जीवन दोनों के आंतरिक मूल्य, जैव विविधता के महत्व, गैर-मानव जीवन के फलने-फूलने के लिए मानव आबादी को कम करने की आवश्यकता, महत्वपूर्ण मूल्यांकन पर जोर दिया गया है। प्रकृति के साथ मानवीय हस्तक्षेप, और महत्वपूर्ण नीति और वैचारिक परिवर्तनों की आवश्यकता। ये सिद्धांत जीवन के भौतिक मानकों से अधिक जीवन की गुणवत्ता की सराहना करने और इन परिवर्तनों को लागू करने के लिए नैतिक दायित्व को पहचानने की दिशा में मूल्यों में बदलाव के आह्वान को दर्शाते हैं।

नेस के इस दावे के बावजूद कि गहन पारिस्थितिकी समर्थकों के पास विविध विश्वदृष्टिकोण हो सकते हैं, वह 'आत्म-बोध' को एक प्रमुख नैतिक मानदंड के रूप में प्रस्तावित करते हैं। यह अवधारणा प्रकृति के साथ अंतर्संबंध का सुझाव देते हुए सभी जीवन रूपों के साथ व्यापक पहचान को शामिल करने के लिए हमारी स्वयं की भावना का विस्तार करने को प्रोत्साहित करती है। वारविक फॉक्स इस विचार को 'ट्रांसपर्सनल इकोलॉजी' के माध्यम से आगे विकसित करता है, जो एक पारिस्थितिक चेतना प्राप्त करने पर केंद्रित है जहां नैतिक सिद्धांत अनावश्यक हो जाते हैं क्योंकि पर्यावरण की रक्षा करना आत्म-सुरक्षा का अभिन्न अंग बन जाता है।

गहन पारिस्थितिकी के आलोचकों का तर्क है कि इसकी व्यापक और समावेशी प्रकृति यह परिभाषित करना कठिन बनाती है कि यह विशेष रूप से किसकी वकालत करती है। वे सवाल करते हैं कि पारिस्थितिकी के सिद्धांत व्यावहारिक कार्रवाई का कितना गहरा मार्गदर्शन कर सकते हैं, खासकर जब हितों का टकराव हो। इसके अलावा, पर्यावरणीय मुद्दों को हल करने के लिए चेतना की एक निश्चित स्थिति विकसित करने पर निर्भरता हितों के टकराव को संबोधित करने और गहरी पारिस्थितिक सोच से असहमत लोगों को मनाने के बारे में चिंताएं बढ़ाती है।

गहन पारिस्थितिकी विज्ञानी वैचारिक बदलाव की आवश्यकता पर जोर देकर उस आलोचना का प्रतिकार करते हैं, यह सुझाव देते हुए कि कला सहित तर्क और अनुनय के पारंपरिक रूप पारिस्थितिक चेतना को जागृत करने में भूमिका निभाते हैं। यह दृष्टिकोण पर्यावरण के साथ हमारे संबंधों की आमूल-चूल पुनर्कल्पना की मांग करता है, यह चुनौती देते हुए कि क्या इस तरह का आदर्श बदलाव संभव है।

बी) सामाजिक पारिस्थितिकी

सामाजिक पारिस्थितिकी, गहरी पारिस्थितिकी की तरह, यह मानती है कि पर्यावरणीय संकट की जड़ें आधुनिक पश्चिमी समाजों की प्रचलित विचारधारा में निहित हैं। हालाँकि, सामाजिक पारिस्थितिकी अपने प्रस्तावित समाधान में भिन्न है, जो 'आत्म-बोध' पर नहीं बल्कि वर्चस्व की प्रणालियों को खत्म करने पर केंद्रित है। सामाजिक पारिस्थितिकी के एक अग्रणी व्यक्ति **मरे बुकचिन** का दावा है कि पर्यावरणीय मुद्दे सत्ता पदानुक्रमों से उत्पन्न होने वाले सामाजिक अन्याय से जुड़े हुए हैं जो लोगों और ग्रह दोनों को वस्तुओं के रूप में मानते हैं। मार्क्सवादी सिद्धांतों के विपरीत, जो प्रकृति पर तकनीकी महारत के माध्यम से मानव स्वतंत्रता की बात करते हैं, बुकचिन मानवता और प्रकृति की पारस्परिक मुक्ति पर जोर देते हैं। वह मनुष्यों और प्राकृतिक दुनिया के बीच अलगाव को कायम रखने के लिए पूंजीवादी और मार्क्सवादी विचारधाराओं की समान रूप से आलोचना करते हैं, इसके बजाय प्रकृति में देखे गए समतावादी और सहजीवी संबंधों पर आधारित समाज की वकालत करते हैं।

बुकचिन उन समाजों के प्रति आमूल-चूल परिवर्तन की कल्पना करता है जो गैर-पदानुक्रमित, अन्योन्याश्रित और प्रकृति में पाए जाने वाले पारिस्थितिक संतुलन के समान पारस्परिक सहायता के सिद्धांतों पर आधारित हैं। वह समाज के लिए विकेंद्रीकृत, समुदाय-केंद्रित दृष्टिकोण, स्थायी प्रथाओं, सहभागी लोकतंत्र और वर्चस्व से मुक्ति पर

जोर देते हैं। यह दृष्टि केंद्रीकृत राज्य शक्ति संरचनाओं के विपरीत है जिसे वह पदानुक्रम और नियंत्रण के एजेंटों के रूप में पहचानता है।

हालाँकि, सामाजिक पारिस्थितिकी के आलोचक पारिस्थितिक परस्पर निर्भरता और मानव सामाजिक संगठन के बीच बुकचिन की सादृश्यता पर सवाल उठाते हैं। वे पारिस्थितिक टिप्पणियों के आधार पर सामाजिक व्यवहारों को उचित ठहराने के संभावित खतरे को उजागर करते हुए, मानव समाजों में प्राकृतिक प्रक्रियाओं के सरलीकृत अनुप्रयोग के प्रति आगाह करते हैं। उदाहरण के लिए, प्रजातियों के बीच प्रतिस्पर्धा और शिकार की प्राकृतिक दुनिया की स्वीकृति नैतिक रूप से कमजोर लोगों के प्रति मानव समाज के व्यवहार में अनुवाद नहीं करती है।

इसके अतिरिक्त, कुछ पर्यावरण दार्शनिक बुकचिन की सामाजिक पारिस्थितिकी के मानवकेंद्रित उपक्रमों को चुनौती देते हैं। उनका तर्क है कि मनुष्यों को प्रकृति की मुक्ति के सूत्रधार के रूप में स्थापित करके, बुकचिन अनजाने में पारिस्थितिक प्रक्रियाओं पर मानव एजेंसी को प्राथमिकता देता है। आलोचकों को इस धारणा पर संदेह है कि इतिहास एक पूर्व निर्धारित परिणाम की ओर बढ़ रहा है और इस धारणा पर सवाल उठाते हैं कि मनुष्य इस प्रक्रिया को चला सकते हैं या उन्हें चलाना चाहिए। प्रकृति पर मानव वर्चस्व की बुकचिन की अस्वीकृति के बावजूद, उनके आलोचक असंबद्ध बने हुए हैं, मानव-नेतृत्व वाली पारिस्थितिकी के किसी भी दावे को अत्यधिक अभिमान के रूप में देखते हैं।

ये बहसें मानव सामाजिक संरचनाओं को सूचित करने के लिए पारिस्थितिक सिद्धांतों से प्रेरणा लेने की जटिलताओं को उजागर करती हैं और पर्यावरणीय सद्भाव प्राप्त करने में मानवीय हस्तक्षेप की भूमिका पर सवाल उठाती हैं।

ग) पारिस्थितिक नारीवाद

इकोफेमिनिज्म, सामाजिक पारिस्थितिकी की तरह, पश्चिमी समाज की दार्शनिक और वैचारिक नींव में गहन बदलाव की वकालत करते हुए, सामाजिक उत्पीड़न और प्राकृतिक दुनिया के शोषण के बीच संबंध की पहचान करता है। हालाँकि, पारिस्थितिक नारीवाद अपने व्यापक ढांचे में विभिन्न प्रकार के दृष्टिकोणों को शामिल करता है। यह खंड तीन प्रभावशाली दृष्टिकोणों की पड़ताल करता है।

वैल प्लमवुड तर्कवाद पर पारंपरिक नैतिकता की निर्भरता की आलोचना करते हैं, जिसके बारे में उनका तर्क है कि यह एक द्वैतवादी विश्वदृष्टिकोण को बढ़ावा देता है जो स्वाभाविक रूप से भावनाओं पर तर्क को महत्व देता है, बाद में मन/शरीर, मानव/प्रकृति और पुरुष/महिला जैसे पदानुक्रम स्थापित करता है, प्रत्येक जोड़ी के बाद वाले को हीन मानता है। . प्लमवुड का तर्क है कि यह तर्कवादी द्वैतवाद महिलाओं और प्रकृति की अधीनता को रेखांकित करता है, यह सुझाव देता है कि इस तर्कवादी ढांचे के भीतर केवल नैतिक विचार का विस्तार उनके वर्चस्व को संबोधित करने के लिए अपर्याप्त है। इसके बजाय, वह तर्कवाद के मूलभूत द्वैतवाद को सीधी चुनौती देने का आह्वान करती है।

जबकि प्लमवुड की आलोचना मुख्यधारा के नैतिक तर्कवाद की सीमाओं पर प्रकाश डालती है, यह सवाल उठाती है कि क्या तर्कवाद में आवश्यक रूप से दमनकारी द्वैतवाद शामिल है। कुछ लोगों का तर्क है कि तर्कवादी दृष्टिकोण महिलाओं और पर्यावरण के अधिकारों की वकालत करने में सहायक रहे हैं, यह सुझाव देते हुए कि नैतिकता का तर्कसंगत आधार व्यक्तिगत भावनाओं पर निर्भरता की तुलना में पर्यावरण और नारीवादी चिंताओं के लिए अधिक स्थिर आधार प्रदान कर सकता है।

करेन जे. वॉरेन इस बात से सहमत हैं कि इन द्वैतवादों का समस्याग्रस्त पहलू स्वयं भेदों से नहीं बल्कि एक 'दमनकारी वैचारिक ढांचे' के भीतर उनके उपयोग से उत्पन्न होता है जो 'वर्चस्व के तर्क' को नियोजित करता है। यह तर्क अन्यायपूर्ण ढंग से महिलाओं और प्रकृति की अधीनता को उचित ठहराता है। वे मानसिक और मानवीय क्षेत्रों के विपरीत, शारीरिक और प्राकृतिक के साथ जुड़ाव के आधार पर नैतिक रूप से हीन थे। वॉरेन की आलोचना नारीवादी और पर्यावरणवादी उद्देश्यों को संरेखित करने के लिए इस दमनकारी ढांचे को खत्म करने पर केंद्रित है।

अन्य पर्यावरण-नारीवादी महिलाओं और प्रकृति के बीच अद्वितीय संबंध को उजागर करके प्लमवुड और वॉरेन से अलग हो जाते हैं, जिसका श्रेय अक्सर महिलाओं की प्रजनन क्षमताओं को दिया जाता है। यह परिप्रेक्ष्य बताता है कि महिलाओं में पर्यावरण के साथ सामंजस्यपूर्ण संबंध बनाने की विशेष अंतर्दृष्टि होती है, कभी-कभी वे अध्यात्मवादी दृष्टिकोण की वकालत करती हैं जो प्रकृति और पृथ्वी को पवित्र महत्व देता है। प्लमवुड सहित आलोचकों का तर्क है कि यह रुख महिलाओं को प्रकृति के साथ जोड़कर और, विस्तार से, अधीनता द्वारा महिलाओं के ऐतिहासिक उत्पीड़न के लिए जिम्मेदार द्वैतवाद को मजबूत करने का जोखिम उठाता है।

इन विविध दृष्टिकोणों के बावजूद, पारिस्थितिक नारीवाद पर्यावरणीय गिरावट और सामाजिक वर्चस्व को संबोधित करने के लिए चेतना और दार्शनिक दृष्टिकोण में बदलाव के अपने आह्वान में एकजुट है। पारिस्थितिक नारीवाद के भीतर बहस एक सामंजस्यपूर्ण नैतिक ढांचे को बनाने की जटिलता को रेखांकित करती है जो पर्यावरणीय संकट और लैंगिक असमानता दोनों का पर्याप्त रूप से सामना करती है, जो आंदोलन के भीतर विविध दृष्टिकोणों को समेटने की चल रही चुनौती को उजागर करती है।

10.3   पर्यावरणीय नैतिकता का भविष्य

पर्यावरण के प्रति बढ़ती चिंता और उस पर हमारे प्रभाव की मान्यता के साथ, पर्यावरणीय नैतिकता अध्ययन का एक महत्वपूर्ण क्षेत्र बने रहने के लिए तैयार है। हालाँकि, यह किस दिशा में विकसित होगा यह पूरी तरह से निर्धारित होना बाकी है। हालाँकि, ऐसा प्रतीत होता है कि कम से कम तीन महत्वपूर्ण क्षेत्र हैं जहाँ विकास होने की संभावना है।

सबसे पहले, पर्यावरणीय चुनौतियों से निपटने के लिए राजनीतिक प्रयासों में प्रगति से पर्यावरणीय नैतिकता को आकार मिलने की उम्मीद है। अनुशासन, हालांकि कभी-कभी सैद्धांतिक, वास्तविक दुनिया के मुद्दों से गहराई से जुड़ा होता है, जिसका उद्देश्य यह परिभाषित करना है कि हमें अपने ग्रह के साथ कैसे बातचीत करनी चाहिए। अंतरराष्ट्रीय समझौतों और सरकारी नीतियों की सफलता या विफलता, जैसे कि जलवायु परिवर्तन को प्रबंधित करने के क्योटो प्रोटोकॉल के प्रयास, उभरने वाले नैतिक ढांचे को प्रभावित करेंगे। उदाहरण के लिए, वैकल्पिक समाधानों की आवश्यकता उपभोक्ता शक्ति के प्रभाव को पहचानते हुए व्यक्तिगत जिम्मेदारी पर जोर देने या पर्यावरणीय प्रबंधन में कॉर्पोरेट नेतृत्व को प्रोत्साहित करने की दिशा में बदलाव ला सकती है। इसके परिणामस्वरूप पर्यावरणीय विचार तेजी से व्यावसायिक नैतिकता का अभिन्न अंग बन सकते हैं।

दूसरे, पर्यावरणीय नैतिकता व्यापक नैतिक चर्चाओं के साथ अधिक निकटता से एकीकृत होने की संभावना है। पर्यावरणीय दायित्वों को पहचानने के लिए युद्ध सिद्धांत, घरेलू और वैश्विक न्याय और मानवाधिकारों सहित विभिन्न क्षेत्रों में नैतिक विचारों का पुनर्मूल्यांकन करना आवश्यक है। मानव जीवन के सभी पहलुओं के साथ पर्यावरण के आंतरिक संबंध का मतलब है कि जलवायु परिवर्तन जैसे मुद्दे, जो विभिन्न क्षेत्रों और आबादी को असमान रूप से प्रभावित करते हैं, को न्याय और अधिकारों के बारे में चर्चा में शामिल किया जाना चाहिए। पर्यावरण नैतिकतावादी इन व्यापक नैतिक बहसों में अपनी

अंतर्दृष्टि लाने में महत्वपूर्ण भूमिका निभाएंगे, यह सुनिश्चित करते हुए कि पर्यावरणीय विचार पर्याप्त रूप से प्रतिबिंबित हों।

अध्याय 10 का सारांश

- **पर्यावरणीय नैतिकता** का अन्वेषण करता है **मनुष्य और प्राकृतिक दुनिया के बीच नैतिक संबंध,** में उभर रहा है **1970 के दशक** बढ़ती पर्यावरणीय चिंताओं के कारण **तकनीकी प्रगति और जनसंख्या वृद्धि।**
- **प्रभावशाली प्रकाशन:** राहेल कार्सन **"शांत झरना"** और पॉल एर्लिच का **"जनसंख्या बम"** पर प्रकाश डाला **रासायनिक कीटनाशक खतरे** और यह **मानव जनसंख्या वृद्धि का प्रभाव,** क्रमश।
- **मूल प्रश्न:** पर्यावरण के प्रति मनुष्य की क्या जिम्मेदारियाँ हैं?, और क्यों?
- **मानवकेंद्रितवाद** सुझाव देता है कि नैतिक मूल्य मौजूद है **विशेष रूप से मनुष्यों में,** पर्यावरणीय कर्तव्य निहित हैं **अन्य मनुष्यों के प्रति दायित्व।**
- **मानवकेंद्रितवाद की आलोचना:** पर्यावरण नैतिकतावादी इसके लिए तर्क देते हैं **गैर-मानवीय संस्थाओं तक नैतिक विचार का विस्तार करना** जैसे जानवर, पौधे और पारिस्थितिकी तंत्र।
- **भावी पीढ़ियां:** मानवकेंद्रित नैतिकता नैतिक विचार का विस्तार करती है **भविष्य के मनुष्य,** बहस के बावजूद, उनकी भलाई पर हमारे कार्यों के प्रभाव को पहचानना **गैर-पहचान समस्या** और **ट्रांसजेनरेशनल दायित्व.**
- **जानवरों:** दार्शनिकों को पसंद है **पीटर सिंगर और टॉम रेगन** बहस करना **जानवरों के प्रति नैतिक विचार बढ़ाना** पर आधारित **भावना या जीवन का विषय होना,** इस दृष्टिकोण को चुनौती देते हुए कि केवल मनुष्यों को होने वाला लाभ ही पर्यावरणीय प्रभावों को उचित ठहराता है।
- **पशु-केंद्रित नैतिकता की आलोचना:** होने के लिए आलोचना की गई **अत्यधिक व्यक्तिवादी** और संभावित रूप से विघटनकारी है **प्राकृतिक प्रक्रियाएँ,** प्राथमिकता देने की चिंताओं के साथ **प्रजातियों या पारिस्थितिक तंत्रों पर व्यक्तिगत जानवर।**
- **नैतिकता का एकीकरण:** स्वीकार करते हुए **जानवरों की नैतिक स्थिति** उनके कल्याण को संतुलित करने की आवश्यकता है **पारिस्थितिकी तंत्र स्वास्थ्य,** प्रतिबिंबित कर रहा है **पर्यावरणीय नैतिकता की जटिलता** मानवीय हितों से परे।
- **पर्यावरणीय नैतिकता** नैतिक विचार को मनुष्यों से परे तक विस्तारित करता है **अचेतन प्रकृति,** शामिल **व्यक्तिगत जीवित जीव** और **समग्र संस्थाएँ** पारिस्थितिक तंत्र की तरह।
- **'अंतिम-मानव परिदृश्य'** केवल उस धारणा को चुनौती देता है **सचेत प्राणियों का नैतिक मूल्य** होता है, सुझाव है कि **असंवेदनशील जीवन को नष्ट करना** (अपनी प्रजाति के आखिरी पेड़ की

तरह) है **नैतिक रूप से ग़लत**, की आवश्यकता को दर्शाता है **नैतिक विचार का विस्तार करें** संवेदनशील जीवन से परे।

- दार्शनिकों को पसंद है **अल्बर्ट श्वित्ज़र और पॉल डब्ल्यू टेलर** तर्क है कि सभी जीवित जीवों के पास है **आंतरिक मूल्य** और अपना हित साधने के योग्य हैं **नैतिक विचार** उनके लिए **जैविक क्षमताएँ.**

- से व्यावहारिक दुविधाएँ उत्पन्न होती हैं **सभी जीवित चीजों को नैतिक दर्जा प्रदान करना,** क्योंकि मानव अस्तित्व में जीवित जीवों को नुकसान शामिल है। यह नीति सुझाव देती है कि नुकसान केवल बाहर से ही होना चाहिए **परम आवश्यकता** और एक की वकालत करता है **मानवीय और गैर-मानवीय हितों के बीच संतुलन.**

- **पदानुक्रमित दृष्टिकोण** नैतिक प्रतिष्ठा के लिए यह स्वीकार करता है कि सभी जीवित प्राणियों का नैतिक मूल्य है, लेकिन इसकी अनुमति देता है **व्यावहारिक संतुलन** गैर-मानवीय जीवों का सम्मान करने और मानवीय जरूरतों को पूरा करने के बीच।

- आलोचक प्रश्न करते हैं कि क्या पौधों जैसी गैर-संवेदनशील संस्थाएँ भी संपत्ति धारण कर सकती हैं **अपना माल,** जबकि समर्थकों का तर्क है कि एक इकाई की आवश्यकता नहीं है **अपनी आवश्यकताओं के प्रति सचेत** उन लोगों को इसमें योगदान देने की आवश्यकता है **हाल चाल.**

- **समग्र पर्यावरण नैतिकता, से प्रभावित एल्डो लियोपोल्ड की 'भूमि नीति'** के नैतिक मूल्य के लिए बहस करें **संपूर्ण भूमि समुदाय,** को बढ़ावा देने वाले कार्यों पर जोर देना **अखंडता, स्थिरता और सुंदरता** जैविक समुदाय का.

- समग्र नैतिकता के आलोचकों का तर्क है कि वे संभावित रूप से इसका समर्थन करते हैं **व्यक्तिगत हितों का बलिदान** सामूहिक भलाई के लिए, जिसके कारण आरोप लगते हैं **'पर्यावरण फासीवाद।'**

- **कट्टरपंथी पारिस्थितिकी** ए के लिए तर्क **प्रतिमान विस्थापन** हमारे दार्शनिक ढाँचे में, वकालत करते हुए **गहरा परिवर्तन** पर्यावरणीय संकट को प्रभावी ढंग से संबोधित करने के लिए सामाजिक संरचनाओं और संस्थानों में।

- **गहन पारिस्थितिकी,** के विपरीत **'उथली पारिस्थितिकी,'** सराहना की दिशा में मूल्यों में मूलभूत परिवर्तन का आह्वान करता है **जीवन की गुणवत्ता** भौतिक मानकों से ऊपर और मान्यता देता है **आंतरिक मूल्य** सभी जीवन रूपों में से.

- गहन पारिस्थितिकी **आठ सिद्धांत** जैव विविधता के महत्व, घटती मानव जनसंख्या और महत्वपूर्ण आवश्यकता पर जोर दें **नीति और वैचारिक परिवर्तन.**

- गहन पारिस्थितिकी के आलोचक इसके व्यावहारिक अनुप्रयोग और इसे प्राप्त करने की व्यवहार्यता पर सवाल उठाते हैं **क्रांतिकारी वैचारिक बदलाव** पारिस्थितिक चेतना की ओर।

- **सामाजिक पारिस्थितिकी** वर्चस्व की प्रणालियों को खत्म करने, पर्यावरणीय मुद्दों को सामाजिक अन्याय से जोड़ने पर ध्यान केंद्रित किया गया है। मरे बुकचिन, इसके प्रमुख व्यक्ति, इसकी वकालत करते हैं **गैर-पदानुक्रमित, अन्योन्याश्रित समाज** पारिस्थितिक संतुलन से प्रेरित पारस्परिक सहायता और सहभागी लोकतंत्र पर आधारित।

- आलोचक पारिस्थितिक परस्पर निर्भरता और मानव सामाजिक संगठन के बीच बुकचिन की साद्दश्यता पर सवाल उठाते हैं, मानव समाज में प्राकृतिक प्रक्रियाओं के सरलीकृत अनुप्रयोग के खिलाफ चेतावनी देते हैं और क्षमता को उजागर करते हैं।**मानवकेंद्रित उपक्रम।**

- **पारिस्थितिक नारीवाद** गहन दार्शनिक बदलाव की वकालत करते हुए, सामाजिक उत्पीड़न और पर्यावरणीय शोषण के बीच संबंधों की पहचान करता है। इसमें विभिन्न द्दष्टिकोण शामिल हैं, जिसमें पारंपरिक नैतिकता की तर्कवाद पर निर्भरता की आलोचना और प्रकृति के साथ महिलाओं के अद्वितीय संबंधों की खोज शामिल है।

- वैल प्लमवुड चुनौतियाँ **तर्कवादी द्वैतवाद**, यह तर्क देते हुए कि यह महिलाओं और प्रकृति की अधीनता को रेखांकित करता है, जबकि करेन जे. वॉरेन दमनकारी वैचारिक ढांचे की आलोचना करते हैं **'वर्चस्व का तर्क.'**

- कुछ पारिस्थितिक नारीवादी अध्यात्मवादी द्दष्टिकोण पर जोर देते हैं, उनका सुझाव है कि महिलाओं में पर्यावरण के साथ सामंजस्यपूर्ण संबंध बनाने की विशेष अंतर्दृष्टि होती है, हालांकि इस रुख को संभावित रूप से दमनकारी द्वैतवाद को मजबूत करने के लिए आलोचना का सामना करना पड़ता है।

पर्यावरणीय नैतिकता का भविष्य पर्यावरणीय चुनौतियों से निपटने के लिए राजनीतिक प्रयासों से प्रभावित होने की संभावना है, न्याय, मानवाधिकार और व्यावसायिक नैतिकता जैसे विभिन्न डोमेन में व्यापक नैतिक चर्चाओं के साथ पर्यावरणीय विचारों को एकीकृत करना, यह सुनिश्चित करना कि पर्यावरणीय विचार व्यापक नैतिक बहसों में पर्याप्त रूप से प्रतिबिंबित हों।

आपदा प्रबंधन

गौरव शर्मा
M.Sc.
अवनि मौर्य
M.Sc.

विभिन्न आपदाओं के प्रति पृथ्वी पर जीवन की संवेदनशीलता, चाहे वे प्राकृतिक घटनाओं से उत्पन्न हों या मानव-प्रेरित हों, एक निर्विवाद वास्तविकता है। प्राकृतिक आपदाएँ अलग-अलग भू-जलवायु परिस्थितियों से उत्पन्न होती हैं, जिनमें भूकंप, चक्रवात, बादल फटना, भूस्खलन और बहुत कुछ शामिल हैं। दूसरी ओर, मानव-प्रेरित आपदाएँ, जैसे आग, दुर्घटनाएँ (वायु, सड़क और रेलवे), और औद्योगिक दुर्घटनाएँ, विभिन्न सामाजिक-आर्थिक कमजोरियों से उत्पन्न होती हैं।

हाल के दिनों में, दुनिया भर में आपदा की घटनाओं में उल्लेखनीय वृद्धि हुई है, जिसने राष्ट्रीय और अंतर्राष्ट्रीय ध्यान आकर्षित किया है। अक्सर, मानवीय क्रियाएं या उसकी कमी आपदा जोखिमों को बढ़ा देती है, जिससे जीवन, संपत्ति, बुनियादी ढांचे और पर्यावरणीय क्षति का महत्वपूर्ण नुकसान होता है - जिनमें से कुछ अपरिवर्तनीय हो सकते हैं। यह आपदाओं को प्रभावी ढंग से प्रबंधित करने के लिए तैयारियों और एक कुशल प्रतिक्रिया प्रणाली की महत्वपूर्ण आवश्यकता को रेखांकित करता है। लेकिन वास्तव में 'आपदा' क्या है?

क्वार्टरली (1985) ने आपदा को हमारी क्षमताओं पर भारी पड़ने वाली संकट की स्थिति के रूप में परिभाषित किया है, जिसकी उत्पत्ति फ्रांसीसी शब्द "डेसास्ट्रे" से हुई है, जिसका अर्थ है 'बुरा/बुरा तारा।' इसके अपने संसाधन हैं, इसलिए बाहरी सहायता की आवश्यकता है।

आपदा जोखिम न्यूनीकरण के लिए संयुक्त राष्ट्र कार्यालय (यूएनआईएसडीआर) आपदाओं को गंभीर व्यवधानों के रूप में विस्तार से बताता है जो बड़े पैमाने पर मानव, सामग्री, आर्थिक या पर्यावरणीय नुकसान का कारण बनते हैं, जो प्रभावित समाज की मुकाबला करने की क्षमता से अधिक होता है। UNISDR के अनुसार, एक आपदा का सार

तीन महत्वपूर्ण पहलुओं में निहित है: जीवन का गंभीर व्यवधान, समुदाय की स्वतंत्र रूप से परिणाम का प्रबंधन करने में असमर्थता, और किसी समाज या समुदाय पर सामूहिक प्रभाव।

भारत का आपदा प्रबंधन अधिनियम किसी आपदा को प्राकृतिक या मानवीय कारणों, दुर्घटनाओं या लापरवाही के कारण होने वाली महत्वपूर्ण घटना के रूप में दर्शाता है। इस घटना के परिणामस्वरूप व्यापक हानि या पीड़ा, संपत्ति की क्षति, या पर्यावरणीय गिरावट होती है, जिससे प्रभावित समुदाय का लचीलापन प्रभावित होता है।

इन दृष्टिकोणों से, यह स्पष्ट है कि एक आपदा से न केवल काफी नुकसान होता है बल्कि सामान्य जीवन पद्धति में व्यवधान भी होता है। यह याद रखना महत्वपूर्ण है कि आपदा की अवधारणा आंतरिक रूप से मानव जीवन या समाज पर इसके प्रभाव से जुड़ी हुई है; मानवीय भागीदारी के बिना किसी घटना को आपदा के रूप में वर्गीकृत नहीं किया जा सकता है। उदाहरण के लिए, निर्जन क्षेत्रों में भूकंप या बाढ़ जैसी प्राकृतिक घटनाएं इस परिभाषा के तहत आपदाओं के रूप में योग्य नहीं हैं।

11.1 आपदाओं के कारण

ऐतिहासिक रूप से, भौगोलिक अध्ययनों ने आपदाओं के लिए मुख्य रूप से भूकंप, बाढ़ और सुनामी जैसी प्राकृतिक घटनाओं को जिम्मेदार ठहराया है, जो मनुष्यों को प्रकृति की जबरदस्त शक्ति के निष्क्रिय शिकार के रूप में चित्रित करते हैं। हालाँकि, वास्तविकता यह है कि आपदाएँ केवल प्राकृतिक शक्तियों से ही उत्पन्न नहीं होती हैं। भोपाल गैस त्रासदी, चॉर्नोबिल परमाणु आपदा, युद्ध, क्लोरोफ्लोरोकार्बन (सीएफसी) का रिसाव, ग्रीनहाउस गैसों में वृद्धि और शोर, वायु, पानी और मृदा प्रदूषण जैसे विभिन्न प्रकार के पर्यावरण प्रदूषण सहित विनाशकारी घटनाओं के लिए मानवीय गतिविधियाँ भी जिम्मेदार रही हैं।

इसके अलावा, कुछ मानवीय प्रथाएँ परोक्ष रूप से आपदाओं की गंभीरता या आवृति में योगदान करती हैं। उदाहरण के लिए, वनों की कटाई, अवैज्ञानिक भूमि उपयोग और कमजोर क्षेत्रों में निर्माण से भूस्खलन और बाढ़ की स्थिति बढ़ सकती है। यह देखा गया है कि मानव-प्रेरित आपदाओं की आवृति और गंभीरता समय के साथ बढ़ी है, जिससे उनके प्रभावों को रोकने और कम करने के लिए कई स्तरों पर प्रयास किए जा रहे हैं।

आपदा जोखिम न्यूनीकरण के लिए संयुक्त राष्ट्र कार्यालय (यूएनआईएसडीआर) एक आपदा को तीन महत्वपूर्ण कारकों के अभिसरण के परिणाम के रूप में परिभाषित करता

है: किसी खतरे का जोखिम, उस खतरे के प्रति समुदाय की संवेदनशीलता, और प्रतिकूल प्रभावों को प्रबंधित करने के लिए पर्याप्त क्षमता की कमी। . इस प्रकार, आपदा जोखिम इन तीन तत्वों से बना है: खतरा, भेद्यता, और सामना करने की अपर्याप्त क्षमता। मानवीय क्रियाएं, चाहे सक्रिय हों या लापरवाही, आपदाओं के प्रभाव को बढ़ाने या कम करने में महत्वपूर्ण भूमिका निभाती हैं। आपदाओं की उत्पत्ति और प्रकृति को पूरी तरह से समझने के लिए, खतरे, भेद्यता, अपर्याप्त मुकाबला क्षमता और समग्र आपदा जोखिम की इन अवधारणाओं को समझना आवश्यक है।

11.2   खतरा

आपदा जोखिम न्यूनीकरण के लिए संयुक्त राष्ट्र कार्यालय (यूएनआईएसडीआर) एक खतरे को संभावित खतरनाक घटना, पदार्थ, गतिविधि या स्थिति के रूप में वर्णित करता है जिससे जीवन की हानि, चोट, स्वास्थ्य प्रभाव, संपत्ति की क्षति, आजीविका और सेवाओं में व्यवधान, सामाजिक या आर्थिक उथल-पुथल, या पर्यावरणीय क्षति। खतरों में प्राकृतिक और मानव-प्रेरित दोनों तरह की घटनाएँ शामिल हैं जो आपदाओं में बदल सकती हैं और लोगों के उनके संपर्क में आने पर नकारात्मक परिणाम दे सकती हैं। उदाहरणों में वर्षा की कमी के कारण सूखा, अत्यधिक वर्षा से बाढ़, या औद्योगिक सुविधाओं से रासायनिक रिसाव शामिल हैं। मानव बस्तियों के निकट होने वाली घटनाओं को खतरनाक माना जाता है क्योंकि वे मानव सुरक्षा के लिए जोखिम पैदा करती हैं। कोई ख़तरा तब आपदा में बदल जाता है जब इसका मनुष्यों पर व्यापक प्रतिकूल प्रभाव पड़ता है। यदि ऐसी घटनाएं लोगों या संपत्ति को खतरा पहुंचाए बिना मानव बस्तियों से दूर होती हैं, तो उन्हें महज घटना माना जाता है, खतरा नहीं।

खतरों के प्रकार

खतरों को प्राकृतिक और मानव-प्रेरित में वर्गीकृत किया गया है, दोनों के मिश्रण से आपदाएँ उत्पन्न होने की संभावना है। जलवायु परिवर्तन पर संयुक्त राष्ट्र अंतर-सरकारी पैनल (आईपीसीसी) इंगित करता है कि मानवीय गतिविधियों ने आपदाओं की गंभीरता को बढ़ा दिया है। वनों की कटाई और प्रदूषण जैसी गतिविधियाँ चक्रवातों, भारी वर्षा, भूकंप आदि के प्रभावों को बढ़ा देती हैं।

- **प्राकृतिक खतरे:** ये प्राकृतिक प्रक्रियाओं से उत्पन्न होते हैं और इनमें शामिल हैं:

- **भूभौतिकीय खतरे:** पृथ्वी की घटनाओं जैसे भूकंप, ज्वालामुखीय गतिविधि, सुनामी, भूस्खलन और भूमि धंसाव से संबंधित।
  - **जलवैज्ञानिक खतरे:** बाढ़, भूस्खलन और लहर गतिविधियों जैसी जल चक्र असामान्यताओं से उत्पन्न।
  - **मौसम संबंधी खतरे:** चक्रवात, तूफान और बिजली सहित वायुमंडलीय प्रक्रियाओं के कारण।
  - **जलवायु संबंधी खतरे:** समुद्र के स्तर में वृद्धि, सूखा और हिमनद झील के विस्फोट जैसी दीर्घकालिक प्राकृतिक प्रक्रियाओं से उत्पन्न होते हैं।
  - **जैविक खतरे:** जैव सक्रिय पदार्थों (उदाहरण के लिए, रोगजनक सूक्ष्मजीव) के परिणामस्वरूप महामारी और कीट संक्रमण होता है।
- **मानव-प्रेरित खतरे:** ये मानवीय कार्यों के परिणाम हैं, जिन्हें मानवजनित खतरों के रूप में भी जाना जाता है, जिनमें औद्योगिक प्रदूषण, बांध विफलताएं और परिवहन या उद्योग में दुर्घटनाएं शामिल हैं। ऐसे खतरे अक्सर जनसंख्या वृद्धि, तेजी से शहरीकरण, औद्योगीकरण, पर्यावरणीय गिरावट और उच्च जोखिम वाले क्षेत्रों में विकास का उपोत्पाद होते हैं।

खतरों को उनकी शुरुआत के समय से भी पहचाना जा सकता है:

- **धीमी शुरुआत के खतरे:** धीरे-धीरे विकसित करें और अक्सर सूखा, मरुस्थलीकरण और चक्रवात जैसी प्रारंभिक चेतावनी प्रणालियों के माध्यम से इसका अनुमान लगाया जा सकता है।
- **तेजी से शुरू होने वाले खतरे:** बिना किसी चेतावनी के अचानक घटित होना, जैसे आग लगना, बाढ़ आना, बादल फटना, ज्वालामुखी विस्फोट और भूकंप।

11.3 भेद्यता

भेद्यता का तात्पर्य हानि या क्षति की संभावना से है। आपदा प्रबंधन के दायरे में, यह दर्शाता है कि व्यक्ति या समुदाय किसी खतरे के हानिकारक प्रभावों के प्रति कितने संवेदनशील हैं। आपदा जोखिम न्यूनीकरण के लिए संयुक्त राष्ट्र कार्यालय (यूएनआईएसडीआर) भेद्यता को विभिन्न भौतिक, सामाजिक, आर्थिक और पर्यावरणीय स्थितियों के संयोजन के रूप में परिभाषित करता है जो किसी समुदाय के खतरों के प्रभाव के जोखिम को बढ़ाता है।

भेद्यता को प्रभावित करने वाले कारक

भेद्यता की डिग्री कारकों की जटिल परस्पर क्रिया से प्रभावित होती है:

- **राजनीतिक कारक:** खतरों के जोखिम का स्तर शासन, नीति-निर्माण और विकास रणनीतियों से निकटता से जुड़ा हुआ है। आपदा जोखिम को कम करने में राजनीतिक प्रतिबद्धता महत्वपूर्ण भूमिका निभाती है, क्योंकि राज्य की नीतियां और कानूनी ढांचे आपदा जोखिमों के प्रबंधन के दृष्टिकोण को निर्धारित करते हैं। प्रभावी राजनीतिक नेतृत्व और दूरदर्शिता रणनीतिक योजना और कार्यान्वयन के माध्यम से भेद्यता को काफी हद तक कम कर सकती है।

- **आर्थिक कारक:** किसी समुदाय की आर्थिक खुशहाली सीधे तौर पर आपदाओं के लिए तैयारी करने, प्रतिक्रिया देने और उनसे उबरने की क्षमता को प्रभावित करती है। धनी समाजों में आपदा के बाद जीवित रहने की दर और पुनर्प्राप्ति क्षमताएं बेहतर होती हैं। इसके विपरीत, गरीबी और अवसरों और सेवाओं तक सीमित पहुंच लोगों को कमजोर रहने की स्थिति, जैसे भीड़भाड़ वाले शहरी क्षेत्रों, मलिन बस्तियों और अन्य उच्च जोखिम वाले क्षेत्रों में मजबूर कर सकती है। आपदा जोखिम को कम करने के लिए गरीबी को संबोधित करना और स्थायी आजीविका सुनिश्चित करना आवश्यक है।

- **सामाजिक परिस्थिति:** शिक्षा स्तर, सूचना तक पहुंच, सामाजिक एकजुटता और सांस्कृतिक प्रथाओं सहित विभिन्न सामाजिक तत्व, किसी समुदाय की भेद्यता को निर्धारित करने में महत्वपूर्ण भूमिका निभाते हैं। महिलाओं, अनाथों और बुजुर्गों जैसे हाशिए पर रहने वाले समूहों को अक्सर अधिक जोखिम का सामना करना पड़ता है। प्रारंभिक चेतावनी प्रणाली, आपातकालीन प्रतिक्रियाओं का ज्ञान और सामाजिक सहायता नेटवर्क की अनुपस्थिति आपदाओं के प्रभाव को बढ़ा सकती है।

- **ढांचागत कारक:** सुरक्षित आवास, भूमि उपयोग योजना और परिवहन तक पहुंच सहित पर्याप्त बुनियादी ढांचा, खतरों के जोखिम को कम करने के लिए महत्वपूर्ण है। खराब डिजाइन और रखरखाव वाले बुनियादी ढांचे से भूस्खलन, बाढ़, आग और अन्य आपदाओं का खतरा बढ़ सकता है।

- **वातावरणीय कारक:** पर्यावरणीय क्षरण आपदाओं के प्रभावों का कारण बन सकता है या उन्हें बदतर बना सकता है। उदाहरण के लिए, मूंगा चट्टानों और मैंग्रोव जैसी प्राकृतिक बाधाओं का विनाश सुनामी के प्रभावों को बढ़ा सकता है।

प्रदूषण, जैव विविधता हानि, जलवायु परिवर्तन और पारिस्थितिक तंत्र के कमजोर होने जैसे कारकों से भी संवेदनशीलता बढ़ जाती है।

पर्यावरणीय खतरे अक्सर प्राकृतिक संसाधनों के अस्थिर दोहन, अनियंत्रित शहरीकरण और औद्योगीकरण के साथ-साथ अत्यधिक खपत से जुड़े होते हैं जो प्रदूषण का कारण बनता है और पारिस्थितिक तंत्र के लचीलेपन को कम करता है।

11.4 मुकाबला करने की क्षमता

मुकाबला करने की क्षमता का तात्पर्य घरों और समुदायों के भीतर संसाधनों और तंत्रों की उपलब्धता से है जो उन्हें आपदाओं के लिए तैयारी करने, प्रबंधन करने, रोकने और उबरने में सक्षम बनाता है। किसी समाज की आपदाओं से प्रभावी ढंग से निपटने की क्षमता सीधे तौर पर ऐसी घटनाओं के प्रति उसकी संवेदनशीलता को प्रभावित करती है। किसी समुदाय की मुकाबला करने की क्षमता जितनी अधिक होगी, आपदा का जोखिम उतना ही कम होगा। यह स्वीकार करना महत्वपूर्ण है कि यद्यपि खतरे सर्वव्यापी हैं, आपदा तब घटित होती है जब कोई समुदाय विशेष रूप से असुरक्षित होता है और उसके पास इन खतरों से प्रभावी ढंग से निपटने के लिए साधनों का अभाव होता है।

आपदा जोखिम को परिभाषित करना

जोखिम को किसी खतरनाक स्थिति के संपर्क में आने से होने वाली क्षति की संभावना के रूप में समझा जाता है। यह उस सीमा की मात्रा निर्धारित करता है जिस तक एक समुदाय प्रतिकूल प्रभावों का अनुभव कर सकता है। नतीजतन, आपदा जोखिम में नुकसान या क्षति की संभावना शामिल होती है, जो विभिन्न समुदायों में उनकी भेद्यता और सामना करने की क्षमता के आधार पर भिन्न होती है। कम संसाधनों और कम मुकाबला करने की क्षमता वाले समुदायों को उन अमीर समुदायों की तुलना में आपदाओं से पीड़ित होने का अधिक जोखिम का सामना करना पड़ता है जिनके पास खतरों से निपटने के लिए मजबूत तंत्र हैं। इस प्रकार, जोखिम का स्तर खतरनाक स्थिति, सामुदायिक भेद्यता और मुकाबला करने की क्षमता से निर्धारित होता है।

खतरे, भेद्यता, मुकाबला करने की क्षमता और आपदा जोखिम की परस्पर क्रिया

आपदा जोखिम खतरे और संवेदनशीलता के बीच परस्पर क्रिया से उत्पन्न होता है। खतरे अपने आप में कोई आपदा नहीं बनते; यह एक संवेदनशील समाज का किसी खतरे के संपर्क में आना और खतरे के प्रतिकूल प्रभावों को कम करने की उसकी अपर्यास क्षमता है जो आपदा

जोखिम पैदा करती है। खतरे, भेद्यता, मुकाबला करने की क्षमता और आपदा जोखिम के बीच संबंध को गणितीय रूप से इस प्रकार दर्शाया जा सकता है:

आपदा जोखिम=क्षमता x भेद्यता/खतरा

आपदा जोखिम का आकलन करने में कई कारकों पर विचार करना शामिल है, जिसमें खतरा उत्पन्न होने की संभावना, इसकी तीव्रता और विशेषताएं, सामाजिक-आर्थिक और राजनीतिक संदर्भ और समुदाय की मुकाबला करने की क्षमता शामिल है।

11.5 आपदा प्रबंधन

आपदाएँ, चाहे प्राकृतिक हों या मानव निर्मित, हमारी दुनिया का एक अपरिहार्य हिस्सा हैं। जनसंख्या वृद्धि, शहरीकरण और औद्योगिक उन्नति के अपरिहार्य परिणामों के साथ-साथ प्राकृतिक खतरों की अनिवार्यता को आपदा-संबंधी नुकसान को कम करने के लिए एक रणनीतिक दृष्टिकोण की आवश्यकता होती है। आधुनिक आपदा जोखिम प्रबंधन कुल जोखिम प्रबंधन (टीआरएम) पर जोर देता है, जिसमें आपदा-पूर्व तैयारी और आपदा-पश्चात प्रतिक्रिया दोनों के लिए रणनीतियाँ शामिल होती हैं।

आपदा जोखिम प्रबंधन के अध्ययन को मोटे तौर पर दो सैद्धांतिक परिप्रेक्ष्यों में वर्गीकृत किया गया है: रचनावादी और वस्तुवादी (यथार्थवादी)। केलमैन ने भेदों पर प्रकाश डाला, रचनावादी दृष्टिकोण को सामाजिक विज्ञान के साथ संरेखित करने और आपदा जोखिम को एक सामाजिक निर्माण के रूप में देखने की पहचान की। यह परिप्रेक्ष्य बताता है कि आपदा जोखिम सामाजिक ताने-बाने में अंतर्निहित है, जिससे कम विकसित समाज अपनी अंतर्निहित स्थितियों के कारण आपदाओं के प्रति अधिक संवेदनशील हो जाते हैं, जबकि अधिक विकसित समाजों के पास इससे निपटने के लिए बेहतर तंत्र होते हैं। रचनावादी दृष्टिकोण आपदा जोखिम और लिंग, नस्ल, वर्ग और आर्थिक विकास जैसे सामाजिक कारकों के बीच परस्पर क्रिया की जांच करता है।

इसके विपरीत, ऑब्जेक्टिविस्ट स्कूल आपदाओं के भौतिक पहलुओं पर ध्यान केंद्रित करता है, इस बात की वकालत करता है कि आपदा जोखिमों का मात्रात्मक मूल्यांकन और उद्देश्यपूर्ण ढंग से मापा जा सकता है। यह दृष्टिकोण आपदा संभावनाओं और जोखिमों का मूल्यांकन करने के लिए जल-मौसम विज्ञान, भू-गतिकी, गणित और प्रौद्योगिकी के लेंस के माध्यम से प्राकृतिक और मानव-प्रेरित खतरों की गतिशीलता को समझने में गहराई से उतरता है।

आपदा जोखिम प्रबंधन बनाम आपदा प्रबंधन

ऐतिहासिक रूप से, आपदा प्रबंधन में जोर मुख्य रूप से आपदाओं के घटित होने के बाद प्रतिक्रिया देने पर था। यूएनडीपी की आपदा प्रबंधन की 1992 की परिभाषा नीतियों, प्रशासनिक निर्णयों और आपदा के बाद की परिचालन गतिविधियों पर केंद्रित है। इस दृष्टिकोण ने आपदा जोखिम को कम करने के बजाय तत्काल मानवीय सहायता को प्राथमिकता दी, आपदाओं के मूल कारणों को संबोधित करने और उनके शमन के महत्व की उपेक्षा की।

आपदा प्रबंधन के लिए समकालीन दृष्टिकोण न केवल तत्काल आपदा प्रतिक्रिया बल्कि आपदा जोखिमों की रोकथाम और कमी को भी शामिल करने पर ध्यान केंद्रित करता है। यह प्रत्येक खतरे की अनूठी प्रकृति को पहचानता है और व्यापक, एकीकृत रणनीतियों की तलाश करता है जो अर्थशास्त्र, सामाजिक कार्य, स्वास्थ्य और कानून जैसे विविध क्षेत्रों पर आधारित हों। आपदा जोखिम प्रबंधन (डीआरएम) में आपदा-पूर्व जोखिम प्रबंधन उपाय और आपदा-पश्चात आपातकालीन प्रबंधन दोनों शामिल हैं, जिसका लक्ष्य खतरों के प्रति लचीलापन बनाना और यह सुनिश्चित करना है कि विकासात्मक गतिविधियाँ कमजोरियों को न बढ़ाएँ।

आपदा प्रबंधन चक्र

आपदा प्रबंधन एक चक्रीय प्रक्रिया है जिसमें नुकसान को कम करने के उद्देश्य से शमन, तैयारी, प्रतिक्रिया और पुनर्प्राप्ति चरण शामिल हैं। यह चक्र व्यापक तैयारियों के महत्व को रेखांकित करता है जो खतरे और आपदा दोनों परिदृश्यों को संबोधित करता है। प्रभावी आपदा प्रबंधन का उद्देश्य व्यक्तियों, घरों, संस्थानों और समुदायों को आपदाओं से कुशलतापूर्वक निपटने और उबरने, जीवन और संपत्तियों की सुरक्षा करने में सक्षम बनाना है।

यूएस नेशनल इमरजेंसी मैनेजमेंट एसोसिएशन (एनईएमए) तैयारियों के बारह महत्वपूर्ण तत्वों की रूपरेखा तैयार करता है, जिसमें कानून और प्राधिकरण, खतरे की पहचान और जोखिम मूल्यांकन, शमन, संसाधन प्रबंधन, समन्वय, संचार, परिचालन प्रक्रियाएं, रसद, प्रशिक्षण, अभ्यास, संकट संचार और वितीय प्रबंधन शामिल हैं। ये तत्व आपदा जोखिम प्रबंधन चक्र के चार चरणों के अभिन्न अंग हैं।

संघीय आपातकालीन प्रबंधन एजेंसी (फेमा) सभी स्तरों पर नागरिकों, समुदायों और सरकारों की तत्परता को बढ़ाने, नेतृत्व, प्रशिक्षण और संसाधन आवंटन के माध्यम से आपदाओं का

जवाब देने, कम करने और उबरने की उनकी क्षमता को बढ़ाने के लिए एक बहुमुखी प्रयास के रूप में तैयारियों को परिभाषित करती है।

11.6 आपदा शमन

शमन से तात्पर्य उन सक्रिय प्रयासों से है जिनका उद्देश्य खतरों को आपदाओं में बढ़ने से रोकना या उनके घटित होने पर कम से कम उनके प्रभावों को कम करना है। शमन रणनीतियों में आपदाओं के जोखिम को कम करने या समाप्त करने पर दीर्घकालिक फोकस के साथ बिल्डिंग कोड का विकास, खतरनाक क्षेत्रों की ज़ोनिंग, सार्वजनिक शिक्षा पहल और भेद्यता आकलन शामिल हैं। शमन प्रयासों को मोटे तौर पर संरचनात्मक और गैर-संरचनात्मक उपायों में वर्गीकृत किया गया है:

- **संरचनात्मक शमन:** इसमें खतरों की संभावना और प्रभाव को कम करने के लिए बुनियादी ढांचे में भौतिक संशोधन शामिल हैं। उदाहरणों में कटाव नियंत्रण, भूकंप प्रतिरोधी इमारतों का निर्माण और बाढ़ के खिलाफ बाधाएं खड़ी करना शामिल हैं। ये उपाय खतरों से उत्पन्न संभावित तनावों की समझ के आधार पर तैयार किए गए हैं, जिनका लक्ष्य संरचनात्मक लचीलेपन को बढ़ाकर जीवन और संपत्ति की रक्षा करना है।
- **गैर-संरचनात्मक शमन:** इन उपायों में गैर-भौतिक रणनीतियाँ शामिल हैं, जैसे शैक्षिक कार्यक्रम, प्रशिक्षण, बीमा पॉलिसियाँ और योजना चर्चा, जिसका उद्देश्य मानसिक तैयारी और खतरों के बारे में जागरूकता बढ़ाना है। गैर-संरचनात्मक शमन के उपकरणों में जोखिम प्रबंधन, आर्थिक विविधीकरण, राजनीतिक हस्तक्षेप और सार्वजनिक जागरूकता बढ़ाना शामिल हैं।

11.7 आपदा जोखिम के लिए तैयारी

तैयारी व्यक्तियों और समुदायों को आपदाओं से प्रभावी ढंग से निपटने के लिए सक्षम बनाने पर केंद्रित हैं । इसमें अल्पकालिक और दीर्घकालिक दोनों उपायों के माध्यम से क्षमता निर्माण शामिल है, जिसमें संचार योजनाएं विकसित करना, आवश्यक आपूर्ति बनाए रखना, आपातकालीन सेवाओं की उपलब्धता सुनिश्चित करना, कई एजेंसियों के बीच समन्वय करना और प्रारंभिक चेतावनी प्रणाली लागू करना शामिल है। इंटरनेशनल फेडरेशन ऑफ रेड क्रॉस और रेड क्रिसेंट सोसाइटीज़ तैयारियों को एक सतत, एकीकृत प्रक्रिया के रूप में देखती है जो विभिन्न क्षेत्रों में गतिविधियों और संसाधनों की एक विस्तृत श्रृंखला को आकर्षित करती है।

हालाँकि शमन और तैयारी एक दूसरे से जुड़े हुए हैं, फिर भी वे अलग-अलग भूमिका निभाते हैं। शमन का उद्देश्य बुनियादी ढांचे में सुधार और सार्वजनिक शिक्षा जैसे विशिष्ट उपायों को लागू करके भेद्यता को कम करना है। दूसरी ओर, तैयारी समुदायों और आपातकालीन सेवाओं को वास्तविक आपदा घटनाओं पर प्रभावी प्रतिक्रिया के लिए तैयार करती है, जिसमें एक व्यापक दृष्टिकोण शामिल होता है जिसमें योजना और कार्यान्वयन शामिल होता है। तैयारियों के प्रमुख घटकों में शामिल हैं:

- **खतरे का ज्ञान**: विभिन्न आपदाओं के संभावित प्रभावों को समझना, कमजोरियों और अपेक्षित नुकसान का आकलन करना और सभी हितधारकों तक जानकारी प्रसारित करना।

- **प्रबंधन, निर्देशन और समन्वय**: आपदा प्रबंधन संस्थानों की स्थापना करना, प्राधिकरण की रेखाओं को परिभाषित करना, अंतर-एजेंसी सहयोग को बढ़ावा देना, और प्रभावी आपदा प्रतिक्रिया सुनिश्चित करने के लिए प्रशिक्षण और शिक्षा कार्यक्रम आयोजित करना।

- **विशिष्ट योजना**: विशिष्ट आपदा परिदृश्यों के अनुरूप, सरकारी और निजी संस्थाओं के बीच संसाधन तैनाती, आश्रय, संचार और सहयोग के लिए विस्तृत योजनाएँ विकसित करना।

- **संसाधन**: जनशक्ति, भोजन, पानी, चिकित्सा आपूर्ति और विभिन्न प्रकार की आपदाओं के अनुरूप विशेष उपकरण जैसे आवश्यक संसाधनों को सुरक्षित करना, साथ ही आपातकालीन संपर्क और समन्वय के लिए संचार चैनल स्थापित करना।

तैयारी में न केवल रणनीति बनाना शामिल है, बल्कि आपदाओं से तेजी से और कुशलता से निपटने और उनसे उबरने के लिए समुदाय की क्षमता को बढ़ाने के लिए इन रणनीतियों का व्यावहारिक कार्यान्वयन भी शामिल है।

अध्याय 11 का सारांश

- **सामाजिक पारिस्थितिकी** पर्यावरणीय मुद्दों और सामाजिक अन्याय के बीच संबंध पर जोर देता है, वर्चस्व की प्रणालियों के उन्मूलन की वकालत करता है और एक ऐसे समाज की कल्पना करता है जो इसके आधार पर हो। **समतावादी और सहजीवी संबंध** प्रकृति में देखे गए लोगों के समान। मरे बुकचिन पर्यावरणीय संकट में उनकी भूमिका के लिए पूंजीवादी और

मार्क्सवादी विचारधाराओं की आलोचना करते हैं और एक प्रस्ताव रखते है **विकेंद्रीकृत, समुदाय-केंद्रित समाज** स्थायी प्रथाओं और सहभागी लोकतंत्र के साथ।

* आलोचक आवेदन करने की व्यावहारिकता पर सवाल उठाते हैं **मानव समाज के लिए पारिस्थितिक सिद्धांत** और पारिस्थितिक अंतरनिर्भरता और मानव सामाजिक संगठन के बीच बुकचिन की सादृश्यता में संभावित मुद्दों पर प्रकाश डालें। को लेकर भी चिंता जताई जा रही है **मानवकेंद्रित उपक्रम** सामाजिक पारिस्थितिकी की, मानव-नेतृत्व वाली पारिस्थितिक सद्भाव की व्यवहार्यता पर सवाल उठाना।

* **पारिस्थितिक नारीवाद** पश्चिमी समाज की दार्शनिक नींव में बदलाव की वकालत करते हुए, सामाजिक उत्पीड़न को पर्यावरणीय शोषण से जोड़ता है। यह आलोचना करता है **पारंपरिक नैतिकता की तर्कवाद पर निर्भरता** और विभिन्न दृष्टिकोणों की खोज करता है, जिसमें महिलाओं और प्रकृति की अधीनता और गठन के प्रस्ताव को रेखांकित करने वाले द्वैतवाद की आलोचना भी शामिल है। **सौहार्दपूर्ण संबंध** पर्यावरण के साथ.

* वैल प्लमवुड और करेन जे. वॉरेन इन द्वैतवादों की आलोचना और समाधान प्रस्तुत करते हैं, प्लमवुड ने तर्कवाद के मूलभूत द्वैतवाद को चुनौती दी है और वॉरेन ने एक को खत्म करने पर ध्यान केंद्रित किया है।**दमनकारी वैचारिक ढांचा'** 'वर्चस्व का तर्क' अपनाना।

* कुछ पारिस्थितिक नारीवादी इस बात पर जोर देते हैं **महिलाओं और प्रकृति के बीच अनोखा संबंध,** अक्सर अध्यात्मवादी दृष्टिकोण के माध्यम से, हालांकि इस परिप्रेक्ष्य को संभावित रूप से दमनकारी द्वैतवाद को मजबूत करने के लिए आलोचना का सामना करना पड़ता है।

* **पर्यावरणीय नैतिकता का भविष्य** पर्यावरणीय चुनौतियों से निपटने के लिए राजनीतिक प्रयासों में प्रगति, व्यापक नैतिक चर्चाओं के साथ अधिक निकटता से जुड़ने और पर्यावरणीय विचारों को सुनिश्चित करने के साथ विकसित होने की संभावना है। **व्यापक नैतिक बहसों में पर्याप्त रूप से परिलक्षित होता है.**

* **आपदा प्रबंधन** इसमें प्राकृतिक और मानव-प्रेरित आपदाओं के लिए तैयारी और प्रतिक्रिया शामिल है, जो आपदाओं को प्रभावी ढंग से प्रबंधित करने के लिए एक कुशल प्रतिक्रिया प्रणाली की आवश्यकता पर प्रकाश डालती है।

- आपदाओं को उत्पन्न करने वाली घटनाओं के रूप में परिभाषित किया गया है **व्यापक सामाजिक और पर्यावरणीय क्षति**, प्रभावित समुदाय की अपने संसाधनों का उपयोग करके उबरने में असमर्थता के कारण बाहरी सहायता की आवश्यकता होती है।

- **आपदाओं के कारण** इसमें प्राकृतिक घटनाएँ और मानव-प्रेरित गतिविधियाँ दोनों शामिल हैं, दुनिया भर में आपदा की घटनाओं में वृद्धि आंशिक रूप से मानव कार्यों के कारण आपदा जोखिमों को बढ़ाने के कारण हुई है।

- **आपदा जोखिम न्यूनीकरण के लिए संयुक्त राष्ट्र कार्यालय (UNISDR)** आपदा को एक गंभीर व्यवधान के रूप में वर्णित किया गया है जिससे बड़े पैमाने पर नुकसान हुआ है, और आपदाओं के प्रभाव को बढ़ाने या कम करने में मानवीय कार्यों की भूमिका पर जोर दिया गया है।

- **खतरों** इन्हें प्राकृतिक और मानव-प्रेरित में वर्गीकृत किया गया है, जिसमें वनों की कटाई और प्रदूषण जैसी मानवीय गतिविधियाँ प्राकृतिक आपदाओं के प्रभावों को बढ़ा रही हैं।

- **भेद्यता** राजनीतिक, आर्थिक, सामाजिक, ढांचागत और पर्यावरणीय कारकों से प्रभावित किसी खतरे के हानिकारक प्रभावों के प्रति व्यक्तियों या समुदायों की संवेदनशीलता को संदर्भित करता है।

- **मुकाबला करने की क्षमता** समुदायों के भीतर संसाधनों और तंत्रों की उपलब्धता को संदर्भित करता है **आपदाओं के लिए तैयारी करना, प्रबंधन करना, रोकना और उनसे उबरना.** किसी समुदाय की आपदाओं के प्रति संवेदनशीलता उसकी मुकाबला करने की क्षमता से विपरीत रूप से संबंधित होती है।

- **आपदा जोखिम को परिभाषित करना** इसमें समुदाय की भेद्यता और मुकाबला करने की क्षमता से प्रभावित होकर खतरनाक स्थितियों के संपर्क में आने से होने वाली क्षति की संभावना का आकलन करना शामिल है। उच्च आपदा जोखिम समुदायों के साथ जुड़ा हुआ है **कम संसाधन और कम मुकाबला करने की क्षमता।**

- **विचार विमर्श** खतरे, भेद्यता, मुकाबला करने की क्षमता और आपदा जोखिम पर जोर दिया गया है कि आपदाएँ तब घटित होती हैं जब एक कमजोर समाज अपने प्रतिकूल प्रभावों को कम करने के लिए पर्याप्त क्षमता के बिना किसी खतरे के संपर्क में आता है। आपदा जोखिम समुदाय की क्षमता, भेद्यता और खतरे की प्रकृति का एक कार्य है।

- **आपदा प्रबंधन** न केवल आपदा के बाद की प्रतिक्रिया को शामिल करने के लिए बल्कि आपदा-पूर्व जोखिम की रोकथाम और कटौती को भी शामिल करने के लिए विकसित किया जा रहा है। आधुनिक दृष्टिकोण चाहता है **व्यापक रणनीतियाँ** आपदा जोखिम प्रबंधन (डीआरएम) के लिए, विविध क्षेत्रों का उपयोग करते हुए।

- **आपदा प्रबंधन चक्र** नुकसान को कम करने के उद्देश्य से शमन, तैयारी, प्रतिक्रिया और पुनर्प्राप्ति चरण शामिल हैं। आपदाओं से प्रभावी ढंग से निपटने में सक्षम होने के लिए तैयारी महत्वपूर्ण है **कानून और प्राधिकरण, खतरे की पहचान, शमन, समन्वय और वित्तीय प्रबंधन**.

- **आपदा शमन** इसमें खतरों को आपदा बनने से रोकने या उनके प्रभावों को कम करने के उद्देश्य से संरचनात्मक और गैर-संरचनात्मक उपाय शामिल हैं। संरचनात्मक शमन शामिल है **भौतिक संशोधन** बुनियादी ढांचे के लिए, जबकि गैर-संरचनात्मक उपायों पर ध्यान केंद्रित किया गया है **शिक्षा, बीमा पॉलिसियाँ, और जन जागरूकता**.

- **आपदा जोखिम के लिए तैयारी** के माध्यम से निर्माण क्षमता शामिल है **संचार योजनाएँ विकसित करना, आवश्यक आपूर्ति बनाए रखना और प्रारंभिक चेतावनी प्रणाली लागू करना**. यह एक सतत प्रक्रिया है जिसमें आपदाओं के प्रति सामुदायिक लचीलापन बढ़ाने के लिए जोखिम ज्ञान, प्रबंधन समन्वय, विशिष्ट योजना और संसाधन आवंटन शामिल है।

तैयारी के प्रमुख घटक खतरों को समझना, आपदा प्रबंधन संस्थानों की स्थापना करना, संसाधन तैनाती और सहयोग के लिए विस्तृत योजनाएँ विकसित करना और विभिन्न प्रकार की आपदाओं के अनुरूप आवश्यक संसाधनों को सुरक्षित करना शामिल है।

शहरी पर्यावरण प्रबंधन

डॉ. कौशलेन्द्र प्रताप सिंह

Ph.D.

12.1 परिचय

शहरी पर्यावरणीय चुनौतियाँ दुनिया भर के शहरों के सामने एक जटिल और बहुआयामी समस्या का प्रतिनिधित्व करती हैं, क्योंकि तेजी से शहरीकरण और औद्योगिक विकास ने महत्वपूर्ण पर्यावरणीय गिरावट को जन्म दिया है, जिससे शहरी आबादी के स्वास्थ्य और शहरी पारिस्थितिकी तंत्र की स्थिरता दोनों पर असर पड़ा है। संयुक्त राष्ट्र के अनुसार, दुनिया की 55% से अधिक आबादी अब शहरी क्षेत्रों में रहती है, यह आंकड़ा 2050 तक 68% तक बढ़ने का अनुमान है। यह नाटकीय बदलाव न केवल अपेक्षाकृत छोटे भौगोलिक क्षेत्रों में मानव गतिविधि को केंद्रित करता है बल्कि संसाधनों की मांग को भी बढ़ाता है। जिससे अपशिष्ट उत्पादन, प्रदूषण और प्राकृतिक संसाधनों का अत्यधिक दोहन बढ़ गया है।

सबसे गंभीर शहरी पर्यावरणीय चुनौतियों में से एक वायु प्रदूषण है। विश्व स्वास्थ्य संगठन (डब्ल्यूएचओ) का अनुमान है कि वैश्विक आबादी का लगभग 91% उन स्थानों पर रहता है जहां वायु गुणवत्ता का स्तर डब्ल्यूएचओ दिशानिर्देश सीमा से अधिक है, शहरी क्षेत्रों में अक्सर वाहनों, उद्योग और ऊर्जा उत्पादन से उत्सर्जन के कारण इन सीमाओं से काफी अधिक है। इसका स्वास्थ्य पर गहरा प्रभाव पड़ता है, जिससे बाहरी वायु प्रदूषण के कारण हर साल दुनिया भर में लगभग 4.2 मिलियन समय से पहले मौतें होती हैं। इसके अलावा, शहरी क्षेत्र जलवायु परिवर्तन में प्रमुख योगदानकर्ता हैं, शहर दुनिया की दो-तिहाई से अधिक ऊर्जा की खपत करते हैं और वैश्विक CO_2 उत्सर्जन का 70% से अधिक के लिए जिम्मेदार हैं।

पानी की कमी और प्रदूषण एक और गंभीर चुनौती है। संयुक्त राष्ट्र पर्यावरण कार्यक्रम (यूएनईपी) की रिपोर्ट है कि 2025 तक, दुनिया की दो-तिहाई आबादी पानी की कमी की स्थिति में रह सकती है, जिसमें शहरी क्षेत्रों में सबसे गंभीर कमी का सामना करना पड़ेगा। कमी के अलावा, औद्योगिक निर्वहन, शहरी अपवाह और अपर्याप्त सीवेज उपचार से प्रदूषकों के कारण

पानी की गुणवत्ता से समझौता किया जाता है, जिससे लाखों लोगों का स्वास्थ्य और कल्याण प्रभावित होता है।

ठोस अपशिष्ट प्रबंधन एक और गंभीर मुद्दा है, शहरी क्षेत्रों में प्रति वर्ष लगभग 1.3 बिलियन टन ठोस अपशिष्ट उत्पन्न होता है, 2025 तक यह संख्या बढ़कर 2.2 बिलियन टन होने की उम्मीद है। इस अपशिष्ट का प्रबंधन शहरी नगर पालिकाओं के लिए एक महत्वपूर्ण चुनौती है, विशेष रूप से विकासशील देशों में जहां बुनियादी ढांचा और संसाधन सीमित हैं, वहां निपटान के अनुचित तरीके अपनाए जाते हैं जो प्रदूषण और स्वास्थ्य संबंधी खतरों में योगदान करते हैं।

शहरी फैलाव से हरित स्थानों और जैव विविधता का नुकसान होता है, जिससे शहरी ताप द्वीप प्रभाव बढ़ जाता है, हवा की गुणवत्ता कम हो जाती है और शहर के निवासियों के लिए जीवन की गुणवत्ता कम हो जाती है। आवासों का विखंडन और हरे स्थानों का नुकसान न केवल शहरी क्षेत्रों के सौंदर्य और मनोरंजक मूल्य को प्रभावित करता है, बल्कि स्थानीय जलवायु और जलवायु परिवर्तन के अनुकूल शहरों की लचीलेपन पर भी महत्वपूर्ण प्रभाव डालता है।

12.2   शहरी अपशिष्ट निपटान

शहरी अपशिष्ट निपटान विश्व स्तर पर नगर पालिकाओं और शहरी योजनाकारों के सामने सबसे कठिन चुनौतियों में से एक बनकर उभरा है, क्योंकि तेजी से शहरीकरण, जनसंख्या वृद्धि और उपभोग पैटर्न में बदलाव ने शहरों में उत्पन्न कचरे की मात्रा और जटिलता में काफी वृद्धि की है। विश्व बैंक के अनुसार, दुनिया भर के शहरी क्षेत्र सालाना लगभग 2.01 बिलियन टन ठोस कचरा पैदा करते हैं, यह आंकड़ा 2050 तक बढ़कर 3.4 बिलियन टन होने का अनुमान है। शहरी कचरे में यह तेजी से वृद्धि स्थायी अपशिष्ट प्रबंधन समाधान विकसित करने की आवश्यकता को रेखांकित करती है जो कि पर्यावरणीय प्रभावों को कम करना और शहरी आबादी के स्वास्थ्य और कल्याण का समर्थन करना।

शहरी कचरे की संरचना विविध है, जिसमें जैविक कचरा, प्लास्टिक, धातु और कांच से लेकर इलेक्ट्रॉनिक कचरा तक शामिल है, प्रत्येक श्रेणी निपटान चुनौतियों का अपना सेट प्रस्तुत करती है। विशेष रूप से, प्लास्टिक कचरे ने अपनी स्थायित्व और गिरावट के प्रतिरोध के कारण काफी ध्यान आकर्षित किया है, जो कुल उत्पन्न कचरे का लगभग 12% योगदान देता है और केवल एक अंश को प्रभावी ढंग से पुनर्नवीनीकरण किया जाता है। प्लास्टिक कचरे के कुप्रबंधन के कारण महत्वपूर्ण पर्यावरण प्रदूषण हुआ है, जिसमें दुनिया के महासागरों में

प्लास्टिक का प्रसार भी शामिल है, जहां अनुमान है कि सालाना 8 मिलियन टन तक प्लास्टिक डंप किया जाता है, जिससे समुद्री जीवन और पारिस्थितिकी तंत्र को खतरा होता है।

इलेक्ट्रॉनिक कचरा, या ई-कचरा, एक और बढ़ती चिंता का प्रतिनिधित्व करता है। ग्लोबल ई-वेस्ट मॉनिटर की रिपोर्ट है कि हर साल दुनिया भर में लगभग 50 मिलियन टन ई-कचरा पैदा होता है, जिसमें से केवल 20% का औपचारिक रूप से पुनर्चक्रण किया जाता है। शेष अक्सर लैंडफिल में चला जाता है या अनौपचारिक रूप से संसाधित किया जाता है, जिससे पर्यावरण में सीसा, पारा और कैडमियम जैसे जहरीले पदार्थ निकलते हैं, जिससे मनुष्यों और वन्यजीवों दोनों के लिए गंभीर स्वास्थ्य जोखिम पैदा होता है।

जैविक कचरे का निपटान, जो वैश्विक शहरी कचरे का लगभग 50% है, भी महत्वपूर्ण चुनौतियाँ पैदा करता है। जब अनुचित तरीके से प्रबंधित किया जाता है, तो जैविक कचरा लैंडफिल में मीथेन, एक शक्तिशाली ग्रीनहाउस गैस, के उत्पादन में योगदान देता है। संयुक्त राष्ट्र के खाद्य और कृषि संगठन (एफएओ) का अनुमान है कि यदि खाद्य अपशिष्ट एक देश होता, तो यह दुनिया में तीसरा सबसे बड़ा उत्सर्जन करने वाला देश होता, जो अधिक प्रभावी जैविक अपशिष्ट प्रबंधन प्रथाओं की आवश्यकता पर प्रकाश डालता है।

अपर्याप्त बुनियादी ढांचे के कारण शहरी कचरे का प्रबंधन और भी जटिल हो गया है, खासकर विकासशील देशों में जहां तेजी से शहरी विकास ने कचरा प्रबंधन प्रणालियों के विकास को पीछे छोड़ दिया है। इन संदर्भों में, कचरे का एक महत्वपूर्ण हिस्सा एकत्र नहीं किया जाता है या खुले में जलाने या अनियमित डंप में निपटाया जाता है, जिससे गंभीर पर्यावरण प्रदूषण और स्वास्थ्य संबंधी खतरे पैदा होते हैं।

इन चुनौतियों के बावजूद, शहरी अपशिष्ट प्रबंधन में सफलता की कहानियाँ उभर रही हैं जो अधिक टिकाऊ प्रथाओं की आशा प्रदान करती हैं। जिन शहरों ने व्यापक अपशिष्ट कटौती, पुन: उपयोग और पुनर्चक्रण कार्यक्रम लागू किए हैं, उनमें लैंडफिल में भेजे जाने वाले कचरे की मात्रा में महत्वपूर्ण कमी देखी गई है। उदाहरण के लिए, सैन फ्रांसिस्को, यूएसए ने आक्रामक रीसाइक्लिंग और कंपोस्टिंग कार्यक्रमों के माध्यम से लगभग 80% की डायवर्जन दर हासिल की है। इसी तरह, स्वीडन में, हाल के वर्षों में 1% से भी कम घरेलू कचरे को लैंडफिल में भेजा गया था, इसके लिए इसके उन्नत अपशिष्ट-से-ऊर्जा कार्यक्रम को धन्यवाद, जो कचरे को हीटिंग और बिजली के लिए ऊर्जा में परिवर्तित करता है।

शहरी क्षेत्रों में स्वच्छ जल और पर्याप्त स्वच्छता का प्रावधान सार्वजनिक स्वास्थ्य, आर्थिक विकास और पर्यावरणीय स्थिरता का एक महत्वपूर्ण घटक है। फिर भी, जैसे-जैसे वैश्विक शहरी आबादी बढ़ रही है, संयुक्त राष्ट्र ने इसे 2050 तक 6.7 बिलियन तक बढ़ने का अनुमान लगाया है, जो 2018 में 4.2 बिलियन से अधिक है, शहरी जल और स्वच्छता प्रणालियाँ अभूतपूर्व दबाव में हैं। यह दबाव तेजी से शहरीकरण, पुराने होते बुनियादी ढांचे, जलवायु परिवर्तन और संसाधनों की कमी की चुनौतियों से और भी बढ़ गया है, जिससे टिकाऊ जल और स्वच्छता सेवाएं प्रदान करने का कार्य तेजी से जटिल हो गया है।

विश्व स्तर पर, शहरी क्षेत्रों के बीच और भीतर भारी असमानताओं के साथ, सुरक्षित पानी और स्वच्छता तक पहुंच में काफी भिन्नता है। विश्व स्वास्थ्य संगठन (डब्ल्यूएचओ) और संयुक्त राष्ट्र बाल कोष (यूनिसेफ) के अनुसार, 2.2 अरब लोगों को सुरक्षित रूप से प्रबंधित पेयजल तक पहुंच नहीं है, और 4.2 अरब लोग सुरक्षित रूप से प्रबंधित स्वच्छता के बिना रहते हैं। शहरी संदर्भों में, जबकि बुनियादी सेवाओं का कवरेज आम तौर पर ग्रामीण क्षेत्रों की तुलना में अधिक है, शहरीकरण की तीव्र गति अक्सर शहरों की सेवाओं का विस्तार करने की क्षमता से आगे निकल जाती है, जिससे लाखों शहरी निवासी, विशेष रूप से अनौपचारिक बस्तियों में, साफ पानी और पर्याप्त पानी तक पहुंच नहीं हो पाती है।

अपर्याप्त जल और स्वच्छता के परिणाम गहरे और दूरगामी हैं। डब्ल्यूएचओ का अनुमान है कि असुरक्षित पेयजल, स्वच्छता और हाथ की स्वच्छता के कारण हर साल 829,000 लोग दस्त से मर जाते हैं, जिसमें पांच साल से कम उम्र के बच्चे विशेष रूप से कमजोर होते हैं। स्वास्थ्य के अलावा, अपर्याप्त सेवाएं उत्पादकता को कम करके, स्वास्थ्य देखभाल की लागत में वृद्धि और निवेश को हतोत्साहित करके आर्थिक विकास में बाधा डालती हैं। पर्यावरण की दृष्टि से, खराब स्वच्छता प्रणालियाँ शहरी जल निकायों के प्रदूषण का कारण बन सकती हैं, जिससे जैव विविधता और पारिस्थितिकी तंत्र सेवाएँ प्रभावित हो सकती हैं।

पानी की कमी एक और गंभीर चुनौती का प्रतिनिधित्व करती है, संयुक्त राष्ट्र विश्व जल विकास रिपोर्ट से संकेत मिलता है कि 2025 तक, दुनिया की दो-तिहाई आबादी पानी की कमी के कारण तनाव की स्थिति में हो सकती है। शहरी क्षेत्रों में, जनसंख्या के उच्च घनत्व और आर्थिक गतिविधियों की सघनता के कारण, पानी की मांग के प्रबंधन और टिकाऊ आपूर्ति सुनिश्चित करने में अद्वितीय चुनौतियों का सामना करना पड़ता है। जलवायु परिवर्तन ने इन चुनौतियों

को और बढ़ा दिया है, जिससे सूखे और बाढ़ की आवृत्ति और तीव्रता में वृद्धि के साथ जल आपूर्ति और स्वच्छता प्रणालियों के बाधित होने का खतरा पैदा हो गया है।

इन चुनौतियों के बावजूद, ऐसे उभरते मॉडल और नवाचार हैं जो टिकाऊ शहरी जल और स्वच्छता समाधानों की आशा प्रदान करते हैं। जल सुरक्षा और स्थिरता बढ़ाने की चाह रखने वाले शहरों द्वारा जल पुनर्चक्रण और पुन: उपयोग, वर्षा जल संचयन और हरित बुनियादी ढांचे के विकास जैसी तकनीकों को तेजी से अपनाया जा रहा है। उदाहरण के लिए, सिंगापुर का न्यूएटर कार्यक्रम, जो गैर-पीने योग्य उपयोग के लिए उपचारित अपशिष्ट जल का पुनर्चक्रण करता है, अब देश की 40% पानी की मांग को पूरा करता है, यह दर्शाता है कि कैसे नवीन दृष्टिकोण शहरी जल लचीलेपन को महत्वपूर्ण रूप से बढ़ा सकते हैं।

शहरी जल और स्वच्छता सेवाओं में सुधार के लिए वित्तपोषण एक महत्वपूर्ण बाधा बनी हुई है, मौजूदा बुनियादी ढांचे को उन्नत करने, वंचित आबादी के लिए सेवाओं का विस्तार करने और स्थायी समाधानों को नवीनीकृत करने के लिए महत्वपूर्ण निवेश की आवश्यकता है। विश्व बैंक का अनुमान है कि 2030 तक सुरक्षित पानी और स्वच्छता तक सार्वभौमिक पहुंच प्राप्त करने के लिए प्रति वर्ष 114 बिलियन डॉलर की आवश्यकता है, जो सार्वजनिक और निजी दोनों क्षेत्रों से बढ़ी हुई वित्तीय प्रतिबद्धताओं की आवश्यकता को रेखांकित करता है।

12.4   सार्वजनिक परिवहन और स्वास्थ्य मुद्दे

सार्वजनिक परिवहन प्रणालियों और सार्वजनिक स्वास्थ्य के बीच जटिल संबंध दुनिया भर में शहरी योजनाकारों, सार्वजनिक स्वास्थ्य अधिकारियों और पर्यावरण वैज्ञानिकों के लिए चिंता का एक महत्वपूर्ण क्षेत्र है। जैसे-जैसे शहरों का विस्तार जारी है और वैश्विक आबादी तेजी से शहरी क्षेत्रों में केंद्रित हो रही है, कुशल और सुलभ सार्वजनिक परिवहन की मांग कभी अधिक नहीं रही है। संयुक्त राष्ट्र के आर्थिक और सामाजिक मामलों के विभाग का अनुमान है कि 2050 तक, दुनिया की 68% आबादी शहरी क्षेत्रों में निवास करेगी, जो 2018 में 55% से अधिक है। यह शहरी प्रवासन, स्थायी गतिशीलता समाधानों की बढ़ती आवश्यकता के साथ मिलकर, सार्वजनिक परिवहन को स्थान देता है शहरी स्वास्थ्य और पर्यावरणीय स्थिरता पर चर्चा के केंद्र में प्रणालियाँ।

सार्वजनिक परिवहन, जिसमें बसें, ट्रेन, सबवे और बड़े पैमाने पर परिवहन के अन्य रूप शामिल हैं, शहरी आबादी के स्वास्थ्य परिणामों को आकार देने में महत्वपूर्ण भूमिका निभाते हैं। यह शारीरिक गतिविधि के स्तर, वायु प्रदूषण के संपर्क, यातायात की भीड़ और दुर्घटनाओं को

प्रभावित करता है, जिससे हृदय स्वास्थ्य, श्वसन स्थितियों और समग्र मृत्यु दर पर असर पड़ता है। उदाहरण के लिए, विश्व स्वास्थ्य संगठन (डब्ल्यूएचओ) इस बात पर प्रकाश डालता है कि गतिहीन जीवन शैली से जुड़ी शारीरिक निष्क्रियता, हर साल वैश्विक स्तर पर अनुमानित 3.2 मिलियन मौतों का कारण बनती है। सार्वजनिक परिवहन पारगमन स्टेशनों तक पैदल चलने और साइकिल चलाने को प्रोत्साहित करके इसे कम कर सकता है, इस प्रकार शारीरिक गतिविधि को दैनिक दिनचर्या में एकीकृत कर सकता है।

हालाँकि, सार्वजनिक परिवहन के स्वास्थ्य संबंधी निहितार्थ बहुआयामी हैं। हालाँकि यह शारीरिक गतिविधि को बढ़ावा दे सकता है, लेकिन यह विशेष रूप से घनी आबादी वाले शहरी केंद्रों में संक्रामक रोगों के जोखिम से संबंधित चुनौतियाँ भी प्रस्तुत करता है। कोविड-19 महामारी ने सार्वजनिक परिवहन प्रणालियों की अत्यधिक संक्रामक बीमारियों के प्रसार का माध्यम बनने की संवेदनशीलता को रेखांकित किया, जिससे सार्वजनिक पारगमन वातावरण में मजबूत स्वास्थ्य और सुरक्षा उपायों की आवश्यकता का पता चला।

वायु प्रदूषण सार्वजनिक परिवहन प्रणालियों से जुड़ी एक और महत्वपूर्ण स्वास्थ्य चिंता है, खासकर उन शहरों में जहां पुरानी, डीजल से चलने वाली बसें और ट्रेनें प्रमुख हैं। विश्व बैंक की रिपोर्ट है कि शहरी वायु प्रदूषण दुनिया भर में सालाना लगभग 1.3 मिलियन मौतों से जुड़ा हुआ है। वाहनों से होने वाला उत्सर्जन श्वसन और हृदय रोगों की एक श्रृंखला में योगदान देता है, जो स्वच्छ, अधिक टिकाऊ सार्वजनिक परिवहन विकल्पों में परिवर्तन के महत्व को रेखांकित करता है।

यातायात की भीड़, जिसे अक्सर कुशल सार्वजनिक परिवहन नेटवर्क द्वारा कम किया जाता है, का स्वास्थ्य पर प्रत्यक्ष और अप्रत्यक्ष प्रभाव पड़ता है। टेक्सास ए एंड एम ट्रांसपोर्टेशन इंस्टीट्यूट का कहना है कि औसत अमेरिकी यात्री भीड़भाड़ के कारण प्रति वर्ष लगभग 54 अतिरिक्त घंटे ट्रैफिक में बिताता है, जिससे तनाव बढ़ता है, प्रदूषण फैलता है और उत्पादकता में कमी आती है। सड़क पर निजी वाहनों की संख्या को कम करके, सार्वजनिक परिवहन इन प्रतिकूल स्वास्थ्य प्रभावों को काफी हद तक कम कर सकता है।

सार्वजनिक परिवहन से मानसिक स्वास्थ्य भी प्रभावित होता है, विश्वसनीयता, पहुंच और सुरक्षा जैसे पहलू दैनिक तनाव के स्तर और समग्र मानसिक कल्याण को प्रभावित करते हैं। अमेरिकन पब्लिक ट्रांसपोर्टेशन एसोसिएशन सार्वजनिक परिवहन के सामाजिक लाभों पर जोर देता है, जिसमें कम अलगाव और सामाजिक सेवाओं और रोजगार के अवसरों तक बेहतर पहुंच शामिल है, जो मानसिक स्वास्थ्य के लिए महत्वपूर्ण हैं।

सार्वजनिक परिवहन से संबंधित स्वास्थ्य मुद्दों के समाधान के लिए शहरी नियोजन, पर्यावरण विज्ञान, सार्वजनिक स्वास्थ्य और परिवहन इंजीनियरिंग को शामिल करते हुए एक बहु-विषयक दृष्टिकोण की आवश्यकता है। स्वच्छ प्रौद्योगिकी में निवेश, सक्रिय परिवहन (जैसे बाइक चलाना और पैदल चलना) का समर्थन करने के लिए बुनियादी ढांचा, और सार्वजनिक परिवहन की सुरक्षा और विश्वसनीयता बढ़ाने की नीतियां इसे स्वस्थ, टिकाऊ शहरी जीवन की आधारशिला में बदल सकती हैं।

12.5   शहरी आवास और जल निकासी

शहरी आवास और जल निकासी प्रणालियों के बीच परस्पर क्रिया टिकाऊ शहरी विकास का एक महत्वपूर्ण लेकिन अक्सर अनदेखा किया जाने वाला घटक है, जो सीधे तौर पर शहरी आबादी के स्वास्थ्य, कल्याण और लचीलेपन को प्रभावित करता है। जैसा कि वैश्विक शहरीकरण की प्रवृत्ति जारी है, संयुक्त राष्ट्र का अनुमान है कि 2050 तक दुनिया की 68% आबादी शहरी क्षेत्रों में रहेगी, पर्याप्त आवास और कुशल जल निकासी प्रदान करने की चुनौती तेजी से जटिल हो गई है। यह वृद्धि, 2018 में 55% से, न केवल मौजूदा बुनियादी ढांचे पर दबाव डालती है, बल्कि बढ़ती शहरी आबादी की जरूरतों को पूरा करने के लिए नवीन समाधानों के एकीकरण की भी आवश्यकता है।

शहरी आवास, संयुक्त राष्ट्र द्वारा मान्यता प्राप्त एक मौलिक मानव अधिकार, शहरी विकास चुनौतियों में सबसे आगे है। हैबिटेट फॉर ह्यूमैनिटी के अनुसार, किफायती, सुरक्षित और टिकाऊ आवास की मांग बढ़ रही है, अनुमानित 1.6 बिलियन लोग वैश्विक स्तर पर घटिया आवास में रह रहे हैं। इसके अलावा, विश्व बैंक इस बात पर प्रकाश डालता है कि लगभग 1 बिलियन शहरी निवासी अनौपचारिक बस्तियों में रहते हैं, जहां अपर्याप्त आवास की स्थिति अक्सर कुशल जल निकासी प्रणालियों सहित आवश्यक सेवाओं की अनुपस्थिति से जटिल होती है।

प्रभावी शहरी जल निकासी के महत्व को कम करके नहीं आंका जा सकता, विशेष रूप से जलवायु परिवर्तन और चरम मौसम की घटनाओं की बढ़ती आवृत्ति के संदर्भ में। जलजनित बीमारियों को रोकने, बाढ़ के खतरों को कम करने और शहरी आवास की संरचनात्मक अखंडता सुनिश्चित करने के लिए कुशल जल निकासी प्रणालियाँ महत्वपूर्ण हैं। विश्व स्वास्थ्य संगठन (डब्ल्यूएचओ) अपर्याप्त पानी और स्वच्छता सेवाओं को हैजा, दस्त और वेक्टर जनित बीमारियों सहित महत्वपूर्ण स्वास्थ्य जोखिमों से जोड़ता है, जो खराब जल निकासी और स्वच्छता सुविधाओं वाले क्षेत्रों में रहने वाले शहरी गरीबों को प्रतिकूल रूप से प्रभावित करते हैं।

इसके अलावा, शहरी जल निकासी तूफानी जल के प्रबंधन, शहरी ताप द्वीप प्रभावों को कम करने और शहरी हरित स्थानों को बढ़ाने में महत्वपूर्ण भूमिका निभाती है। हालाँकि, कई शहर, विशेष रूप से विकासशील देशों में, पुराने या अपर्याप्त जल निकासी बुनियादी ढांचे से जूझ रहे हैं जो अभेद्य शहरी सतहों से उत्पन्न तूफानी पानी की मात्रा और वेग को संभालने के लिए अपर्याप्त है। सेंटर फॉर नेबरहुड टेक्नोलॉजी की रिपोर्ट है कि अकेले संयुक्त राज्य अमेरिका में, शहरी क्षेत्र सालाना 10 बिलियन गैलन से अधिक अनुपचारित तूफानी जल अपवाह में योगदान करते हैं, जो एकीकृत जल प्रबंधन रणनीतियों की आवश्यकता को रेखांकित करता है जिसमें आवास और शहरी जल निकासी दोनों शामिल हैं।

हरित बुनियादी ढांचे और टिकाऊ शहरी जल निकासी प्रणालियों (एसयूडीएस) का एकीकरण इन चुनौतियों से निपटने के लिए आशाजनक रास्ते प्रदान करता है। ये प्रणालियाँ न केवल तूफानी जल का अधिक प्रभावी ढंग से प्रबंधन करती हैं बल्कि शहरी क्षेत्रों के सौंदर्य और पारिस्थितिक मूल्य में भी योगदान देती हैं। उदाहरण के लिए, हरी छतें और वर्षा उद्यान अपवाह को कम कर सकते हैं, वायु की गुणवत्ता में सुधार कर सकते हैं और जैव विविधता को बढ़ा सकते हैं, साथ ही शहरी आवास की ऊर्जा दक्षता और रहने की क्षमता में भी योगदान दे सकते हैं।

शहरी आवास और जल निकासी में निवेश भी शहरी लचीलेपन में निवेश है। एशियाई विकास बैंक इस बात पर जोर देता है कि लचीला बुनियादी ढांचा प्राकृतिक आपदाओं से जुड़े आर्थिक और मानवीय नुकसान को काफी कम कर सकता है, जिनकी जलवायु परिवर्तन के कारण आवृत्ति और तीव्रता में वृद्धि होने की उम्मीद है। आवास, जल निकासी और व्यापक शहरी प्रणालियों के अंतर्संबंध पर विचार करने वाले समग्र दृष्टिकोण को अपनाकर, शहर ऐसे वातावरण को बढ़ावा दे सकते हैं जो स्वस्थ, टिकाऊ और भविष्य की चुनौतियों के लिए लचीला हो।

12.6   बिजली और ईंधन

बिजली और ईंधन आधुनिक सभ्यता की अपरिहार्य आधारशिला हैं, जो छोटे घरेलू उपकरणों से लेकर सबसे बड़े औद्योगिक परिसरों तक सब कुछ को शक्ति प्रदान करते हैं और प्रौद्योगिकी, स्वास्थ्य देखभाल, शिक्षा और परिवहन में प्रगति की सुविधा प्रदान करते हैं। संयुक्त राष्ट्र के आर्थिक और सामाजिक मामलों के विभाग के अनुसार, जैसे-जैसे वैश्विक आबादी बढ़ रही है, 2050 तक लगभग 10 अरब तक पहुंचने का अनुमान है, बिजली और ईंधन के रूप में ऊर्जा की मांग एक साथ बढ़ रही है, जो टिकाऊपन के लिए चुनौतियां और अवसर दोनों पेश कर रही है।

अंतर्राष्ट्रीय ऊर्जा एजेंसी (IEA) की रिपोर्ट है कि वैश्विक बिजली की मांग अभूतपूर्व दर से बढ़ रही है, अकेले 2019 में 2.1% की वृद्धि हुई है, जो दुनिया भर में ऊर्जा प्रणालियों में विद्युतीकरण की चल रही प्रवृत्ति को दर्शाती है। यह उछाल मुख्य रूप से उभरती अर्थव्यवस्थाओं द्वारा प्रेरित है, जहां तेजी से शहरीकरण और आर्थिक विकास विश्वसनीय और किफायती ऊर्जा स्रोतों की आवश्यकता को बढ़ाते हैं। समवर्ती रूप से, वैश्विक ऊर्जा क्षेत्र, जो कार्बन डाइऑक्साइड उत्सर्जन के बड़े हिस्से के लिए जिम्मेदार है, ग्लोबल वार्मिंग को पूर्व-औद्योगिक स्तरों से 2 डिग्री सेल्सियस से नीचे सीमित करने के पेरिस समझौते के लक्ष्य के अनुरूप डीकार्बोनाइजेशन की अनिवार्य चुनौती का सामना कर रहा है।

विश्व बैंक के अनुसार, ईंधन की खपत के पैटर्न से जीवाश्म ईंधन-कोयला, तेल और प्राकृतिक गैस पर निर्भरता की एक जटिल तस्वीर सामने आती है, जो वैश्विक ऊर्जा मिश्रण का लगभग 84% है। यह निर्भरता वायु प्रदूषण, जलवायु परिवर्तन और ऊर्जा की कीमतों में उतार-चढ़ाव सहित महत्वपूर्ण पर्यावरणीय, आर्थिक और सामाजिक जोखिम पैदा करती है, जो राष्ट्रीय अर्थव्यवस्था से लेकर व्यक्तिगत स्वास्थ्य तक सब कुछ प्रभावित करती है। विश्व स्वास्थ्य संगठन (डब्ल्यूएचओ) सालाना अनुमानित 4.2 मिलियन असामयिक मौतों का कारण परिवेशी वायु प्रदूषण को बताता है, जिनमें से अधिकांश ऊर्जा उत्पादन और उपयोग से जुड़ा हुआ है।

नवीकरणीय ऊर्जा स्रोत-सौर, पवन, जलविद्युत और भूतापीय-बिजली उत्पादन और ईंधन उत्पादन के लिए स्वच्छ, अधिक टिकाऊ और तेजी से लागत-प्रतिस्पर्धी विकल्प प्रदान करने की क्षमता के साथ आशाजनक विकल्प प्रदान करते हैं। अंतर्राष्ट्रीय नवीकरणीय ऊर्जा एजेंसी (आईआरईएनए) द्वारा वैश्विक नवीकरणीय आउटलुक इस बात पर प्रकाश डालता है कि नवीकरणीय ऊर्जा 2050 तक दुनिया की 45 % बिजली की आपूर्ति कर सकती है, जिससे कार्बन उत्सर्जन में काफी कमी आएगी और अधिक टिकाऊ और लचीली ऊर्जा प्रणाली को बढ़ावा मिलेगा।

हालाँकि, कम कार्बन ऊर्जा वाले भविष्य में परिवर्तन के लिए पर्याप्त बाधाओं पर काबू पाना आवश्यक है। नवीकरणीय स्रोतों की रुकावट, बुनियादी ढांचे और प्रौद्योगिकी में पर्याप्त निवेश की आवश्यकता, और जीवाश्म ईंधन को चरणबद्ध तरीके से समाप्त करने के सामाजिक-आर्थिक निहितार्थ उन महत्वपूर्ण चुनौतियों में से हैं जिन्हें संबोधित करने की आवश्यकता है। IEA के अनुसार, सतत विकास लक्ष्य 7 को प्राप्त करने के लिए - 2030 तक सभी के लिए सस्ती,

विश्वसनीय, टिकाऊ और आधुनिक ऊर्जा तक पहुंच सुनिश्चित करना - 2016 से 2030 तक ऊर्जा प्रणालियों में लगभग 2.7 ट्रिलियन डॉलर के वार्षिक निवेश की आवश्यकता है।

ऊर्जा दक्षता टिकाऊ बिजली और ईंधन के उपयोग की खोज में एक महत्वपूर्ण घटक के रूप में उभरती है, जिसमें ऊर्जा की मांग और उत्सर्जन को काफी कम करने की क्षमता है। IEA का अनुमान है कि ऊर्जा दक्षता में सुधार से वैश्विक जलवायु लक्ष्यों को पूरा करने के लिए 2040 तक आवश्यक ग्रीनहाउस गैस उत्सर्जन में 40% से अधिक की कटौती हो सकती है, जो जलवायु परिवर्तन से निपटने के लिए एक महत्वपूर्ण और लागत प्रभावी रणनीति के रूप में इसकी भूमिका को रेखांकित करता है।

12.7   शहरी गरीबी और मलिन बस्तियाँ

शहरी गरीबी और मलिन बस्तियाँ सतत विकास और सामाजिक समानता की वैश्विक खोज में सबसे गंभीर चुनौतियों में से एक हैं। जैसे-जैसे दुनिया तेजी से शहरीकृत होती जा रही है, संयुक्त राष्ट्र का अनुमान है कि 2050 तक वैश्विक आबादी का 68% शहरी क्षेत्रों में रहेगा, गरीबी की गतिशीलता भी शहरों की ओर स्थानांतरित हो गई है, जो मलिन बस्तियों और अनौपचारिक बस्तियों के प्रसार में प्रकट होती है। अपर्याप्त आवास, स्वच्छ पानी और स्वच्छता तक पहुंच की कमी और असुरक्षित कार्यकाल की विशेषता वाले ये क्षेत्र, दुनिया भर में एक अरब से अधिक लोगों का घर हैं, एक आंकड़ा जो शहरी गरीबी की भयावहता और मानव गरिमा और सामाजिक प्रगति पर इसके प्रभाव को रेखांकित करता है।

संयुक्त राष्ट्र मानव बस्ती कार्यक्रम (यूएन-हैबिटेट) द्वारा मलिन बस्तियों की परिभाषा में कई विशेषताएं शामिल हैं, जिनमें घटिया आवास गुणवत्ता, भीड़भाड़, सुरक्षित पानी और स्वच्छता तक अपर्याप्त पहुंच और सुरक्षित कार्यकाल की कमी शामिल है। ये स्थितियाँ न केवल महत्वपूर्ण स्वास्थ्य जोखिम पैदा करती हैं बल्कि शिक्षा, रोजगार के अवसरों और सामाजिक सेवाओं तक पहुंच को सीमित करके गरीबी के चक्र को भी कायम रखती हैं। विश्व बैंक शहरों के भीतर भारी असमानताओं पर प्रकाश डालता है, जहां शहरी गरीबों को अक्सर हाशिए पर रखा जाता है और शहर के आर्थिक, सामाजिक और सांस्कृतिक जीवन से बाहर रखा जाता है।

शहरी गरीबी केवल आय की कमी का लक्षण नहीं है बल्कि आंतरिक रूप से असमानता के स्थानिक आयाम से जुड़ी हुई है। कई विकासशील देशों में शहरीकरण की तीव्र गति स्थानीय सरकारों की बुनियादी सेवाएं और बुनियादी ढांचा प्रदान करने की क्षमता से अधिक है, जिससे मलिन बस्तियों का विस्तार हो रहा है। यूएन-हैबिटेट के अनुसार, दुनिया की लगभग एक-

चौथाई शहरी आबादी मलिन बस्तियों के रूप में पहचानी जाने वाली स्थितियों में रहती है, जिनमें उप-सहारा अफ्रीका और मध्य और दक्षिण एशिया में सबसे अधिक सांद्रता है।

शहरी गरीबी और मलिन बस्तियों के निहितार्थ उनके निवासियों द्वारा सामना की जाने वाली तात्कालिक कठिनाइयों से कहीं अधिक हैं। विश्व स्वास्थ्य संगठन (डब्ल्यूएचओ) ने झुग्गीवासियों और अन्य शहरी निवासियों के बीच गहरी स्वास्थ्य असमानताओं का दस्तावेजीकरण किया है, जिसमें पूर्व में संचारी रोगों, कुपोषण, मातृ एवं शिशु मृत्यु दर और मानसिक स्वास्थ्य विकारों की उच्च दर को नोट किया गया है। इसके अलावा, मलिन बस्तियों में स्वच्छ पानी और स्वच्छता तक पहुंच की कमी जलजनित बीमारियों के प्रसार में महत्वपूर्ण योगदान देती है, जिससे इन समुदायों में स्वास्थ्य संकट बढ़ जाता है।

आर्थिक रूप से, शहरी गरीबी असमानता पैदा करती है और शहरों के समग्र विकास में बाधा डालती है। अनौपचारिक अर्थव्यवस्था, जो अक्सर झुग्गी-झोपड़ी क्षेत्रों में प्रमुख होती है, अस्थिर रोजगार, कम वेतन और सामाजिक सुरक्षा की कमी से चिह्नित होती है, जिससे गरीबी का एक चक्र बना रहता है जिसे तोड़ना मुश्किल होता है। अंतर्राष्ट्रीय श्रम संगठन (ILO) का अनुमान है कि अनौपचारिक रोजगार अधिकांश विकासशील देशों में कुल रोजगार का आधे से अधिक हिस्सा है, जो शहरी गरीबों की जरूरतों को पूरा करने वाली समावेशी आर्थिक नीतियों की आवश्यकता पर बल देता है।

शहरी गरीबी और मलिन बस्तियों को संबोधित करने के लिए एक बहुआयामी दृष्टिकोण की आवश्यकता है जो अनौपचारिक बस्तियों के मात्र भौतिक उन्नयन से परे हो। यह सभी शहरवासियों के लिए पर्याप्त आवास, स्वास्थ्य देखभाल, शिक्षा और रोजगार के अवसरों तक पहुंच सुनिश्चित करने के लिए सामाजिक, आर्थिक और पर्यावरण नीतियों के एकीकरण की मांग करता है। सतत विकास लक्ष्य (एसडीजी), विशेष रूप से लक्ष्य 11, का उद्देश्य शहरों को समावेशी, सुरक्षित, लचीला और टिकाऊ बनाना है, जो शहरी गरीबी को दूर करने और झुग्गी-झोपड़ियों में रहने वालों के जीवन में सुधार लाने की वैश्विक प्रतिबद्धता को उजागर करता है।

12.8 शहरी भूमि उपयोग

शहरी भूमि उपयोग शहरी नियोजन और विकास का एक मूलभूत पहलू है, जो शहरों के स्थानिक संगठन को आकार देता है और विभिन्न सामाजिक-आर्थिक और पर्यावरणीय गतिशीलता को प्रभावित करता है। तेजी से शहरीकरण 21वीं सदी की एक परिभाषित विशेषता होने के साथ, टिकाऊ और लचीले शहरी वातावरण सुनिश्चित करने के लिए शहरी भूमि उपयोग

को समझना और प्रबंधित करना तेजी से महत्वपूर्ण हो गया है। संयुक्त राष्ट्र के आर्थिक और सामाजिक मामलों के विभाग के अनुसार, 2021 तक, वैश्विक आबादी का आधे से अधिक हिस्सा शहरी क्षेत्रों में रहता है, यह प्रवृत्ति 2050 तक 68% तक बढ़ने का अनुमान है। यह तीव्र शहरी विकास भूमि संसाधनों पर अत्यधिक दबाव डालता है, जिससे भूमि उपयोग आवंटन, बुनियादी ढाँचे के प्रावधान, पर्यावरण संरक्षण और सामाजिक समानता से संबंधित जटिल चुनौतियाँ पैदा होती हैं।

विश्व बैंक का डेटा विभिन्न क्षेत्रों और आय स्तरों में शहरी भूमि उपयोग पैटर्न में महत्वपूर्ण असमानताओं को उजागर करता है, जो विविध सामाजिक-आर्थिक संदर्भों और विकास पथों को दर्शाता है। कई विकासशील देशों में, अनौपचारिक बस्तियां और मलिन बस्तियां शहरी भूमि के बड़े हिस्से पर कब्जा कर लेती हैं, जो अक्सर अपर्याप्त बुनियादी ढांचे, भीड़भाड़ और असुरक्षित कार्यकाल की विशेषता होती हैं। इसके विपरीत, विकसित देशों में उच्च घनत्व और बेहतर एकीकृत भूमि उपयोग और परिवहन प्रणालियों के साथ अधिक कुशल भूमि उपयोग पैटर्न होते हैं। हालाँकि, इन संदर्भों में भी, शहरी फैलाव और भूमि की खपत गंभीर चिंताएँ बनी हुई हैं, जिससे पर्यावरणीय गिरावट, कृषि भूमि की हानि और आवागमन की दूरियाँ बढ़ रही हैं।

विभिन्न उपयोगों के लिए शहरी भूमि का आवंटन - आवासीय, वाणिज्यिक, औद्योगिक, मनोरंजक और संस्थागत - शहरों की कार्यक्षमता और रहने की क्षमता को आकार देने में महत्वपूर्ण भूमिका निभाता है। संयुक्त राष्ट्र मानव बस्ती कार्यक्रम (यूएन-हैबिटेट) संतुलित भूमि उपयोग योजना के महत्व पर जोर देता है जो मिश्रित उपयोग विकास, कॉम्पैक्ट शहरी रूपों और कुशल भूमि उपयोग को बढ़ावा देता है। इस तरह के दृष्टिकोण न केवल दुर्लभ भूमि संसाधनों के उपयोग को अनुकूलित करते हैं बल्कि जीवंत और समावेशी शहरी समुदायों को भी बढ़ावा देते हैं।

आर्थिक सहयोग और विकास संगठन (ओईसीडी) का डेटा शहरी भूमि उपयोग के आर्थिक महत्व को रेखांकित करता है, कई देशों में भूमि और संपत्ति संपत्ति राष्ट्रीय संपत्ति का एक महत्वपूर्ण हिस्सा है। निवेश आकर्षित करने, आर्थिक विकास को प्रोत्साहित करने और रोजगार के अवसर पैदा करने के लिए कुशल और पारदर्शी भूमि बाजार आवश्यक हैं। हालाँकि, भूमि अटकलें, अनौपचारिक भूमि बाजार और अपर्याप्त भूमि प्रशासन प्रणाली जैसे मुद्दे अक्सर भूमि तक समान पहुंच में बाधा डालते हैं और सामाजिक असमानताओं को कायम रखते हैं।

पर्यावरणीय दृष्टिकोण से, शहरी भूमि उपयोग पारिस्थितिकी तंत्र, जैव विविधता और प्राकृतिक संसाधनों पर गहरा प्रभाव डालता है। शहरी विकास के लिए प्राकृतिक आवासों का

रूपांतरण आवास हानि, विखंडन और क्षरण में योगदान देता है, जिससे जैव विविधता और पारिस्थितिकी तंत्र सेवाओं को खतरा होता है। इसके अलावा, वनों की कटाई, मिट्टी की सीलिंग और जल प्रदूषण जैसी अस्थिर भूमि उपयोग प्रथाएं, पर्यावरणीय गिरावट को बढ़ाती हैं और जलवायु परिवर्तन के प्रभावों के प्रति शहरी क्षेत्रों की संवेदनशीलता को बढ़ाती हैं।

प्रभावी शहरी भूमि उपयोग योजना के लिए समग्र और सहभागी दृष्टिकोण की आवश्यकता होती है जो सामाजिक, आर्थिक और पर्यावरणीय विचारों को एकीकृत करता है। सतत विकास लक्ष्य (एसडीजी), विशेष रूप से लक्ष्य 11, का उद्देश्य शहरी स्थिरता प्राप्त करने में स्थायी भूमि उपयोग प्रथाओं के महत्व पर प्रकाश डालते हुए शहरों को समावेशी, सुरक्षित, लचीला और टिकाऊ बनाना है। यूरोप के लिए संयुक्त राष्ट्र आर्थिक आयोग (यूएनईसीई) सतत शहरी विकास को बढ़ावा देने में एकीकृत भूमि उपयोग योजना ढांचे, भूमि उपयोग नियमों और भूमि प्रबंधन उपकरणों की भूमिका पर जोर देता है।

अध्याय 12 का सारांश

- **शहरी पर्यावरणीय चुनौतियाँ** तेजी से शहरीकरण और औद्योगिक विकास के कारण तेजी से जटिल होते जा रहे हैं, जिससे महत्वपूर्ण पर्यावरणीय क्षरण हो रहा है **वायु प्रदूषण, पानी की कमी और प्रदूषण, ठोस अपशिष्ट प्रबंधन के मुद्दे और हरित स्थानों की हानि।**
- **वायु प्रदूषण** एक गंभीर चुनौती है, के साथ **वैश्विक आबादी का 91% हिस्सा डब्ल्यूएचओ वायु गुणवत्ता दिशानिर्देशों से अधिक स्थानों पर रह रहा है.** जलवायु परिवर्तन में शहरी क्षेत्रों का महत्वपूर्ण योगदान है, जो अधिक खपत कर रहे हैं **विश्व की दो-तिहाई ऊर्जा और वैश्विक CO_2 उत्सर्जन में 70% से अधिक का योगदान।**
- **जल की कमी और प्रदूषण** के साथ गंभीर चुनौतियाँ प्रस्तुत करें **यूएनईपी की रिपोर्ट है कि 2025 तक दुनिया की दो-तिहाई आबादी को जल संकट की स्थिति का सामना करना पड़ सकता है.** औद्योगिक अपशिष्टों और अपर्याप्त सीवेज उपचार के कारण शहरी क्षेत्रों में पानी की भारी कमी और गुणवत्ता संबंधी समस्याओं का सामना करना पड़ता है।
- **ठोस अपशिष्ट प्रबंधन** बढ़ रहा है, शहरी क्षेत्रों में लगभग उत्पादन हो रहा है **प्रति वर्ष 1.3 अरब टन ठोस कचरा, 2025 तक बढ़कर 2.2 अरब टन होने की उम्मीद।** विकासशील देशों को इस कचरे के प्रबंधन में चुनौतियों का सामना करना पड़ता है, जिससे प्रदूषण और स्वास्थ्य संबंधी खतरे पैदा होते हैं।
- **शहरी अपशिष्ट निपटान** कचरे की बढ़ती मात्रा और जटिलता के कारण चुनौतियों का सामना करना पड़ रहा है। **विश्व बैंक का अनुमान है कि शहरी क्षेत्र 2050 तक सालाना लगभग 3.4**

बिलियन टन ठोस कचरा पैदा करेंगे। विशेष रूप से, प्लास्टिक कचरा महासागरों सहित महत्वपूर्ण पर्यावरण प्रदूषण में योगदान देता है।

* **ई - कचरा** एक बढ़ती हुई चिंता है, लगभग **हर साल दुनिया भर में 50 मिलियन टन का उत्पादन होता है, लेकिन केवल 20% का ही औपचारिक रूप से पुनर्चक्रण किया जाता है.** अनुचित प्रबंधन के कारण जहरीले पदार्थ पर्यावरण को प्रदूषित करते हैं।

* **जैविक कचरा** लैंडफिल में मीथेन उत्पादन में योगदान देता है। **यदि यह एक राष्ट्र होता तो एफएओ भोजन की बर्बादी को तीसरा सबसे बड़ा उत्सर्जन करने वाला देश मानता,** प्रभावी प्रबंधन प्रथाओं की आवश्यकता पर बल दिया गया।

* **शहरी जल एवं स्वच्छता** सार्वजनिक स्वास्थ्य और पर्यावरणीय स्थिरता के लिए महत्वपूर्ण हैं। **डब्ल्यूएचओ और यूनिसेफ की रिपोर्ट है कि 2.2 अरब लोगों को सुरक्षित रूप से प्रबंधित पेयजल तक पहुंच नहीं है, और 4.2 अरब लोग सुरक्षित रूप से प्रबंधित स्वच्छता के बिना रहते हैं.**

* **पानी की कमी** अनुमानों से संकेत मिलता है कि जलवायु परिवर्तन से यह तीव्र हो गया है **2025 तक वैश्विक आबादी के दो-तिहाई हिस्से को जल तनाव की स्थिति का सामना करना पड़ सकता है.** शहरी क्षेत्र, विशेष रूप से, पानी की मांग और आपूर्ति को स्थायी रूप से प्रबंधित करने के लिए संघर्ष करते हैं।

* **अपर्याप्त जल एवं स्वच्छता सेवाएँ** सहित महत्वपूर्ण स्वास्थ्य और आर्थिक परिणाम **असुरक्षित परिस्थितियों के कारण दस्त से 829,000 वार्षिक मौतें** और शहरी जल निकाय प्रदूषण जैसे पर्यावरणीय मुद्दे।

* **शहरी पर्यावरण प्रबंधन** तेजी से शहरीकरण और औद्योगिक विकास सहित उत्पन्न चुनौतियों का समाधान करता है **वायु प्रदूषण, पानी की कमी, ठोस अपशिष्ट प्रबंधन, और हरित स्थानों की हानि.** ऊपरदुनिया की **55% आबादी** शहरी क्षेत्रों में रहता है, यह आंकड़ा बढ़ने का अनुमान है **2050 तक 68%,** इन चुनौतियों को तीव्र कर रहा है।

* **वायु प्रदूषण** शहरी क्षेत्रों में योगदान देता है **प्रतिवर्ष 4.2 मिलियन असामयिक मौतें,** शहरों की खपत खत्म होने के साथ **विश्व की दो-तिहाई ऊर्जा** और से अधिक का हिसाब-किताब **वैश्विक CO2 उत्सर्जन का 70%.**

* **जल की कमी और प्रदूषण** शहरी मांग के कारण ये और भी बदतर हो गए हैं **दुनिया की दो-तिहाई आबादी** संभावित रूप से जल-तनावग्रस्त परिस्थितियों में रहना **2025.** शहरी जल की गुणवत्ता को औद्योगिक निर्वहन और अपर्याप्त सीवेज उपचार से प्रदूषकों से भी खतरा है।

* **ठोस अपशिष्ट प्रबंधन** शहरी क्षेत्रों में समस्याएँ बढ़ रही हैं **प्रति वर्ष 1.3 बिलियन टन कचरा** जिसके बढ़ने की उम्मीद है **2025 तक 2.2 बिलियन टन.** इस कचरे में प्लास्टिक और ई-

कचरा जैसी चुनौतीपूर्ण श्रेणियां शामिल हैं, जिनका केवल एक अंश ही प्रभावी ढंग से पुनर्चक्रित किया जाता है।

- **नवोन्मेषी जल एवं स्वच्छता समाधान** शामिल करना **जल पुनर्चक्रण और पुन: उपयोग, वर्षा जल संचयन, और हरित बुनियादी ढाँचा.** सिंगापुर का **न्यूवाटर कार्यक्रम** उपचारित अपशिष्ट जल का पुनर्चक्रण, बैठक **देश की पानी की मांग का 40%** और शहरी जल लचीलेपन के लिए नवीन दृष्टिकोण प्रदर्शित करना।

- **फाइनेंसिंग** शहरी जल और स्वच्छता सुधार के लिए एक महत्वपूर्ण बाधा है, जिसकी आवश्यकता है **$114 बिलियन प्रति वर्ष** द्वारा सार्वभौमिक पहुंच प्राप्त करना **2030.** सार्वजनिक और निजी दोनों क्षेत्रों से बढ़ा हुआ निवेश महत्वपूर्ण है।

- **सार्वजनिक परिवहन और स्वास्थ्य मुद्दे** सार्वजनिक परिवहन प्रणालियों और शहरी स्वास्थ्य के बीच जटिल संबंध को उजागर करें। कुशल सार्वजनिक परिवहन शारीरिक निष्क्रियता को कम कर सकता है, जो हर साल वैश्विक स्तर पर 3.2 मिलियन मौतों से जुड़ा हुआ है, लेकिन यह संक्रामक रोगों और वायु प्रदूषण के जोखिम जैसी चुनौतियाँ भी प्रस्तुत करता है।

- **शहरी आवास और जल निकासी** शहरी आबादी के स्वास्थ्य, कल्याण और लचीलेपन पर प्रभाव। जलजनित बीमारियों को रोकने, बाढ़ के खतरों को कम करने और जलवायु परिवर्तन की स्थिति में संरचनात्मक अखंडता सुनिश्चित करने के लिए पर्याप्त आवास और कुशल जल निकासी आवश्यक है।

- **बिजली और ईंधन** मांग बढ़ रही है, वैश्विक बिजली की मांग बढ़ रही है **2019 में 2.1%.** जीवाश्म ईंधन पर अत्यधिक निर्भर ऊर्जा क्षेत्र को पेरिस समझौते के लक्ष्यों को पूरा करने के लिए डीकार्बोनाइजेशन की चुनौती का सामना करना पड़ रहा है। नवीकरणीय ऊर्जा स्रोत और ऊर्जा दक्षता एक स्थायी ऊर्जा भविष्य प्राप्त करने के लिए महत्वपूर्ण घटक हैं।

- **शहरी गरीबी और मलिन बस्तियाँ** सतत विकास और सामाजिक समानता में एक गंभीर चुनौती पेश करें **अरब लोग** वैश्विक स्तर पर मलिन बस्तियों में रहना, अपर्याप्त आवास और आवश्यक सेवाओं की कमी की विशेषता है। संयुक्त राष्ट्र का अनुमान है कि **68%** वैश्विक जनसंख्या का बड़ा हिस्सा शहरी क्षेत्रों में रहेगा **2050,** शहरी गरीबी के मुद्दों को बढ़ा रहा है।

- मलिन बस्तियों को परिभाषित किया गया है **घटिया आवास गुणवत्ता, भीड़भाड़, सुरक्षित पानी और स्वच्छता तक अपर्याप्त पहुंच,** और **सुरक्षित कार्यकाल का अभाव,** महत्वपूर्ण स्वास्थ्य जोखिम पैदा करना और शिक्षा और रोजगार तक पहुंच को सीमित करके गरीबी चक्र को कायम रखना।

- **शहरी गरीबी** यह स्थानिक असमानता से जुड़ा हुआ है, विकासशील देशों में तेजी से हो रहे शहरीकरण के कारण स्थानीय सरकार की बुनियादी सेवाएं प्रदान करने की क्षमता आगे निकल

रही है, जिससे मलिन बस्तियों का विस्तार हो रहा है। लगभग **एक चौथाई** विश्व की शहरी आबादी का एक बड़ा हिस्सा झुग्गी-झोपड़ियों में रहता है।

- झुग्गीवासियों और अन्य शहरी निवासियों के बीच स्वास्थ्य संबंधी असमानताओं में उच्च दर शामिल है **संचारी रोग, कुपोषण, मातृ एवं शिशु मृत्यु दर**, और**मानसिक स्वास्थ्य विकार**. मलिन बस्तियों में साफ पानी और स्वच्छता की कमी जलजनित बीमारियों के फैलने में महत्वपूर्ण योगदान देती है।

- आर्थिक रूप से, शहरी गरीबी असमानता को बढ़ाती है और समग्र शहर विकास में बाधा डालती है। स्लम क्षेत्रों में अनौपचारिक अर्थव्यवस्था अस्थिर रोजगार और कम मजदूरी द्वारा चिह्नित है। **अंतर्राष्ट्रीय श्रमिक संगठन** अनुमान है कि अनौपचारिक रोज़गार से अधिक शामिल है **कुल रोज़गार का आधा** अधिकांश विकासशील देशों में.

- शहरी गरीबी और मलिन बस्तियों को संबोधित करने के लिए भौतिक उन्नयन से परे एक बहुआयामी दृष्टिकोण की आवश्यकता है, पहुंच सुनिश्चित करने के लिए सामाजिक, आर्थिक और पर्यावरणीय नीतियों को एकीकृत करना चाहिए। **पर्याप्त आवास, स्वास्थ्य देखभाल, शिक्षा**, और **रोजगार के अवसर** सभी शहरवासियों के लिए। **सतत विकास लक्ष्यों** इसका उद्देश्य शहरों को समावेशी, सुरक्षित, लचीला और टिकाऊ बनाना है।

- **शहरी भूमि उपयोग** शहरी नियोजन में महत्वपूर्ण है, जो सामाजिक-आर्थिक और पर्यावरणीय गतिशीलता को प्रभावित करता है। तीव्र शहरीकरण भूमि संसाधनों पर दबाव डालता है, जिससे भूमि उपयोग आवंटन और बुनियादी ढाँचे के प्रावधान में चुनौतियाँ पैदा होती हैं। **संयुक्त राष्ट्र** वह प्रोजेक्ट करता है**68%** वैश्विक जनसंख्या का बड़ा हिस्सा शहरी क्षेत्रों में रहेगा**2050**.

- विकासशील देशों में, अनौपचारिक बस्तियाँ महत्वपूर्ण शहरी भूमि पर कब्जा कर लेती हैं, जिनमें बुनियादी ढांचे और सुरक्षित कार्यकाल की कमी होती है। विकसित देश शहरी फैलाव और पर्यावरणीय क्षरण की चुनौतियों का सामना कर रहे हैं। **संतुलित भूमि-उपयोग योजना** मिश्रित उपयोग विकास और कॉम्पैक्ट शहरी रूपों को बढ़ावा देता है।

- निवेश आकर्षित करने और विकास को प्रोत्साहित करने के लिए आर्थिक रूप से कुशल और पारदर्शी भूमि बाजार महत्वपूर्ण हैं। शहरी भूमि उपयोग के पर्यावरणीय प्रभावों में निवास स्थान की हानि, जैव विविधता के खतरे और जलवायु परिवर्तन के प्रति बढ़ती संवेदनशीलता शामिल हैं।

- प्रभावी शहरी भूमि उपयोग योजना के लिए सामाजिक, आर्थिक और पर्यावरणीय विचारों को एकीकृत करते हुए समग्र और भागीदारी दृष्टिकोण की आवश्यकता होती है।**सतत विकास लक्ष्यों** शहरी स्थिरता प्राप्त करने में स्थायी भूमि उपयोग प्रथाओं के महत्व पर प्रकाश डालें।

पर्यावरण शिक्षा और जागरूकता

शिवानंद शामराव पीरगोंडे
M.Com, M.A. B. Ed., G.D.C.& A.

13.1 शिक्षा की भूमिका

पर्यावरण शिक्षा और जागरूकता में शिक्षा की भूमिका सर्वोपरि है, जो एक महत्वपूर्ण माध्यम के रूप में कार्य करती है जिसके माध्यम से व्यक्ति और समाज पर्यावरणीय मुद्दों को समझने और संबोधित करने के लिए आवश्यक ज्ञान, मूल्य, कौशल और दृष्टिकोण प्राप्त करते हैं। इस संदर्भ में, शिक्षा, पारंपरिक कक्षा की शिक्षा से परे है, जिसमें अनुभवों का एक व्यापक स्पेक्ट्रम शामिल है जो आजीवन सीखने और स्थानीय और वैश्विक दोनों वातावरणों के प्रबंधन में सक्रिय भागीदारी की सुविधा प्रदान करता है।

इसके मूल में, पर्यावरण शिक्षा का उद्देश्य पर्यावरण के संबंध में विचारशील निर्णय लेने में सक्षम एक जागरूक नागरिक तैयार करना है। इसका उद्देश्य जिम्मेदारी की भावना पैदा करना और व्यक्तियों को पर्यावरण संरक्षण और स्थिरता में सकारात्मक योगदान देने के लिए सशक्त बनाना है। इस क्षेत्र में शिक्षा का महत्व उन आंकड़ों और आंकड़ों से रेखांकित होता है जो पर्यावरणीय चुनौतियों की गंभीर प्रकृति को प्रकट करते हैं। उदाहरण के लिए, संयुक्त राष्ट्र पर्यावरण कार्यक्रम (यूएनईपी) के अनुसार, 1990 के बाद से वैश्विक ग्रीनहाउस गैस उत्सर्जन में 50% से अधिक की वृद्धि हुई है, जो जलवायु परिवर्तन में महत्वपूर्ण योगदान दे रहा है। इस बीच, विश्व वन्यजीव कोष (डब्ल्यूडब्ल्यूएफ) लिविंग प्लैनेट रिपोर्ट 2020 में 1970 और 2016 के बीच स्तनधारियों, पक्षियों, उभयचरों, सरीसृपों और मछलियों की वैश्विक आबादी में 68% की औसत गिरावट पर प्रकाश डाला गया है, जो जैव विविधता संकट का संकेत है।

पर्यावरण शिक्षा पर्यावरण साक्षरता को बढ़ावा देकर इन चुनौतियों का समाधान करने में महत्वपूर्ण भूमिका निभाती है। पर्यावरण साक्षरता का तात्पर्य जटिल पर्यावरणीय मुद्दों को समझने, जानकारी का आलोचनात्मक मूल्यांकन करने, सूचित निर्णय लेने और समस्या-समाधान और कार्रवाई में संलग्न होने की क्षमता से है। जर्नल ऑफ़ एनवायर्नमेंटल एजुकेशन में प्रकाशित एक अध्ययन से पता चलता है कि जो छात्र व्यापक पर्यावरण शिक्षा कार्यक्रमों में

भाग लेते हैं, वे अपने पर्यावरणीय ज्ञान, दृष्टिकोण और व्यवहार में महत्वपूर्ण सुधार दिखाते हैं। उदाहरण के लिए, ऐसे कार्यक्रम जिनमें व्यावहारिक गतिविधियाँ शामिल होती हैं, जैसे कि वृक्षारोपण या जल गुणवत्ता परीक्षण, न केवल छात्रों की पारिस्थितिक सिद्धांतों की समझ को बढ़ाते हैं बल्कि पर्यावरण के प्रति उनकी ज़िम्मेदारी की भावना को भी बढ़ाते हैं।

इसके अलावा, सतत विकास के लिए शिक्षा (ईएसडी) सभी शिक्षण क्षेत्रों और स्तरों में स्थिरता की अवधारणाओं को एकीकृत करती है, जिससे स्थायी प्रथाओं के प्रति व्यवहार में बदलाव को बढ़ावा मिलता है। संयुक्त राष्ट्र शैक्षिक, वैज्ञानिक और सांस्कृतिक संगठन (यूनेस्को) की रिपोर्ट है कि ईएसडी में शिक्षार्थियों को जलवायु परिवर्तन, पानी की कमी और टिकाऊ खपत जैसी समकालीन स्थिरता चुनौतियों से निपटने के लिए आवश्यक कौशल से लैस करने की क्षमता है। ईएसडी को शामिल करके, शैक्षणिक संस्थान सतत विकास लक्ष्यों (एसडीजी), विशेष रूप से लक्ष्य 4 को प्राप्त करने में महत्वपूर्ण भूमिका निभा सकते हैं, जिसका उद्देश्य समावेशी और समान गुणवत्ता वाली शिक्षा सुनिश्चित करना और सभी के लिए आजीवन सीखने के अवसरों को बढ़ावा देना है।

पर्यावरण शिक्षा का प्रभाव व्यक्तिगत व्यवहार परिवर्तन से परे तक फैला हुआ है; यह नीति और सामुदायिक कार्रवाई को भी प्रभावित करता है। शिक्षित व्यक्ति पर्यावरणीय स्थिरता को बढ़ावा देने वाली नीतियों का समर्थन और वकालत करने की अधिक संभावना रखते हैं। उदाहरण के लिए, जलवायु परिवर्तन संचार पर येल कार्यक्रम के एक सर्वेक्षण में पाया गया कि ग्लोबल वार्मिंग के बारे में उच्च स्तर की जानकारी वाले व्यक्ति ग्रीनहाउस गैस उत्सर्जन को कम करने के उद्देश्य से नीतियों का समर्थन करने की अधिक संभावना रखते हैं।

13.2   पाठ्यचर्या और शिक्षण विधियाँ

प्रभावी पर्यावरण शिक्षा कार्यक्रमों को विकसित करने के लिए पर्यावरणीय मुद्दों के साथ गहन जुड़ाव को बढ़ावा देने के लिए पाठ्यक्रम डिजाइन और शिक्षण विधियों की सूक्ष्म समझ की आवश्यकता होती है। पर्यावरण शिक्षा को पाठ्यक्रम में एकीकृत करने की तात्कालिकता ग्रह के सामने बढ़ते पर्यावरणीय संकटों को रेखांकित करती है। जलवायु परिवर्तन पर अंतर सरकारी पैनल (आईपीसीसी) जलवायु परिवर्तन के सबसे बुरे प्रभावों को कम करने के लिए कार्रवाई के लिए एक महत्वपूर्ण विंडो की रिपोर्ट करता है, जिसमें शिक्षा सहित समाज के सभी क्षेत्रों में तत्काल और सूचित कार्रवाई की आवश्यकता पर प्रकाश डाला गया है।

पर्यावरण शिक्षा में पाठ्यक्रम विकास अंतःविषय दृष्टिकोण में निहित होना चाहिए जो पर्यावरणीय मुद्दों की जटिल, परस्पर जुड़ी प्रकृति को दर्शाता है। एक पाठ्यक्रम जो विज्ञान, सामाजिक अध्ययन, अर्थशास्त्र और मानविकी को जोड़ता है, वह छात्रों को पर्यावरण की समग्र समझ और मानव समाज के साथ इसके आंतरिक संबंध प्रदान कर सकता है। यह अंतःविषय दृष्टिकोण अनुसंधान द्वारा समर्थित है जो दर्शाता है कि जो छात्र पर्यावरण के बारे में क्रॉस-पाठ्यचर्या सीखने में संलग्न हैं, वे पारिस्थितिक समझ के उच्च स्तर का प्रदर्शन करते हैं और पर्यावरण-समर्थक व्यवहार प्रदर्शित करने की अधिक संभावना रखते हैं। उदाहरण के लिए, "जर्नल ऑफ एनवायर्नमेंटल एजुकेशन" में प्रकाशित एक अध्ययन में पाया गया कि अंतःविषय पर्यावरण विज्ञान पाठ्यक्रमों में भाग लेने वाले छात्र पारंपरिक विज्ञान पाठ्यक्रमों में अपने साथियों की तुलना में पर्यावरण संबंधी मुद्दों के बारे में काफी अधिक जानकार और चिंतित थे।

प्रभावी पर्यावरण शिक्षा पाठ्यक्रम की विशेषता छात्रों के जीवन और समुदायों के लिए उनकी प्रासंगिकता भी है। स्थान-आधारित शिक्षा, जो सीखने को स्थानीय समुदाय और पर्यावरण से जोड़ती है, पर्यावरण विज्ञान में छात्रों की सहभागिता और उपलब्धि को बढ़ाती है। सोबेल (2004) के अनुसार, स्थान-आधारित शिक्षा परियोजनाएं सीखने को प्रासंगिक और आकर्षक बनाकर शैक्षणिक उपलब्धि में सुधार और छात्र प्रेरणा में वृद्धि कर सकती हैं। उदाहरण के लिए, ऐसी परियोजनाएं जो छात्रों को स्थानीय पर्यावरण बहाली प्रयासों में शामिल करती हैं, जैसे कि सामुदायिक उद्यान पहल या स्थानीय वाटरशेड अध्ययन, न केवल पारिस्थितिक समझ को बढ़ाते हैं बल्कि प्रबंधन और सामुदायिक भागीदारी की भावना को भी बढ़ावा देते हैं।

पाठ्यक्रम सामग्री के अलावा, शिक्षण विधियाँ पर्यावरण शिक्षा कार्यक्रमों की प्रभावशीलता में महत्वपूर्ण भूमिका निभाती हैं। परियोजना-आधारित शिक्षा, अनुभवात्मक शिक्षा और पूछताछ-आधारित शिक्षा सहित सक्रिय शिक्षण रणनीतियाँ, पर्यावरण शिक्षा में विशेष रूप से प्रभावी हैं। ये विधियाँ छात्रों को व्यावहारिक, अनुभवात्मक गतिविधियों में संलग्न करती हैं जो महत्वपूर्ण सोच, समस्या-समाधान और निर्णय लेने के कौशल को बढ़ावा देती हैं। उदाहरण के लिए, रिकिंसन एट अल द्वारा एक मेटा-विश्लेषण(2004) में पाया गया कि पर्यावरण शिक्षा में अनुभवात्मक और क्रिया-आधारित दृष्टिकोण छात्रों के पर्यावरणीय ज्ञान, दृष्टिकोण और व्यवहार में काफी सुधार करते हैं। ये दृष्टिकोण छात्रों को पर्यावरणीय मुद्दों से सीधे जुड़ने के लिए प्रोत्साहित करते हैं, जिससे अक्सर गहरी समझ पैदा होती है और टिकाऊ प्रथाओं को अपनाने की अधिक संभावना होती है।

इसके अलावा, पर्यावरण शिक्षा में प्रौद्योगिकी और डिजिटल संसाधनों का एकीकरण सीखने के परिणामों और जुड़ाव को बढ़ा सकता है। भौगोलिक सूचना प्रणाली (जीआईएस), आभासी वास्तविकता (वीआर), और ऑनलाइन शिक्षण प्लेटफॉर्म जैसे डिजिटल उपकरण पर्यावरणीय अवधारणाओं और वैश्विक मुद्दों का पता लगाने के लिए नवीन तरीके प्रदान करते हैं। कामरेनेन एट अल द्वारा एक अध्ययन। (2013) ने पर्यावरण शिक्षा के लिए मोबाइल प्रौद्योगिकियों के उपयोग पर प्रदर्शन किया कि प्रौद्योगिकी-संवर्धित सीखने के अनुभवों से छात्रों की जटिल पारिस्थितिक प्रक्रियाओं और सिस्टम सोच कौशल की समझ में महत्वपूर्ण लाभ हो सकता है।

पर्यावरण शिक्षा में मूल्यांकन पर भी सावधानीपूर्वक विचार करने की आवश्यकता है। पारंपरिक आकलन पर्यावरण शिक्षा द्वारा प्राप्त की जाने वाली समझ और व्यवहारिक परिवर्तनों की गहराई को पूरी तरह से ग्रहण नहीं कर पाते हैं। वैकल्पिक मूल्यांकन विधियां, जैसे पोर्टफोलियो, परियोजना-आधारित मूल्यांकन और चिंतनशील पत्रिकाएं, छात्रों के सीखने और पर्यावरणीय मुद्दों के साथ जुड़ाव का अधिक व्यापक दृष्टिकोण प्रदान कर सकती हैं। ये रचनात्मक मूल्यांकन रणनीतियाँ शिक्षकों और छात्रों दोनों को मूल्यवान प्रतिक्रिया प्रदान कर सकती हैं, निर्देशात्मक रणनीतियों का मार्गदर्शन कर सकती हैं और निरंतर सीखने और सुधार का समर्थन कर सकती हैं।

पर्यावरण शिक्षा का प्रभाव व्यक्तिगत छात्रों से परे व्यापक समुदाय तक फैला हुआ है। व्यापक पर्यावरण शिक्षा कार्यक्रम लागू करने वाले स्कूल अक्सर पर्यावरणीय मुद्दों के बारे में सामुदायिक भागीदारी और जागरूकता में वृद्धि की रिपोर्ट करते हैं। उदाहरण के लिए, इको-स्कूल कार्यक्रम, एक अंतरराष्ट्रीय पहल है जो सतत विकास पर पूरे स्कूल की कार्रवाई को प्रोत्साहित करने के लिए डिज़ाइन की गई है, जिसे स्कूल और सामुदायिक पर्यावरण प्रथाओं में महत्वपूर्ण सुधारों से जोड़ा गया है। फाउंडेशन फॉर एनवायर्नमेंटल एजुकेशन के अनुसार, इको-स्कूलों ने दुनिया भर में 19 मिलियन से अधिक छात्रों को शामिल किया है, जो स्कूल और समुदाय दोनों स्तरों पर पर्यावरण संरक्षण को बढ़ावा देने में कार्यक्रम की प्रभावशीलता को प्रदर्शित करता है।

13.3 जागरूकता अभियान

जागरूकता अभियान पर्यावरण शिक्षा और जागरूकता में महत्वपूर्ण भूमिका निभाते हैं, जो जनता के लिए ज्ञान और कार्रवाई के बीच एक पुल के रूप में कार्य करते हैं। ये अभियान जलवायु परिवर्तन और जैव विविधता हानि से लेकर प्रदूषण और टिकाऊ संसाधन प्रबंधन तक पर्यावरणीय चुनौतियों का समाधान करने के लिए समुदायों को सूचित करने, प्रेरित करने और

संगठित करने के लिए डिज़ाइन किए गए हैं। व्यवहार परिवर्तन लाने और नीति को प्रभावित करने में इन अभियानों की प्रभावशीलता रणनीतिक योजना, संदेश तैयार करने और जुड़ाव तकनीकों के महत्व को रेखांकित करती है।

जागरूकता अभियानों का प्रभाव अधिक टिकाऊ प्रथाओं के प्रति सार्वजनिक दृष्टिकोण और व्यवहार में बदलाव में स्पष्ट है। उदाहरण के लिए, विश्व वन्यजीव कोष का "अर्थ आवर" अभियान, जो व्यक्तियों और व्यवसायों को ग्रह के प्रति प्रतिबद्धता के प्रतीक के रूप में एक घंटे के लिए गैर-जरूरी बिजली की रोशनी बंद करने के लिए प्रोत्साहित करता है, अपनी स्थापना के बाद से 180 से अधिक देशों में लाखों प्रतिभागियों को शामिल करने के लिए बढ़ गया है। 2007 में। "नेचर क्लाइमेट चेंज" में प्रकाशित शोध से पता चलता है कि इस तरह की भागीदारी वाली घटनाओं से जलवायु परिवर्तन के बारे में जागरूकता और चिंता में काफी वृद्धि हो सकती है, जिससे ऊर्जा खपत और संरक्षण प्रयासों में व्यवहारिक परिवर्तन हो सकते हैं।

पर्यावरण जागरूकता अभियानों में प्रभावी सार्वजनिक भागीदारी की रणनीतियाँ विविध हैं और इन्हें लक्षित दर्शकों के मूल्यों, विश्वासों और सामाजिक संदर्भों के अनुरूप बनाया जाना चाहिए। एक प्रमुख रणनीति सम्मोहक आख्यानों और कहानी कहने का उपयोग है, जो पर्यावरणीय मुद्दों को मानवीय बना सकती है और उन्हें अधिक प्रासंगिक बना सकती है। पर्यावरणीय क्षरण से प्रभावित व्यक्तियों या समुदायों या संरक्षण प्रयासों में सफलतापूर्वक संलग्न होने की कहानियाँ कार्रवाई और सहानुभूति को प्रेरित कर सकती हैं। उदाहरण के लिए, "स्टोरी ऑफ स्टफ" श्रृंखला, जो पर्यावरण और मानव स्वास्थ्य पर उपभोक्ता संस्कृति के प्रभाव को बताती है, दुनिया भर में लाखों दर्शकों तक पहुंच गई है, जिससे स्थायी उपभोग की दिशा में चर्चा और कार्रवाई शुरू हो गई है।

सोशल मीडिया प्लेटफ़ॉर्म पर्यावरण जागरूकता अभियानों के लिए शक्तिशाली उपकरण बन गए हैं, जो व्यापक पहुंच और वास्तविक समय में दर्शकों के साथ जुड़ने की क्षमता प्रदान करते हैं। ट्विटर, फेसबुक और इंस्टाग्राम जैसे प्लेटफ़ॉर्म सूचना के प्रसार, सामुदायिक चर्चाओं को बढ़ावा देने और जमीनी स्तर की पहल के आयोजन की अनुमति देते हैं। हैशटैग, साझा करने योग्य सामग्री और इंटरैक्टिव टूल का उपयोग अभियान संदेशों को बढ़ा सकता है और वायरल प्रसार को प्रोत्साहित कर सकता है। प्यू रिसर्च सेंटर के डेटा से संकेत मिलता है कि लगभग आधे अमेरिकी वयस्क किसी सामाजिक या राजनीतिक मुद्दे पर अपना रुख बदलने के लिए सोशल मीडिया से प्रभावित हुए हैं, जो पर्यावरणीय दृष्टिकोण और कार्यों को आकार देने में सोशल मीडिया की क्षमता को उजागर करता है।

एक अन्य प्रभावी रणनीति अभियानों में प्रभावशाली व्यक्तियों और मशहूर हस्तियों की भागीदारी है, जो पर्यावरणीय मुद्दों पर ध्यान आकर्षित करने के लिए उनकी व्यापक पहुंच और अपील का लाभ उठा सकते हैं। उदाहरण के लिए, जलवायु परिवर्तन की वकालत में लियोनार्डो डिकैप्रियो जैसी हस्तियों की भागीदारी ने संरक्षण प्रयासों के लिए महत्वपूर्ण जागरूकता और धन बढ़ाया है। सेलिब्रिटी समर्थन अभियानों की विश्वसनीयता बढ़ा सकते हैं और प्रशंसकों को पर्यावरणीय कार्यों में शामिल होने के लिए प्रेरित कर सकते हैं।

पर्यावरण जागरूकता अभियानों की पहुंच और प्रभाव का विस्तार करने के लिए स्कूलों, व्यवसायों और स्थानीय सरकारों के साथ साझेदारी भी महत्वपूर्ण है। शैक्षणिक संस्थान छोटी उम्र से ही स्थिरता की संस्कृति को बढ़ावा देते हुए अभियान विषयों को पाठ्यक्रम और पाठ्येतर गतिविधियों में एकीकृत कर सकते हैं। व्यवसाय टिकाऊ प्रथाओं को अपना सकते हैं और पर्यावरणीय पहलों का समर्थन कर सकते हैं, कॉर्पोरेट सामाजिक जिम्मेदारी का प्रदर्शन कर सकते हैं और उपभोक्ता व्यवहार को प्रभावित कर सकते हैं। स्थानीय सरकारों के साथ सहयोग से उन नीतियों और कार्यक्रमों का कार्यान्वयन हो सकता है जो पर्यावरणीय स्थिरता का समर्थन करते हैं, जैसे रीसाइक्लिंग पहल और हरित बुनियादी ढांचा परियोजनाएं।

जागरूकता अभियानों के प्रभाव को मापना उनकी प्रभावशीलता को समझने और भविष्य के प्रयासों का मार्गदर्शन करने के लिए आवश्यक है। सार्वजनिक जागरूकता के स्तर में बदलाव, व्यवहार में बदलाव, नीति प्रभाव और अभियान गतिविधियों में भागीदारी दर जैसे मेट्रिक्स मूल्यवान अंतर्दृष्टि प्रदान कर सकते हैं। सर्वेक्षण, सोशल मीडिया एनालिटिक्स और पर्यावरणीय संकेतक (जैसे, ऊर्जा खपत या अपशिष्ट उत्पादन में कमी) आमतौर पर मूल्यांकन के लिए उपयोग किए जाने वाले उपकरण हैं। उदाहरण के लिए, "डोंट मेस विद टेक्सस" कूड़ा-विरोधी अभियान के मूल्यांकन में सड़क के किनारे कूड़े में उल्लेखनीय कमी देखी गई, जो व्यवहार को बदलने में अभियान की सफलता को दर्शाता है।

अपनी क्षमता के बावजूद, पर्यावरण जागरूकता अभियानों को चुनौतियों का सामना करना पड़ता है, जिनमें संदेश की थकान, संदेह और पर्यावरणीय मुद्दों की जटिलता शामिल है। इन चुनौतियों से पार पाने के लिए, अभियानों को अपने संदेश, संचार के माध्यमों और सहभागिता रणनीतियों में लगातार नवाचार करना चाहिए। विशिष्ट दर्शकों के लिए संदेश तैयार करना, साक्ष्य-आधारित दृष्टिकोण का उपयोग करना और सामुदायिक भागीदारी को बढ़ावा देना प्रासंगिकता और प्रभाव को बनाए रखने के लिए प्रमुख रणनीतियाँ हैं।

13.4 मीडिया और प्रौद्योगिकी

समकालीन युग में, मीडिया और प्रौद्योगिकी पर्यावरण जागरूकता को बढ़ावा देने के लिए महत्वपूर्ण उपकरण के रूप में खड़े हैं, सूचना प्रसारित करने, जुड़ाव को बढ़ावा देने और स्थिरता की दिशा में सामूहिक कार्रवाई को चलाने के लिए माध्यम और उत्प्रेरक दोनों के रूप में कार्य करते हैं। डिजिटल प्लेटफार्मों की सर्वव्यापकता ने पर्यावरणीय संचार के परिदृश्य को मौलिक रूप से बदल दिया है, जिससे संदेश भौगोलिक सीमाओं को पार करने और अभूतपूर्व गति और दक्षता के साथ वैश्विक दर्शकों तक पहुंचने में सक्षम हो गए हैं।

पर्यावरण शिक्षा में पारंपरिक मीडिया-टेलीविजन, रेडियो और समाचार पत्रों की भूमिका मूलभूत रही है, जो वृत्तचित्रों, समाचार रिपोर्टों और शैक्षिक कार्यक्रमों के लिए एक मंच प्रदान करती है जो पर्यावरणीय मुद्दों को उजागर करते हैं। उल्लेखनीय उदाहरणों में बीबीसी की "प्लैनेट अर्थ" शृंखला शामिल है, जो दुनिया भर में लाखों दर्शकों तक पहुंची और जैव विविधता और संरक्षण के बारे में सार्वजनिक जागरूकता में उल्लेखनीय वृद्धि हुई। नील्सन रेटिंग के अनुसार, "प्लैनेट अर्थ ॥" शृंखला के प्रीमियर को अकेले यूके में लगभग 9.5 मिलियन दर्शकों ने देखा, जो पारंपरिक मीडिया की व्यापक पहुंच को रेखांकित करता है।

हालाँकि, डिजिटल युग के आगमन से पर्यावरण वकालत और शिक्षा के लिए प्राथमिक उपकरण के रूप में ऑनलाइन प्लेटफ़ॉर्म, सोशल मीडिया और मोबाइल एप्लिकेशन की ओर बदलाव देखा गया है। वेबसाइटें, ब्लॉग और ऑनलाइन पोर्टल पर्यावरणीय मुद्दों पर प्रचुर मात्रा में जानकारी प्रदान करते हैं, जिससे उपयोगकर्ता वर्तमान शोध, डेटा और विशेषज्ञ टिप्पणियों तक आसानी से पहुंच पाते हैं। इन प्लेटफार्मों की इंटरैक्टिव प्रकृति पर्यावरणीय चर्चा के लोकतंत्रीकरण की भी अनुमति देती है, जिससे उन व्यक्तियों और समुदायों को आवाज मिलती है जो पहले पर्यावरणीय बातचीत में हाशिए पर थे।

ट्विटर, फेसबुक, इंस्टाग्राम और यूट्यूब जैसे सोशल मीडिया प्लेटफ़ॉर्म पर्यावरण जागरूकता अभियानों के लिए शक्तिशाली उपकरण के रूप में उभरे हैं। ये प्लेटफ़ॉर्म सूचनाओं के वायरल प्रसार की सुविधा प्रदान करते हैं, जिससे अभियान तेजी से विशाल दर्शकों तक पहुंचने में सक्षम होते हैं। उदाहरण के लिए, #ClimateChange हैशटैग का उपयोग सोशल मीडिया प्लेटफार्मों पर लाखों बार किया गया है, जो जलवायु कार्रवाई के बारे में वैश्विक बातचीत में व्यक्तियों, कार्यकर्ताओं और संगठनों को जोड़ता है। "जर्नल ऑफ एनवायर्नमेंटल साइकोलॉजी" में प्रकाशित एक अध्ययन में पाया गया कि सोशल मीडिया पर पर्यावरणीय सामग्री का

एक्सपोजर पर्यावरण के प्रति उपयोगकर्ताओं की धारणाओं और व्यवहारों को महत्वपूर्ण रूप से प्रभावित कर सकता है, जो इन प्लेटफार्मों के प्रभाव को उजागर करता है।

इसके अलावा, पर्यावरण शिक्षा और कार्रवाई के लिए मोबाइल एप्लिकेशन और डिजिटल टूल का तेजी से उपयोग किया जा रहा है। ऐसे ऐप्स जो कार्बन पदचिह्नों को ट्रैक करते हैं, टिकाऊ जीवन पद्धतियों को बढ़ावा देते हैं, या नागरिक विज्ञान परियोजनाओं के लिए मंच प्रदान करते हैं, व्यक्तियों को इंटरैक्टिव और वैयक्तिकृत तरीकों से पर्यावरणीय मुद्दों से जुड़ने में सक्षम बनाते हैं। उदाहरण के लिए, "अर्थ चैलेंज 2020" ऐप, एक वैश्विक नागरिक विज्ञान पहल, उपयोगकर्ताओं को वायु गुणवत्ता और प्लास्टिक प्रदूषण पर डेटा एकत्र करने और साझा करने की अनुमति देता है, जो पर्यावरण अनुसंधान और नीति-निर्माण के लिए उपयोग किए जाने वाले वैश्विक डेटाबेस में योगदान देता है।

आभासी वास्तविकता (वीआर) और संवर्धित वास्तविकता (एआर) प्रौद्योगिकियां गहन अनुभव प्रदान करती हैं जो वास्तविक दुनिया के पर्यावरणीय परिदृश्यों का अनुकरण करके पर्यावरण शिक्षा को बढ़ा सकती हैं। ये प्रौद्योगिकियाँ उपयोगकर्ताओं को आभासी पारिस्थितिकी तंत्र में ले जा सकती हैं, जिससे उन्हें जलवायु परिवर्तन, वनों की कटाई, या समुद्र के अम्लीकरण के प्रभावों का प्रत्यक्ष अनुभव करने की अनुमति मिलती है। स्टैनफोर्ड वर्चुअल ह्यूमन इंटरेक्शन लैब के एक अध्ययन में पाया गया कि जिन प्रतिभागियों ने समुद्र के अम्लीकरण के आभासी वास्तविकता सिमुलेशन का अनुभव किया, उनमें पर्यावरण के लिए चिंता बढ़ गई और उन लोगों की तुलना में संरक्षण व्यवहार में शामिल होने की अधिक संभावना थी, जिन्होंने केवल एक वृत्तचित्र देखा था।

पर्यावरण निगरानी और डेटा संग्रह में प्रौद्योगिकी के एकीकरण ने पर्यावरण विज्ञान के क्षेत्र में भी क्रांति ला दी है, जिससे शोधकर्ताओं और जनता को वायु और पानी की गुणवत्ता, जैव विविधता और जलवायु परिवर्तन जैसे पर्यावरणीय संकेतकों पर वास्तविक समय के डेटा तक पहुंच प्रदान की गई है। सैटेलाइट इमेजरी, रिमोट सेंसिंग तकनीक और जीआईएस (भौगोलिक सूचना प्रणाली) वैश्विक और स्थानीय स्तर पर पर्यावरणीय परिवर्तनों की निगरानी करने में सक्षम हैं, जिससे सूचित निर्णय लेने और नीति विकास में सुविधा होती है।

पर्यावरण जागरूकता बढ़ाने के लिए मीडिया और प्रौद्योगिकी की क्षमता के बावजूद, पर्यावरणीय संदेशों की सटीकता, विश्वसनीयता और प्रभावशीलता सुनिश्चित करने में चुनौतियाँ बनी हुई हैं। सूचना स्रोतों के प्रसार से गलत सूचना और बाढ़ आ सकती है, जिससे उपयोगकर्ताओं के लिए उनके सामने आने वाली सामग्री का आलोचनात्मक मूल्यांकन करना

महत्वपूर्ण हो जाता है। इसके अलावा, डिजिटल विभाजन-डिजिटल प्रौद्योगिकी तक पहुंच रखने वाले और बिना पहुंच वाले लोगों के बीच का अंतर-विशेष रूप से कम आय वाले और ग्रामीण क्षेत्रों में ऑनलाइन पर्यावरण शिक्षा प्रयासों की पहुंच को सीमित कर सकता है।

13.5 एनजीओ योगदान

गैर-सरकारी संगठन (एनजीओ) पर्यावरण शिक्षा और जागरूकता को बढ़ावा देने, सरकारी नीतियों, वैज्ञानिक अनुसंधान और आम जनता के बीच अंतर को पाटने में महत्वपूर्ण भूमिका निभाते हैं। ये संगठन, अपने विविध और गतिशील दृष्टिकोण के माध्यम से, जलवायु परिवर्तन, जैव विविधता हानि, प्रदूषण और टिकाऊ संसाधन प्रबंधन जैसी पर्यावरणीय चुनौतियों से निपटने के वैश्विक प्रयासों में महत्वपूर्ण योगदान देते हैं। उनका योगदान जमीनी स्तर की सक्रियता से लेकर वैश्विक वकालत तक फैला हुआ है, जो पर्यावरणीय प्रबंधन और सतत विकास के लिए एक महत्वपूर्ण शक्ति का प्रतीक है।

गैर सरकारी संगठन विभिन्न माध्यमों से पर्यावरण शिक्षा और जागरूकता में योगदान करते हैं, जिसमें शैक्षिक सामग्री का विकास और प्रसार, कार्यशालाओं और सेमिनारों का आयोजन, समुदाय-आधारित परियोजनाओं का कार्यान्वयन और सार्वजनिक अभियानों की सुविधा शामिल है। ये प्रयास न केवल सूचित करने के लिए बल्कि व्यक्तियों और समुदायों को पर्यावरण संरक्षण और स्थिरता की दिशा में कार्रवाई योग्य कदम उठाने के लिए सशक्त बनाने के लिए भी डिज़ाइन किए गए हैं।

पर्यावरण क्षेत्र में गैर सरकारी संगठनों की प्रमुख शक्तियों में से एक व्यापक शिक्षा कार्यक्रमों को लागू करने के लिए संसाधन और नेटवर्क जुटाने की उनकी क्षमता है। उदाहरण के लिए, विश्व के अग्रणी संरक्षण संगठनों में से एक, विश्व वन्यजीव कोष (डब्ल्यूडब्ल्यूएफ) ने जैव विविधता और संरक्षण के महत्व के बारे में जागरूकता बढ़ाने के उद्देश्य से शैक्षिक संसाधनों और पहलों की एक श्रृंखला विकसित की है। उनकी रिपोर्टों के अनुसार, डब्ल्यूडब्ल्यूएफ के शैक्षिक कार्यक्रम स्कूली बच्चों से लेकर नीति निर्माताओं तक दुनिया भर के लाखों लोगों तक पहुंच चुके हैं, जो पर्यावरणीय मुद्दों की गहरी समझ को बढ़ावा देते हैं और टिकाऊ प्रथाओं को प्रोत्साहित करते हैं।

गैर सरकारी संगठनों का एक और महत्वपूर्ण योगदान पर्यावरण शिक्षा को राष्ट्रीय शिक्षा प्रणालियों में एकीकृत करने की वकालत करने में उनकी भूमिका है। उदाहरण के लिए, पर्यावरण शिक्षा गठबंधन (ईईए), स्कूली शिक्षा के सभी स्तरों पर पर्यावरण शिक्षा को

पाठ्यक्रम में शामिल करने के लिए शैक्षणिक संस्थानों और सरकारों के साथ मिलकर काम करता है। अपने वकालत प्रयासों के माध्यम से, उनका लक्ष्य यह सुनिश्चित करना है कि छात्र 21वीं सदी की पर्यावरणीय चुनौतियों से निपटने के लिए आवश्यक ज्ञान, कौशल और मूल्यों से लैस हों। अनुसंधान से पता चला है कि पर्यावरण शिक्षा के लिए इस तरह के एकीकृत दृष्टिकोण से छात्रों के पर्यावरण ज्ञान, दृष्टिकोण और व्यवहार में महत्वपूर्ण सुधार हो सकते हैं।

गैर सरकारी संगठन समुदाय-आधारित पर्यावरण शिक्षा, संरक्षण और स्थिरता परियोजनाओं में स्थानीय आबादी को शामिल करने में भी महत्वपूर्ण भूमिका निभाते हैं। यह जमीनी स्तर का दृष्टिकोण न केवल पर्यावरणीय मुद्दों के बारे में जागरूकता बढ़ाता है बल्कि समुदाय के सदस्यों के बीच स्वामित्व और जिम्मेदारी की भावना को भी बढ़ावा देता है। उदाहरण के लिए, रेनफॉरेस्ट एलायंस उष्णकटिबंधीय क्षेत्रों में समुदायों के साथ स्थायी भूमि-उपयोग प्रथाओं को बढ़ावा देने, आजीविका में सुधार करते हुए जैव विविधता के संरक्षण में मदद करने के लिए काम करता है। उनके काम ने प्रदर्शित किया है कि पर्यावरण शिक्षा में सामुदायिक भागीदारी से ठोस संरक्षण परिणाम मिल सकते हैं, जैसे वनों की कटाई की दर में कमी और मिट्टी और पानी की गुणवत्ता में सुधार।

प्रत्यक्ष शिक्षा और वकालत के अलावा, गैर सरकारी संगठन व्यापक दर्शकों तक पहुंचने और पर्यावरण के मुद्दों में जनता को शामिल करने के लिए मीडिया और प्रौद्योगिकी का लाभ उठाते हैं। सूचना प्रसारित करने, समर्थन जुटाने और पर्यावरण निगरानी और सक्रियता में नागरिकों की भागीदारी को सुविधाजनक बनाने के साधन के रूप में गैर सरकारी संगठनों के बीच सोशल मीडिया, ऑनलाइन प्लेटफ़ॉर्म और मोबाइल एप्लिकेशन का उपयोग तेजी से आम हो गया है। उदाहरण के लिए, महासागर सफाई परियोजना, समुद्री प्लास्टिक प्रदूषण के बारे में जागरूकता बढ़ाने और सफाई प्रयासों में स्वयंसेवकों को शामिल करने के लिए ऑनलाइन प्लेटफ़ॉर्म का उपयोग करती है। पर्यावरण निगरानी और सफाई के लिए प्रौद्योगिकी के उनके अभिनव उपयोग ने महत्वपूर्ण सार्वजनिक हित और समर्थन प्राप्त किया है, जो पर्यावरण जागरूकता और कार्रवाई को बढ़ाने में डिजिटल उपकरणों की क्षमता को दर्शाता है।

इसके अलावा, एनजीओ अक्सर अपने प्रभाव को बढ़ाने के लिए सरकारों, व्यवसायों और अन्य हितधारकों के साथ सहयोग करते हैं। साझेदारी और गठबंधन संसाधनों, विशेषज्ञता और नेटवर्क को एकत्रित करने में सक्षम बनाते हैं, जिससे पर्यावरणीय समस्याओं के अधिक प्रभावी और स्केलेबल समाधान की सुविधा मिलती है। वैश्विक पर्यावरण सुविधा (जीईएफ), 183 देशों, अंतर्राष्ट्रीय संस्थानों, नागरिक समाज संगठनों और निजी क्षेत्र के बीच एक साझेदारी, जैव

विविधता, जलवायु परिवर्तन, भूमि क्षरण, रसायन और पानी से संबंधित परियोजनाओं का समर्थन करती है। जीईएफ के सहयोगात्मक दृष्टिकोण के परिणामस्वरूप पर्याप्त पर्यावरणीय लाभ हुए हैं, जिसमें लुप्तप्राय प्रजातियों की सुरक्षा, ख़राब पारिस्थितिकी तंत्र की बहाली और टिकाऊ संसाधन प्रबंधन प्रथाओं को बढ़ावा देना शामिल है।

उनके महत्वपूर्ण योगदान के बावजूद, गैर सरकारी संगठनों को पर्यावरण शिक्षा और जागरूकता को बढ़ावा देने के अपने प्रयासों में चुनौतियों का सामना करना पड़ता है। इन चुनौतियों में सीमित संसाधन, राजनीतिक और आर्थिक बाधाएँ और पर्यावरणीय मुद्दों की जटिलता शामिल हैं। इसके अलावा, पर्यावरण शिक्षा कार्यक्रमों के दीर्घकालिक प्रभाव को मापना मुश्किल हो सकता है, जिसके लिए ज्ञान, दृष्टिकोण और व्यवहार को बदलने में उनकी प्रभावशीलता का आकलन करने के लिए निरंतर निगरानी और मूल्यांकन की आवश्यकता होती है।

अध्याय 13 का सारांश

- **पर्यावरण जागरूकता में शिक्षा की भूमिका** पर्यावरण के संबंध में विचारशील निर्णय लेने में सक्षम एक जागरूक नागरिक तैयार करने पर जोर देता है।**संयुक्त राष्ट्र पर्यावरण कार्यक्रम (यूएनईपी)** और यह**विश्व वन्यजीव कोष (डब्ल्यूडब्ल्यूएफ)** पर्यावरण शिक्षा की तात्कालिकता को प्रदर्शित करते हुए बढ़ते ग्रीनहाउस गैस उत्सर्जन और जैव विविधता के नुकसान पर प्रकाश डालें। पर्यावरण शिक्षा का उद्देश्य पर्यावरण साक्षरता को बढ़ावा देना, व्यक्तियों को जटिल मुद्दों को समझने, जानकारी का मूल्यांकन करने और समस्या-समाधान में संलग्न होने में सक्षम बनाना है। वृक्षारोपण जैसी व्यावहारिक गतिविधियों से जुड़े कार्यक्रम छात्रों की पर्यावरण संबंधी समझ और जिम्मेदारी की भावना को महत्वपूर्ण रूप से बढ़ाते हैं।

- **पाठ्यचर्या और शिक्षण विधियाँ** पर्यावरण शिक्षा अंतःविषय होनी चाहिए, जो पर्यावरणीय मुद्दों की जटिलता को दर्शाती हो। शोध से पता चलता है कि पर्यावरण के बारे में अंतर-पाठ्यचर्या सीखने में लगे छात्र उच्च पारिस्थितिक समझ और पर्यावरण-समर्थक व्यवहार प्रदर्शित करते हैं। स्थान-आधारित शिक्षा, सीखने को स्थानीय समुदायों से जोड़कर, पर्यावरण विज्ञान में जुड़ाव और उपलब्धि को बढ़ाती है। परियोजना-आधारित और अनुभवात्मक शिक्षा जैसी सक्रिय शिक्षण रणनीतियाँ महत्वपूर्ण सोच और समस्या-समाधान कौशल को बढ़ावा देती हैं। भौगोलिक सूचना प्रणाली (जीआईएस) और आभासी वास्तविकता (वीआर) जैसी प्रौद्योगिकी को एकीकृत करने से पर्यावरणीय अवधारणाओं की समझ में और वृद्धि हो सकती है।

- **जागरूकता अभियान** सार्वजनिक क्षेत्र में ज्ञान और कार्रवाई को जोड़ने, पर्यावरणीय चुनौतियों से निपटने के लिए समुदायों को सूचित करने, प्रेरित करने और संगठित करने के लिए महत्वपूर्ण हैं। जैसे सफल अभियान **विश्व वन्यजीव कोष का "अर्थ आवर"**, ने स्थिरता के प्रति सार्वजनिक दृष्टिकोण और व्यवहार पर महत्वपूर्ण प्रभाव प्रदर्शित किया है। प्रभावी जुड़ाव रणनीतियों में सम्मोहक कथाएँ, सोशल मीडिया का लाभ उठाना, प्रभावशाली लोगों को शामिल करना और स्कूलों, व्यवसायों और स्थानीय सरकारों के साथ साझेदारी करना शामिल है। जन जागरूकता स्तर, व्यवहार परिवर्तन और नीतिगत प्रभावों के माध्यम से इन अभियानों के प्रभाव का आकलन करना उनकी प्रभावशीलता को समझने और भविष्य के प्रयासों का मार्गदर्शन करने के लिए महत्वपूर्ण है।

- शिक्षा, पाठ्यक्रम नवाचार और जागरूकता अभियान सामूहिक रूप से स्थिरता की दिशा में ज्ञान, जुड़ाव और कार्रवाई को बढ़ावा देकर पर्यावरणीय चुनौतियों का समाधान करने में महत्वपूर्ण भूमिका निभाते हैं।

- **पर्यावरण जागरूकता के लिए उपकरण के रूप में मीडिया और प्रौद्योगिकी:** पर्यावरणीय जानकारी के प्रसार में डिजिटल प्लेटफॉर्म और पारंपरिक मीडिया के परिवर्तनकारी प्रभाव पर प्रकाश डालना। डिजिटल युग ने पर्यावरणीय संदेशों को साझा करने के तरीके में क्रांति ला दी है, जिससे वैश्विक दर्शकों तक तेजी से पहुंचना संभव हो गया है। बीबीसी की "प्लैनेट अर्थ" श्रृंखला जैसे पारंपरिक मीडिया और सोशल मीडिया और मोबाइल एप्लिकेशन सहित ऑनलाइन प्लेटफ़ॉर्म, पर्यावरण वकालत और शिक्षा को आगे बढ़ाने में महत्वपूर्ण बन गए हैं, जो उपयोगकर्ताओं को बड़ी मात्रा में जानकारी तक पहुंचने और पर्यावरणीय चर्चा में शामिल होने में सक्षम बनाता है।

- **पर्यावरण शिक्षा को बढ़ावा देने में गैर सरकारी संगठनों की भूमिका:** वैश्विक पर्यावरण जागरूकता और कार्रवाई को बढ़ाने में गैर-सरकारी संगठनों (एनजीओ) के महत्वपूर्ण योगदान पर जोर देना। गैर सरकारी संगठन शिक्षा कार्यक्रमों को लागू करने के लिए संसाधन जुटाते हैं, राष्ट्रीय प्रणालियों में पर्यावरण शिक्षा एकीकरण की वकालत करते हैं, और स्थिरता परियोजनाओं में समुदायों को शामिल करते हैं। विश्व वन्यजीव कोष (डब्ल्यूडब्ल्यूएफ) और रेनफॉरेस्ट एलायंस जैसे संगठनों ने पर्यावरणीय चुनौतियों से निपटने में जमीनी स्तर की भागीदारी और वकालत की शक्ति का प्रदर्शन करते हुए, संरक्षण और टिकाऊ प्रथाओं को बढ़ावा देने के लिए शैक्षिक संसाधन और समुदाय-आधारित परियोजनाएं विकसित की हैं।

- **मीडिया और प्रौद्योगिकी के माध्यम से नवोन्मेषी जुड़ाव:** यह दिखाते हुए कि कैसे सोशल मीडिया, मोबाइल ऐप और आभासी वास्तविकता सहित आधुनिक तकनीक गहन अनुभव प्रदान करके और स्थिरता के बारे में वैश्विक बातचीत को सुविधाजनक बनाकर पर्यावरण शिक्षा को बढ़ाती है। "अर्थ चैलेंज 2020" ऐप और वर्चुअल रियलिटी सिमुलेशन जैसे उपकरण

व्यक्तियों को पर्यावरणीय मुद्दों के बारे में जानने और उनसे जुड़ने के लिए इंटरैक्टिव तरीके प्रदान करते हैं, कार्रवाई को प्रेरित करने और पारिस्थितिक सिद्धांतों की गहरी समझ को बढ़ावा देने के लिए प्रौद्योगिकी की क्षमता को रेखांकित करते हैं।

- **गैर सरकारी संगठनों के माध्यम से समुदायों को सशक्त बनाना और नीति को प्रभावित करना:** यह बताना कि कैसे गैर सरकारी संगठन पर्यावरणीय स्थिरता के लिए सामुदायिक सशक्तिकरण और नीति वकालत में महत्वपूर्ण भूमिका निभाते हैं। शैक्षिक कार्यक्रमों, वकालत प्रयासों और डिजिटल उपकरणों के उपयोग के माध्यम से, पर्यावरण शिक्षा गठबंधन (ईईए) जैसे गैर सरकारी संगठन पर्यावरण शिक्षा को पाठ्यक्रम में एकीकृत करने और संरक्षण प्रयासों में जनता को शामिल करने के लिए काम करते हैं। वैश्विक पर्यावरण सुविधा (जीईएफ) द्वारा समर्थित सहयोगी परियोजनाएं, पर्यावरणीय पहल के प्रभाव को बढ़ाने में साझेदारी की प्रभावशीलता को दर्शाती हैं।

- **पर्यावरण जागरूकता प्रयासों में चुनौतियाँ और अवसर:** गलत सूचना और डिजिटल विभाजन सहित पर्यावरण शिक्षा और जागरूकता को बढ़ावा देने में आने वाली चुनौतियों को स्वीकार करना और पहलों के दीर्घकालिक प्रभाव को मापना। पाठ सूचना के आलोचनात्मक मूल्यांकन, डिजिटल विभाजन को पाटने और शैक्षिक कार्यक्रमों के चल रहे मूल्यांकन पर जोर देता है ताकि यह सुनिश्चित किया जा सके कि वे पर्यावरण संरक्षण और स्थिरता के प्रति ज्ञान, दृष्टिकोण और व्यवहार को प्रभावी ढंग से बदल सकें।

पर्यावरण मनोविज्ञान

राखी कुमारी

LL.B, LL.M, Ph.D.

14.1 परिचय

मनोविज्ञान ने अपनी स्थापना के बाद से अध्ययन के क्षेत्र में महत्वपूर्ण विकास किया है। इसमें व्यावहारिक क्षेत्रों की एक विस्तृत श्रृंखला शामिल है, जो समाजशास्त्र, संगठनात्मक अध्ययन, जीवविज्ञान जैसे विभिन्न विषयों से जुड़ी हुई है। पचास वर्षों की अवधि में, जैसे-जैसे मनोविज्ञान के विभिन्न क्षेत्र विकसित हुए, मानव व्यवहार पर भौतिक वातावरण के प्रभाव को शुरू में कम करके आंका गया। हालाँकि, जैसे-जैसे भौतिक स्थानों की भूमिका की समझ बढ़ी, व्यक्तिगत व्यवहार पर उनका गहरा प्रभाव स्पष्ट हो गया। इस परिचयात्मक खंड में, हम पर्यावरण मनोविज्ञान के क्षेत्र का पता लगाएंगे, इसकी प्रमुख विशेषताओं, वर्तमान रुझानों और समग्र दायरे पर प्रकाश डालेंगे। हम पर्यावरण मनोविज्ञान में प्रयुक्त प्राथमिक अनुसंधान पद्धतियों पर भी चर्चा करेंगे। अंत में, हम तिवारी और माथुर (2014) के अनुसार, भारत में पर्यावरण मनोविज्ञान की स्थिति के एक सिंहावलोकन के साथ अपनी बात समाप्त करेंगे।

14.2 पर्यावरण मनोविज्ञान क्या है?

आज के युग में, जहां पर्यावरण संबंधी मुद्दे मानवता के लिए एक गंभीर चिंता का विषय हैं, पर्यावरण मनोविज्ञान का अध्ययन महत्वपूर्ण प्रासंगिकता रखता है। पर्यावरण में वह परिवेश या स्थितियाँ शामिल हैं जिनमें मनुष्य, जानवर या पौधे रहते हैं या काम करते हैं, जिसमें संपूर्ण प्राकृतिक दुनिया या मानवीय गतिविधियों से प्रभावित विशिष्ट भौगोलिक क्षेत्र शामिल हैं। सामाजिक सेटिंग्स, उम्र या विकासात्मक चरणों की तरह, पर्यावरण विचार और अर्थ प्रदान करता है और व्यवहार को प्रभावित करता है (बेल, ग्रीव, फिशर और बॉम, 2001)। प्रोशांस्की (1976) के अनुसार, किसी व्यक्ति के आसपास की भौतिक दुनिया, जिसमें कमरे, इमारतें, सड़कें और कई अन्य स्थान शामिल हैं, व्यवहार को आकार देने में महत्वपूर्ण भूमिका निभाते हैं। पर्यावरणीय मनोविज्ञान, मनोविज्ञान की एक महत्वपूर्ण शाखा के रूप में उभरता है, जो मानव व्यवहार और सामाजिक-भौतिक वातावरण के बीच जटिल संबंधों को समझने के लिए एक नया आयाम पेश करता है।

पर्यावरणीय मनोविज्ञान मनुष्यों और उनके पर्यावरण के बीच दो स्तरों पर बातचीत की जांच करता है। सबसे पहले, यह अध्ययन करता है कि पर्यावरण कुछ व्यवहारों को कैसे सक्षम या प्रतिबंधित करता है, मानव मनोदशा और व्यवहार को प्रभावित करने वाले पर्यावरणीय गुणों पर ध्यान केंद्रित करता है। दूसरे, यह पर्यावरण पर मानव व्यवहार के प्रभाव को देखता है, प्रदूषण, पुनर्चक्रण और पारिस्थितिकी तंत्र संरक्षण जैसे व्यापक पर्यावरणीय मुद्दों को संबोधित करता है। यह दोहरा फोकस अनुशासन की संवादात्मक प्रकृति को रेखांकित करता है, लोगों और उनके वातावरण के बीच पारस्परिक प्रभाव पर जोर देता है (बेल, ग्रीव, फिशर और बॉम, 2001)।

इसके अलावा, पर्यावरण मनोविज्ञान व्यक्तियों और उनके परिवेश के बीच जटिल गतिशीलता का पता लगाता है, और रोजमर्रा के भौतिक वातावरण पर ध्यान केंद्रित करके खुद को अन्य मनोवैज्ञानिक शाखाओं से अलग करता है। गिफ़ोर्ड बताते हैं कि यह क्षेत्र सामाजिक, राजनीतिक, आर्थिक और सांस्कृतिक दबावों सहित बड़े पर्यावरणीय कारकों पर भी विचार करता है, बहु-विषयक दृष्टिकोण में अपनी ताकत को उजागर करता है और व्यवहार और पर्यावरण के बीच जटिल संबंध को स्वीकार करता है। पर्यावरण मनोविज्ञान अत्यधिक सरलीकरण से बचता है, जो परिप्रेक्ष्य, अनुसंधान और सिद्धांतों की एक व्यापक रूपरेखा पेश करता है जो मानव-पर्यावरण संबंधों के बारे में हमारी समझ को बढ़ाता है। प्रोशांस्की ने डिजाइन व्यवसायों में पर्यावरण मनोविज्ञान के महत्व पर जोर दिया, मानव व्यवहार और निर्मित पर्यावरण के बीच संबंधों में अंतर्दृष्टि प्रदान करने की इसकी क्षमता पर ध्यान दिया।

जैसा कि पर्यावरण मनोवैज्ञानिक पर्यावरणीय चुनौतियों का समाधान तलाशते हैं, वे पर्यावरण संसाधन प्रबंधन में व्यावहारिक अनुप्रयोगों को सूचित करने के लिए पारंपरिक मनोविज्ञान से प्रेरणा लेते हुए एक व्यावहारिक और सैद्धांतिक दृष्टिकोण अपनाते हैं। इस व्यावहारिक क्षेत्र में पर्यावरण संसाधनों के हमारे प्रबंधन में सुधार लाने, इसके व्यावहारिक अभिविन्यास और पारंपरिक मनोविज्ञान से सैद्धांतिक अवधारणाओं के एकीकरण को प्रदर्शित करने के उद्देश्य से अनुसंधान शामिल है।

14.3 परिभाषाएँ और दायरा

पर्यावरण मनोविज्ञान एक बहुआयामी अनुशासन है, जो लोगों और उनके पर्यावरण के बीच गतिशील अंतःक्रियाओं का अध्ययन करता है। यह क्षेत्र इस बात का पता लगाता है कि प्राकृतिक और निर्मित दोनों स्थान व्यक्तियों को कैसे प्रभावित करते हैं, पर्यावरण मनोवैज्ञानिक इस बात पर ध्यान केंद्रित करते हैं कि लोग विभिन्न सेटिंग्स के साथ कैसे जुड़ते हैं - चाहे काम पर, घर पर, या प्रकृति में - और इन अंतःक्रियाओं का उनकी संतुष्टि, कल्याण,

उत्पादकता पर प्रभाव पड़ता है। और मानसिक स्वास्थ्य. इस क्षेत्र के भीतर "पर्यावरण" की अवधारणा को व्यापक रूप से परिभाषित किया गया है, जिसमें प्राकृतिक परिदृश्य, सामाजिक परिवेश, निर्मित वातावरण, शैक्षिक अनुकरणों और सूचना का क्षेत्र शामिल है। अपनी उत्पत्ति से, पर्यावरण मनोविज्ञान एक ऐसा अनुशासन बनाने के लिए प्रतिबद्ध रहा है जो मूल्य-संचालित और समस्या-समाधान दोनों है, जो अनुसंधान पर ध्यान केंद्रित करता है जो व्यक्तिगत कल्याण को बढ़ाने के लिए जटिल पर्यावरणीय चुनौतियों का समाधान करना चाहता है।

ऐतिहासिक रूप से, पर्यावरण मनोविज्ञान ने भौतिक स्थानों और मानव व्यवहार के बीच संबंध को रेखांकित किया है। एच.एम. प्रोशांस्की (1967) ने इसे किसी व्यक्ति के व्यवहार और उसके निर्मित परिवेश के अनुभवों के बीच अनुभवजन्य और सैद्धांतिक संबंधों की पहचान करने के प्रयास के रूप में वर्णित किया। सामाजिक मनोविज्ञान के विश्वकोश की परिभाषाएँ आवासीय, कार्यस्थल और मनोरंजक वातावरण, वास्तुकला के दृश्य महत्व, शहरी कमियों, प्रकृति की पुनर्स्थापना शक्ति, पर्यावरणीय दृष्टिकोण और टिकाऊ प्रथाओं के साथ इसकी चिंता को उजागर करती हैं। रसेल और स्नोडग्रास (1987) ने इसे एक मनोविज्ञान शाखा के रूप में वर्णित किया जिसका उद्देश्य व्यवस्थित रूप से मानव-पर्यावरण संबंधों की खोज करना है। स्टोकोल्स और ऑल्टमैन (1987) ने इसे पर्यावरण मनोविज्ञान की हैंडबुक में सामाजिक-भौतिक पर्यावरण के संबंध में मानव व्यवहार और कल्याण के अध्ययन के रूप में परिभाषित किया है।

ये पहले की परिभाषाएँ पर्यावरण-व्यवहार संबंध को इंगित करती हैं, लेकिन इस अंतःक्रिया की द्विदिश प्रकृति को नजरअंदाज करती हैं - पर्यावरण व्यवहार को कैसे आकार देता है और इसके विपरीत, और अक्सर गैर-निर्मित वातावरण के प्रभाव को ध्यान में रखने में विफल रहती हैं।

हाल की व्याख्याएँ मानव-पर्यावरण संबंध पर एक समावेशी, समग्र और लेन-देन संबंधी दृष्टिकोण अपनाती हैं। गिफ़ोर्ड (2010) ने पर्यावरण मनोविज्ञान को व्यक्तियों और उनकी भौतिक सेटिंग्स के बीच बातचीत की जांच के रूप में फिर से परिभाषित किया है, जहां ये बातचीत पर्यावरण को संशोधित करती है और बदले में, व्यक्तियों के व्यवहार और अनुभवों को प्रभावित करती है। वह इस क्षेत्र के भीतर तीन विश्लेषणात्मक स्तरों की पहचान करता है: मौलिक मनोवैज्ञानिक प्रक्रियाएं जैसे पर्यावरणीय धारणा और स्थानिक अनुभूति; व्यक्तिगत स्थान, क्षेत्रीयता और गोपनीयता जैसी अवधारणाओं को शामिल करते हुए सामाजिक स्थानों का संगठन; और जलवायु परिवर्तन के मनोवैज्ञानिक पहलुओं सहित प्रकृति के साथ मानव जुड़ाव। यह समकालीन दृष्टिकोण मनुष्यों और उनके पर्यावरण के बीच जटिल, पारस्परिक

संबंध को स्वीकार करता है, पर्यावरणीय चुनौतियों को समझने और संबोधित करने के लिए एक व्यापक दृष्टिकोण पर जोर देता है।

14.4 विशेषताएँ

पर्यावरण मनोविज्ञान व्यक्तियों और उनके पर्यावरण के बीच संबंधों का गहराई से अध्ययन करता है, जिसमें प्राकृतिक और निर्मित दोनों समायोजन शामिल हैं। इस अनुशासन की विशेषता इसके दायरे को सख्ती से परिभाषित करने के बजाय प्रमुख विशेषताओं को समझने और स्पष्ट करने पर केंद्रित है। पर्यावरण मनोवैज्ञानिकों द्वारा उजागर किए गए प्रमुख पहलुओं में शामिल हैं:

1. एक व्यापक परिप्रेक्ष्य जो पर्यावरणीय संदर्भ में व्यवहार का आकलन करता है, जिसका लक्ष्य जटिल मनोवैज्ञानिक और पर्यावरणीय अंतःक्रियाओं को समझना है।

2. मौलिक व्यवहार सिद्धांतों को स्पष्ट करने और भौतिक वातावरण से जुड़े सामाजिक मुद्दों के समाधान तैयार करने की दिशा में अनुसंधान के साथ वास्तविक दुनिया की समस्याओं को संबोधित करने की प्रतिबद्धता।

3. विभिन्न सेटिंग्स में प्रयोगशाला और क्षेत्र प्रयोगों, सर्वेक्षणों और अवलोकन संबंधी अध्ययनों सहित विभिन्न अनुसंधान विधियों को शामिल करने वाला एक विविध पद्धतिगत दृष्टिकोण।

4. एक विश्लेषण जो दैनिक जीवन में मानवीय मुद्दों का पता लगाने के लिए व्यापक दृष्टिकोण अपनाते हुए सूक्ष्म और स्थूल दोनों स्तरों तक फैला है।

5. एक बहु-विषयक प्रकृति, अपने सैद्धांतिक आधार को समृद्ध करने के लिए मनोविज्ञान और अन्य सामाजिक विज्ञानों से सैद्धांतिक रूपरेखाओं को एकीकृत करती है।

बेल एट अल. पर्यावरण मनोविज्ञान की विशिष्टता को संक्षेप में इस प्रकार रेखांकित करें:

- यह पर्यावरण-व्यवहार को अध्ययन के एकीकृत विषय के रूप में गतिशील मानता है।
- यह पर्यावरण और व्यवहार के बीच पारस्परिक प्रभावों का पता लगाता है।
- यह दोनों पहलुओं को शामिल करते हुए व्यावहारिक और सैद्धांतिक अनुसंधान के बीच की रेखाओं को धुंधला कर देता है।
- यह अपनी अंतरराष्ट्रीय और अंतःविषय पहुंच पर जोर देते हुए, सभी विषयों और सीमाओं के पार अपील करता है।

- यह अनुसंधान विधियों की एक विस्तृत श्रृंखला का उपयोग करते हुए एक उदार पद्धति को अपनाता है।

स्टेग और ग्रूट (2019) ने पर्यावरण मनोविज्ञान की चार प्रमुख विशेषताओं की पहचान की:

- व्यक्तियों और उनके पर्यावरण के बीच पारस्परिक संबंध पर ध्यान केंद्रित करने वाला एक परस्पर संवादात्मक दृष्टिकोण, जिसमें व्यवहार पर पर्यावरण का प्रभाव और पर्यावरण पर व्यवहार का प्रभाव दोनों शामिल हैं।
- एक अंतःविषय रणनीति, मुद्दों की व्यापक समझ को बढ़ावा देने के लिए वास्तुकला, भूगोल और सामाजिक मनोविज्ञान जैसे विभिन्न क्षेत्रों के पेशेवरों के साथ सहयोग को प्रोत्साहित करती है।
- एक समस्या-उन्मुख फोकस, जिसका उद्देश्य मानव-पर्यावरण इंटरैक्शन के बारे में सैद्धांतिक ज्ञान को आगे बढ़ाने के साथ-साथ व्यावहारिक समाधान प्रदान करने के लिए डिज़ाइन किए गए अनुसंधान के माध्यम से वास्तविक जीवन की चुनौतियों से निपटना है।
- एक पद्धतिगत विविधता, जो मनोविज्ञान में आम तौर पर गुणात्मक और मात्रात्मक दोनों अनुसंधान तकनीकों को नियोजित करती है, फिर भी अनुसंधान प्रश्नों और समस्याओं को संबोधित करने के लिए लागू तरीकों की व्यापकता से प्रतिष्ठित होती है, वैधता के संदर्भ में उनकी ताकत और सीमाओं पर सावधानीपूर्वक विचार करके चुनी जाती है।

ये विशेषताएँ लोगों और उनके परिवेश के बीच संबंधों को समझने और सुधारने के लिए पर्यावरण मनोविज्ञान के अद्वितीय दृष्टिकोण को रेखांकित करती हैं, समकालीन पर्यावरणीय चुनौतियों को संबोधित करने में इसकी भूमिका पर जोर देती हैं।

14.5   पर्यावरणीय मनोविज्ञान का विकास

पर्यावरण मनोविज्ञान, एक अनुशासन जो 1960 के दशक से विकसित हुआ है, चार प्रमुख चरणों के माध्यम से विकसित हुआ है: मूलभूत विचार, अमेरिकी संक्रमण, वास्तुकला मनोविज्ञान का चरण, और पर्यावरण मनोविज्ञान के भीतर स्थिरता पर ध्यान (तिवारी और माथुर, 2014)। शुरुआत में यह शब्द गढ़ने वाले जर्मन विद्वानों से प्रभावित होकर, इस क्षेत्र के शुरुआती दिनों को व्यापक स्वीकृति के बजाय सैद्धांतिक आधार पर चिह्नित किया गया था। अमेरिकी संक्रमण काल ने सैद्धांतिक नींव रखी, जिससे वास्तुशिल्प मनोविज्ञान का युग शुरू हुआ, जो अंततः स्थिरता-केंद्रित पर्यावरण मनोविज्ञान की ओर परिवर्तित हुआ।

हेलपाच 20वीं सदी की शुरुआत में रंगों और आकृतियों जैसे पर्यावरणीय तत्वों के मनोवैज्ञानिक प्रभावों का अध्ययन करने वाले अग्रदूतों में से एक थे। उन्होंने पता लगाया कि विभिन्न पर्यावरणीय उत्तेजनाएँ, जिनमें प्राकृतिक घटनाएँ और अत्यधिक उत्तेजना और भीड़ जैसी शहरी चुनौतियाँ शामिल हैं, मनुष्यों को कैसे प्रभावित करती हैं। अध्ययन के एक औपचारिक क्षेत्र के रूप में पर्यावरण मनोविज्ञान की स्थापना क्रेक जैसे शोधकर्ताओं द्वारा आगे बढ़ाई गई, जिन्होंने 1968 में, व्यक्तित्व माप रणनीतियों पर अपना काम आधारित किया था, और प्रोशांस्की, जिनका योगदान क्षेत्र के विकास के लिए महत्वपूर्ण था, जैसा कि वार्षिक समीक्षाओं में दर्ज किया गया है। मनोविज्ञान (सुंडस्ट्रॉम एट अल., 1996)।

1960 के दशक के उत्तरार्ध में पर्यावरण मनोविज्ञान के विस्तार का दौर आया, जो पर्यावरणीय मुद्दों के बारे में बढ़ती जागरूकता से प्रेरित था। इस युग में स्थिरता, वायु प्रदूषण, शहरी शोर और पर्यावरणीय गुणवत्ता पर ध्यान केंद्रित करने वाले अनुसंधान में 1970 के दशक में ऊर्जा और प्रौद्योगिकी से संबंधित जोखिमों और 1980 के दशक में संरक्षण व्यवहारों को शामिल करने के लिए विस्तार किया गया।

गेस्टाल्ट मनोविज्ञान, विशेष रूप से कोफ्का के माध्यम से, पर्यावरणीय धारणा और अनुभूति पर जोर देते हुए, भौगोलिक और व्यवहारिक वातावरण के बीच अंतर करता है। क्षेत्र के संस्थापक पिता माने जाने वाले **ब्रंसविक और लेविन** ने सीधे पर्यावरण मनोविज्ञान के रूप में वर्गीकृत अनुभवजन्य अध्ययन नहीं करने के बावजूद भौतिक पर्यावरण और मनोवैज्ञानिक प्रक्रियाओं के बीच बातचीत पर भविष्य के शोध के लिए मंच तैयार किया।

शब्द **"आर्किटेक्चरल साइकोलॉजी"** का उपयोग मानव व्यवहार पर निर्मित पर्यावरण के प्रभाव पर ध्यान केंद्रित करने वाले प्रारंभिक शोध का वर्णन करने के लिए किया गया था। यह फोकस उस समय के राजनीतिक और सामाजिक संदर्भ से प्रभावित था, जिसमें युद्ध के बाद के पुनर्निर्माण पर महत्वपूर्ण जोर दिया गया था, जिसमें कल्याण और प्रदर्शन को बढ़ाने के लिए आवास और रहने की जगहों को अनुकूलित करना शामिल था।

1970 के दशक तक, पर्यावरण मनोविज्ञान का उद्देश्य भौतिक और सामाजिक संदर्भों के भीतर मानव व्यवहार का विश्लेषण करके व्यक्तियों के व्यवहार और उनके निर्मित वातावरण के बीच अनुभवजन्य और सैद्धांतिक संबंध स्थापित करना था। 21वीं सदी में इस क्षेत्र ने व्यापक चिंताओं को अपनाया है, जिसमें समग्र स्थिरता और पारिस्थितिक अध्ययन शामिल हैं, जिसमें जर्नल ऑफ एनवायर्नमेंटल साइकोलॉजी, एनवायरनमेंट एंड बिहेवियर और जर्नल ऑफ आर्किटेक्चरल एंड प्लानिंग रिसर्च जैसे प्रमुख प्रकाशन इसके ज्ञान आधार में योगदान दे रहे हैं।

डैनियल स्टोकोल्स और इरविन अल्टमैन द्वारा संपादित पर्यावरण मनोविज्ञान की पुस्तिका, एक मौलिक कार्य के रूप में खड़ी है, जो इस उभरते क्षेत्र का व्यापक परिचय प्रस्तुत करती है। यह विभिन्न क्षेत्रों में अंतरराष्ट्रीय विशेषज्ञों के योगदान को प्रस्तुत करते हुए, अनुशासन की अंतःविषय प्रकृति, पद्धतिगत विविधता और व्यावहारिक अनुप्रयोगों पर प्रकाश डालता है। इस पुस्तिका को अनुशासन के मूल विचारों, अन्य क्षेत्रों से इसके संबंध, कार्यप्रणाली, अनुप्रयोगों और भविष्य की दिशाओं में अंतर्दृष्टि प्रदान करने के लिए संरचित किया गया है, जो इसे पर्यावरण, मनोविज्ञान और स्थिरता के बीच अंतरसंबंधों में रुचि रखने वाले किसी भी व्यक्ति के लिए एक आवश्यक संसाधन बनाता है।

14.6 पर्यावरण मनोविज्ञान का वर्तमान और भविष्य

21वीं सदी की शुरुआत से, जलवायु परिवर्तन, प्रदूषण और वनों की कटाई जैसी पर्यावरणीय चुनौतियों को सार्वजनिक स्वास्थ्य, आर्थिक स्थिरता और भोजन और जल संसाधनों की उपलब्धता को प्रभावित करने वाले प्रमुख मुद्दों के रूप में पहचाना गया है (आईपीसीसी, 2013)। यह अच्छी तरह से समझा जाता है कि मानवीय क्रियाएं इन समस्याओं में महत्वपूर्ण योगदान देती हैं। परिणामस्वरूप, पर्यावरण मनोविज्ञान ने मानव व्यवहार को संशोधित करने के तरीकों को विकसित करने पर ध्यान केंद्रित किया है जो इन पर्यावरणीय मुद्दों को कम करने के साथ-साथ मानव कल्याण और जीवन की गुणवत्ता को भी बढ़ाते हैं। इससे स्थिरता के समग्र दृष्टिकोण को व्यापक रूप से अपनाया गया है जो पर्यावरणीय, सामाजिक और आर्थिक आयामों पर विचार करता है (पर्यावरण और विकास पर विश्व आयोग, 1987)। स्थिरता का यह व्यापक परिप्रेक्ष्य पर्यावरण मनोविज्ञान में अनुसंधान को निर्देशित करने में महत्वपूर्ण भूमिका निभाता है, जो इस अनुशासन को स्थिरता के मनोविज्ञान के रूप में तेजी से विकसित कर रहा है (गिफ़ोर्ड, 2007)।

पर्यावरण मनोविज्ञान इस बात की जांच करता है कि पर्यावरण मानव व्यवहार और कल्याण को कैसे प्रभावित करता है, पर्यावरणीय जोखिमों की धारणाओं, पर्यावरणीय कारकों के कारण होने वाले तनाव और लोगों पर प्राकृतिक वातावरण के सकारात्मक प्रभावों की खोज करता है। इस क्षेत्र में अनुसंधान का उद्देश्य एक स्थायी वातावरण को बढ़ावा देना है जो मानव कल्याण का समर्थन करता है और जीवन की गुणवत्ता में सुधार करता है।

यह अनुशासन मूल्यों, सामाजिक मानदंडों, भावनात्मक प्रतिक्रियाओं और व्यक्तिगत और सामूहिक हितों के बीच तनाव सहित पर्यावरणीय व्यवहार के चालकों की भी जांच करता है। पर्यावरण मनोवैज्ञानिक एक एकीकृत और अंतःविषय दृष्टिकोण अपनाते हैं, जिसका उदाहरण 1970 के दशक में चिपको आंदोलन था। वन संरक्षण के उद्देश्य से पश्चिमी हिमालय में इस

जमीनी स्तर की पहल ने केवल वैज्ञानिक विश्लेषण (हैनिगन, 1995) के बजाय पारंपरिक ज्ञान में निहित एक उपन्यास पारिस्थितिक परिप्रेक्ष्य पर प्रकाश डाला। आंदोलन की सफलता, इसके अहिंसक दृष्टिकोण और सांस्कृतिक ज्ञान पर निर्भरता के कारण, प्राकृतिक संसाधन प्रबंधन में नेतृत्व और सामुदायिक संगठन के महत्व को रेखांकित करती है (केलर्ट एट अल।, 2000)।

पर्यावरण मनोविज्ञान के भीतर अध्ययन के अन्य क्षेत्रों में सूचनात्मक अभियानों, प्रोत्साहनों, अनुशासनात्मक उपायों और प्रेरक प्रौद्योगिकियों के माध्यम से पर्यावरण-अनुकूल व्यवहार को बढ़ावा देना, साथ ही ऐसे मॉडल विकसित करना शामिल है जो मानव-पर्यावरण इंटरैक्शन को समाहित करते हैं। आगे देखते हुए, पर्यावरण मनोवैज्ञानिकों को स्थिरता के प्रति अपनी प्रतिबद्धता को गहरा करने, स्थानीय और वैश्विक दोनों स्तरों पर टिकाऊ प्रथाओं का समर्थन करने के लिए अंतर्दृष्टि और उपकरण प्रदान करने की चुनौती का सामना करना पड़ता है।

पर्यावरण मनोवैज्ञानिकों का लक्ष्य मानव कल्याण को बढ़ाते हुए पर्यावरण और सामाजिक गिरावट का मुकाबला करना है। वे अपने निष्कर्षों के राजनीतिक प्रभाव और व्यावहारिक अनुप्रयोग को बढ़ाना चाहते हैं, अंतरराष्ट्रीय मंचों के निर्माण की वकालत करते हैं जो वैज्ञानिक ज्ञान को वैश्विक पर्यावरणीय चुनौतियों के व्यावहारिक आधारों के साथ जोड़ते हैं (एहरलिच और कैनेडी, 2005)। पर्यावरणीय निर्णयों के नैतिक प्रभावों और परिणामों के बारे में चर्चा में दुनिया भर के नागरिकों और नीति निर्माताओं को शामिल करने के लिए ऐसे प्रयास महत्वपूर्ण हैं। पर्यावरण मनोवैज्ञानिकों को सरकारी और औद्योगिक परियोजनाओं के कारण तेजी से विकास और विस्थापन से प्रभावित समुदायों पर अपने शोध पर ध्यान केंद्रित करने के लिए प्रोत्साहित किया जाता है, जो वर्तमान और भविष्य की पर्यावरणीय चुनौतियों का समाधान करने वाले अंतःविषय समाधानों में योगदान देता है।

14.7 तलाश पद्धतियाँ

पर्यावरण मनोविज्ञान अनुसंधान में, लोगों और उनके पर्यावरण के बीच बातचीत का पता लगाने के लिए कई प्रमुख पद्धतियों का उपयोग किया जाता है। इन पद्धतियों में प्रश्नावली अध्ययन, प्रयोगशाला प्रयोग, कंप्यूटर सिमुलेशन, क्षेत्र अध्ययन और केस अध्ययन शामिल हैं, प्रत्येक अद्वितीय अंतर्दृष्टि और लाभ प्रदान करते हैं:

1. **प्रश्नावली अध्ययन** व्यवहार, राय, दृष्टिकोण, विश्वास और धारणाओं को पकड़ने का लक्ष्य। वे चर, उच्च बाहरी वैधता, पर्यावरणीय हेरफेर में आसानी और अन्य तरीकों

की तुलना में लागत-प्रभावशीलता के बीच संबंधों का पता लगाने की उनकी क्षमता के पक्षधर हैं।

2. **प्रयोगशाला प्रायोगिक तरीके** चर के बीच कारण संबंधों की पहचान करने के लिए नियंत्रित सेटिंग्स में आयोजित किया जाता है। मुख्य विशेषताओं में चरों का यादृच्छिकीकरण और हेरफेर शामिल है। हालाँकि ये विधियाँ सटीक नियंत्रण और कार्य-कारण का अनुमान लगाने की क्षमता प्रदान करती हैं, लेकिन उनकी बाहरी वैधता अक्सर सीमित होती है, जिससे वास्तविक दुनिया के संदर्भों में सामान्यीकरण चुनौतीपूर्ण हो जाता है।

3. **वास्तविक प्रतिभागियों या वातावरण का उपयोग करते समय कंप्यूटर सिमुलेशन अध्ययन का उपयोग किया जाता है** अव्यावहारिक है. ये सिमुलेशन इमर्सिव वर्चुअल वातावरण, 3डी डेटा विज़ुअलाइज़ेशन और एजेंट-आधारित मॉडलिंग जैसी तकनीकों का उपयोग करके यथासंभव सटीक रूप से वातावरण या मानव व्यवहार को फिर से बनाते हैं। बाहरी वैधता की डिग्री बनाए रखते हुए सिमुलेशन प्रयोगात्मक स्थितियों पर नियंत्रण को संतुलित करता है।

4. **खेती अध्ययन** नियंत्रित जोड़-तोड़ और, जहां संभव हो, यादृच्छिक असाइनमेंट के माध्यम से आंतरिक वैधता बनाए रखने का प्रयास करते हुए उच्च बाहरी वैधता सुनिश्चित करने के लिए प्राकृतिक सेटिंग्स में आयोजित किया जाता है। यद्यपि वे वास्तविक दुनिया के व्यवहारों में मूल्यवान अंतर्दृष्टि प्रदान करते हैं, इन सेटिंग्स में सभी भ्रमित करने वाले चर को नियंत्रित करना चुनौतीपूर्ण है।

5. **मामले का अध्ययन** एक संकीर्ण दायरे में व्यापक शोध विषय को गहराई से समझने के लिए किसी व्यक्ति, स्थान, स्थिति या घटना जैसे विशिष्ट उदाहरणों की गहन जांच शामिल है। मात्रात्मक डेटा पर निर्भर तरीकों के विपरीत, केस अध्ययन व्यक्तियों या समूहों द्वारा उनके प्राकृतिक संदर्भों के भीतर घटना के लिए जिम्मेदार अर्थों का पता लगाने और व्याख्या करने के लिए गुणात्मक दृष्टिकोण का उपयोग करते हैं। यह विधि विशिष्ट सेटिंग्स में जटिल मुद्दों की जांच के लिए विशेष रूप से उपयोगी है, हालांकि यह घटना की व्यक्तिपरक व्याख्या को स्वीकार करती है।

इनमें से प्रत्येक विधि पर्यावरण मनोविज्ञान की समझ में अलग-अलग योगदान देती है, जो नियंत्रित प्रयोगों से लेकर गहन, संदर्भ-समृद्ध विश्लेषणों तक कई दृष्टिकोण पेश करती है। साथ में, वे मनुष्यों और उनके पर्यावरणीय संदर्भों के बीच बहुमुखी संबंधों की जांच करने के लक्ष्य वाले शोधकर्ताओं के लिए एक व्यापक टूलकिट प्रदान करते हैं।

14.8 अन्य अनुशासनों के साथ संबंध

पर्यावरण मनोविज्ञान कई विषयों के साथ जुड़ता है, मानव-पर्यावरण संबंधों के अध्ययन के लिए इसकी समझ और दृष्टिकोण को समृद्ध करता है।

1. **पर्यावरण और सामान्य मनोविज्ञान**

   पर्यावरण मनोविज्ञान इस बात पर ध्यान केंद्रित करता है कि शोर, गर्मी और भीड़ जैसे भौतिक पर्यावरणीय कारक मानव व्यवहार, स्वास्थ्य और भावनाओं को कैसे प्रभावित करते हैं। इसके विपरीत, सामान्य मनोविज्ञान में मानव व्यवहार और मानसिक प्रक्रियाओं का व्यापक अन्वेषण शामिल है, जिसका लक्ष्य विशेष मनोविज्ञान क्षेत्रों में अध्ययन किए गए विभेदित अनुभवों के बजाय सार्वभौमिक रूप से लागू सिद्धांतों की पहचान करना है।

2. **पर्यावरण मनोविज्ञान और जैविक विज्ञान**

   1956 में, अमेरिकन इंस्टीट्यूट ऑफ आर्किटेक्ट्स ने इष्टतम मानव वातावरण बनाने में भौतिक, जैविक और सामाजिक विज्ञान के एकीकरण का पता लगाने के लिए एक सम्मेलन का प्रस्ताव रखा। 1959 के इस सम्मेलन और 1958 में एक प्रारंभिक संगोष्ठी ने भौतिक और पारिस्थितिक वातावरण से संबंधित विज्ञान में बढ़ते मानवशास्त्रीय कारक पर प्रकाश डाला। इस अंतर-विषयक प्रभाव ने पर्यावरण मनोविज्ञान के लिए आधारशिला रखी, जिसमें व्यक्तियों की अपने वातावरण के प्रति अद्वितीय, व्यक्तिगत धारणाओं पर जोर दिया गया।

3. **पर्यावरण मनोविज्ञान और मानव इंजीनियरिंग**

   मानव इंजीनियरिंग, मनोविज्ञान, इंजीनियरिंग, डिज़ाइन और एंथ्रोपोमेट्री से सीखकर, मानव क्षमताओं और पर्यावरण के साथ बातचीत को अनुकूलित करने पर केंद्रित है। यह मानव-पर्यावरण संतुलन में सुधार और सुरक्षा, प्रदर्शन और समग्र कल्याण को बढ़ाने में पर्यावरण मनोविज्ञान के साथ संरेखित होता है।

4. **पर्यावरण मनोविज्ञान और अनुप्रयुक्त मनोविज्ञान**

   व्यावहारिक पर्यावरण मनोविज्ञान जीवन की बेहतर गुणवत्ता और मनोवैज्ञानिक विकास के लिए पर्यावरण प्रबंधन को बढ़ाने का प्रयास करता है। इसमें पर्यावरण संरक्षण, सामुदायिक विकास और पर्यावरण जागरूकता बढ़ाने के लिए रणनीतियों के साथ-साथ खुशी, दक्षता और विकास को बढ़ावा देने के लिए शहर की योजना और सामुदायिक कामकाज में मनोवैज्ञानिक सिद्धांतों को लागू करना शामिल है।

5. **पर्यावरण मनोविज्ञान और सामुदायिक मनोविज्ञान**

जबकि सामुदायिक मनोविज्ञान सामाजिक वातावरण पर जोर देता है, पर्यावरण मनोविज्ञान भौतिक वातावरण पर ध्यान केंद्रित करता है। दोनों क्षेत्र घरों, कार्यस्थलों और स्कूलों जैसे भौतिक संदर्भों में सामाजिक प्रक्रियाओं का अध्ययन करते हैं। ब्रोफेनब्रेनर के पारिस्थितिक दृष्टिकोण ने इस बात की समझ को आगे बढ़ाया है कि विभिन्न वातावरण एक-दूसरे से कैसे संपर्क करते हैं और एक-दूसरे को प्रभावित करते हैं, जैसे कि व्यावसायिक और शैक्षिक सेटिंग्स से परिवार की गतिशीलता कैसे प्रभावित हो सकती है।

6. **पर्यावरण मनोविज्ञान और वास्तुकला मनोविज्ञान**

पर्यावरण और वास्तुशिल्प मनोविज्ञान के बीच संबंध व्यवहार पर वास्तुशिल्प डिजाइन के प्रभाव की जांच करने वाले अध्ययनों में स्पष्ट है, जिसमें मनोरोग रोगी के व्यवहार और मानव क्षेत्रीयता और व्यक्तिगत स्थान के व्यापक निहितार्थ शामिल हैं। इस प्रतिच्छेदन का मनोविज्ञान और वास्तुशिल्प डिजाइन पर गहरा प्रभाव है, जो मानव कल्याण का समर्थन करने वाले वातावरण की आवश्यकता पर बल देता है।

इनमें से प्रत्येक संबंध इस बात पर प्रकाश डालता है कि कैसे पर्यावरण मनोविज्ञान अवधारणाओं को एकीकृत करता है और धारणा के जैविक आधारों को समझने से लेकर शहरी नियोजन और वास्तुशिल्प डिजाइन में मनोवैज्ञानिक अंतर्दृष्टि को लागू करने तक विषयों की एक विस्तृत श्रृंखला में योगदान देता है।

14.9 भारतीय संदर्भ में पर्यावरण मनोविज्ञान

वनस्पतियों के मनमोहक रंग और छलावरण हर किसी को मोहित कर लेते हैं, सुस्त कंक्रीट को जीवंत चश्मे में बदल देते हैं और हलचल भरी सड़कों के बीच सांत्वना प्रदान करते हैं। हमारे परिवेश को सजाने वाले फूलों की विविधता आश्चर्यजनक है, जो मनुष्य और प्रकृति के बीच गहरे संबंध को रेखांकित करती है। यह बंधन सृजन के प्रति आश्चर्य की भावना जागृत करता है, जो पर्यावरण मनोविज्ञान का केंद्रीय विषय है। यह अनुशासन इस बात की जांच करता है कि लोग अपने पर्यावरण के साथ कैसे बातचीत करते हैं, जैसे-जैसे ग्रह पर हमारा प्रभाव तेज होता जाता है, यह और अधिक प्रासंगिक होता जाता है और हमें पृथ्वी के प्रति हमारी जिम्मेदारियों की याद दिलाता है। पर्यावरण के प्रति यह चिंता, जो हमारी धार्मिक परंपराओं में गहराई से निहित है, आधुनिक विज्ञान के एक महत्वपूर्ण पहलू के रूप में विकसित हुई है, विशेष रूप से पारिस्थितिकी के भीतर, पर्यावरण मनोविज्ञान की व्यापक अवधारणा से पहले।

1973 में पर्यावरण मनोविज्ञान की पहली व्यापक समीक्षा में पर्यावरणीय धारणा से लेकर व्यवहार पर भौतिक सेटिंग्स के प्रभाव तक कई विषयों को शामिल किया गया, जिसमें एक विशिष्ट और समावेशी क्षेत्र के रूप में इसके उद्भव पर प्रकाश डाला गया। पर्यावरण मनोविज्ञान, जैसा कि इटेल्सन एट अल द्वारा परिभाषित किया गया है। 1974 में, मनुष्यों और उनके पर्यावरण के बीच गतिशील अंतःक्रिया पर ध्यान केंद्रित किया गया, जिसमें यह अध्ययन किया गया कि हमारा परिवेश हमें कैसे प्रभावित करता है और उस परिवेश पर हमारे कार्यों के निहितार्थ क्या हैं। इस क्षेत्र में शोधकर्ता एक बहु-विषयक दृष्टिकोण अपनाते हैं, पर्यावरण संबंधी धारणा के लिए गेस्टाल्ट तकनीकों को नियोजित करने से लेकर संरक्षण प्रयासों में वैज्ञानिकों के साथ सहयोग करने तक, अपने तरीकों को मौजूदा विशिष्ट मुद्दों के अनुरूप बनाते हैं।

भारत में, पर्यावरण मनोविज्ञान अनुसंधान तीन दशक पहले शुरू हुआ था, जिसमें शुरुआत में भौतिक पर्यावरण और मानव व्यवहार के बीच एकतरफा संबंध की खोज की गई थी। प्रारंभिक अनुसंधान अक्सर मुद्दों का विश्लेषण करने के लिए सामाजिक ढांचे का उपयोग करते हुए सामाजिक समस्याओं को पर्यावरणीय समस्याओं के साथ जोड़ते थे। हालाँकि, हाल के अध्ययनों में भीड़ और प्रदूषण जैसे पर्यावरणीय तनावों की प्रतिक्रियाओं को शामिल करने के लिए विस्तार किया गया है, हालांकि अभी भी मुख्य रूप से यूरो-अमेरिकी मनोवैज्ञानिक ढांचे के भीतर है। विभिन्न सांस्कृतिक संदर्भों में मनोवैज्ञानिक अनुकूलन को समझने के लिए पारिस्थितिक दृष्टिकोण को शामिल करते हुए, मुख्य रूप से जनसंख्या घनत्व और पर्यावरणीय तनाव के प्रभावों पर ध्यान केंद्रित किया गया है।

21वीं सदी में जलवायु परिवर्तन और प्रदूषण जैसे वैश्विक पर्यावरणीय मुद्दों के प्रति चिंता बढ़ रही है। भारतीय मनोवैज्ञानिक अब सतत विकास नीतियों में रचनात्मक योगदान देने का लक्ष्य बना रहे हैं। भारत में भविष्य के अनुसंधान को संस्कृति-विशिष्ट तरीकों को अपनाने से लाभ हो सकता है जो क्षेत्र के अद्वितीय सामाजिक-सांस्कृतिक और पर्यावरणीय संदर्भों पर विचार करते हैं। एक पर्यावरण-सांस्कृतिक ढांचा, जो पर्यावरण के सामाजिक-सांस्कृतिक और भौतिक दोनों तत्वों को एकीकृत करता है, पर्यावरणीय व्यवहार संबंधों में सूक्ष्म अंतर्दृष्टि प्रदान कर सकता है, जो समकालीन पर्यावरणीय चुनौतियों के लिए सांस्कृतिक रूप से प्रासंगिक समाधान सुझा सकता है।

अध्याय 14 का सारांश	
विषय	सारांश
पर्यावरण मनोविज्ञान की परिभाषा और दायरा	पर्यावरण मनोविज्ञान मनुष्यों और उनकी भौतिक समायोजन के बीच बातचीत का वैज्ञानिक अध्ययन है, जिसमें प्राकृतिक और निर्मित वातावरण, साथ ही सामाजिक, राजनीतिक, आर्थिक और सांस्कृतिक कारक शामिल हैं। इसमें विषयों की एक विस्तृत श्रृंखला शामिल है और इसका उद्देश्य मानव कल्याण और जीवन की गुणवत्ता को प्रभावित करने वाली पर्यावरणीय चुनौतियों को समझना और उनका समाधान करना है।
पर्यावरण मनोविज्ञान की विशेषताएं	पर्यावरण मनोविज्ञान की विशेषता इसके व्यापक परिप्रेक्ष्य, समस्या-उन्मुख फोकस, विविध पद्धतिगत दृष्टिकोण, सूक्ष्म और स्थूल दोनों स्तरों का विश्लेषण और बहु-विषयक प्रकृति है।
पर्यावरण मनोविज्ञान का विकास	पर्यावरण मनोविज्ञान 1960 के दशक में एक विशिष्ट क्षेत्र के रूप में उभरा और मानव व्यवहार पर निर्मित पर्यावरण के प्रभाव से लेकर व्यापक पर्यावरणीय मुद्दों तक अपने शोध विषयों का विस्तार किया। 1987 में स्टोकोल्स और ऑल्टमैन द्वारा संपादित पर्यावरण मनोविज्ञान की पुस्तिका एक मौलिक कार्य है जो इस क्षेत्र का व्यापक परिचय प्रदान करता है।

पर्यावरण मनोविज्ञान का वर्तमान और भविष्य	पर्यावरण मनोविज्ञान समकालीन पर्यावरणीय चुनौतियों का समाधान करता है और पर्यावरणीय व्यवहार के चालकों और बाधाओं की जांच करता है। यह विभिन्न क्षेत्रों और विषयों के पेशेवरों के साथ सहयोग करते हुए एक एकीकृत और अंतःविषय दृष्टिकोण अपनाता है। इसका उद्देश्य नैतिक और टिकाऊ समाधानों की वकालत करते हुए अपने राजनीतिक प्रभाव और व्यावहारिक अनुप्रयोग को बढ़ाना भी है।
पर्यावरण मनोविज्ञान में अनुसंधान विधियाँ	पर्यावरण मनोविज्ञान विभिन्न प्रकार की अनुसंधान विधियों को नियोजित करता है, जैसे प्रश्नावली अध्ययन, प्रयोगशाला प्रयोग, कंप्यूटर सिमुलेशन, क्षेत्र अध्ययन और केस अध्ययन। प्रत्येक विधि की अपनी ताकत और सीमाएँ होती हैं, और विधि का चुनाव शोध प्रश्न और समस्या पर निर्भर करता है।
अन्य विषयों के साथ संबंध	पर्यावरण मनोविज्ञान कई विषयों से जुड़ा हुआ है, जैसे सामान्य मनोविज्ञान, जैविक विज्ञान, मानव इंजीनियरिंग, व्यावहारिक मनोविज्ञान, सामुदायिक मनोविज्ञान और वास्तुशिल्प मनोविज्ञान। यह अवधारणाओं को एकीकृत करता है और क्षेत्रों की एक विस्तृत श्रृंखला में योगदान देता है।
भारतीय संदर्भ में पर्यावरण मनोविज्ञान	भारत में पर्यावरण मनोविज्ञान तीन दशक पहले शुरू हुआ और शुरुआत में भौतिक

पर्यावरण और मानव व्यवहार के बीच एकतरफा संबंध का पता लगाया। बाद में, इसका विस्तार पर्यावरणीय तनावों की प्रतिक्रियाओं और पारिस्थितिक दृष्टिकोणों को शामिल करने के लिए किया गया। 21वीं सदी में, भारतीय मनोवैज्ञानिक सतत विकास नीतियों में योगदान देने और संस्कृति-विशिष्ट तरीकों को अपनाने का लक्ष्य रख रहे हैं। एक पर्यावरण-सांस्कृतिक ढांचा सूक्ष्म अंतर्दृष्टि प्रदान कर सकता है और पर्यावरणीय चुनौतियों के लिए सांस्कृतिक रूप से प्रासंगिक समाधान सुझा सकता है।

अध्याय 15

भारत की पर्यावरण नीति

डॉ. यशदीप श्रीवास्तव
Ph.D.

परिचय

भारत में पर्यावरण संरक्षण का इतिहास बहुत पुराना है। हड़प्पा संस्कृति पर्यावरण से ओत-प्रोत थी, तो वैदिक संस्कृति पर्यावरण-संरक्षण हेतु पर्याय बनी रही। भारतीय मनीषियों ने समूची प्रकृति ही क्या, सभी प्राकृतिक शक्तियों को देवता स्वरूप माना। ऊर्जा के स्रोत सूर्य को देवता माना तथा उसको 'सूर्य देवों भव' कहकर पुकारा। भारतीय संस्कृति में जल को भी देवता माना गया है। सरिताओं को जीवन दायिनी कहा गया है, इसीलिए प्राचीन संस्कृतियां सरिताओं के किनारे उपजीं और पनपी। भारतीय संस्कृति में केला, पीपल, तुलसी, बरगद, आम आदि पेड़ पौधों की पूजा की जाती रही है। मध्यकालीन एवं मुगलकालीन भारत में भी पर्यावरण प्रेम बना रहा। अंग्रेजों ने भारत में अपने आर्थिक लाभ के कारण पर्यावरण को नष्ट करने का कार्य प्रारंभ किया। विनाशकारी दोहन नीति के कारण पारिस्थितिकीय असंतुलन भारतीय पर्यावरण में ब्रिटिश काल में ही दिखने लगा था। स्वतंत्र भारत के लोगों में पश्चिमी प्रभाव, औद्योगीकरण तथा जनसंख्या विस्फोट के परिणामस्वरूप तृष्णा जाग गई जिसने देश में विभिन्न प्रकार के प्रदूषणों को जन्म दिया।

स्वतंत्र भारत में पर्यावरण नीतियां तथा कानून

भारतीय संविधान जिसे 1950 में लागू किया गया था परन्तु सीधे तौर पर पर्यावरण संरक्षण के प्रावधानों से नहीं जुड़ा था। सन् 1972 के स्टॉकहोम सम्मेलन ने भारत सरकार का ध्यान पर्यावरण संरक्षण की ओर खिंचा। सरकार ने 1976 में संविधान में संशोधन कर दो महत्वपूर्ण अनुच्छेद 48 ए तथा 51 ए (जी) जोड़ें। अनुच्छेद 48 ए राज्य सरकार को निर्देश देता है कि वह 'पर्यावरण की सुरक्षा और उसमें सुधार सुनिश्चित करे, तथा देश के वनों तथा वन्यजीवन की रक्षा करे'। अनुच्छेद 51 ए (जी) नागरिकों को कर्तव्य प्रदान करता है कि वे 'प्राकृतिक पर्यावरण की रक्षा करे तथा उसका संवर्धन करे और सभी जीवधारियों के प्रति दयालु रहे'। स्वतंत्रता के पश्चात बढ़ते औद्योगिकरण, शहरीकरण तथा जनसंख्या वृद्धि से पर्यावरण की गुणवत्ता में निरंतर कमी आती गई। पर्यावरण की गुणवत्ता की इस कमी में प्रभावी नियंत्रण व प्रदूषण के

परिप्रेक्ष्य में सरकार ने समय-समय पर अनेक कानून व नियम बनाए। इनमें से अधिकांश का मुख्य आधार प्रदूषण नियंत्रण व निवारण था।

पर्यावरणीय कानून व नियम निम्नलिखित हैं:

- जलु प्रदूषण संबंधी-कानून

- रीवर बोडर्स एक्ट, 1956

- जल (प्रदूषण निवारण एवं नियंत्रण) अधिनियम, 1974

- जल उपकर (प्रदूषण निवारण एवं नियंत्रण) अधिनियम, 1977

- पर्यावरण (संरक्षण) अधिनियम, 1986

- वायु प्रदूषण संबंधी कानून

- फैक्ट्रीज एक्ट, 1948

- इनफ्लेमेबल्स सबस्टा<सेज एक्ट, 1952

- वायु (प्रदूषण निवारण एवं नियंत्रण) अधिनियम, 1981

- पर्यावरण (संरक्षण) अधिनियम, 1986

- भूमि प्रदूषण संबंधी कानून

- फैक्ट्रीज एक्ट, 1948

- इण्डस्ट्रीज (डेवलपमेंट एंड रेगुलेशन) अधिनियम, 1951

- इनसेक्टीसाइडस एक्ट, 1968

- अर्बन लैण्ड (सीलिंग एण्ड रेगयुलेशन) एक्ट, 1976

- वन तथा वन्यजीव संबंधी कानून

- फोरेस्टस कंजरवेशन एक्ट, 1960

- वाइल्ड लाईफ प्रोटेक्शन एक्ट, 1972

- फोरेस्ट (कनजरवेशन) एक्ट, 1980

- वाइल्ड लाईफ (प्रोटेक्शन) एक्ट, 1995

- जैव-विविधता अधिनियम, 2002

भारत में पर्यावरण संबंधित उपरोक्त कानूनों का निर्माण उस समय किया ,गया था जब पर्यावरण प्रदूषण देश में इतना व्यापक नहीं था। अत: इनमें से अधिकांश कानून अपनी उपयोगिता खो चुके हैं। परन्तु अभी भी कुछ कानून व नियम पर्यावरण संरक्षण में अपना महत्त्वपूर्ण योगदान दे रहे हैं जिनका विस्तारपूर्वक वर्णन निम्नलिखित हैं।

जल (प्रदूषण निवारण एवं नियंत्रण) अधिनियम, 1974 तथा 1977

निरंतर बढते जल प्रदूषण के प्रति सरकार का ध्यान 1960 के दशक में गया और वर्ष 1963 में गठित समिति ने जल प्रदूषण निवारण व नियंत्रण के लिए एक केंद्रीय कानून बनाने की सिफारिश की। वर्ष 1969 में केंद्र सरकार द्वारा एक विधेयक तैयार किया गया जिसे संसद में पेश करने से पहले इसके उद्देश्यों व कारणों को सरकार द्वारा इस प्रकार बताया गया, ''उद्योगों की वृद्धि तथा शहरीकरण की बढती प्रवृति के फलस्वरूप हाल में वर्षों में नदी तथा दरियाओं के प्रदूषण की समस्या काफी आवश्यक व महत्त्वपूर्ण बन गयी है। अत: यह आश्वस्त किया जाना आवश्यक हो गया है कि घरेलू तथा औद्योगिक बहिस्राव उस जल में नहीं मिलने दिया जाऐं जो पीने के पानी के स्रोत, कृषि उपयोग तथा मत्स्य जीवन के पोषण के योग्य हो, नदी व दरियाओं का प्रदूषण भी देश की अर्थव्यवस्था को निरंतर हानि पहुँचाने का कारण बनता है''।

यह विधेयक 30 नवम्बर, 1972 को संसद में प्रस्तुत किया गया। दोनों सदनों से पारित होकर इस विधेयक को 23 मार्च, 1974 को राष्ट्रपति की स्वीकृति मिली जो जल (प्रदूषण निवारण एवं नियंत्रण) अधिनियम, 1974 कहलाया। यह अधिनियम 26 मार्च, 1974 से पूरे देश में लागू माना गया। यह अधिनियम भारतीय पर्यावरण विधि के क्षेत्र में प्रथम व्यापक प्रयास है जिसमें प्रदूषण की विस्तृत व्याख्या की गई है। इस अधिनियम ने एक संस्थागत संरचना की स्थापना की ताकि वह जल प्रदूषण रोकने के उपाय करके स्वच्छ जल आपूर्ति सुनिश्चित कर सके। इस कानून ने एक केंद्रीय प्रदूषण नियंत्रण बोर्ड तथा राज्यों के प्रदूषण नियंत्रण बोर्ड की स्थापना की। इस कानून के अनुसार, कोई व्यक्ति जो जानबूझकर जहरीले अथवा प्रदूषण फैलाने वाले तत्त्वों को पानी में प्रवेश करने देता है, जो कि निर्धारित मानकों की अवहेलना करते हैं, तब वह व्यक्ति अपराधी होगा, तथा उसे कानून में निर्धारित दंड दिया जायेगा। इस कानून में प्रदूषण

नियंत्रण बोर्ड के अधिकारों को समुचित शक्तियाँ दी गई हैं ताकि वे अधिनियम के प्रावधानों को ठीक से कार्यान्वित कर सकें। इस प्रकार जल प्रदूषण को रोकने की दिशा में यह कानून सरकार द्वारा उठाया गया महत्त्वपूर्ण कदम था।

जल प्रदूषण को रोकने में जल (प्रदूषण और नियंत्रण) अधिनियम, 1977 भी एक अन्य महत्त्वपूर्ण कानून है जिसे राष्ट्रपति ने दिसम्बर, 1977 को मंजूरी प्रदान की। जहाँ एक ओर यह जल प्रदूषण को रोकने के लिए केंद्र तथा राज्य प्रदूषण नियंत्रण बोर्ड को व्यापक अधिकार देता है वहीं जल प्रदूषित करने पर दंड का प्रावधान भी करता है। यह अधिनियम केंद्रीय तथा राज्य प्रदूषण बोर्डों को निम्न शक्तियाँ प्रदान करता हैं:

- किसी भी औद्योगिक परिसर में प्रवेश का अधिकार

- किसी भी जल में छोडे जाने वाले तरल कचरे के नमूने लेने का अधिकार

- औद्योगिक ईकाइयां तरल कचरा तथा सीवेज के तरीकों के लिए बोर्ड से सहमति लें,

बोर्ड किसी भी औद्योगिक इकाई को बंद करने के लिए कह सकता है। वह दोषी इकाई को पानी व बिजली आपूर्ति भी रोक सकता है।

इस प्रकार जल (प्रदूषण निवारण और नियंत्रण) अधिनियम, 1974 तथा 1977 जल प्रदूषण नियंत्रण के महत्त्वपूर्ण हैं। ये न केवल विषैले, नुकसानदेह और प्रदूषण फैलाने वाले कचरे को नदियों और प्रवाहों में फैकने पर रोक लगाने की व्याख्या करते हैं बल्कि प्रदूषण नियंत्रण बोर्डों को अधिकार देते हैं कि वे प्रदूषण फैलाने वालों के खिलाफ कार्रवाई करें। बोर्ड इन नियमों का उल्लंघन करने वालों व प्रदूषण फैलाने वालों के विरुद्ध मुकदमा भी चला सकता है। जल कर अधिनियम 1977 में यह प्रवधान भी है कि कुछ उद्योगों द्वारा उपयोग किए गये जल पर कर देय होगा। इन संसाधनों का उपयोग जल प्रदूषण को रोकन के लिए किया जाता है।

वायु (प्रदूषण एवं नियंत्रण) अधिनियम, 1981

बढते औद्योगिकरण के कारण पर्यावरण में निरंतर हो रहे वायु प्रदूषण तथा इसकी रोकथाम के लिए यह अधिनियम बनाया गया। इस अधिनयम के पारित होने के पीछे जून, 1972 में संयुक्त राष्ट्र संघ द्वारा स्टाकहोम (स्वीडन) में मानव पर्यावरण सम्मेलन की भूमिका रही है। इसकी प्रस्तावना में कहा गया है कि इसका मुख्य उद्देश्य पृथ्वी पर प्राकृतिक संसाधनों के संरक्षण हेतु समुचित कदम उठाना है। प्राकृतिक संसाधनों के संरक्षण में वायु की गुणवत्ता और वायु प्रदूषण

का नियंत्रण सम्मिलित है। यह 29 मार्च, 1981 केा परित हुआ ट्टाथा 16 मई, 1981 से लागू किया गया। इस अधिनियम में मुख्यत: मोटर-गाडियों और अन्य कारखानों से निकलने वाले धुएं और गंदगी का स्तर निर्धारित करने तथा उसे नियंत्रित करने का प्रावधान है। 1987 में इस अधिनियम में शोर प्रदूषण केा भी शामिल किया गया। केंद्रीय प्रदूषण नियंत्रण बोर्ड को ही वायु प्रदूषण अधिनियम लागू करने का अधिकार दिया गया है। अनुच्छेद 19 के तहत, केंद्रीय बोर्ड को मुख्यत: राज्य बोर्डों के काम में तालमेल बैठाने के अधिकार दिए गये हैं। राज्यों के बोर्डों से परामर्श करके संबंधित राज्य सरकारे किसी भी क्षेत्र को वायु प्रदूषण नियंत्रण क्षेत्र घोषित कर सकता है और वहाँ स्वीकृत ईंधन के अतिरिक्त, अन्य किसी भी प्रकार के प्रदूषण फैलाने वाले ईंधन का प्रयोग ना रोक लगा सकती है। इस लेख न अधिनियम में यह प्रावधान है कि कोई भी व्यक्ति राज्य बोर्ड की पूर्व अनुमति के बिना वायु प्रदूषण नियंत्रण क्षेत्र में ऐसी कोई भी औद्योगिक इकाई नहीं खोल सकता, जिसका वायु प्रदूषण अनुसूची में उल्लेख नहीं है।' इस अधिनियम के अनुसार केंद्र व राज्य सरकार दोनों को वायु प्रदूषण से हाने वाले प्रभावों का सामना करने के लिए निम्नलिखित शक्तियां प्रदान की गई हैं:

- राज्य के किसी भी क्षेत्र को वायु प्रदूषित क्षेत्र घोषित करना

- प्रदूषण नियंत्रित क्षेत्रों में औद्योगिक क्रियाओं को रोकना

- औद्योगिक इकाई स्थापित करने से पहले बोर्ड से अनापत्ति प्रमाण-पत्र लेना

- वायु प्रदुषकों के सैंपल इकट्ठा करना

- अधिनियम में दिए गए प्रावधानों के अनुपालन की जाँच के लिए किसी भी औद्यागिक इकाई में प्रवेश का अधिकार

- अधिनियम के प्रावधानों को उल्घंन करने वालों के विरुद्ध मुकदमा चलाने का अधिकार

- प्रदूर्षित इकाइयों को बंद करने का अधिकार

इस प्रकार वायु (प्रदूषण और नियंत्रण) अधिनियम, 1981 वायु प्रदूषण केा रोकने का एक महट्टवूपर्ण कानून है जो प्रदूषण नियंत्रण बोर्ड को न केवल औद्योगिक इकाइयों की निगरीनी की शक्ति देता है, बल्कि प्रदूषित इकाइयों को बंद करने का भी अधिकार प्रदान करता है।

वन्यजीवन संरक्षण अधिनियम, 1972

कृषि, उद्योगों और शहरीकरण से वनों का काफी कटाव हुआ है। वनों के अधिक कटाव से अनेक वन्यजीव जंतुओं की कई प्रजातियाँ या तो लुप्त हो गई हैं या लुप्त होने के कगार पर हैं। वन्यजीवन के महत्त्व को ध्यान में रखकर व लुप्त होती प्रजातियों को बचाने के लिए सरकार ने अनेक कदम उठाए हैं। सन 1952 में भारतीय वन्यजीवन बोर्ड का गठन किया गया। इस बोर्ड के अंतर्गत वन्य-जीवन पार्क और अभयारण्य बनाए गए। 1972 में भारतीय वन्यजीवन संरक्षण अधिनियम पारित किया गया। भारत जीव-जंतुओं और वनस्पतियों की समाप्त होने के खतरे में पडी प्रजातियों के अंतर्राष्ट्रीय व्यापार संबंधी समझौते (1976) का सदस्य बना। संयुक्त राष्ट्र शैक्षिक, सामाजिक और सांस्कृतिक संगठन (युनेस्को) का 'मानव और जैव मण्डल' कार्यक्रम भी भारत में चलाया गया और विलुप्त होती विभिन्न प्रजातियों के संरक्षण के लिए परियोजनाएँ चलाई गईं। सिंह के संरक्षण के लिए 1972 में, बाघ के लिए 1973 में, मगरमक्वछ के लिए 1984 में तथा भूरे रंग के हिरण के लिए ऐसी परियोजनाएँ चलाई गईं।

वन्यजीवन संरक्षण अधिनियम (1972) में लुप्त होती प्रजातियों के संरक्षण की व्यवस्था है तथा इन जातियों के व्यापार की मनाही है। इस अधिनियम के मुख्य प्रावधान निम्नलिखित हैं:

- संकट ग्रस्त वन्यप्राणियों की सूची बनाना तथा उनके शिकार पर प्रतिबंध लगाना

- संकटग्रस्त पौधों को संरक्षण प्रदान करना

- राष्ट्रीय चिडियाघरों तथा अभयारण्यों में मूलभुत सुविधाओं को बनाए रखना तथा प्रबंध व्यवस्था को बेहतर बनाना

- लुप्त होती प्रजातियों को संरक्षण देना तथा उनके अवैध व्यापार को रोकना

- चिडियाघरों व अभयारण्यों में वंश वृद्धि कराना

- वन्यजीवन के लाभो की जानकारी का शिक्षा के माध्यम से प्रचार करना

- केंद्रीय चिडियाघर प्राधिकरण का गठन करना

- वन्यजीवन परामर्श बोर्ड का गठन, उसके कार्य तथा अधिकार सुनिश्चित करना।

वन्यजीवन संरक्षण अधिनियम, (1972) को अधिक व्यावहारिक व प्रभावी बनाने के लिए इसमें वर्ष 1986 तथा 1991 में संशोधन किए गये। वन्यजीवन संरक्षण अधिनियम को सफलतापूर्वक कार्यान्वित करने के लिए वन्यजीवन संरक्षण निर्देशक तथा दिल्ली, मुम्बई, कोलकाता व चे<नई में चार उपनिर्देशकों की व्यवस्था की गई है।

वन संरक्षण अधिनियम, 1980

भारत सरकार ने वनों के संरक्षण तथा वनों के विकास के लिए वन संरक्षण अधिनियम (1980) पारित किया। इस अधिनियम का मुख्य उद्देश्य वनों का विनाश और वन भूमि को गैर-वानिकी कार्यों में उपयोग से रोकना था। इस अधिनियम के प्रभावी होने के पश्चात कोई भी वन भूमि केंद्रीय सरकार की अनुमति के बिना गैर वन भूमि या किसी भी अन्य कार्य के लिए प्रयोग में नहीं लाई जा सकती तथा न ही अनारक्षित की जा सकती है। आबादी के बढ़ने तथा मानव जीवन की आवश्यकताओं को पूरा करने के लिए वनों का कटना स्वाभाविक है। अत: ऐसे कार्यों की योजनाएँ बनाते समय तथा वनों को काटने हेतु मार्गदर्शिकायें तैयार की गई हैं जिससे वनों को कम से कम नुकसान हो। इन मार्गदर्शिकाओं में निम्न बिन्दुओं पर अधिक ध्यान दिया गया है:

- वन सबंधी योजनाएँ इस प्रकार हो ताकि वन संरक्षण को बढ़ावा मिले

- वनों की कटाई जहाँ तक संभव हो रोका जाना चाहिए

- पशुओं के लिए चारागाहों को ध्यान रखना चाहिए व चारे के उट्टपादन हेतु विशेष प्रावधान किया जानेचाहिए

- कुछ समय के लिए वनों की कटाई पर पूर्ण प्रतिबंध लगा देना चाहिए ताकि इन हलाकों में पुन:पेड़-पौधे उग सकें। पहाड़ों, जल क्षेत्रों, ढलान वाली भूमियों पर वनों को पूरी तरह से संरक्षित कियाजाना चाहिए।

देश की स्वतंत्र ता के पश्चात राष्ट्रीय वन नीति (1952) घाषित की गई लेकिन वनों के विकास पर कोई विशेष ध्यान नहीं दिया गया। 1970 के दौरान अंतर्राष्ट्रीय स्तर पर पर्यावरण के प्रति चेतना की जागृति का विकास होने से वन संरक्षण को भी बल मिला। वन संरक्षण अधिनियम (1980) का इस दिशा में विशेष योगदान रहा। सन् 1951 से 1980 के बीच वन भूमियों का अपरदन 1.5 लाख हैक्टेयर प्रति वर्ष था जबकि इस अधिनियम के लागू होने के पश्चात भूमि का अपरदन 55

हजार हैक्टेयर रह गया है। इस अधिनियम को अधिक प्रभावी ढंग से कार्यान्वित करने के लिए इसमें वर्ष 1988 में संशोधन किया गया।5

ध्वनि प्रदूषण नियंत्रण कानून

भारत में ध्वनि प्रदूषण नियंत्रण के लिए पृथक अधिनियम का प्रावधान नहीं है। भारत में ध्वनि प्रदूषण को वायु प्रदूषण में ही शामिल किया गया है। वायु (प्रदूषण निवारण तथा नियंत्रण) अधिनियम, 1981 में सन् 1987 में संशोधन करते हुए इसमें 'ध्वनि प्रदूषकों' को भी 'वायु प्रदूषकों' की परिभाषा के अंतर्गत शामिल किया गया है। पर्यावरण (संरक्षण) अधिनियम, 1986 की धारा 6 के अधिन भी ध्वनि प्रदूषकों सहित वायु तथा जल प्रदूषकों की अधिकता को रोकने के लिए कानून बनाने का प्रावधान है। इसका प्रयोग करते हुए ध्वनि प्रदूषण (विनियमन एवं नियंत्रण) अधिनियम, 2000 पारित किया गया है। इसके तहत विभिन्न क्षेत्रों के लिए ध्वनि के संबंध में वायु गुणवत्ता मानक निर्धारित किए गए हैं। विद्यमान राष्ट्रीय कानूनों के अंतर्गत भी ध्वनि प्रदूषण नियंत्रण का प्रवधान है। ध्वनि प्रदूषको को आपराधिक श्रेणी में मानते हुए इसके नियंत्रण के लिए भारतीय दण्ड संहिता की धारा 268 तथा 290 का प्रयोग किया जा सकता है। पुलिस अधिनियम, 1861 के अंतर्गत पुलिस अधिक्षक को अधिकृत किया गया है कि वह त्योहारों और उत्सवों पर गालियों में संगीत नियंत्रित कर सकता है।

पर्यावरण (संरक्षण) अधिनियम 1986

संयुक्त राष्ट्र का प्रथम मानव पर्यावरण सम्मेलन 5 जून, 1972 में स्टाकहोम में संपन्न हुआ। इसी से प्रभावित होकर भारत ने पर्यावरण के संरक्षण लिए पर्यावरण (संरक्षण) अधिनियम, 1986 पास किया। यह एक विशाल अधिनियम है जो पर्यावरण के समस्त विषयों को ध्यान में रखकर बनाया गया है। इस अधिनियम का मुख्य उद्देश्य वातावरण में घातक रसायनों की अधिकता को नियंत्रित करना व पारिस्थितिकी तंत्र को प्रदूषण मुक्त रखने का प्रयट्टन करना है। इस अधिनियम में 26 धाराएं है जिन्हें 4 अध्यायों में बाँटा गया है। यह कानून पूरे देश में 19 नवम्बर, 1986 से लागू किया गया। अधिनियम की पृष्ठभूमि व उद्द्श्यों के अंतर्गत शामिल बिन्दुओं के आधार पर सारांश में अधिनियम के निम्न उद्द्श्यों हैं:

- पर्यावरण का संरक्षण एवं सुधार करना

- मानव पर्यावरण के स्टॉकहोम सम्मेलन के नियमों को कार्यान्वित करना

- मानव, प्राणियों, जीवों, पादपों को संकट से बचाना

- पर्यावरण संरक्षण हेतु सामान्य एवं व्यापक विधि निर्मित करना

- विद्यमान कानूनों के अंतर्गत पर्यावरण संरक्षण प्रधिकरणों का गठन करना तथा उनके क्रियाकलापों के बीच समन्वय करना

मानवीय पर्यावरण सुरक्षा एवं स्वास्थ्य को खतरा उत्पन्न करने वालों के लिए दण्ड की व्यवस्था करना। पर्यावरण संरक्षण अधिनियम (1986) एक व्यापक कानून है। इसके द्वारा केंद्र सरकार के पास ऐसी शक्तियां आ गई हैं जिनके द्वारा वह पर्यावरण की गुणवत्ता के संरक्षण व सुधार हेतु उचित कदम उठा सकती है। इसके अंतर्गत केंद्रीय सरकार को पर्यावरण गुणवत्ता मानक निर्धारित करने, औद्योगिक क्षेत्रों को प्रतिबंध करने, दुर्घटना से बचने के लिए सुरक्षात्मक उपाय निर्धारित करने तथा हानिकारक तत्वों का निपटान करने, प्रदूषण के मामलों की जांच एवं शोध कार्य करने, प्रभावित क्षेत्रों का तत्काल निरीक्षण करने, प्रयोगशालाओं का निर्माण तथा जानकारी एकत्रित करने के कार्य सौंपे गए हैं। इस कानून की एक महत्वपूर्ण बात यह है कि पहली बार व्यक्तिगत रूप से नागरिकों को इस कानून का पालन न करने वाली फैक्टरियों के खिलाफ केस दर्ज करने का अधिकार प्रदान किया गया है।

जैव-विविधता संरक्षण अधिनियम, 2002

भारत विश्व में जैव-विविधता के स्तर पर 12वें स्थान पर आता है। अकेले भारत में लगभग 45000 पेड-पौधों व 81000 जानवरों की प्रजातियां पाई जाती है जो विश्व की लगभग 7.1 प्रतिशत वनस्पतियों तथा 6.5 प्रतिशत जानवरों की प्रजातियों में से है। जैव-विविधता संरक्षण हेतु केंद्र सरकार ने 2000 में एक राष्ट्रीय जैव-विविधता संरक्षण क्रियानवयन योजना शुरु की जिसमें गैर सरकारी संगठनों, वैज्ञानिकों, पर्यावरणविदों तथा आम जनता को भी शामिल किया गया। इसी प्रक्रिया में सरकार ने जैव विविधता संरक्षण कानून 2002 पास किया जो इस दिशा में एक महत्वपूर्ण कदम है। वर्ष 2002 में पारित इस कानून का उद्देश्य है-जैविक विविधता की रक्षा की व्यवस्था की जाए उसके विभिन्न अंशों का टिकाऊ उपयोग किया जाए, तथा जीव-विज्ञान संसाधन ज्ञान के उपयोग का लाभ सभी में बराबर विभाजित किया जाये। अधिनियम में, राष्ट्रीय स्तर पर जैव-विविधता प्राधिकरण बनाने का भी प्रावधान है, राज्य स्तरों पर राज्य जैव विविधता बोर्ड स्थापित करने, तथा स्थानीय स्तरों पर जैव-विविधता प्रबंधन समितियों

की स्थापना करने का प्रावधान है ताकि इस कानून के प्रावधानों को ठीक प्रकार से लागू किया जा सके।

जैव विविधता कानून (2002) केंद्रीय सरकार को निम्न दायित्व भी सौंपता है:

- उन परियोजनाओं का प्रर्यावरणीय प्रभाव जांचना जिनसे जैव विविधता को हानि पहुचने की आशंका हो

- जैवतकनीकि से उत्पन्न प्रजातियों के जैव विविधता तथा मानव स्वास्थ्य पर पड़ने वाले नकारात्मक प्रभावों के लिए नियंत्रण तथा उपाय सुनिश्चित करना

- स्थानीय लोगो की जैव विविधता संरक्षण की परम्परागत विधियों की रक्षा करना

- जैव विविधता अधिनियम (2002) जैव विविधता संरक्षण सुनिश्चित करने की दिशा में एक महत्वपूर्ण कदम है।

यह सरकार के साथ-साथ आम लोगों की भागिदारिता भी सुनिश्चित करता है। यह सरकार को नीतिगत, संस्थागत तथा वित्तीय अधिकार प्रदान करता है। साथ ही यह सरकार को जैव विविधता की परम्परागत तकनीकों का सम्मान तथा उनका संरक्षण करने का दायित्व भी सौंपता है।

राष्ट्रीय जलनीति, 2002

21वीं सदी में जल के महत्व को स्वीकारते हुए जल संसाधनों के नियोजन, विकास और प्रबंधन के साथ ही इसके सदुपयोग का मार्ग प्रशस्त करने के लिए 'राष्ट्रीय जल संसाधन परिषद' ने 1 अप्रैल, 2002 को राष्ट्रीय जल नीति पारित की। इसमें जल के प्रति स्पष्ट व व्यावहारिक सोच अपनाने की बात कही गई है। इसके कुछ महत्वपूर्ण बिंदु निम्नलिखित है:

- इसमें आजादी के बाद पहली बार नदियों के जल संग्रहण क्षेत्र संगठन बनाने पर आम सहमति व्यस्त की गई है

- जल बंटवारे की प्रक्रिया में प्रथम प्राथमिकता पेयजल को दी गई है। इसके बाद सिंचाई, पनबिजली, आदि को स्थान दिया गया है

- इसमें पहली बार जल संसाधनों के विकास और प्रबंध पर सरकार के साथ-साथ सामुदायिक भागीदारी सुनिश्चित करने की बात कही गई है

- इसमें पहली बार किसी भी जल परियोजना के निर्माण काल से लेकर परियोजना पूरी होने के बाद भी उसके मानव जीवन पर पड़ने वाले असर का मूल्यांकन करने को कहा गया है

- जल के बेहतर उपयोग व बचत के लिए जनता में जागरूकता बढ़ाने एवं उसके उपयोग में सुधार लाने के लिए पाठ्यक्रम, पुरस्कार आदि के माध्यम से जल संरक्षण चेतना उत्पन्न करने की बात कही गई है

मानव जीवन के लिए जल के अति महत्व को देखते हुए, पारिस्थितिक संतुलन बनाए रखने और सभी प्रकार की आर्थिक एवं विकासशील गतिविधियों के लिए और इसकी बढ़ती कमी को ध्यान में रखते हुए इसका उचित प्रबंधन तथा न्यायसंगत उपयोग करना अनिवार्य हो गया है। राष्ट्रीय जल नीति की सफलता पूर्णतः इसमें निहित सिद्धांतों एवं उद्देश्यों पर राष्ट्रीय सर्वसम्मति तथा वचनबद्धता बनाए रखने पर निर्भर करेगी ।

राष्ट्रीय पर्यावरण नीति, 2004

पर्यावरण तथा वन मंत्रालय ने दिसम्बर 2004 को राष्ट्रीय पर्यावरण नीति 2004 का ड्राफ्ट जारी किया है। इसकी प्रस्तावना में कहा गया है कि समस्याओं को देखते हुए एक व्यापक पर्यावरण नीति की आवश्यकता है। साथ ही वर्तमान पर्यावरणीय नियमों तथा कानूनों को वर्तमान समस्याओं के संदर्भ में संशोधन की आवश्यकता को भी दर्शाया गया है। राष्ट्रीय पर्यावरण नीति के निम्न मुख्य उद्देश्य रखे गये हैं:

- संकटग्रस्त पर्यावरणीय संसाधनों का संरक्षण करना

- पर्यावरणीय संसाधनों पर सभी के विशेषकर गरीबों के समान अधिकारों को सुनिश्चित करना

- संसाधनों का न्यायोचित उपयोग सुनिश्चित करना ताकि वे वर्तमान के साथ-साथ भावी पीढ़ियों की आवश्यकताओं की भी पूर्ति कर सकें

- आर्थिक तथा सामाजिक नीतियों के निर्माण में पर्यावरणीय संदर्भ को ध्यान में रखना

- संसाधनों के प्रबंधन में खुलेपन, उतरदायित्व तथा भागिदारिता के मूल्यों को शामिल करना

उपरोक्त उद्देश्यों की प्राप्ति विभिन्न संस्थाओं द्वारा राष्ट्रीय, राज्य तथा स्थानीय स्तर पर विभिन्न तकनीकों को अपनाकर करने का प्रावधान किया गया है। इनकी प्राप्ति के लिए सरकार, स्थानीय समुदाय तथा गैर सरकारी संगठनों की साझी भागीदारी भी सुनिश्चित की गई है। राष्ट्रीय पर्यावरण नीति के उद्देश्यों को प्राप्त करने के लिए ड्राफ्ट नीति में कुछ मार्गदर्शक सिद्धांत भी दिये गये हैं, जैसे:

- प्रत्येक मानव को एक स्वास्थ्य पर्यावरण का अधिकार है

- सतत विकास का केंद्र बिंदु मानव है

- विकास के अधिकार की प्राप्ति पर्यावरणीय जरूरतों को ध्यान में रखकर की जानी चाहिए

- प्रदूषणकर्ता को पर्यावरण हानि की क्षतिपूर्ति के नियम का पालन करना

- स्थानीय संस्थाओं को पर्यावरण संरक्षण के लिए शक्तिशाली बनाना

वन अधिकार अधिनियम, 2006

वन अधिकार अधिनियम (2006), वन संबंधी नियमों का एक महत्वपूर्ण दस्तावेज है जो 18 दिसम्बर, 2006 को पास हुआ। यह कानून जंगलों में रह रहे लोगों के भूमि तथा प्राकृतिक संसाधनों पर अधिकार से जुड़ा हुआ है जिनसे, औपनिवेशिक काल से ही उन्हें वंचित किया हुआ था। इसका उद्देश्य जहां एक ओर वन संरक्षण है वहां दूसरी ओर यह जंगलों में रहने वाले लोगों को उनके साथ सदियों तक हुए अन्याय की भरपाई का भी प्रयास है। इस कानून के मुख्य प्रावधान निम्न है:

- यह जंगलों में निवास करने वाले या वनों पर अपनी आजीविका के लिए निर्भर अनुसूचित जनजातियों के अधिकारों की रक्षा करता है

यह उन्हें चार प्रकार के अधिकार प्रदान करता है:

- जंगलों में रहने वाले लोगों तथा जनजातियों को उनके द्वारा उपयोग की जा रही भूमि पर उनको अधिकार प्रदान करता है

- उन्हें पशु चराने तथा जल संसाधनों के प्रयोग का अधिकार देता है

- विस्थापन की स्थिति में उनके पुनःस्थापन का प्रावधान करता है

- जंगल प्रबंधन में स्थानीय भागीदारी सुनिश्चित करता है

जंगल में रह रहे लोगों का विस्थापन केवल वन्यजीवन संरक्षण के उद्देश्य के लिए ही किया जा सकता है। यह भी स्थानीय समुदाय की सहमति पर आधारित होना चाहिए।

वन संरक्षण अधिनियम (2006) स्थानीय लोगों का भूमि पर अधिकार प्रदान कर वन संरक्षण को बढ़ावा देता है। यह वन भूमि पर गैर कानूनी कब्जों को रोकता है तथा वन संरक्षण के लिए स्थानीय लोगों के विस्थापन को अंतिम विकल्प मानता है। विस्थापन की स्थिति में यह लोगों का पुनर्स्थापन का अधिकार भी प्रदान करता है।

पर्यावरण संरक्षण में न्यायपालिका की भूमिका, भारत में पर्यावरण संरक्षण की दिशा में न्यायपालिका द्वारा महत्वपूर्ण पहल की गई है। जीवन का अधिकार जिसका उल्लेख संविधान के अनुच्छेद 21 में है, की सकारात्मक व्याख्या करके, न्यायपालिका ने इस अधिकार में ही 'स्वस्थ्य पर्यावरण के अधिकार' को निहित घोषित किया है। सामाजिक हित, विशेषकर पर्यावरण के संरक्षण के प्रति, न्यायपालिका की वचनबद्धता के कारण ही 'जनहित मुकद्दमों ' का विकास हुआ। भारतीय न्यायपालिका ने 1980 से ही पर्यावरण-हितैषी दृष्टिकोण अपनाया है। न्यायपालिका ने विविध मामलों में निर्णय देते हुए यह स्पष्ट किया है कि गुणवतापूर्ण जीवन की यह मूल आवश्यकता है कि मानव स्वच्छ पर्यावरण में जीवन व्यतीत करें।

पर्यावरण के अधिकार को न्यायिक मान्यता देहरादून की चूने की खान के मामले (ग्रामीण मुकदमेबाज बनाम उत्तर प्रदेश) में 1987 में दी गई, तथा 1987 में ही श्रीराम गैस रिसाव के मामले (एम. सी. मेहता बनाम भारत संघ) में इस बात पर पुन: बल दिया गया। न्यायपालिका ने अनेक ऐसे मामलों की सुनवाई भी की है जिनमें पर्यावरण के लक्ष्यों तथा विकास की आवश्यकताओं में तालमेल बैठाया गया। अधिकांश मामलों में न्यायपालिका का विचार रहा है कि हलांकि विकास के महत्व को गौण स्थान नहीं दिया जा सकता, फिर भी पर्यावरण की

कीमत पर विकास को तवज्जो नही दी जा सकती, भले ही इस प्रक्रिया में अल्पकालीन हानि हो जैसे कुछ नौकरियों या राजस्व की हानि आदि। पर्यावरण संरक्षण पर न्यायपालिका के कुछ महत्वपूर्ण निर्णय निम्नलिखित है :

- देहरादून की चूना खान का मामला, 1987

इस मामले का संबंध दून घाटी में चूने की खानों द्वारा पर्यावरण को हो रहे गंभीर खतरे से था। सर्वोच्च न्यायालय ने आदेश दिया कि उन सभी खानों में कार्य बंद कर दिया जाए जहां वे खतरनाक स्थिति में थी, फिर चाहे ऐसा करने से खान मालिकों और खानकर्मियों को आर्थिक हानि ही क्यों न हो। ऐसा करना जनसाधारण के स्वस्थ पर्यावरण में रहने के अधिकार को सुरक्षित करने के लिए आवश्यक था चाहे इसके लिए कोई भी मूल्य क्यों न चुकाना पड़े।

- श्रीराम गैस रिसाव मामला, 1987

श्रीराम गैस रिसाव मामले में न्यायालय ने आदेश दिया कि उस जोखिम भरे कारखाने को तुरंत बंद किया जाए जिसमें गैस रिसाव के कारण एक कर्मी की मौत हो गई तथा अन्य लोगों का जीवन संकट में पडा। न्यायालय ने कहा कि राज्य के पास अधिकार है कि जोखिम-भरी औद्योगिक गतिविधियों पर रोक लगा सके, ताकि जनसाधारण के स्वच्छ पर्यावरण में रहने के अधिकार को सुनिश्चित किया जा सके। इस मामले में न्यायलयने पूर्ण दायित्व के सिद्धांत का विकास किया ताकि अनुच्छेद 21 की व्याख्या के अनुसार मुआवजा दिया जा सके। इसके अतिरिक्त, न्यायालय ने यह भी कहा कि जीवन के अधिकार में प्रदूषण के जोखिम से पीड़ित व्यक्तियों को मुआवजा माँगने का अधिकार भी निहित है।

- गंगा प्रदूषण मामला, 1988

गंगा प्रदूषण मामले में सर्वोच्च न्यायालय ने अनेक चमड़े के उद्योगों को जो गंगा के तट पर प्रदूषण फैला रहे थे यह आदेश दिया कि वे या तो प्रदूषण नियंत्रण संयंत्र स्थापित करें या फिर अपने कारखाने बंद कर दें। न्यायालय ने गंगा के किनारे स्थित लगभग 5000 उद्यमों को आदेश दिया कि वे बहने वाले मल को स्वच्छ करने वाले संयंत्र लगाएं तथा प्रदूषण को रोकने वाले उपक्रमों की व्यवस्था भी करें।

- पत्थर पीसने वालों का मामला, 1992

इस केस में सर्वोच्च न्यायलयने दिल्ली में पत्थर पीसने वाली इकाइयों को बंद कर, हरियाणा के पत्थर पीसने वाले क्षेत्र में स्थापित करने का आदेश दिया। न्यायलयके अनुसार पर्यावरण की गुणवता इस सीमा तक नष्ट करने की अनुमति नहीं दी जा सकती कि वह उस क्षेत्र में निवास करने वालों के स्वास्थ्य के लिए खतरनाक बन जाए।

- पर्यावरण जागरूकता मामला, 1992

इस मामले में सर्वोच्च न्यायालय ने देश में पर्यावरणीय शिक्षा और जागरूकता का प्रसार करने के निर्देश दिये। इन उपायों में स्कूलों में कक्षा एक से बारहवीं तक पर्यावरण को अनिवार्य विषय के रूप में पढाने की व्यवस्था, विश्वविद्यालयों में एक विषय के रूप में पर्यावरण शिक्षा का प्रावधान, सिनेमाघरों में पर्यावरण विषय पर संदेशों का प्रसार-प्रचार तथा दूरदर्शन एवं रेडियो पर पर्यावरण कार्यक्रमों के प्रसारण शामिल हैं।

- दिल्ली वाहन प्रदूषण मामला, 1994

इस मामले में सर्वोच्च न्यायालय ने दूरगामी निर्देश देकर केंद्र सरकार से कहा है कि वह वाहनों द्वारा फैलाए जाने वाले प्रदूषण को रोकने के लिए प्रभावी उपाय करें। इन उपायों में शामिल थे सीसा-मुक्त पर्यावरण-हितैषी पैट्रोल का प्रावधान सार्वजनिक परिवहन के वाहनों के अनिवार्य रूप से सी.एन.जी ईंधन पर चलाया जाना, और दिल्ली की सडक़ों पर 15 वर्ष से अधिक पुराने वाहनों के चलाने पर प्रतिबंध।

- ताज महल का मामला, 1997

इस मामले में सर्वोच्च न्यायालय ने आदेश दिया कि ताज महल के आस-पास 10,400 वर्ग किलोमीटर क्षेत्र में किसी कोयला आधारित उद्योग की अनुमति नहीं होगी। प्रदूषण फैलाने वाले उद्योगों से कहा गया कि वे या जो स्वच्छ ईंधन का प्रयोग करें या फिर सुरक्षित क्षेत्र से बाहर अपने कारखाने हस्तांतरित करें। केंद्र सरकार और राज्य सरकार को निर्देश दिया गया कि ताजमहल के आस-पास हरित पट्टी की व्यवस्था करें, और बिना रूकावट के बिजली की आपूर्ति की जाए ताकि डीजल से चलाए जाने वाले जनरेटरों की आवश्यकता न पड़े।

- दिल्ली की प्रदूषित औद्योगिक इकाइयों की बंदी तथा स्थानांतरण का आदेश, 1996

यह केस एम.सी. मेहता की एक याचिका से 1985 में शुरू हुआ जिसमें कहा गया था कि दिल्ली में 1 लाख से अधिक औद्योगिक इकाइयां वातावरण को प्रदूषित कर रही है जो नागरिकों के

स्वास्थ्य को गंभीर खतरा पहुंचा रहें हैं सर्वोच्च न्यायालय ने याचिका की सुनवाई करते हुए 8 जुलाई, 1996 को अपना निर्णय सुनाते हुए औद्योगिक ईकाइयों को दिल्ली के पर्यावरण के साथ-साथ आम नागरिकों के स्वास्थ्य के लिए हानिकारक ठहराते हुए 168 बड़ी प्रदूषणकारी इकाइयों को दिल्ली से स्थानांतरित या बंद करने का आदेश दिया।

उपरोक्त मामलों के अलावा जिन अन्य विषयों पर जनहित याचिकाओं के द्वारा न्यायपालिका ने निर्णय किए उनमें शामिल हैं: नगरों के ठोस मलबे का प्रबंधन, दिल्ली के भूमिगत पानी में होती कमी, कोलकाता में हुगली नदी के साथ स्थापित प्रदूषण फैलाने वाले उद्योगों केा बंद करने, पशुओं के प्रति दया, जनजातीय लोगों तथा मछुआरों के विशेषाधिकार, हिमालय तथा वनों की पारिस्थितिक व्यवस्था, पारिस्थितिक पर्यटन, भूमि के प्रयोग के प्रतिमान तथा विकास योजनाएँ इत्यादि।

पर्यावरण संरक्षण की प्रक्रिया में न्यायालय द्वारा दिए गए कुछ महत्त्वपूर्ण मौलिक नियम निम्नलिखित हैं:

प्रत्येक नागरिक को स्वच्छ पर्यावरण में जीने का मौलिक अधिकार है जो संविधान के अनुच्छेद 21 में दिए गये 'जीवन जीने के अधिकार' में निहित है।

सरकारी एजेसियाँ पर्यावरणीय कानूनों के प्रति अपने कर्तव्य को पूरा न करने के लिए वितीय या कर्मचारियों की कमी का बहाना नहीं दे सकतीं।

प्रदूषणकर्ता द्वारा आदयगी का सिद्धान्त पर्यावरणीय कानून का एक महत्त्वपूर्ण पहलू है जिसका तात्पर्य है कि प्रदूषणकर्ता न केवल पर्यावरण की क्षतिपूर्ति के लिए बल्कि प्रदूषण से प्रभावित लोगों को हुई हानि की भी भरपाई करेगा।

पूर्ण दायित्व के नियम के अनुसार यदि कोई उद्योग किसी ऐसे खतरनाक व्यवसाय में रत है जिससे लोगों के स्वास्थ्य तथा सुरक्षा को खतरा है तब उसका यह पूर्ण दायित्व बन जाता है कि वह यह सुनिश्चित करे कि उस कार्य से किसी केा किसी प्रकार का संकट न हो। यदि उस कार्य से किसी को हानि पहुँचती है तो वह उद्योग उस हानि की पूर्ति के लिए पूर्णतया उत्तरदायी होगा।

पूर्व सर्तकता या पूर्व चेतावनी सिद्धांत के अनुसार सरकारी अधिकारियों का यह कर्तव्य है कि वे पर्यावरणीय प्रदूषण के कारणों की पूर्व कल्पना करें उनसे पर्यावरण की सुरक्षा करें। यह सिद्धांत

उद्योगपतियों पर यह उत्तरदायित्व डालता है कि वे यह स्पष्ट करें कि उनके कार्य पर्यावरणीय दृष्टिकोण से हानिकारक नहीं हैं।

आर्थिक गतिविधियाँ लोगों के स्वास्थ्य तथा जीवन की कीमत पर नही चल सकती। पर्यावरण और मानव स्वास्थ्य से किसी भी कीमत पर समझौता नहीं किया जा सकता।

1980 तथा 1990 के दशकों में भारत में पर्यावरण संरक्षण की दिशा में जन हित याचिकाओं का अधिकाधिक प्रयोग हुआ। इस प्रक्रिया में पर्यावरण-समर्थक वकिलों जैसे एम.सी.मेहता तथा न्यायाधीशों कुलदीप सिंह तथा कृष्णा अययर का विशेष योगदान रहा। पर्यावरण सुरक्षित रखने के कार्य में, सर्वोच्च न्यायलय तथा उच्च न्यायलय के आरंभिक क्षेत्राधिकार के संविधान के अनुच्छेद 32 और 326 को आधार बनाकर महत्त्वपूर्ण उपाय किए गए। इसके अतिरिक्त न्यायालयों ने स्वास्थ्य और स्वच्छ पर्यावरण के मूल अधिकार के क्षेत्र का भी विस्तार किया है।

निष्कर्ष

भारत संसार के उन थोड़े से देशों में से एक है जिनके संविधानों में पर्यावरण का विशेष उल्लेख है। भारत ने पर्यावरणीय कानूनों का व्यापक निर्माण किया है तथा हमारी नीतियाँ पर्यावरण संरक्षण में भारत की पहल दर्शाती हैं। पर्यावरण संबंधी सभी विधेयक होने पर भी भारत में पर्यावरण की स्थिति काफी गंभीर बनी हुई है। नाले, नदियां तथा झीलें औद्योगिक कचरे से भरी हुइ हैं। दिल्ली में यमुना नदी एक नाला बनकर रह गई है। वन क्षेत्र में कटाव लगातार बढता जा रहा है जिसके परिणाम हमें हाल ही में बिहार में आई भीषण बाढ़ के रूप में स्पष्ट देखने को मिलता है। भारत में जिस प्रकार से पर्यावरण कानूनों केा लागू किया जा रहा है उसे देखते हुए लगता है कि इन कानूनो के महत्व केा समझा ही नहीं गया है। इस दिशा में पर्यावरण नीति (2004) को गंभीरता से लागू करने की आवश्यकता है। पर्यावरण को सुरक्षित करने के प्रयासों में आम जनता की भागीदारी भी सुनिश्चित करने की जरूरत है।

पर्यावरण संरक्षण में न्यायपालिका ने भी एक महत्त्वपूर्ण भूमिका निभाई है। इसके प्रयासों से स्वच्छ पर्यावरण मौलिक अधिकार का एक महत्त्वपूर्ण अंग बन गया है। दिल्ली में प्रदूषित इकाइयों की बंदी तथा स्थांनातरण, सी.एन.जी का प्रयोग, ताजमहल को प्रदूषण से बचाना, पर्यावरण को शैषणिक पाठ्यक्रम का अनिवार्य अंग बनाना तथा संचार माध्यमों के द्वारा पर्यावरण के महत्त्व का प्रचार-प्रसार आदि न्यायपालिका के सराहनीय प्रयासों की एक झलक

है। जनहित याचिकाओं ने पर्यावरण संरक्षण की दिशा में गैर-सरकारी संगठनों, नागरिक समाज तथा आम आदमी की भागीदारों को प्रोत्साहित किया है। यह इसके प्रयासों का ही फल है कि आज सरकार तथा नीति निर्माताओं की सूची में पर्यावरण प्रथम मुद्दा है तथा वे पर्यावरण संरक्षण के प्रति गंभीर हो गये हैं।